La movilidad geográfica individual de trabajadores en España

Aspectos sustantivos y procedimentales

Luis Fernando de Castro Mejuto

Presidente de la Sala de lo Social del Tribunal Superior de Justicia de Galicia. Magistrado especialista del Orden Social. Profesor asociado de Derecho del Trabajo de la Universidad de A Coruña. Doctor en Derecho. Fiscal en excedencia

Ricardo Pedro Ron Latas

Profesor Titular de Derecho del Trabajo y Seguridad Social de la Universidad de A Coruña. Magistrado(s) de la Sala de lo Social del Tribunal Superior de Justicia de Galicia

Laboral y Seguridad Social

Monografía

S
sepin

C/ Mahón, 8
28290 Las Rozas (Madrid)
Tel.: 91 352 75 51
www.sepin.es
sac@sepin.es

Precio: 39,90 euros (4 % IVA no incluido)

ISBN: 978-84-1053-814-6
Depósito legal: M-12960-2024

Producción gráfica: **sepín**, S. L.

Impresión: Service Point, S. A.

"Era el nacimiento de una nueva era, una era en la que casi toda la humanidad pasaba la mayor parte de su tiempo libre dentro de un videojuego"

Ernest Cline
(Ready player one)

Abreviaturas

BOE	Boletín Oficial del Estado
CC	Código Civil (Real Decreto de 24 de julio de 1889)
CE	Constitución Española, de 27 de diciembre de 1978
ET	Estatuto de los Trabajadores, aprobado por Real Decreto Legislativo 2/2015, de 23 de octubre
LJS	Ley reguladora de la Jurisdicción Social, aprobada por Ley 36/2011, de 10 de octubre
RTCT	Repertorio del Tribunal Central de Trabajo
SAN	Sentencia de la Sala de lo Social de la Audiencia Nacional
STC	Sentencia del Tribunal Constitucional
STCT	Sentencia del Tribunal Central de Trabajo
STS	Sentencia de la Sala de lo Social del Tribunal Supremo
STSJ	Sentencia de la Sala de lo Social del Tribunal Superior de Justicia
SSTSJ	Sentencias de la Sala de lo Social del Tribunal Superior de Justicia
TS	Tribunal Supremo (Sala de lo Social)
TSJ	Tribunal Superior de Justicia (Sala de lo Social)

Sumario

Introducción. Delimitación de la materia objeto de estudio. Y algunas necesarias precisiones conceptuales

Este es un libro eminentemente práctico. Es una obra apegada a la realidad material del foro. Es una monografía que pretende dar respuesta a los principales interrogantes jurídicos que suscita la institución de la movilidad geográfica individual de los trabajadores que hoy se recoge en el art. 40 ET. Es un texto que, además, se ocupa de los aspectos procesales y procedimentales de esa peculiar figura jurídica. Es un estudio que, obviamente, no puede dejar de lado la doctrina científica. Es un compendio de doctrina judicial y científica que, precisamente por ello, entiende la necesidad de simbiosis entre la jurisprudencia laboral y la manualística jurídico-laboral. Este es un libro, en definitiva, pensado con una finalidad resolutiva y práctica.

A tales efectos, podemos afirmar (sin hipérbole) que se han estudiado centenares de sentencias recaídas en la última década acerca de la movilidad geográfica individual de los trabajadores españoles, tanto en sus aspectos sustantivos como procedimentales. Si uno se acerca a cualquier base de datos de uso común, apreciará que las resoluciones judiciales (desde el TJUE hasta nuestros juzgados de lo social) relativas a ella se cuentan por miles. Hemos de confesar, empero, que, a pesar de que esta monografía se inició con vocación de exhaustividad, queriendo abarcar la totalidad de los pronunciamientos judiciales sobre la materia, lo cierto es que ese factor contingente impide que se haya podido cumplir esa inicial aspiración.

A ello deben añadirse dos circunstancias más que van a mediatizar todo lo que se exprese de ahora en adelante. La primera de ellas es el número y calidad de las obras científicas relativas al tema que nos ocupa editadas a principios de este siglo, lo que, a nuestro modo de ver, hacía innecesario y redundante un acercamiento profundo e intensivo a la jurisprudencia del siglo pasado. Pese a ello, como el lector comprobará, ni se ha dejado de lado, ni se ha obviado la jurisprudencia que la Sala de lo Social del Tribunal Supremo viene vertiendo sobre esta concreta materia, ya que nuestro alto tribunal desde la publicación del primer ET no ha dejado de construir un robusto y abigarrado cuerpo doctrinal acerca de la movilidad geográfica de los trabajadores. Por su parte, la segunda de esas circunstancias tiene que ver con el hecho de que la jurisprudencia más reciente es la única que ha podido y puede resolver (por obvias razones de carácter temporal) los interrogantes que las últimas modificaciones procuradas por el Legislador laboral han generado en la institución regulada en el art. 40 ET.

I. La materia objeto de estudio

Pese a esa pretensión de exhaustividad, debemos nuevamente hacer un pequeño ejercicio de contrición autoral: no hemos agotado el tema de la movilidad geográfica de los trabajadores. Nuestra intención a la hora de abordarlo resultaba aparentemente sencilla (ya veremos que no lo ha sido), prestando exclusiva atención al precepto que recoge la institución que nos ocupa, que no es otro que el art. 40 ET; y dentro de él, centrarnos únicamente en los aspectos que disciplinan la movilidad geográfica individual de los trabajadores en España. Sin embargo, al hacerlo, sabíamos que estábamos dejando de lado gran parte del régimen jurídico de la institución.

En primer lugar, hemos aparcado el estudio de los traslados colectivos a los que se refiere el apdo. 2 del art. 40 ET, que merecen un amplio y profundo análisis jurídico, y que, por ello mismo, dejaremos en "barbecho" en espera de una ocasión más propicia para ello. Por similares razones —a las que debe añadirse la existencia de excelentes monografías sobre el tema[1]—, nos hemos alejado de todos aquellos supuestos en los cuales los trabajadores son trasladados o desplazados al extranjero. Otros, sin embargo, son los motivos que nos han llevado a prescindir de un análisis específico del papel de la negociación colectiva en materia de movilidad geográfica[2].

Aquí debemos confesar que la razón no fue otra que la inabarcable casuística al respecto[3]. Ya no es solo por el hecho de que, como veremos, puedan existir supuestos de movilidad extraños a la previsión normativa, y que por ello mismo resultan susceptibles de regulación convencional, sino y sobre todo porque el propio art. 40 ET permite dejar al albur de los interlocutores sociales la ampliación o precisión del régimen jurídico de la movilidad geográfica. Piénsese, por ejemplo, "que los desplazamientos por motivos de trabajo son un fenómeno habitual en la prestación de servicios, de ahí que su regulación sea frecuente, principalmente, en el ámbito convencional"[4]. Por todo ello, decimos, el papel de la negociación colectiva en la materia que nos ocupa jugará únicamente un papel tangencial en esta obra.

II. Precisiones conceptuales

Tras estas bachillerías iniciales, si algo necesita esta materia de la movilidad geográfica individual de los trabajadores como punto de partida es precisar conceptualmente los distintos conceptos que nos encontraremos de ahora en adelante, y con los que intentaremos familiarizarnos.

---

[1] V. gr., MATORRAS DÍAZ-CANEJA, A. (dir.), *La expatriación de trabajadores*, Aranzadi (Pamplona, 2012); o LOUSADA AROCHENA, J. F., y RON LATAS, R. P., *El contrato de trabajo internacional*, Lex Nova (Madrid, 2013).

[2] Podría consultarse la magnífica exposición de FERREIRO REGUEIRO, C., "Estructura de la negociación colectiva: Coordinación entre convenios colectivos y planes de igualdad", en MELLA MÉNDEZ, L. [dir.], *Manual de Derecho del Trabajo*, Aranzadi (Cizur Menor, 2022), págs. 519 y ss.

[3] Al respecto, véanse, entre otras muchas, SSTS de 5 de febrero de 1990, 7 de junio de 2000 (3378/1999), 21 de marzo de 2001 (Rec. núm. 2196/2000), 11 de marzo de 2002 (Rec. núm. 2412/2001), 24 de mayo de 2002 (Rec. núm. 4214/2001), 10 de junio de 2003 (Rec. núm. 76/2002), 13 de octubre de 2003 (Rec. núm. 112/2002), 1 de junio de 2007 (Rec. núm. 71/2006), 23 de enero de 2008 (Rec. núm. 786/2007), 23 de julio de 2009 (Rec. núm. 736/2008), 21 de marzo de 2012 (Rec. núm. 2459/2011), 24 de septiembre de 2013 (Rec. núm. 54/2013), 5 de diciembre de 2016 (Rec. núm. 289/2015), 13 de junio de 2018 (Rec. núm. 3291/2015) y 24 de junio de 2020 (Rec. núm. 3291/2015); y SSTSJ Canarias (Las Palmas) de 17 de enero de 2006 (Rec. núm. 900/2003), La Rioja de 20 de junio de 2006 (Rec. núm. 213/2006), Andalucía (Málaga) de 4 de marzo de 2020 (Rec. núm. 1624/2019), Valencia de 9 de julio de 2019 (Rec. núm. 3795/2018), Andalucía (Sevilla) de 20 de noviembre de 2013 (Rec. núm. 1352/2012), Cataluña de 22 de noviembre de 2017 (Rec. núm. 4930/2017), Canarias (Las Palmas) de 13 de febrero de 2017 (Rec. núm. 1032/2017), Cataluña de 21 de octubre de 2019 (Rec. núm. 3309/2019), Madrid de 17 de mayo de 2021 (Rec. núm. 36/2021), Asturias de 26 de enero de 2021 (Rec. núm. 1981/2020), Castilla-La Mancha de 4 de febrero de 2021 (Rec. núm. 341/2020), Andalucía (Sevilla) de 15 de abril de 2021 (Rec. núm. 2461/2019) y Valencia de 14 de septiembre de 2021 (Rec. núm. 2921/2020).

[4] Véase ROSELLÓ SABORIT, I., *Movilidad geográfica de trabajadores en España*, Universidad de Valencia (Valencia, 2019), pág. 328, en https://roderic.uv.es.

Especial atención nos debe merecer, sin embargo, la propia noción legal de "movilidad geográfica", que encuentra dentro de la doctrina y la jurisprudencia distintas manifestaciones, que a la postre resultarán esenciales en orden a la concreción de su régimen jurídico. Por eso, nuestra primera labor no puede ser otra más que perfilar la terminología más relevante de la institución que nos ocupará en las siguientes páginas.

1. La movilidad geográfica. Diferenciación entre la "débil" y la "sustancial"

La movilidad geográfica no es más que un cambio en el centro de trabajo que figura en el contrato de trabajo como lugar habitual de prestación de servicios del trabajador[5]. Ni más ni menos. Así lo entiende, entre otras manifestaciones judiciales, una STSJ Madrid de 14 de junio de 2019[6], al asegurar que "un sentido estricto y jurídico la movilidad geográfica consiste en el traslado del trabajador a otro centro de trabajo distinto al suyo habitual, siempre que no haya sido contratado específicamente para prestar sus servicios en empresas con centros de trabajo móviles o itinerantes". Y es que, según dispone el art. 2 del Real Decreto 1659/1998, de 24 de julio, por el que se desarrolla el art. 8, apdo. 5, de la Ley del Estatuto de los Trabajadores en materia de información al trabajador sobre los elementos esenciales del contrato de trabajo, el trabajador deberá ser informado del "centro de trabajo donde […] preste sus servicios habitualmente"[7], y "cuando el trabajador preste sus servicios de forma habitual en diferentes centros de trabajo o en centros de trabajo móviles o itinerantes se harán constar estas circunstancias"[8]. Por lo tanto, cuando el empresario decida modificar ese centro de trabajo habitual, con la finalidad de que el trabajador preste sus servicios en un lugar distinto, sea temporal o permanentemente, nos encontraremos con un supuesto de movilidad geográfica[9].

Cuestión distinta será ya si la decisión empresarial debe acomodarse o no a los postulados legales del art. 40 ET. No se trata, sin embargo, de una cuestión que deba tacharse de baladí. La consideración de la orden de empresa como estricta movilidad geográfica, encajable en el tenor literal de ese precepto, condicionará la respuesta de los tribunales a la hipotética reclamación de los trabajadores implicados en la misma. El hecho diferencial aquí no es otro que la definición legal que se contiene en el art. 40 ET. Y es que si la decisión de empresa consistente en desplazar a sus trabajadores a centro de trabajo distinto del habitual en el que venían prestando servicios se excluye del dictado del art. 40 ET nos encontraremos con determinados condicionamientos, sobre todo de carácter procesal y procedimental, que llegarán a mediatizar la decisión del trabajador de impugnar el cambio de centro de trabajo al que se haya visto sometido.

---

5 Pero cambio material, cambio "efectivo", esto es, que se imponga a los trabajadores la necesidad de prestar sus servicios en distinto centro de trabajo; cambio locativo este que no puede apreciarse cuando la empresa "se ha limitado a comunicarles la dirección y teléfono del centro […], pero no les ha exigido la incorporación a este […], ni han prestado servicios en él, ni por tanto, han tenido que cambiar su residencia habitual […,] [al tratarse] de un mero cambio a efectos administrativos" [STSJ Madrid de 3 de mayo de 2019 (Rec. núm. 2/2019)].

6 Rec. núm. 27/2019.

7 Art. 2 c).

8 Ídem.

9 Siempre teniendo en cuenta que "la movilidad geográfica no supone […] que sea una previsión legal destinada al beneficio exclusivo de la empresa y en perjuicio del trabajador, sino que también puede considerarse como un medio de mantenimiento del empleo que permite al trabajador continuar su relación laboral y así evitar mayores perjuicios que pudieran derivarse de la falta de necesidad de su actividad laboral en el lugar de origen" [STSJ La Rioja de 22 de junio de 2017 (Rec. núm. 185/2017)].

Así las cosas, y aunque (confesémoslo) sea un poco prematuro, nos vemos en la necesidad de hacer una pequeña recapitulación. Nosotros partimos de la necesidad de conceptuar la movilidad geográfica como toda aquella modificación del centro de trabajo habitual del trabajador que venga señalado como tal en el contrato de trabajo. Se trata de una atribución que, si bien no ha sido convalidada por la Sala de lo Social del Tribunal Supremo, ha merecido alguna respuesta positiva en su seno, tal y como lo acredita el voto particular que acompaña a una STS de 26 de febrero de 2014[10], según el cual «hay que tener en cuenta que el término movilidad geográfica es más amplio que el término traslado forzoso, pues comprende no solo este tipo de decisiones empresariales, sino también los desplazamientos temporales y, en principio, cualquier orden del empresario que implique un cambio relevante en el lugar de ejecución del contrato de trabajo [...], [ya que] «Movilidad» es, según el Diccionario de la Lengua, «cualidad de movible», es decir, «lo que es capaz de moverse por ajeno impulso» y la expresión «geográfica» alude en este contexto a la distribución de algo o alguien –en este caso los trabajadores– en el espacio".

Pero, como decimos, esa no es la opinión mayoritaria de la jurisprudencia laboral. Para los tribunales sociales solo es movilidad geográfica aquella que se adecúa a los postulados del art. 40.1 ET, o lo que es lo mismo, solo podremos hablar normativamente de movilidad geográfica cuando la empresa destine al trabajador a un centro de trabajo distinto que exija cambio de residencia, o incluso cuando el empleador lo desplace a otro centro de trabajo que le obligue a residir en población diferente de aquella que constituya su domicilio habitual[11]; o, dicho de manera más específica, "la movilidad geográfica es una facultad que tiene la empresa para destinar, en razón a concretas causas (económicas, técnicas, organizativas o de producción), al trabajador a un centro de trabajo distinto que implique un cambio de residencia o de domicilio para el trabajador"[12].

De esta manera, no cabe más que concluir que resulta pronunciamiento habitual de la jurisprudencia laboral aquella que diferencia, según determinadas necesidades locativas, entre "movilidad geográfica débil [...], no sustancial"[13] o "impropia"[14] –que es justamente la que no precisa cambio de residencia– y "movilidad geográfica sustancial" –que sí exige vivir en lugar distinto del habitual de residencia–, siendo esta última la única que permite acudir a lo dispuesto en el art. 40 ET. Podemos hablar así, frente a la movilidad geográfica contemplada en la norma estatutaria, de otra "movilidad geográfica débil o no sustancial" que entra dentro del poder de *ius variandi* empresarial[15] –y que por ello mismo no necesita ajustarse a los específicos postulados

---

[10] Rec. núm. 652/2013.

[11] Obviamente, como decisión unilateral del empresario, lo que excluye la movilidad en los casos previstos normativamente, como puede ser la sucesión de empresa *ex* art. 44 ET [cfr. SSTSJ Andalucía (Sevilla) de 11 de diciembre de 2019 (Rec. núm. 3216/2019) y Asturias de 17 de marzo de 2020 (Rec. núm. 2920/2019)]. Por lo tanto, en estos casos, la jurisprudencia de suplicación viene concluyendo que "en el caso de autos no nos encontramos ante una decisión adoptada de forma unilateral por la empresa MATINSA de trasladar a los trabajadores, sino que la mercantil, tras subrogarse en sus contratos, les comunica que el centro de trabajo estará sito en Algemesí por así establecerlo expresamente el Pliego de prescripciones técnicas, por lo que no podemos hablar de movilidad geográfica" [STSJ Valencia de 24 de marzo de 2021 (Rec. núm. 2915/2020)]. Al respecto, véase igualmente STSJ Castilla y León (Valladolid) de 18 de febrero de 2016 (Rec. núm. 1972/2015).

[12] Véase STSJ La Rioja de 22 de junio de 2017 (Rec. núm. 185/2017).

[13] Véase STS de 16 de abril de 2003 (Rec. núm. 2257/2002).

[14] Véase STSJ Cantabria de 18 de diciembre de 2014 (Rec. núm. 819/2014).

[15] Conforme "al común de la doctrina, el poder de dirección del empresario, es aquella facultad o derecho potestativo que le confiere el contrato de trabajo, para dar órdenes sobre el modo, tiempo y lugar de

normativos–, y que de esta manera habilita al empresario para destinar al trabajador al centro de trabajo de su preferencia, sin más límites que los jurídicamente habituales en estas ocasiones[16], a saber, discriminación, vulneración de derechos fundamentales, abuso de derecho[17], etc.[18]; extremos estos que confirma desde hace años la jurisprudencia laboral, por ejemplo, una STSJ Cataluña de 20 de septiembre de 2011[19], asegurando que "en los casos en que el traslado de puesto de trabajo no exija cambio de residencia y por tanto no esté sometido al art. 40 ET, la empresa pueda decidir sin límite alguno sobre el traslado de sus trabajadores, pues estos límites siempre están constituidos por el fraude de ley y el abuso de derecho, así como por la violación de derechos constitucionales, lo que en su caso ha de alegarse y acreditarse por la parte que lo alega".

A) La movilidad geográfica "débil" o "no sustancial"

Afirma así una STS de 9 de febrero de 2010[20] que "el traslado de centro de trabajo sin cambio de domicilio y respetando la categoría y funciones, se viene considerando por la reiterada jurisprudencia de esta Sala como una modificación accidental de las condiciones de trabajo y encuadrable dentro de la potestad organizativa del empresario"[21], por cuanto que "desde el momento en que la movilidad geográfica que disciplina aquel precepto –art. 40– exige cambio de residencia [...] hasta el punto de que tal presupuesto se ha calificado de «elemento característico del supuesto de hecho del art. 40.1 ET [...] y de que la movilidad geográfica haya de considerarse «débil o no sustancial» cuando no exige «el cambio de residencia que es inherente al supuesto previsto en el artículo 40 ET» [...] con ello resulta obligado colegir que los supuestos de movilidad que no impliquen aquel cambio [bien de forma permanente, en el traslado; bien de forma temporal, en el desplazamiento] están amparados por el ordinario poder de dirección

---

ejecución del trabajo, siendo un poder de ordenación de las prestaciones laborales del que serían expresión normativa los arts. 1.1 «ámbito de organización y dirección», 5.c: cumplir las órdenes e instrucciones del empresario en el ejercicio regular de sus facultades directivas, 20.1: el trabajador está obligado a realizar el trabajo [...] bajo la dirección del empresario o persona en quien delegue arts. todos del Estatuto de los Trabajadores. Siendo definido a su vez el «*ius variandi*», como la facultad de modalizar la ejecución del contrato de trabajo, sobre todo cuando es de duración larga o indefinida, para ir adaptando sus prestaciones a las necesidades mudables del trabajo que debe ser prestado, a los cambios estructurales y organizativos de la empresa y a los cambios o perfeccionamientos en la cualificación profesional del trabajador, compitiendo a la empresa su ejercicio en cuanto facultad derivada del poder de dirección (en tal sentido STS 24 de noviembre de 1989) no faltando algún pronunciamiento jurisdiccional que identifica uno con otro (STSJ Madrid 26 de junio de 1990) ni críticas doctrinales a su inclusión dentro de aquel poder de dirección, por entender que ello conduce a la postre, a una insuficiente protección del trabajador, porque se amplían las facultades directivas y no se protege con garantías suficientes los supuestos de modificaciones sustanciales" [STSJ Andalucía (Granada) de 24 de septiembre de 2020 (Rec. núm. 538/2020)]. En este mismo sentido, véase STSJ Asturias de 18 de febrero de 2020 (Rec. núm. 2843/2019).

[16] En efecto, "conforme a lo dispuesto en el artículo 40.1 [del ET], el traslado constitutivo de movilidad geográfica es aquel que exige cambio de residencia (lo mismo ocurre con el desplazamiento temporal; artículo 40.6), por lo que, cuando no exige tal cambio, se trata de una medida que el empresario puede adoptar libremente en el ejercicio de su poder de dirección" [STSJ Cataluña de 19 de noviembre de 2020 (Rec. núm. 2162/2020)].

[17] Sobre un supuesto particular de fraude de ley, véase STSJ Castilla y León (Valladolid) de 5 de septiembre de 2018 (Rec. núm. 1036/2018), en la que la empresa "hizo un uso torticero de la normativa sobre movilidad geográfica y sucesión empresarial para liberarse de la relación laboral que le vinculaba con la demandante".

[18] Cfr. SSTSJ Andalucía (Sevilla) de 30 de junio de 2016 (Rec. núm. 1310/2016) y 24 de mayo de 2012 (Rec. núm. 634/2012) y País Vasco de 22 de noviembre de 2005 (Rec. núm. 2340/2005).

[19] Rec. núm. 6057/2010.

[20] Rec. núm. 1605/2009.

[21] En este mismo sentido, véase STS de 18 de junio de 2020 (Rec. núm. 124/2018).

del empresario reglado en los arts. 5.1 c) y 20 ET, no estando sujetos a procedimiento o justificación algunos, a excepción del preceptivo informe del Comité de Empresa [art. 64.1.4.º b) ET, para el supuesto de traslado –total o parcial– de las instalaciones]"[22].

Un ejemplo clarificador de cómo funciona la doctrina de unificación en estas situaciones lo proporciona una STS de 27 de noviembre de 2007[23], en la que la cuestión planteada se reducía a determinar "la naturaleza de la decisión adoptada en autos, de cambio de destino sin necesidad de traslado de domicilio", y donde se concluyó que «para tales supuestos [...] desde el momento en que la movilidad geográfica que disciplina el art. 40 ET exige cambio de residencia [...], hasta el punto de que tal presupuesto se ha calificado de «elemento característico del supuesto de hecho del art. 40.1 ET» [...] y de que la movilidad geográfica haya de considerarse «débil o no sustancial» cuando no exige «el cambio de residencia que es inherente al supuesto previsto en el artículo 40 ET» [...], con ello resulta obligado colegir que los supuestos de movilidad que no impliquen aquel cambio [bien de forma permanente, en el traslado; bien de forma temporal, en el desplazamiento] están amparados por el ordinario poder de dirección del empresario reglado en los arts. 5.1.c) y 20 ET"[24]. Al efecto se argumenta que "«como quiera que existe un espacio de movilidad sin regulación legal, ya que el art. 39 del ET solo disciplina los supuestos de movilidad funcional y el art. 40 los de movilidad geográfica que exigen el cambio de residencia [...], tanto si se extiende dicha calificación de movilidad funcional [a los citados cambios de centro], como si califica a éstos, más propiamente, como casos de movilidad geográfica lato sensu, débil, o no sustancial por no llevar aparejado el cambio de residencia, es lo cierto que, en cualquier caso, quedan excluidos del art. 40 ET y deben ser incardinados en la esfera del *ius variandi* del empresario»"[25].

En consecuencia, encontrándonos en presencia de una movilidad geográfica "débil", no se "impone a las manifestaciones del poder de dirección ninguna exigencia de motivación causal ni de comunicación a los representantes [...]; y ni en unas ni en otras, otorga al trabajador afectado el derecho extintivo"[26]. Obviamente, la habilitación normativa no otorga al empresario un poder omnímodo para trasladar o desplazar de manera "débil" al trabajador de que

---

[22] En este mismo sentido, véanse STS de 26 de abril de 2006 (Rec. núm. 2076/2005) y SSTSJ País Vasco de 30 de enero de 2007 (Rec. núm. 2223/2006), País Vasco de 1 de abril de 2008 (Rec. núm. 301/2008), Madrid de 8 de julio de 2010 (Rec. núm. 1155/2010), Asturias de 29 de junio de 2017 (Rec. núm. 1427/2017), Castilla y León/Valladolid de 25 de febrero de 2015 (Rec. núm. 93/2015), País Vasco de 27 de septiembre de 2011 (Rec. núm. 1927/2011), Extremadura de 7 de diciembre de 2011 (Rec. núm. 479/2011), Cataluña de 31 de octubre de 2011 (Rec. núm. 4833/2010), Cataluña de 13 de octubre de 2011 (Rec. núm. 6074/2010), Valencia de 14 de octubre de 2010 (Rec. núm. 3386/2009), Canarias (Santa Cruz de Tenerife) de 30 de octubre de 2020 (Rec. núm. 507/2020), País Vasco de 21 de junio de 2011 (Rec. núm. 951/2011), Galicia de 4 de junio de 2021 (Rec. núm. 1906/2021) y Castilla-La Mancha de 16 de enero de 2020 (Rec. núm. 1955/2018).

[23] Rec. núm. 4684/2006.

[24] Acerca de la posibilidad de que el cambio de centro de trabajo suponga un "incremento de la jornada a costa de tal desplazamiento", véase STSJ Galicia de 17 de septiembre de 2021 (Rec. núm. 2901/2021).

[25] Muy ampliamente, sobre un supuesto práctico de determinación de la presencia de una movilidad geográfica "débil", véanse SSTSJ Galicia de 21 de mayo de 2019 (Rec. núm. 917/2019), Madrid de 3 de mayo de 2019 (Rec. núm. 2/2019), Castilla y León (Valladolid) de 24 de septiembre de 2008 (Rec. núm. 869/2008) y Canarias (Santa Cruz de Tenerife) de 17 de mayo de 2019 (Rec. núm. 938/2018).

[26] STS de 19 de diciembre de 2002 (Rec. núm. 3369/2001). En este mismo sentido, véanse SSTSJ Asturias de 10 de mayo de 2016 (Rec. núm. 720/2016), Andalucía (Sevilla) de 17 de septiembre de 2020 (Rec. núm. 1412/2020) y Cataluña de 16 de enero de 2015 (Rec. núm. 5669/2014).

se trate[27]. Así lo vienen entendiendo los tribunales laborales desde hace lustros, por ejemplo, una STSJ Andalucía (Granada) de 17 de mayo de 1994[28], en la que se advierte que en el supuesto de movilidad geográfica "débil" el art. 40 ET "no establece ningún tipo de condicionamiento, valladar o cortapisa al ejercicio específico del derecho de movilidad geográfica [...], salvo, como es lógico, que el traslado se efectúe con abuso de derecho contraviniendo lo dispuesto en el art. 7 del Código Civil, abuso que indiscutiblemente debe ser demostrado cumplidamente por los trabajadores que no muestren su consentimiento al susodicho traslado"[29], pues "al ser consustancial con el objeto de la empresa el desarrollar sus labores en centros o lugares distintos, cuando la mano de obra no sea necesaria en un determinado sitio y lo sea en otro, puede efectuar los traslados que crea conveniente entre su personal, sin que ello lleve consigo ni comporte una pormenorizada demostración de la necesidad de movilidad geográfica"[30].

Así pues, esta manifestación normativa del *ius variandi* empresarial sigue contando con los límites que marca, por un lado, la CE con su complejo abanico de derechos fundamentales[31] y cláusulas

---

[27] Pero, de igual manera, tampoco cabe incardinar la movilidad geográfica "débil" en los supuestos de modificación sustancial de condiciones de trabajo o movilidad funcional [cfr. STSJ Cataluña de 15 de marzo de 2017 (Rec. núm. 151/2017)], aunque así se haga en ciertas ocasiones [cfr. STSJ Andalucía (Granada) de 22 de marzo de 2017 (Rec. núm. 2498/2016)]. En efecto, "la movilidad geográfica sustancial del art. 40 ET exige cambio de residencia, pues la que no lo exige (a la que califica de movilidad «débil»), no se rige por el art. 40 ni tampoco por el art. 41 del ET, señalando que este último precepto pese a su enumeración abierta para nada cita los supuestos de movilidad geográfica y que muy al contrario el número 5 del precepto remite al art. 40, con lo que es evidente que la materia relativa a traslados –sea configurable o no como modificación sustancial- tiene un régimen jurídico diferenciado y de obligada aplicación" [STSJ Madrid de 2 de marzo de 2015 (Rec. núm. 968/2014)] En definitiva, toda decisión empresarial "consistente en cambiar a la actora de centro de trabajo, en tanto en cuanto no conlleva cambio de domicilio, no puede ser considerada como un supuesto de movilidad geográfica, por lo que la decisión no debe estar sujeta a los requisitos establecidos en dicho precepto ni fundarse en dicho precepto, y dado que el cambio no comporta la modificación de ninguna otra condición laboral, tampoco puede apreciarse una modificación sustancial de condiciones de trabajo de las del artículo 41 del ET, quedando la decisión patronal dentro del ámbito del poder de dirección del empresario, artículo 5.c) y 20.2 del Estatuto de los Trabajadores" [STSJ Cataluña de 22 de mayo de 2013 (Rec. núm. 3584/2012)].

[28] Rec. núm. 1300/1993.

[29] "Los supuestos de movilidad que no impliquen aquel cambio (bien de forma permanente, en el traslado; bien de forma temporal, en el desplazamiento) están amparados por el ordinario poder de dirección del empresario reglado en los Arts. 5.1 c) y 20 del ET, no estando sujetos a procedimiento o justificación algunos" [STSJ Asturias de 23 de enero de 2018 (Rec. núm. 2910/2017)].

[30] Sin embargo, para cierta parte de la doctrina de suplicación, "el hecho de que la modificación sea un mero ejercicio del *ius variandi*, no significa que el empresario pueda hacer uso de dicha facultad a su capricho, arbitrariamente o de forma irracional, debiendo fundarse siempre la decisión empresarial en causas conectadas con la utilidad y necesidad de funcionamiento de la empresa, cuya concurrencia es un aspecto susceptible de someterse al control judicial [...] [de tal manera que] aun no teniendo la naturaleza de modificación sustancial, si constituyó una decisión gravosa para éste y la consideración debida a la dignidad del trabajador exige la puesta en su conocimiento del motivo por el cual se adoptó" [STSJ Asturias de 2 de mayo de 2018 (Rec. núm. 482/2018)]. Y de igual modo, limitando de manera excesiva los poderes empresariales, véase STSJ País Vasco de 1 de octubre de 2019 (Rec. núm. 1512/2019).

[31] Al respecto, véanse: 1) STSJ Cataluña de 23 de febrero de 2011 (Rec. núm. 6728/2010), relativa a tutela del derecho de libertad sindical; 2) STSJ Galicia de 7 de marzo de 2016 (Rec. núm. 4986/2015), a propósito de denuncia la hipotética infracción del art. 14 CE, por discriminación por razón de sexo y 39 CE (protección de la familia y de la infancia); 3) STSJ Galicia de 27 de julio de 2017 (Rec. núm. 1014/2017), sobre la garantía de indemnidad y el principio de igualdad; 4) SSTSJ País Vasco de 19 de septiembre de 2020 (Rec. núm. 903/2020) y Canarias (Las Palmas) de 11 de septiembre de 2020 (Rec. núm. Suplicación 564/2020), sobre posible vulneración de la garantía de indemnidad *ex* art. 24 CE; 5) STSJ Madrid de 12 de mayo de 2021 (Rec. núm. 162/2021), acogiendo una denuncia de discriminación por razón de género; y 6) STSJ Castilla y León (Valladolid) de 6 de febrero de 2019 (Rec. núm. 2273/2018), en la que lo que se discute es si "se conculcan derechos fundamentales cuales son el derecho a la integridad moral y a la propia imagen".

antidiscriminación[32], y por el otro, con los que ofrece el derecho común, v. gr., abuso de derecho, fraude de ley[33], manifiesta arbitrariedad, etc.[34], por lo que "la facultad empresarial de que tratamos se encuentra limitada por los derechos reconocidos al trabajador por la Constitución, la ley, el convenio colectivo y el propio contrato de trabajo, de forma que solo puede calificarse de «ejercicio regular» de las facultades de dirección (art. 20.2 ET), aquel que respete todos los derechos expresamente reconocidos al trabajador en los referidos cuatro planos"[35]. En suma, según una STSJ Cataluña de 7 de enero de 2013[36], "en supuestos de cambio de puesto de trabajo la conducta de la empresa deberá reputarse ilícita solo si la decisión hubiera sido tomada en contra de los derechos de los trabajadores [...], el poder de dirección no puede entenderse como una facultad arbitraria y omnímoda, sino que se encuentra sometido a determinadas limitaciones, debiendo utilizarse con el máximo respeto a los derechos del trabajador y a su dignidad humana [...], la facultad empresarial de que tratamos se encuentra limitada por los derechos reconocidos al trabajador por la Constitución, la Ley, el Convenio Colectivo y el propio contrato de trabajo, de forma que solo puede calificarse de «ejercicio regular» de las facultades de dirección (art. 20.2 ET), aquel que respete todos los derechos expresamente reconocidos al trabajador en los referidos cuatro planos".

Un ejemplo de esta protección que debe otorgarse al trabajador podemos encontrarlo en una STSJ Andalucía (Granada) de 24 de septiembre de 2020[37], donde se sostiene que "incluso dentro de los límites del *ius variandi* débil o no sustancial [...], las medidas que se puedan adoptar en base al mismo por el empleador, no pueden obedecer a la finalidad de represalia frente al ejercicio de sus derechos laborales por el trabajador". De este modo, si el "cambio de centro y de jornada [...] ha venido precedido de sendas demandas una en impugnación de sanción que se encuentra pendiente de juicio y otra en materia de vacaciones a lo que se une, la circunstancia de que la demandante es representante legal de los trabajadores", ello constituye "indicio suficiente de la existencia de una actitud discriminatoria y de represalia [...], operando en plenitud en consecuencia, lo dispuesto en el art. 181.2 de nuestra ley rituaria laboral correspondiendo en tal caso al demandado, la

---

[32] Y es que "la potestad directiva del empresario [...] de la cual son emanación las facultades que le permiten una movilidad del personal, [no] puede ser utilizada como instrumento para privar de efectividad a un derecho fundamental, vaciando su contenido esencial" [STSJ Canarias (Santa Cruz de Tenerife) de 2 de mayo de 2014 (Rec. núm. 666/2013)].

[33] "Estos hechos-indicio nos permiten concluir la existencia de un fraude de ley, artículo 6.4 del Código Civil, pues con el cambio de centro de trabajo supuestamente amparado en el artículo 20.2 y 5 c) del Estatuto de los Trabajadores, el empresario trata de evitar la aplicación del artículo 41 del Estatuto de los Trabajadores, y logra prescindir de la trabajadora por amortización del puesto de trabajo cuando, en realidad, viene motivado a su negativa a acatar parte del nuevo horario de trabajo, obteniendo por ello un resultado prohibido por el Ordenamiento Jurídico, por lo que la decisión empresarial debe declarada nula con todos sus efectos" [STSJ Cataluña de 22 de mayo de 2013 (Rec. núm. 3584/2012)].

[34] Sobre el "ejercicio antisocial del derecho", véase STSJ Cataluña de 17 de diciembre de 2015 (Rec. núm. 5314/2015).

[35] STSJ Canarias (Santa Cruz de Tenerife) de 2 de mayo de 2014 (Rec. núm. 666/2013). Y es que, "si bien el poder de dirección tiene carácter discrecional, con lo que en principio no encontraría otros límites que los derivados de la protección de la buena fe contractual y el respeto de los derechos de los trabajadores, no cabe olvidar que en el propio artículo 20 se hace referencia al principio de buena fe, que obligaría al empresario a motivar la decisión empresarial, prohibiendo la arbitrariedad en el ejercicio de dicho poder, de modo y manera que solo en los casos en que se acredite la existencia de un interés objetivo se considerará que se actúa conforme al principio de buena fe contractual" [STSJ Madrid de 8 de noviembre de 2017 (Rec. núm. 541/2017)].

[36] Rec. núm. 25/2011.

[37] Rec. núm. 538/2020.

aportación de una justificación objetiva y razonable, suficientemente probada, de las medidas adoptadas y de su proporcionalidad".

Similar conclusión puede alcanzarse con relación a los derechos y garantías añadidas a la contemplación de una movilidad geográfica "débil". Porque, de una parte, la posibilidad de extinguir el contrato le queda vetada al trabajador desplazado o trasladado[38]; y, por otra, la norma no anuda efecto económico alguno a la obligación de movilidad impuesta unilateralmente por el empresario, a salvo, lógicamente, de lo que pueda disponer el convenio colectivo de aplicación[39], o, incluso, de lo que se haya acordado individualmente entre empresario y trabajador[40]. Esta imposibilidad de acceder a compensación económica alguna (siempre, insistimos, de acuerdo con lo negociado colectiva o individualmente) la pone de manifiesto una STSJ Castilla-La Mancha de 3 de febrero de 2011[41]. En ella, el trabajador desplazado entendía que "el cambio de centro producido unilateralmente por la empresa a una localidad distinta, aunque se encuentre a 5 km y no precise cambio de domicilio, le origina unos gastos que antes no tenía y que no se le compensan, produciéndole un «empobrecimiento injusto»", y suponía, además, "que se le podría aplicar el artículo 40.4 del ET analógicamente, en cuanto a compensación por los gastos de viajes y dietas". Sin embargo, el tribunal manchego rechazó la pretensión del trabajador, al entender (correctamente, a nuestro juicio) que "cuando el traslado no exija cambio de residencia, no establece otras compensaciones que las pactadas entre las partes o impuestas en convenio colectivo"[42], sin que quede "precepto alguno que imponga al empresario la obligación de satisfacer el mayor tiempo invertido en el desplazamiento como hora de trabajo"[43].

---

[38] En efecto, "para que el trabajador tenga la posibilidad de extinguir el contrato de trabajo con indemnización... se exige que haya sido trasladado por la empresa [...] y para ello es necesario, a su vez, que se den dos circunstancias, que el cambio de centro de trabajo exija cambio de domicilio del trabajador y que sea permanente o se asimile a ello por superar los doce meses en un período de tres años" [STSJ Extremadura de 22 de octubre de 2019 (Rec. núm. 494/2019)]. Y de igual manera la posibilidad de acudir a la prioridad de permanencia del art. 40.7 ET: "Los representantes de los trabajadores, como bien dice la sentencia, no son titulares del derecho a la libertad sindical recogido en el artículo 28 de la CE, pues así lo ha puesto de relieve el Tribunal Constitucional en varias sentencias. Tampoco tienen prioridad de permanencia en sus puestos de trabajo, salvo en el caso de movilidad geográfica que comporte cambio de residencia, según el artículo 40 del ET, lo que no es el caso ya que los actores han sido trasladados a un nuevo centro de trabajo que no exige cambio de residencia" [STSJ Cataluña de 23 de febrero de 2011 (Rec. núm. 6728/2010)].

[39] Al respecto de esto último, véanse STS de 27 de diciembre de 1999 (Rec. núm. 2059/1999) y STSJ Cataluña de 10 de julio de 2002 (Rec. núm. 9303/2001). Y es que, en efecto, "los supuestos de movilidad geográfica «débil», sin cambio de residencia, ni tan siquiera pueden dan lugar a indemnización o compensación que no tenga origen en pacto colectivo o individual" [STSJ Canarias (Santa Cruz de Tenerife) de 12 de diciembre de 2014 (Rec. núm. 505/2014)].

[40] No obstante, algún sector de la doctrina de suplicación sostiene que "ha de tenerse en cuenta que los cambios de centro de trabajo a otro que no implique un cambio de residencia no se contemplan en el art. 40 del Estatuto de los Trabajadores ni antes ni después de su actual reforma, por lo que han de entenderse comprendidos los mismos dentro de las facultades que integran el *ius variandi* del empresario, reconocido en sus arts. 5 c) y 20.2, sin menoscabo, no obstante, del derecho de trabajador, a ser indemnizado en los perjuicios que tal decisión empresarial le ocasione, por razón de la «mayor» distancia y gastos de transporte que la misma le generen" [STSJ Valencia de 13 de junio de 2006 (Rec. núm. 4633/2005)].

[41] Rec. núm. 1411/2010.

[42] Y es que, "las molestias que pueda sufrir el actor, se incardinarían dentro de sus obligaciones como empleado. Así lo sostiene nuestro TS en la misma sentencia: «la posible mayor onerosidad que puede determinar el desplazamiento al nuevo centro ofrece una importancia escasa o muy relativa en la significación económica del contrato, sobre todo en el contexto de una realidad social en la que destacan la calidad de los servicios de transporte y de la red viaria»" [STSJ Canarias (Santa Cruz de Tenerife) de 12 de diciembre de 2014 (Rec. núm. 505/2014)].

[43] En este mismo sentido, véanse SSTSJ Asturias de 30 de enero de 2004 (Rec. núm. 302/2003), Cataluña de 6 de mayo de 2010 (Rec. núm. 253/2009) y Valencia de 21 de septiembre de 2016 (Rec. núm. 2844/2015).

B) La movilidad geográfica "sustancial"

Junto con la anterior movilidad geográfica "débil", nos encontramos con aquella otra que se viene adjetivando judicialmente como "sustancial", que, esta vez ya sí, encaja a la perfección en los postulados del art. 40 ET, obligando al empresario a proceder conforme a lo dispuesto en el precepto, no entrando, pues, la decisión empresarial dentro de las prerrogativas legales que le otorga el art. 20 ET en materia de dirección y control de la actividad laboral. Y es que, tal y como ha resaltado la jurisprudencia, "el lugar donde se prestan los servicios alcanza un especial relieve, pues una vez concertado el lugar de la prestación es en su entorno en donde el trabajador organiza su vida [...], [por] ello el Legislador, con la finalidad de armonizar los intereses de ambas partes, establece una modulación de los poderes del empresario, a través de mecanismos de control y compensación cuanto mayor sea la repercusión en el estatuto jurídico del trabajador de las variaciones que se pretendan introducir en su contrato"[44]. Por eso, "la aplicación del artículo 40 ET solo será posible [...] cuando el traslado del trabajador a un centro de trabajo distinto de la misma empresa «exija cambios de residencia», pues en caso contrario estamos ante lo que se conoce en la doctrina como movilidad geográfica «débil o no sustancial», que está amparada por el poder de dirección que corresponde al empresario en virtud de lo dispuesto en los artículos 5.1.c) y 20 del ET"[45]. En suma, el "traslado de centro de trabajo sin cambio de domicilio y respetando la categoría y funciones, se viene considerando [...] como una modificación accidental de las condiciones de trabajo y encuadrable dentro de la potestad organizativa del empresario"[46].

La primera labor aquí, por lo tanto, debe ser la de definir conceptualmente la movilidad geográfica desde un punto de vista estrictamente jurídico, a la vista de la jurisprudencia social sobre la materia, y siempre sobre la base de la diferenciación apuntada. Así, para el art. 40 ET la movilidad geográfica "sustancial" cuenta con dos posibles manifestaciones, cuya diferenciación dependerá, básicamente, del carácter temporal o no de la medida adoptada. De este modo, si el cambio de centro de trabajo presenta carácter esencialmente permanente, nos encontraremos con un traslado a los que se refiere el apdo. 1 del art. 40 ET[47]; en cambio, si la medida resulta ser temporal, el trabajador se encontrará sometido a un desplazamiento. En la primera de esas ocasiones la norma exige, para considerar la movilidad como traslado, que esta conlleve necesariamente un cambio de residencia del trabajador.

2. El traslado de trabajadores

Al tratarse de un concepto jurídico indeterminado, este el de "cambio de residencia", han tenido que ser los tribunales laborales los encargados de delimitar su significado. Una labor que, pese a todo, sigue encontrando dificultades a la hora de perfilar jurídicamente la terminología legal. Y es que, inquirir en cada caso concreto si nos encontramos frente a un supuesto de traslado,

---

44 Véase STSJ Valencia de 13 de junio de 2006 (Rec. núm. 4633/2005).

45 Véase STSJ Valencia de 30 de junio de 2021 (Rec. núm. 912/2021).

46 Véase STS de 27 de diciembre de 2013 (Rec. núm. doctrina 3034/2012). En este mismo sentido, véase STSJ Castilla-La Mancha de 28 de octubre de 2022 (ECLI:ES:TSJCLM:2022:2889).

47 Esa necesidad de carácter permanente se analiza, por ejemplo, en la STSJ Extremadura de 22 de octubre de 2019 (Rec. núm. 494/2019).

nos obliga a utilizar distintos parámetros (la mayoría de ellos de carácter objetivo), dependiendo así la averiguación en la toma en consideración de múltiples circunstancias particulares que, acreditadas en pleito, podrán llevar al juzgador de que se trate a la convicción de que nos encontramos frente a un supuesto de traslado individual de trabajadores. Con todo, insistimos, la mejor herramienta jurídica aquí no es otra que la jurisprudencia laboral.

A) En la jurisprudencia del Tribunal Supremo

El fundamento de la definición legal la viene proporcionando desde hace décadas la Sala de lo Social del Tribunal Supremo, por ejemplo, en su Sentencia de fecha 7 de julio de 1987, al entender que la movilidad geográfica del art. 40 ET se da cuando el trabajador tenga que ir "de manera permanente" a "poblaciones, localidad o lugar distintos de aquel en que habitualmente presta sus servicios o donde radica la empresa, fábrica, taller o centro de trabajo, para ejecutar tareas o servicios propios de su categoría profesional y para los que fue contratado y de modo que el trabajador no pueda efectuar sus comidas principales ni pernoctar en su domicilio o residencia ordinarias diariamente", lo que "implica el cambio de la residencia habitual del trabajador, de forma que la circunstancia de no efectuar las comidas principales ni pernoctar donde normalmente lo hacía antes es, por efectuarlo, definitivamente, en el nuevo lugar a donde fue destinado". De este modo, para la jurisprudencia, las notas que "delimitan la noción legal de traslado son las siguientes: 1. Se trata de un cambio de centro que presupone la existencia de un puesto de trabajo anterior desempeñado con carácter permanente, en el sentido de no provisional o circunstancial. 2. Implica un cambio a un nuevo y único centro de trabajo de la misma empresa. 3. Se trata de un cambio de residencia con vocación de permanencia o definitivo"[48].

Así, sobre esta base, la jurisprudencia recaída en unificación de doctrina nos proporciona, como decimos, distintos pertrechos en orden a la apreciación de situaciones normativas de traslado. En una primera aproximación a ese bagaje doctrinal del Tribunal Supremo, comprobamos como el mismo establece diversas pautas primordiales. Así, por ejemplo, entiende que no deben considerarse como situaciones de traslado aquellas que acontecen cuando "se ha cambiado el lugar de prestación de servicios, [pero la] alteración ... no requiere cambio de residencia, [aunque] exige mayor tiempo para el desplazamiento"[49]. De igual manera, para nuestro alto tribunal la orden empresarial de traslado que implique que la prestación de servicios se realice en municipio distinto de aquel en que se trabajaba hasta entonces no constituye un axioma normativo, sin que suponga necesariamente en todo caso "una movilidad geográfica sustancial, en el sentido que se establece en los artículos 40"[50].

Con todo ello, lo que en realidad la Sala de lo Social del Tribunal Supremo quiere trasladarnos no es más que el hecho de que "la naturaleza de la orden de traslado no puede depender de la voluntad del trabajador, es decir de que este decida o no cambiar su lugar de residencia"[51]. Solo existirá traslado cuando objetivamente se dé la necesidad de cambio de

---

48 Véase STSJ Madrid de 14 de junio de 2019 (Rec. núm. 27/2019). En este mismo sentido, véase STSJ Canarias (Las Palmas) de 30 de abril de 2012 (Rec. núm. 1718/2011).

49 Véase STS de 19 de abril de 2004 (Rec. núm. 1968/2003).

50 Véase STS de 16 de abril de 2003 (Rec. núm. 2257/2002).

51 Véase STS de 16 de abril de 2003 (Rec. núm. 2257/2002). En efecto, "la necesidad del cambio de residencia cuando se traslada a un trabajador de centro de trabajo no lo define el trabajador, pero tampoco lo puede hacer la empresa" [STSJ Extremadura de 27 de enero de 2015 (Rec. núm. 594/2014)].

residencia, independientemente de si finalmente el trabajador decide mudar su domicilio. Es cierto, afirma una STS de 16 de abril de 2003[52] que "la naturaleza de la orden de traslado no puede depender de la voluntad del trabajador, es decir de que este decida o no cambiar su lugar de residencia". De este modo, la regla general que se deriva del art. 40 ET es que, "salvo que el convenio disponga otra cosa [...] el traslado a centro de trabajo sito en población distinta de aquella en la que se prestan los servicios, implica en sí misma un cambio de residencia, que por ello, constituye un supuesto de movilidad geográfica incardinable en el artículo 40 ET". Ahora bien, dicha regla no puede aplicarse de un modo automático y objetivo, "de forma que obligue a considerar que todo traslado a población distinta implica un cambio de residencia, sino racionalmente y atendidas las circunstancias concretas de cada caso".

B) En la doctrina de los Tribunales Superiores de Justicia. Con especial atención al carácter "gravoso" del traslado

Haciendo uso de esa habilitación judicial, cierta doctrina de suplicación no ha dudado a la hora de construir su propia definición de traslado, de un lado, relacionando el "cambio de residencia" con la gravosidad o el perjuicio que la medida puede suponer para el trabajador[53], y del otro, prestando especial atención en cada caso concreto a esa necesidad de tener en cuenta las circunstancias objetivas específicas concurrentes[54]. Porque, en definitiva, no existe (salvo contadas excepciones) un supuesto igual a otro en estas ocasiones, y las especificidades acreditadas en pleito pueden llevar incluso a la aceptación de existencia de un supuesto de movilidad geográfica "sustancial" cuando en el traslado se encuentren implicados centros de trabajo ubicados en la misma localidad. De ahí la insistencia de algunos tribunales laborales en utilizar como elemento definitorio del traslado lo gravoso de la medida para el trabajador, prestándole así una especial atención a la importancia que pueda tener el desplazamiento en "la significación económica del contrato que une a las partes"[55]. Lo definitorio será en estas ocasiones, pues, que al trabajador le sea "materialmente... imposible o notablemente gravoso mantener la anterior residencia y desplazarse desde la misma a la localidad donde radique el nuevo centro de trabajo"[56].

---

[52] Rec. núm. 2257/2002.

[53] Correspondencia esta que ya se venía admitiendo desde hace años en la jurisprudencia social: "Ciñéndose la cuestión objeto de nuestro estudio al examen, clasificación jurídica y consecuencias inherentes derivadas del traslado del recurrente desde la oficina que el Banco demandado, tiene en Móstoles a la de Alcorcón, localidades ambas inmediatas, es evidente que por sí solo tal traslado no puede subsumirse en el art. 40, del Estatuto de los Trabajadores que contempla el supuesto de la movilidad geográfica, pues para ello hubiera sido menester, que hubiera cambio de residencia, aunque, no se exigiera por la empresa, sino que deviniera al ser materialmente imposible o muy gravoso para el trabajador el traslado al nuevo centro, manteniéndolo la anterior como así lo declara el Tribunal Central de Trabajo en sentencia de 15 de septiembre de 1987 (RTCT 1987\19111)" [STSJ Madrid de 11 de mayo de 1990 (Rec. núm. 1510/1989)].

[54] Y así debe ser, en efecto, "la regla que anuda la necesidad de cambio de residencia al traslado a población distinta no puede ser aplicada de forma automática sino atendiendo a las circunstancias de cada caso" [STSJ Cataluña de 19 de noviembre de 2020 (Rec. núm. 2162/2020)].

[55] Cfr. STSJ de Andalucía (Sevilla) de 1 de junio de 2021 (Rec. núm. 1663/2021). Lo que, a su vez, según algunos tribunales laborales, otorgaría al trabajador la posibilidad de extinguir el contrato con la indemnización que marca el art. 40.1 ET [cfr. STSJ Valencia de 13 de junio de 2006 (Rec. núm. 4633/2005)].

[56] Véase STSJ Extremadura de 27 de enero de 2015 (Rec. núm. 594/2014). Acerca de traslados o desplazamientos gravosos para el trabajador, véanse, entre otras muchas, SSTSJ Andalucía (Granada) de 17 de julio de 2014 (Rec. núm. 1138/2014) y Cataluña de 5 de julio de 2011 (Rec. núm. 2807/2010).

Un ejemplo de que todo ello es así lo proporciona una STSJ Cataluña de 21 de octubre de 2020[57], para la cual la "exigencia de cambio de residencia debe valorarse casuísticamente, teniendo en cuenta diversos factores: el cambio de población del centro de trabajo, la lejanía respecto del domicilio del trabajador, la existencia de medios de transporte públicos, la facilidad (frecuencia) de comunicaciones, y las posibles compensaciones que ofrezca el empresario (TSJ Madrid 6-3-06); también el tiempo que es necesario para realizar el desplazamiento". En definitiva, "ha de atenderse a las variables de coste en tiempo y en dinero, de modo que cuando por el efecto de todas estas circunstancias el traslado resulte gravoso, haciendo que sea recomendable el cambio de residencia, debe entenderse aplicable la normativa sobre movilidad geográfica"; cambio de residencia que "no ha de ser exigido por la empresa, sino que este ha de venir impuesto o exigido por el hecho mismo del cambio del lugar de trabajo, es decir, porque materialmente sea imposible o notablemente gravoso mantener la anterior residencia o domicilio y desplazarse desde ella a la localidad donde radique el nuevo centro de trabajo de forma diaria. Además, la necesidad de cambio de residencia ha de apreciarse objetivamente, con independencia de que el trabajador concreto de que se trate opte por permanecer residiendo en su localidad de origen en uso de su legítimo derecho a la libertad de domicilio"[58].

En consecuencia, para un sector de la jurisprudencia de suplicación "el elemento consustancial a dicho traslado —que sí sería interpretable como movilidad geográfica sustancial—, frente a la movilidad geográfica «débil» es que esta nueva ubicación obligue al trabajador a un traslado de residencia, o bien el desplazamiento al nuevo lugar de trabajo sea excesivamente gravoso"[59]. Porque nunca será lo mismo, por ejemplo, un traslado en Madrid o Barcelona que otro llevado a cabo entre dos localidades pequeñas en población y que no distan entre sí más que unos pocos kilómetros[60]; o incluso una medida locativa entre dos localidades distantes entre sí escasos kilómetros, pero con deficientes medios de comunicación terrestre, aérea o marítima[61].

---

[57] Rec. núm. 2297/2020. En este mismo sentido, véase STSJ Cataluña de 24 de marzo de 2011 (Rec. núm. 1176/2010).

[58] En este mismo sentido, según una STSJ Cantabria de 18 de diciembre de 2014 (Rec. núm. 819/2014), "la determinación de si la movilidad geográfica requiere o no cambio de residencia puede derivar de la distancia entre el nuevo centro y el domicilio del trabajador o del tiempo de desplazamiento empleado, teniendo en cuenta los medios de transporte disponibles, el coste económico, etc., pero en cualquier caso, es una circunstancia que debe apreciarse de forma objetiva, obviando por lo tanto, la concreta opción del afectado".

[59] Véase STSJ Galicia de 21 de mayo de 2019 (Rec. núm. 917/2019). Al respecto, véase igualmente STSJ Cataluña de 4 de julio de 2012 (Rec. núm. 3976/2011). Y es que, en efecto, para cierta jurisprudencia de suplicación "existen supuestos en los que aunque no se plantea por la empresa directamente el cambio de residencia del trabajador, puede ocurrir que el desplazamiento diario del domicilio al centro de trabajo sea de tal naturaleza que haga gravosa la relación, constituyendo, de hecho, un supuesto de traslado, con la posibilidad de permitir el derecho del trabajador a extinguir su contrato con la indemnización de 20 días" [STSJ Cataluña de 26 de enero de 2009 (Rec. núm. 4193/2008)].

[60] Tal apreciación llega hasta el punto de admitir en ocasiones la gravosidad de la medida incluso cuando la empresa abona "los gastos de traslado de lunes a viernes y de manutención" [STSJ Navarra de 16 de diciembre de 2019 (Rec. núm. 373/2019)].

[61] Así lo pone claramente de manifiesto una STSJ Galicia de 11 de octubre de 2017 (Rec. núm. 2368/2017), al asegurar que "es evidente que el cambio de centro de trabajo que ahora nos ocupa es un traslado de los regulados en el art. 40 del ET ya que la distancia es muy importante (supera los 75 km), y además de no constarnos la existencia de una vía de alta capacidad que una ambas localidades es un hecho notorio que los medios de transporte público en Galicia, fuera de lo que son las grandes capitales y ciudades entre sí, son bastante deficientes".

En este sentido, para una STSJ de Andalucía (Sevilla) de 1 de junio de 2021[62], debe considerarse como traslado el cambio a un centro de trabajo en localidad distante solamente 13 kilómetros del municipio fijado en contrato, precisamente por lo gravoso de la alteración locativa para el trabajador, lo que en puridad podría exigir un cambio efectivo de residencia. Y ello, por causa de que "la adscripción a su nuevo destino exige un cambio de residencia dado el horario [nocturno] de trabajo al que está sujeto, la inexistencia de medios públicos de transporte que le permita acudir al nuevo centro y la carencia de vehículo propio, lo que le obliga a hacer uso de un taxi con un alto coste económico (20 euros por cada viaje según consta en los justificantes obrantes en autos)"[63]. Porque, en definitiva, la concurrencia del "presupuesto del cambio de residencia [...] no está supeditada a la necesidad de un efectivo cambio de residencia a la localidad en que radica el nuevo centro", ya que "como señala la sentencia 28/1999, de 8 de marzo, del Tribunal Constitucional, el derecho subjetivo y personal a determinar libremente el lugar donde se desea residir transitoria o permanentemente que el art. 19 de la Constitución proclama, implica el reconocimiento a su titular del poder de configurar esa residencia con los elementos propios del domicilio, lo que significa que la libre elección de domicilio forma parte del contenido de la libertad de residencia constitucionalmente garantizada". De este modo, pueden subsumirse en lo dispuesto en el art. 40.1 ET "aquellos supuestos en los que al afectado le resulta notablemente gravoso mantener su anterior residencia y desplazarse diariamente al nuevo lugar de trabajo, lo que, para evitar tales perjuicios, le exigiría el cambio de residencia".

La jurisprudencia de suplicación nos enseña, a través de esta última resolución, que "para verificar si el traslado a un centro de trabajo situado en otro municipio requiere cambio de residencia, habrá que valorar diversas circunstancias", y en particular las siguientes: 1) "La principal es la distancia existente entre el domicilio del trabajador y el centro de destino pues, aunque no existe un umbral a partir del cual pueda entenderse que el traslado exige alterar la residencia habitual, habrá que excluir en principio las distancia excesivamente reducidas e incluir, de la misma forma, las que sean muy largas"; y 2) en los trayectos cortos "la accesibilidad al nuevo centro desde el domicilio del trabajador y, en particular, los medios de transporte público disponibles, el incremento en el tiempo de desplazamiento y su eventual incidencia en la esfera personal, profesional, familiar y social; el aumento de los gastos de transporte; la concesión por el empresario de compensaciones económicas; el número de días laborables a la semana; y el porcentaje que representa el tiempo de desplazamiento en relación a la jornada diaria de trabajo"[64].

---

[62] Rec. núm. 1663/2021.

[63] "Por un lado, a las 4,15 de la madrugada, hora en que la que el demandante debe iniciar su jornada laboral, de lunes a sábado, no existe ningún medio público de transporte público. Por otra parte, el actor no cuenta con un vehículo propio y no se le puede exigir razonablemente que utilice alguno de los medios a los que alude la entidad demandada en el escrito de impugnación del recurso, como un automóvil prestado por un tercero, una moto, una bicicleta o un patinete eléctrico con el riesgo que conlleva circular diariamente por una autovía a esas horas de la madrugada. En tercer lugar, el importe del taxi que viene utilizando el trabajador para desplazarse al lugar donde desarrolla su actividad laboral es de 20 euros diarios, alrededor de 500 euros al mes, lo que representa la mitad de su salario neto mensual, y la empresa no le ha facilitado ninguna alternativa de transporte ni está dispuesta a compensarle los gastos".

[64] Y en otras ocasiones, de manera más sucinta, entiende que deben valorarse las siguientes circunstancias: "a) la distancia entre el nuevo lugar de trabajo y del anterior o, en su caso, del de su domicilio si fuera distinto; b) la existencia o inexistencia de medios públicos de transporte que posibiliten el acceso del

No resulta ser esta, sin embargo, la opinión del Tribunal Supremo sobre la materia. Nuestro alto tribunal no resulta muy proclive a utilizar el perjuicio económico que la medida de movilidad pueda suponer al trabajador para apreciar la existencia de un supuesto de movilidad geográfica "sustancial", señalando que "la posible mayor onerosidad que puede determinar el desplazamiento al nuevo centro ofrece una importancia escasa o muy relativa en la significación económica del contrato, sobre todo en el contexto de una realidad social en la que destacan la calidad de los servicios de transporte y de la red viaria; aparte de que los perjuicios reales de la decisión empresarial habrían de tener en cuenta no la distancia existente entre ambos centros de trabajo, el antiguo y el nuevo, sino el incremento –en algunos casos inexistente– de distancia entre el lugar de residencia y la nueva ubicación laboral"[65].

Y lo mismo sucede con el resto de la jurisprudencia de suplicación, que considera que "la decisión de la empresa de cambiar el centro de trabajo [...], forma parte de sus atribuciones como tal empresa que le reconocen los arts. 5, 20 y 40 del Estatuto de los Trabajadores y el contrato de trabajo suscrito entre las partes, aunque ello resulte especialmente gravoso para la misma al tratarse de dos localidades en que yendo en coche se emplean aproximadamente 25 minutos, no constando que posea vehículo, 1 hora y 15 minutos yendo en tren, desconociéndose como funciona exactamente el servicio de autobús interurbano"[66]. De este modo, por ejemplo, "el cambio de centro de trabajo, distante el nuevo del anterior 5,5 km no comporta cambio de residencia y si bien puede admitirse una mayor gravosidad por causa del transporte público utilizado para el desplazamiento en atención al horario de los autobuses, ello no comporta que pueda calificarse de sustancial la modificación operada, porque manteniéndose en su integridad el resto de las condiciones de trabajo de la actora, a excepción del lugar de prestación de servicios, la posible mayor onerosidad que puede determinar el desplazamiento al nuevo centro ofrece una importancia escasa o muy relativa en la significación económica del contrato"[67].

En conclusión, las notas que definen el traslado de trabajadores, se pueden sintetizar, de acuerdo con una STSJ Andalucía (Sevilla) de 26 de septiembre de 2016[68], en primer lugar, en un cambio de destino, lo cual supone la existencia de un puesto de trabajo anterior desempeñado con carácter de permanencia; en segundo lugar, debe existir un cambio de

nuevo centro o lugar de trabajo; c) las facilidades ofrecidas por el empresario" [STSJ Andalucía (Sevilla) de 24 de febrero de 2009 (Rec. núm. 3776/2007)].

65 STS de 26 de abril de 2006 (Rec. núm. 2076/2005). Y es que, "en principio el trabajador está obligado a «soportar» la reubicación de sus servicios en los centros de trabajo que el empresario decidió dentro de sus facultades de dirección y de organización empresarial. Las molestias que pueda sufrir el actor, se incardinarían dentro de sus obligaciones como empleado" [STSJ Canarias (Santa Cruz de Tenerife) de 12 de diciembre de 2014 (Rec. núm. 505/2014)]. En idéntico sentido, véase STSJ Asturias de 2 de diciembre de 2010 (Rec. núm. 2376/2010).

66 Véase STSJ Cataluña de 23 de abril de 2021 (Rec. núm. 278/2021).

67 Véase STSJ Cataluña de 7 de enero de 2013 (Rec. núm. 25/2011). Así lo opina igualmente el TSJ Madrid en sus Sentencias de fecha 17 de junio de 2020 (Rec. núm. 1167/2019) y 30 de enero de 2020 (Rec. núm. 913/2019): "Si bien es cierto que el traslado del centro de trabajo puede llegar a suponer al trabajador la necesidad de incurrir en unos gastos de transporte que antes no tenía y de emplear un tiempo de desplazamiento superior al que por sus circunstancias particulares, que aquí no constan, debía emplear con anterioridad, lo cierto es que el traslado de centro de trabajo en los términos ya indicados, habida cuenta la existencia de diversos medios de transporte público urbanos, no hace necesario el cambio de residencia del trabajador".

68 Rec. núm. 2832/2015.

puesto de trabajo que implica un traslado a centro de trabajo distinto de la misma empresa; en tercer lugar, habrá de concurrir un cambio de centro de trabajo "que exija cambios de residencia" al trabajador; en cuarto lugar, se precisa un cambio permanente, del que pueden predicarse de dos tipos de cambios, los atemporales o por tiempo indefinido y de los por tiempo determinado superior a un año; aparte de que los traslados podrán ser individuales o colectivos; y, finalmente, debemos estar ante traslados excepcionales y no habituales[69].

C) La posible utilización del art. 301 LGSS

Mayor discusión plantea en la doctrina judicial la utilización –como parámetro locativo– del art. 301 LGSS, en conjunción ahora con el art. 3 de la Ley 3/2023, de 28 de febrero, de Empleo, relativos a la colocación adecuada de trabajadores en materia de prestaciones por desempleo. Ahora, el art. 3 de la Ley 3/2023 establece que "Se considerará adecuada, la colocación en la profesión demandada por la persona trabajadora, de acuerdo con su formación, características profesionales, experiencia previa o intereses laborales y también aquella que se corresponda con su profesión habitual o cualquier otra que se ajuste a sus aptitudes físicas y formativas". En cambio, antes el art. 301 LGSS señalaba que "la colocación se entenderá adecuada cuando se ofrezca en la localidad de residencia habitual del trabajador o en otra localidad situada en un radio inferior a 30 kilómetros desde la localidad de la residencia habitual, salvo que el trabajador acredite que el tiempo mínimo para el desplazamiento, de ida y vuelta, supera el 25 por ciento de la duración de la jornada diaria de trabajo, o que el coste del desplazamiento supone un gasto superior al 20 por ciento del salario mensual, o cuando el trabajador tenga posibilidad de alojamiento apropiado en el lugar de nuevo empleo"; y de ahí que cierta jurisprudencia de suplicación decidiese utilizar la literalidad del precepto a la hora de concretar la exégesis del art. 40 ET.

Es indudable que, como referencia locativa, la LGSS establecía unos concretos y definidos parámetros, que podían servir en el ámbito de la movilidad geográfica, y así lo entendieron en su momento algunos tribunales laborales, afirmando que "en cuanto a los criterios para determinar si tal cambio de ubicación del centro de trabajo exige un cambio de residencia se han de acudir a una serie de parámetros que muchas veces vienen fijados en los propios Convenio Colectivos (más allá de municipios limítrofes, un número de kilómetros de terminado, etc.); pero en defecto de criterios concretos, que como vimos es el caso de autos, los Tribunales suele acudir a datos como la distancia kilométrica entre el nuevo y el antiguo puesto de trabajo, tiempo empleado para el desplazamiento, la existencia de una buena red vial (autovía, autopista o similar) y la existencia de medios de transporte público (principalmente por carretera o ferroviarios), y cada vez más, a título orientativo, el criterio del art. 301 de la LGSS a efectos de considera una oferta de empleo como adecuada"[70].

---

[69] En este mismo sentido, diferenciando además entre lo colectivo y lo individual, véase STSJ Canarias (Santa Cruz de Tenerife) de 5 de junio de 2017 (Rec. núm. 922/2016).

[70] Véase STSJ Galicia de 21 de mayo de 2019 (Rec. núm. 917/2019). Así lo entiende igualmente una STSJ Andalucía (Málaga) de 4 de julio de 2018 (Rec. núm. 709/2018), al afirmar que, "si bien no consta determinada legal o jurisprudencialmente la distancia entre centros de trabajo a partir de la cual la decisión empresarial de movilidad geográfica hace necesario el cambio de residencia, funciona una norma orientativa, que se ampara en la dicción del artículo 301.3 de la Ley General de la Seguridad Social de 2015, con arreglo a la cual se viene considerando traslado el cambio a otro centro que se ubica en un

Pese a ello, el Tribunal Supremo, en Sentencia de fecha 15 de junio de 2021[71], ha rechazado de plano la utilidad de lo dispuesto en el art. 301 LGSS[72]. De este modo, aunque para la sentencia impugnada, "el cambio de centro debe de considerarse un auténtico traslado cuando implica una distancia de más de 30 km o requiera al trabajador emplear un tiempo de desplazamiento de más del 25 % de su jornada laboral; parámetros estos que obtiene de lo dispuesto en el art. 301, párrafo tercero, de la Ley General de la Seguridad Social (LGSS)"; pese a ello, decimos, el alto tribunal rechazó "la tesis de la sentencia recurrida que acude a un precepto ajeno por completo a lo que aquí se dilucida –el de «colocación adecuada» a los efectos del desempleo– para construir una noción de traslado distinta a la del art. 40 ET. Se trata de situaciones y figuras jurídicas diferentes respecto de las que la técnica analógica carece de operatividad".

D) La utilidad de los convenios colectivos

Otro problema que al respecto de la definición legal han debido abordar los tribunales laborales es el relativo al valor a otorgar al convenio colectivo cuando este especifica[73], concretándola, la distancia necesaria para poder considerar como traslado el cambio de centro de trabajo[74]. No resulta en absoluto inusual que las normas paccionadas, en un intento de otorgar cierta seguridad jurídica a los sujetos sometidos a su ámbito de aplicación, dediquen alguno de sus preceptos a regular la movilidad geográfica de los trabajadores[75], incluyendo ciertas cláusulas en su articulado en las que se señala, por ejemplo, que "no tendrán la consideración de movilidad geográfica los cambios de lugar de trabajo dentro de una misma ciudad, o de un radio de 25 km a contar desde el centro del municipio donde las personas trabajadoras presten sus servicios a la firma del Convenio"[76], o que "no tendrán la consideración de movilidad geográfica los cambios de lugar de trabajo dentro de una misma ciudad, o aquellos que no comporten cambio de residencia para la persona afectada por no exceder de 50 km la distancia entre el centro de trabajo de origen y el de destino"[77]. Sin embargo, el carácter de

---

radio de más de 30 kilómetros de distancia del anterior, o bien que requiera al trabajador emplear en los desplazamientos un tiempo superior al 25 % de su jornada laboral".

[71] Rec. núm. 3696/2018.

[72] Y distintos Tribunales Superiores de Justicia, como, por ejemplo, en STSJ Madrid de 11 de mayo de 2020 (Rec. núm. 895/2019), "puesto que dicho precepto está destinado a regular uno de los aspectos propios de la prestación por desempleo".

[73] No debe dejarse de lado, tal y como ha advertido la doctrina ya en su momento, que "las regulaciones convencionales en materia de movilidad geográfica son lo suficientemente heterogéneas como para hacer difícil su clasificación" [cfr. GARCÍA VALVERDE, M. D., *La movilidad geográfica. Un análisis teórico jurisprudencial*, Comares (Granada, 2002), pág. 40].

[74] O, incluso, con relación a concursos de traslado [cfr. STSJ Cataluña de 9 de julio de 2020 (Rec. núm. 834/2020)].

[75] Al respecto, véanse STS de 20 de noviembre de 2012 (Rec. núm. 259/2011) y SSTSJ Castilla-La Mancha de 25 de julio de 2006 (Rec. núm. 301/2005) y Murcia de 27 de marzo de 2006 (Rec. núm. 231/2006). No resulta extraño, pues, que algunos tribunales laborales manifiesten que las movilidades geográficas "débiles" suelen corresponder "habitualmente a ámbitos y parámetros de prestación de servicios en articulación de convenios colectivos estrictos (véase de entidades financieras) con coberturas y consideraciones concretas que no suelen suponer sino desplazamientos de proximidad" [STSJ País Vasco de 11 de junio de 2019 (Rec. núm. 956/2019)].

[76] Art. 30.4 del Convenio colectivo general de ámbito estatal para el sector de entidades de seguros, reaseguros y mutuas colaboradoras con la Seguridad Social de 2021 (BOE de 27 de diciembre de 2021).

[77] Art. 31.4 del II Convenio colectivo nacional de servicios de prevención ajenos de 2017 (BOE de 7 de octubre de 2017).

derecho necesario del art. 40 ET hace que la previsión convencional suponga que los negociadores puedan estar regulando derechos indisponibles, sin que por ello mismo sea admisible la validez de tales disposiciones convencionales, salvo que las mismas mejoren lo dispuesto normativamente[78], y así lo vienen declarando desde hace años los tribunales laborales en suplicación de manera mayoritaria.

Se trata de una doctrina judicial que ejemplifica una STSJ País Vasco de 19 de diciembre de 2017[79], en la que lo que se discutía era la aplicabilidad del Convenio Colectivo del sector de la banca de 2016, en cuyos arts. 37 y 38 se señalaba que "no tendrán la consideración de traslado ni movilidad geográfica, dentro de una misma plaza o de un radio de 25 kilómetros a contar desde el centro del municipio donde el personal prestaba sus servicios a 30 de enero de 1996". En ella, tras sentarse la afirmación general de que el "art. 37 del Convenio Colectivo de Banca no puede servir para obviar derechos indisponibles como son los que establece el art. 40 ET" –sin que por "la vía del Convenio Colectivo [sea] posible crear un marco paralelo al Estatuto en perjuicio del trabajador"–, se concluyó que "el derecho a la estabilidad espacial se relaciona directamente con el ámbito de las relaciones que se crean por el sujeto [...], el desarrollo de los vínculos tanto personales como económicos, culturales o de esparcimiento, hoy por hoy, están conectados con los hábitat de la persona [...], [y de ahí que] los cambios por traslado territorial, sean por modificación de la residencia, domicilio o lugar de trabajo, deban contemplarse no solo desde la esfera de su repercusión en el sujeto, sino desde la buena fe de toda actividad de derecho (*non laedere*)". En suma, "el art. 37 del Convenio Colectivo no puede fijar un arco temporal de movilidad del trabajador que supere los propios márgenes del art. 40 del ET", por lo que "la empresa no está facultada para realizar una utilización del art. 37 del convenio colectivo que sobrepase los límites del Estatuto"[80].

Por supuesto, esa misma limitación a la capacidad negocial –en su aspecto material– de los interlocutores sociales se proclama en la jurisprudencia de unificación de doctrina, a la vista de los términos en que ocasionalmente se vienen pronunciando los convenios colectivos con relación a la movilidad geográfica de los trabajadores sometidos a su ámbito de aplicación, resultando un claro ejemplo de ello una STS de 27 de diciembre de 1999[81]. Así, afirma esta resolución que "es evidente que los negociadores de un Convenio no pueden desconocer ni modificar las normas legales, cuando su contenido es de derecho necesario", y la "exigencia del art. 40 del Estatuto

[78] En efecto, en estos casos, se hace preciso "normativa legal, reglamentaria o convencional en la que pudieran mejorarse válidamente a favor de los trabajadores las condiciones contenidas en la normativa estatutaria" [STS de 9 de febrero de 2010 (Rec. núm. 1605/2009)].

[79] Rec. núm. 2339/2017.

[80] En contra, véase STSJ Andalucía (Granada) de 23 de abril de 2020 (Rec. núm. 1846/2019), donde se concluye lo siguiente: "En concreto, entiende el juez *a quo* que en aplicación de lo dispuesto en el artículo 95 del convenio de aplicación, así como del artículo 9 del ALI, concurre movilidad geográfica sustancial, en los términos del artículo 40 del ET, cuando exista un traslado que exceda de 25 km, el cual, conforme a las citadas normas implica cambio de residencia. Dicha interpretación no puede considerarse ilógica o irracional, por cuanto aplicando en primer lugar el sentido literal de las palabras expuestas en el citado artículo 95, primer canon hermenéutico a tener en cuenta conforme a los artículos 1.281 y siguientes del Código Civil, cuando se produzca un traslado del trabajador a una distancia inferior a 25 km desde el centro de trabajo, no se considerará que existe traslado que exija cambio de residencia, por lo que a sensu contrario, de superarse dicha distancia se entenderá que procede dicha calificación con la correspondiente exigencia de cambio de domicilio". En este mismo sentido, pueden verse SSTSJ Andalucía (Málaga) de 13 de febrero de 2014 (Rec. núm. 1590/2013) y Andalucía (Granada) de 23 de abril de 2020 (Rec. núm. 1846/2019).

[81] Rec. núm. 2059/1999.

de considerar como movilidad geográfica toda decisión patronal que obligue a un cambio de residencia, ya sea por traslado o por desplazamiento según la temporalidad del acuerdo, constituye un límite que el Convenio no puede franquear".

De igual manera, esa misma doctrina de la Sala de lo Social del Tribunal Supremo rechaza condicionar la materia objeto de negociación colectiva cuando esta se refiera a la movilidad geográfica "débil", sin que lo acordado en la norma paccionada pueda quedar limitado por lo dispuesto en el precepto que disciplina la materia en el ET, debiendo someterse las partes a dicha regulación convencional. Nada debiera impedir, pues, que cuando "de la literalidad del precepto convencional impugnado se desprende que el mismo no viola las normas legales cuya infracción se alega, por cuanto en el mismo se regulan desplazamientos temporales que no requieren cambios de residencia, [ello] hace que les sea inaplicable lo dispuesto en el art. 40 del ET"[82]. En consecuencia, "cuando no se producen cambios de residencia, sino simples cambios de centro de trabajo nos encontramos ante una modificación no sustancial o accidental que está amparada por el poder de dirección que tiene el empresario..., quien está sujeto a lo dispuesto en la negociación colectiva"[83].

3. El desplazamiento de trabajadores

El desplazamiento de trabajadores se diferencia del traslado básicamente en la temporalidad de la medida que pueda adoptar el empleador, ya que en ambos casos la norma exige que quede acreditado un cambio de residencia del trabajador; y ello, a pesar incluso (como veremos) de que el art. 40.6 ET señale –a diferencia del apdo. 1 del precepto– la necesidad de residir "en población distinta de la de su domicilio habitual"[84]. Así, mientras que el traslado presenta carácter de permanencia, el desplazamiento, en cambio, resulta ser una decisión empresarial limitada en el tiempo (ya señalaremos en su momento cuándo se produce dicha "temporalidad"[85]), que exigirá al trabajador durante ese lapso residir en población distinta de la de su domicilio habitual[86]. Hay que reparar, sin embargo, en que, pese a esas similitudes, "ambas figuras, concebidas legalmente como supuestos de movilidad geográfica, tienen su propia autonomía y producen distintos efectos"[87]. Así, no es de extrañar que el Tribunal Supremo venga desde antiguo señalando que el "traslado implica un cambio definitivo de residencia, para el que se exige existan probadas razones, técnicas, organizativas o productivas... con derecho del trabajador ... a optar entre resolver el contrato mediante el percibo de la indemnización que fija el precepto o aceptar el traslado con la correspondiente compensación económica de los gastos que le origine...; en

[82] Véase STS de 12 de julio de 2016 (Rec. núm. 222/2015).

[83] Ídem.

[84] Sobre esa necesidad ínsita en la posible aplicabilidad del art. 40 ET, véanse STS de 18 de septiembre de 1990; y SSTSJ Galicia de 10 de mayo de 2021 (Rec. núm. 476/2021), Madrid de 13 de mayo de 2020 (Rec. núm. 1280/2019), Castilla y León (Valladolid) de 11 de julio de 2019 (Rec. núm. 1181/2019), Madrid de 27 de noviembre de 2018 (Rec. núm. 121/2018), Asturias de 20 de febrero de 2018 (Rec. núm. 2526/2017), La Rioja de 22 de junio de 2017 (Rec. núm. 185/2017), Aragón de 6 de febrero de 2017 (Rec. núm. 23/2017), Madrid de 11 de julio de 2016 (Rec. núm. 400/2016), Cantabria de 30 de mayo de 2014 (Rec. núm. 242/2014) y Murcia de 23 de abril de 2012 (Rec. núm. 4512/2012).

[85] Al respecto, véase STSJ Galicia de 4 de marzo de 2011 (Rec. núm. 2229/2007).

[86] Cfr. STS de 21 de mayo de 1981.

[87] Véase STS de 5 de junio de 1990. En este mismo sentido, véase STSJ Madrid de 8 de marzo de 2019 (Rec. núm. 39/2018).

cambio, el desplazamiento… si bien implica también un cambio de residencia habitual, se caracteriza porque tiene naturaleza temporal o transitoria, [y] el trabajador, sin perjuicio de acatar la orden de desplazamiento, puede oponerse a la misma… y durante tal situación el trabajador tiene derecho a percibir, además del salario, los gastos de viaje y dietas correspondientes"[88].

El desplazamiento, asegura así una antigua STS de 7 de julio de 1987, "se da cuando, por orden de la empresa, el trabajador tenga que ir durante cualquier período de tiempo, a poblaciones, localidad o lugar distintos de aquel en que habitualmente presta sus servicios o donde radica la empresa, fábrica, taller o centro de trabajo, para ejecutar tareas o servicios propios de su categoría profesional y para los que fue contratado y de modo que el trabajador no pueda efectuar sus comidas principales ni pernoctar en su domicilio o residencia ordinarias diariamente, y el traslado tiene de común con el desplazamiento el ser por orden de la empresa y el cambio de localidad para continuar trabajando por cuenta de la misma, y se diferencia de aquel en que dicho cambio es permanente e implica el cambio de la residencia habitual del trabajador, de forma que la circunstancia de no efectuar las comidas principales ni pernoctar donde normalmente lo hacía antes es, por efectuarlo, definitivamente, en el nuevo lugar a donde fue destinado".

Ahora bien, al igual que sucede con el traslado, en el desplazamiento también se viene diferenciando entre el "débil" y el "sustancial", dependiendo (de nuevo) de si la decisión de empresa obliga al trabajador a residir en población distinta de la de su domicilio habitual. Por ello, los desplazamientos que no provoquen tal exigencia quedarán excluidos del ámbito de aplicación del art. 40.6 ET[89].

4. Las relaciones con la movilidad funcional y la modificación sustancial de condiciones de trabajo

No resulta inusual en el foro que los tribunales laborales se refieran, en supuestos evidentes de movilidad geográfica "sustancial", a su posible ubicación en los preceptos que disciplinan la movilidad funcional de los trabajadores y/o la modificación sustancial de las condiciones de trabajo[90] –arts. 39 y 41 ET, respectivamente–. En ocasiones, esa fagocitación viene

---

88 Véase STS de 5 de junio de 1990.

89 Sobre la diferencia entre traslado y desplazamiento, véanse SSTSJ Galicia de 8 de julio de 2021 (Rec. núm. 2490/2021), Madrid de 18 de marzo de 2019 (Rec. núm. 39/2018), Galicia de 4 de marzo de 2011 (Rec. núm. 2229/2007) y Extremadura de 4 de noviembre de 2005 (Rec. núm. 489/2005).

90 Cfr. SSTSJ Madrid de 30 de enero de 2019 (Rec. núm. 1218/2018), Valencia de 2 de octubre de 2018 (Rec. núm. 2428/2018), Cantabria de 2 de marzo de 2020 (Rec. núm. 39/2020), Cataluña de 17 de diciembre de 2015 (Rec. núm. 5314/2015), Cataluña de 6 de noviembre de 2019 (Rec. núm. 4013/2019), Cantabria de 30 de mayo de 2014 (Rec. núm. 242/2014), Canarias (Las Palmas) de 14 de junio de 2017 (Rec. núm. 673/2017), Andalucía (Granada) de 13 de mayo de 2003 (Rec. núm. 3555/2002), País Vasco de 27 de junio de 2017 (Rec. núm. 1367/2017) y Madrid de 28 de junio de 2021 (Rec. núm. 309/2021). Y más en particular, una STSJ Andalucía (Málaga) de 4 de julio de 2018 (Rec. núm. 709/2018), que ante un mero traslado entendió, de manera sorprendente, que el hecho de que la empresa decidiera "que el demandante pasara de prestar sus servicios en un Centro Comercial sito en Marbella a otro ubicado en Málaga, entre los que media una distancia de 56 kilómetros", y aunque resultase "notorio que entre una y otra localidad existen diariamente diversos medios de transporte, lo cierto es que por las características y ubicación de uno y otro centro evidente nos ha de resultar igualmente que el tiempo que habrá de emplear el demandante para desplazarse diariamente a su nuevo puesto alcanzará una considerable entidad, que necesariamente rondará las 2 horas en circunstancias normales […] [y con] ello, hemos necesariamente a llegar a la conclusión de que no solamente la decisión empresarial hoy contrariada

provocada por la utilidad de la norma procesal que regula algunos de esos procesos en un mismo procedimiento –el art. 138 LJS se ocupa tanto de la modalidad procesal de movilidad geográfica como de la de modificaciones sustanciales de condiciones de trabajo–, pero en otras muchas la culpa la tienen las similitudes existentes entre todas esas instituciones jurídicas, que provocan en el juzgador de que se trate cierta confusión terminológica[91]. Y, en fin, sucede en otras ocasiones que la movilidad geográfica lleva aparejado un componente de movilidad funcional o de modificación sustancial de condiciones de trabajo que hacen necesario el recurso a su régimen jurídico[92].

Sea como fuere, lo cierto es que una movilidad geográfica nunca puede ser confundida con la movilidad funcional del trabajador o con una modificación sustancial de sus condiciones de trabajo[93]. Con la funcional, por obvias razones jurídicas: se trata de dos instituciones perfectamente diferenciables entre sí, por cuanto que, si la movilidad geográfica se ocupa del cambio de centro de trabajo, la funcional, por su parte, debe entenderse únicamente con referencia a las decisiones empresariales que supongan la realización de funciones, tanto superiores como inferiores, no correspondientes al grupo profesional del trabajador de que se trate[94]. Y así lo viene entendiendo la jurisprudencia del Tribunal Supremo desde hace años[95], por ejemplo, en una STS de 9 de febrero de 2010[96], donde se argumenta que "como quiera que existe un espacio de movilidad sin regulación legal, ya que el art. 39 ET solo disciplina los supuestos de movilidad funcional y el art. 40 los de movilidad geográfica que exigen el cambio de residencia, algún sector de la doctrina científica, ha optado por incluir los cambios de puesto de trabajo desde un centro a otro sito en la misma localidad, como

entraña una modificación sustancial de las condiciones laborales del demandante, sino que más allá la misma le resulta manifiestamente gravosa y perjudicial".

[91] Así, por ejemplo, en una STSJ Valencia de 8 de mayo de 2018 (Rec. núm. 968/2018), la demanda de modificación sustancial se basaba en que "la obligación de desplazamiento a dos localidades distintas, distantes más de 13 y 14 kilómetros, con necesidad de recurso de vehículo propio y el mayor gasto que ello comporta, supone una modificación sustancial de condiciones de trabajo que da derecho a la resolución indemnizada del contrato como así instó la demandante". Obviamente, la resolución rechazó la argumentación del trabajador.

[92] Véase, al respecto, una antigua STS de 12 de febrero de 1990, donde ya se admite que "el cambio de centro de trabajo [puede suponer] una modificación sustancial de las condiciones de trabajo que justificara el procedimiento de adopción de la decisión empresarial previsto en el art. 41 ET".

[93] Cfr. STS Madrid de 11 de julio de 2016 (Rec. núm. 400/2016). En efecto, "las modificaciones geográficas están disciplinadas por el art. 40 ET y son ajenas a la regulación del art. 41 del mismo Cuerpo legal, de forma que las decisiones de traslado que no comporten cambio de residencia «en principio pueden ser adoptadas libremente por la empresa e la movilidad geográfica de que tratamos –traslado del centro de trabajo a 13,4 km. de distancia– no puede calificarse ni obtener tratamiento de modificación sustancial, tanto desde una perspectiva sistemática como desde el plano conceptual»" [STSJ Castilla y León (Valladolid) de 18 de enero de 2018 (Rec. núm. 1898/2017)].

[94] Cfr. art. 39.2 ET.

[95] "A los efectos de determinar si la decisión del empresario conlleva o no una modificación de condiciones a los efectos de permitir una extinción indemnizada hemos de señalar que la decisión empresarial de trasladar al trabajador a otra oficina que la misma entidad tiene en la misma localidad –Burgos– no supone una movilidad geográfica por cuanto la misma responde a una justificación dentro del proceso de restructuración y organizativo en el que se encuentra la entidad demandada. Pero tampoco comporta una extralimitación en el ámbito del art. 39 ET relativo a la movilidad funcional y ello porque el trabajador sigue conservando su Grupo Profesional 1 y su nivel retributivo. Pero es que al trabajador tampoco se le están asignando funciones distintas a las que son propias de su Grupo profesional" [STSJ Castilla y León (Burgos) de 4 de noviembre de 2015 (Rec. núm. 698/2015)].

[96] Rec. núm. 1605/2009.

supuestos de movilidad funcional". Pues bien, "tanto si se extiende dicha calificación de movilidad funcional [a los citados cambios de centro], como si califica a estos, más propiamente, como casos de movilidad geográfica *lato sensu*, débil, o no sustancial por no llevar aparejado el cambio de residencia, es lo cierto que, en cualquier caso, quedan excluidos del art. 40 ET y deben ser incardinados en la esfera del *ius variandi* del empresario".

Más dificultades, al menos en apariencia, se presentan a la hora de delimitar y diferenciar el contenido de los arts. 40 y 41 ET, aunque resulten ser, por lo que se refiere al cambio de centro de trabajo, compartimentos estancos[97]. Es jurisprudencia ya consolidada aquella que asegura que la relación de materias considerables como modificaciones sustanciales de las condiciones de trabajo que relaciona el art. 41.1 ET "no tienen carácter cerrado y exhaustivo, pues esta interpretación iría en contra de la expresión «entre otras», que precede al catálogo legal y que parecen indicar la existencia de un «numerus apertus», respecto a materias conexionadas con las legalmente individualizadas"[98]. Compartiendo esa lógica jurídica, y señalando el art. 41.1 ET que deberán considerarse modificaciones sustanciales de las condiciones de trabajo las que estén relacionadas con la competitividad, productividad u organización técnica o del trabajo en la empresa, resulta entendible que pueda existir cierta confusión a la hora de establecer si un cambio de centro de trabajo resulta ser un supuesto de movilidad geográfica o de modificación sustancial de las condiciones de trabajo[99]. Pues bien, la respuesta al interrogante debemos buscarla en al apartado 7 del art. 41 ET.

Así, señala ese apartado del precepto que "en materia de traslados se estará a lo dispuesto en las normas específicas establecidas en el artículo 40". Según nuestro parecer, eso no significa más que la necesidad de acudir de manera imperativa al art. 40 ET cuando se produzca un cambio de centro de trabajo por decisión empresarial. Buena prueba de que ello es así la proporciona una STS de 26 de abril de 2006[100], en la que lo que se discutía era "si el traslado –a partir del 07/06/04– de la actividad de pescadería de la empresa demandada «Centros Comerciales Carrefour», desde el polígono «El Lomo» (Getafe) a centro de trabajo ubicado en la carretera de Villaverde km 3, 500, constituye modificación sustancial de condiciones a la que aplicar el art. 41 ET". Porque, en efecto, se trata de una sentencia donde se declara que "las modificaciones geográficas están disciplinadas por el art. 40 ET y son ajenas a la regulación del art. 41 del mismo Cuerpo legal, de forma que las decisiones de traslado que no comporten cambio de residencia «en principio pueden ser adoptadas libremente por la empresa, sin más requisito que la consulta previa por escrito a los representantes legales de los trabajadores», conforme al art. 64.4.º b ET"[101]. De este modo, "la movilidad geográfica de que tratamos –traslado del centro de trabajo a

---

[97] Y así se planteó ya en su momento el hecho de que el cambio de centro de trabajo puede suponer una modificación en la dependencia jerárquica (dicho de manera sencilla: los jefes ya no son los mismos); sin embargo, para el Tribunal Supremo "no constituye, desde luego, una modificación sustancial de las condiciones de trabajo en el sentido del art. 41 ET" [STS 12 de febrero de 1990].

[98] Véase STS de 27 de enero de 2003 (Rec. núm. 63/2002).

[99] Cfr. STSJ Cantabria de 18 de diciembre de 2014 (Rec. núm. 819/2014).

[100] Rec. núm. 2076/2005.

[101] Así lo entiende igualmente, por ejemplo, una STSJ Madrid de 2 de marzo de 2015 (Rec. núm. 968/2014).

13,4 km de distancia– no puede calificarse ni obtener tratamiento de modificación sustancial, tanto desde una perspectiva sistemática como desde el plano conceptual"[102].

Y es que, aunque las modificaciones sustanciales que disciplina y enumera el art. 41 ET puedan considerarse una "lista abierta" –"la lista no comprende todas las modificaciones que son"–, "ha de afirmarse [que] tampoco atribuye carácter sustancial a toda modificación que afecte a las materias expresamente listadas", sin que pueda "pasarse por alto que en su listado especificatorio la norma para nada cita los supuestos de movilidad geográfica [...], y que muy al contrario el número 5 del precepto se cuida de normar que «En materia de traslados se estará a lo dispuesto en las normas específicas establecidas en el artículo 40 de esta Ley», con lo que es evidente que la materia relativa a traslados –sea configurable o no como modificación sustancial– tiene un régimen jurídico diferenciado y de obligada aplicación"[103]. No cabe, pues, hablar de modificación sustancial de las condiciones de trabajo en materia de movilidad geográfica, ya sea "débil"[104], ya sea "sustancial"[105], por el carácter "excluyente de la movilidad geográfica del ámbito aplicativo del art. 41 ET", siempre y cuando se mantengan "en su integridad todas las condiciones de trabajo de los trabajadores afectados, a excepción del lugar de prestación de servicios"[106].

Se trata, por lo demás, de una doctrina ya consolidada en unificación de doctrina, resultando buena muestra de ello una STS de 12 de marzo de 2019[107], en la que lo que discutía era precisamente "si cabe atribuir la naturaleza de modificación sustancial de las condiciones de trabajo el traslado de los trabajadores que prestaban servicio en Madrid a Colmenar Viejo sin que ello suponga cambio de residencia dando lugar en su caso a la facultad de rescindir la relación laboral a instancia del trabajador". Así, respaldando la negativa, la resolución del alto tribunal considera un "error jurídico [...] entender que un cambio de centro de trabajo en la misma localidad sin que, lógicamente, implique cambio de residencia ni comporte tampoco cambio de categoría y/o grupo profesional, comporta más que una «simple modificación accidental» que excede del ámbito del «*ius variandi*»".

---

[102] En este mismo sentido, véanse SSTSJ Canarias (Santa Cruz de Tenerife) de 12 de diciembre de 2014 (Rec. núm. 505/2014) y Cataluña de 19 de noviembre de 2020 (Rec. núm. 2162/2020).

[103] Al respecto, véase igualmente STSJ País Vasco de 8 de octubre de 2019 (Rec. núm. 1370/2019).

[104] Cfr. STSJ País Vasco de 31 de mayo de 2011 (Rec. núm. 1086/2011). Y ello, aunque el cambio de centro de trabajo no haya implicado "cambio de residencia, por lo que la decisión empresarial quedó al margen de la movilidad geográfica que regula el art. 40 del Estatuto de los Trabajadores [y también] quedó al margen del art. 41 por tres razones: 1.ª Porque el cambio no afectó a materia alguna de las que enumera ese precepto como más características de las modificaciones sustanciales de las condiciones de trabajo. 2.ª Al margen de ese listado, la medida de cambio de centro se materializó en un incremento del tiempo necesario a invertir en el desplazamiento, que es aproximadamente de media hora en transporte público, lo cual resulta razonable y nada sustancial" [STSJ País Vasco de 21 de septiembre de 2010 (Rec. núm. 1804/2010)].

[105] Debe dejarse, pues, "sentado que la movilidad geográfica, ya sea la sustancial del art. 40 ET o la «débil», no se rige por el art. 41 del ET, señalando que este último precepto pese a su enumeración abierta para nada cita los supuestos de movilidad geográfica y que muy al contrario el número 5 del precepto remite al art. 40, con lo que es evidente que la materia relativa a traslados –sea configurable o no como modificación sustancial– tiene un régimen jurídico diferenciado y de obligada aplicación" [STSJ Madrid de 27 de enero de 2014 (Rec. núm. 1320/2013)].

[106] Y es que, en definitiva, aunque "es cierto que la movilidad geográfica supone la modificación de una condición pactada en el contrato, pero también lo es que está sujeta a un régimen jurídico específico que es el contemplado en el artículo 40 ET" [STSJ Valencia de 30 de junio de 2021 [Rec. núm. 912/2021)].

[107] Rec. núm. 1160/2017.

La razón no es otra que la propia doctrina del Tribunal Supremo, que viene haciendo hincapié desde hace años en que el "traslado de centro de trabajo sin cambio de domicilio y respetando la categoría y funciones [...] [es] una modificación accidental de las condiciones de trabajo y encuadrable dentro de la potestad organizativa del empresario", amparada por "el ordinario poder de dirección del empresario reglado en los arts. 5.1.c) y 20 ET, no estando sujetos a procedimiento o justificación algunos". En suma, "el cambio de centro de trabajo efectuado en el ámbito de una misma localidad [...] no reviste aquella esencialidad, sino cualidad accesoria, porque manteniéndose en su integridad todas las condiciones de trabajo de los trabajadores afectados, a excepción del lugar de prestación de servicios, la posible mayor onerosidad que puede determinar el desplazamiento al nuevo centro ofrece una importancia escasa o muy relativa en la significación económica del contrato, sobre todo en el contexto de una realidad social en la que destacan la calidad de los servicios de transporte y de la red viaria".

El traslado de trabajadores

El art. 40.1 ET comienza así: "El traslado de trabajadores que no hayan sido contratados específicamente para prestar sus servicios en empresas con centros de trabajo móviles o itinerantes [...]"[108]. En apariencia, su finalidad no es otra que excluir de la hermenéutica del precepto a todos aquellos trabajadores que hayan sido contratados específicamente para trabajar en empresas con centros móviles o itinerantes[109]. La dicción parece sencilla[110]. Sin embargo, las dificultades exegéticas empiezan a manifestarse cuando uno intenta definir los términos legales del debate, en especial, qué debe entenderse por "centro móvil o itinerante"[111].

I. El centro de trabajo móvil o itinerante

Aquí, cualquier intérprete del Derecho un poco avezado comenzaría por acudir al propio ET, buscando similitudes conceptuales o sintácticas o, incluso, la posible utilización de manera habitual por parte del Legislador de esta particular terminología. Sin embargo, un acercamiento a la norma estatutaria (o cualquiera de sus concordantes) nos revela que esa gramática legal resulta ciertamente inusual en el ámbito jurídico laboral[112]. Salvo error u omisión,

[108] Una manifestación de esta exclusión la constituye la STS de 14 de diciembre de 2022 (Rec. núm. 4399/2019), en la que descarta la existencia de una movilidad geográfica por el hecho de que la empresa se llevase su Parque de Maquinaria a 329 km de distancia o que los afectados llevasen mucho tiempo prestando servicios en el mismo centro, porque "[e]s evidente que en este sector, como ya indica el Convenio colectivo, el carácter móvil del trabajo es consecuencia de la inevitable temporalidad de la realización de su actividad, lo que implica que los trabajadores con centros itinerantes no siempre deban estar en obra o itinerancia. Como tampoco es relevante que sea en un mayor o menor número de días el que se presta dentro del parque para con ello alterarla itinerancia de centros de aquella contratación, si ello no se justifica en relación con la actividad en obra que en esos momentos tenga la empleadora".

[109] Lo que provoca, a su vez, la imposibilidad de que tales trabajadores puedan optar por la extinción del contrato a la que se refiere el art. 40.1 ET [STSJ Madrid de 14 de junio de 2019 (Rec. núm. 27/2019)]. En efecto, "pudiendo la empresa libremente acordar el traslado del trabajador a un centro de trabajo distinto, resulta evidente que no procede la extinción del contrato de trabajo solicitada por el actor, máxime si tenemos en cuenta que para que una medida de movilidad geográfica pueda dar lugar a una extinción del contrato de trabajo al amparo de lo dispuesto en el artículo 50 del Estatuto de los Trabajadores" [STSJ Andalucía (Málaga) de 18 de julio de 2018 (Rec. núm. 806/2018)]. En este mismo sentido, véase STSJ Valencia de 2 de octubre de 2018 (Rec. núm. 2428/2018).

[110] No para una STSJ Andalucía (Sevilla) de 26 de septiembre de 2016 (Rec. núm. 2832/2015), para la cual "esta dicción legal resulta criticable por confusa. Realmente, lo que la ley quiere decir es que resultan excluidos los trabajadores contratados específicamente para realizar trabajos «en centros de trabajo móviles o itinerantes» y no «en empresas con centros de trabajo móviles o itinerantes», pues en estas últimas cabe la contratación de personal no exceptuado del régimen general de los traslados (por ejemplo, un administrativo)".

[111] La importancia de la concreción tiene que ver, entre otras cuestiones, con el hecho de que cuando el trabajador no presta servicios en dicha clase de centros de trabajo "la existencia en los contratos de trabajo la cláusula de movilidad geográfica no significa que la empresa pueda imponer un traslado de cambio de residencia del artículo 40 del ET, sin justificar la causa y razones que provocan la medida porque el lugar de trabajo es elemento sustancial de la relación contractual laboral" (STSJ Madrid de 5 de febrero de 2020 [Rec. núm. 744/2019]).

[112] No así, en cambio, para el tributario, siendo habitual que las normas relativas al IRPF se refieran específicamente a centros de trabajo móviles o itinerantes, por ejemplo, en el art. 9 del Reglamento del Impuesto Sobre la Renta de las Personas Físicas de 2007, aprobado por Real Decreto 439/2007, de 30 de marzo (BOE de 31 de marzo de 2007).

solo dos normas labores hacen uso de los términos "móvil o itinerante". La primera de ellas, en principio, no nos sirve en absoluto, ya que se limita a mencionar los centros móviles en su exposición de motivos. La norma en cuestión es el Real Decreto 618/2020, de 30 de junio[113], sobre mejoras en las condiciones de trabajo en el sector pesquero, la cual, siquiera no sirve a nuestros propósitos, da, eso sí, una primera pista acerca de qué debe entenderse por centro móvil, asegurando que "los buques pesqueros son centros de trabajo móviles que operan en aguas internacionales o en aguas sometidas a la jurisdicción de diferentes Estados; se rigen por la ley del país cuya bandera enarbolan y cuentan en muchas ocasiones con pescadores de diferentes nacionalidades".

Pero, que se afirme en la exposición de motivos de una norma sobre mejora de condiciones de trabajo en el ámbito marítimo-pesquero, ¿es suficiente para asegurar que el buque es un centro de trabajo móvil o itinerante? Aquí tenemos que anticipar ya la rotunda inexistencia de una definición legal del término. La consecuencia es obvia: la única manera de resolver la cuestión no es otra que el recurso a la jurisprudencia laboral, con una ligera ayuda de la propia norma estatutaria.

Conforme a lo dispuesto en el art. 1.5 ET, "se considera centro de trabajo la unidad productiva con organización específica, que sea dada de alta, como tal, ante la autoridad laboral", y "en la actividad de trabajo en el mar se considerará como centro de trabajo el buque, entendiéndose situado en la provincia donde radique su puerto de base". Y esta previsión legal, a nuestro entender, es la que hace florecer la duda acerca de si el buque puede resultar un supuesto particular de movilidad geográfica. El centro de trabajo es el buque, sí, pero la empresa puede encontrase localizada en cualquier parte. Así, los trabajadores marítimos se encuentran con dos elementos locativos distintos, la empresa y el buque, cuya situación territorial puede ser realmente diversa. En cualquier caso, de lo no puede dudarse es de un hecho cierto: el centro de trabajo de los trabajadores marítimos se encuentra en el puerto base de su buque.

De esta manera, a simple vista, la movilidad del buque desde su puerto base no puede constituir en ningún caso un supuesto de movilidad geográfica. Así, por ejemplo, una empresa de buques de transporte marítimo que tenga como puerto base A Coruña y su destino habitual sea el puerto de Málaga, podrá variar en cualquier momento su ruta marítima, sin que por ello pueda considerarse en supuesto de movilidad geográfica, al estar excluido expresamente en la dicción del art. 40 ET. Ahora bien, ¿qué sucede en el caso de que el cambio se refiera al puerto base?

A nuestro entender, este sería un típico supuesto de movilidad geográfica "sustancial". Y así lo viene a confirmar la jurisprudencia laboral, en concreto, una STSJ Galicia de 11 de julio de 2014[114]. En esta ocasión, se trataba de un marinero que prestaba servicios en un buque cuyo

[113] BOE de 2 de julio de 2020.

[114] Rec. núm. 3214/2012. Aunque en una Sentencia anterior de fecha 19 de diciembre de 2008 (Rec. núm. 4756/2008), se afirmaba que "El que los nuevos propietarios hayan podido cambiar su puerto base a la provincia de Pontevedra, concretamente a Vigo donde se comunicó al actor que debería presentarse el 8 de agosto de 2007, no permite apreciar la existencia de un centro de trabajo distinto, ya que el buque sigue siendo el mismo y está destinado a navegar tratándose, por sus especiales características, de un centro de trabajo itinerante. Por ello, el cambio de puerto base podría determinar en este caso la necesidad de que el trabajador reclamase gastos o dietas de desplazamiento, pero no permite apreciar

puerto base se encontraba en la localidad de Malpica (provincia de A Coruña). Tras ser vendida la embarcación, "el buque Boliche tuvo su rol de despachos y dotación depositado en la capitanía marítima de Vigo" (provincia de Pontevedra), y unos meses después (el trabajador había sido despedido con anterioridad) "se presentó por el actor escrito de incidente por readmisión irregular", ya que unos días antes el marinero "remitió burofax a la empresa demandada, interesando conocer si el buque iba a tener una base fija en Vigo, Redondela, u otra localidad de Pontevedra, a los efectos de ejercitar la acción del art. 40 del ET", respondiendo la empresa que el buque "se encuentra en la lonja del Berbés, Vigo, cursándole orden para que se presente en el puerto". Y teniendo en cuenta estos antecedentes, "la cuestión litigiosa objeto del presente recurso de suplicación consiste en determinar si el trabajador tiene derecho a la extinción indemnizada de su contrato de trabajo, por haber cambiado de provincia el puerto base de radicación del buque, tal como solicita en su demanda y en el recurso; o bien, por el contrario, no cabe entender la existencia de traslado, siendo correcta la readmisión, tal como se afirma en la sentencia recurrida".

Así las cosas, la respuesta de la Sala coincidió con la argumentación del actor en pleito, y entendió que nos encontramos con un supuesto de movilidad geográfica "sustancial". De esta manera, aunque "el centro de trabajo sigue siendo el mismo, esto es, el buque según lo establecido en el art. 1. 5 del ET que dispone que en la actividad de trabajo en el mar «se considerará como centro de trabajo el buque»..., el que los nuevos propietarios hayan podido cambiar su puerto base a la provincia de Pontevedra, concretamente a Vigo donde se comunicó al actor que debería presentarse el 8 de agosto de 2007, no permite apreciar la existencia de un centro de trabajo distinto". No obstante, una "vez acreditado que el desplazamiento ya no es temporal, sino definitivo, pues ante la reclamación del trabajador en tal sentido, instando la extinción indemnizada de su contrato, los empresarios no alegaron lo contrario, entonces resultan de aplicación las consecuencias previstas en el art. 40.1 del ET", ya que el buque en el que prestaba servicios el marinero ha cambiado de puerto base de radicación, y "este cambio de puerto, distante por carretera más de 150 Kilómetros, no puede entenderse comprendido dentro de las facultades que integran el *ius variandi* del empresario, sino que este cambio de puerto exige un cambio de residencia del actor, por lo que el trabajador puede optar bien por aceptar el traslado, con la percepción de los gastos que autoriza la norma, o bien puede optar por extinguir su contrato, tal como ha instado, con derecho a la indemnización legal señalada en la norma, pues estamos en un supuesto en que el desplazamiento desde el domicilio del trabajador hasta la localidad donde radique el buque (que es el centro de trabajo) resulte notablemente perjudicial y gravoso para el marinero".

Conviene advertir, no obstante, que la doctrina científica no comparte tales conclusiones. Partiendo de la necesidad de distinguir, en el ámbito del transporte marítimo (o, incluso, ferroviario o aeronáutico), dos tipos de movilidad locativa, como son "la que deriva de la naturaleza o función del medio de transporte donde el trabajador desempeña sus servicios [...] [y] la que deriva del cambio de buque o puerto base"[115], se viene entendiendo que "es posible sostener

una readmisión irregular por cambio de centro de trabajo y, mucho menos, cuando no consta que se hubiese presentado a trabajar, al figurar en esa fecha dado de alta como trabajador en otra empresa".

[115] Véase SERRANO OLIVARES, R., *Lugar de trabajo, domicilio y movilidad geográfica*, CES (Madrid, 2000), pág. 196.

que en el sector transportes, dadas sus acusadas particularidades, queda fuera de toda duda la necesidad de otorgar al empresario amplios poderes de alteración locativa, con independencia de que la actividad se organice o no mediante centros móviles o itinerantes"[116]. Se concluye así por la manualística laboral que "operará la excepción del artículo 40 ET siempre y cuando el trabajador haya sido contratado específicamente para prestar servicios en el centro de trabajo itinerante (barco) [...] [siendo el] buque [...] un ejemplo paradigmático de centro de trabajo «caracterizado por su movilidad o itinerancia»"[117].

Yendo un poco más allá, cierto sector doctrinal sostiene (con acierto, añadimos) que en estas ocasiones "podrían presentarse dos situaciones distintas en relación con la movilidad geográfica. Por un lado, el cambio de buque, que puede producirse antes o durante el período de embarque y, por otro lado, el traslado o cambio de localización del buque"[118]. Así, por lo que respecta al primer supuesto, "cabría diferenciar dos escenarios que comparten la misma situación de origen, esto es la asignación del marino a otro buque distinto del que venía navegando habitualmente. Y ello podrá suceder dentro del período de embarque o realizarse fuera de él, lo que en ambos casos ocasiona un cambio del lugar de prestación de los servicios"[119]. El segundo supuesto, por su lado, se concreta "en la posibilidad de que la empresa, por distintas razones, decida un cambio de radicación de uno o varios buques de su flota que, al encontrarse ubicado en un puerto de base determinado, puede ser trasladado a otro puerto de forma provisional o definitiva y ello supondrá un cambio de localización del centro de trabajo que pasará a entenderse situado en la provincia de su nuevo puerto de base" [120]; sin embargo, "con arreglo a la dicción literal de la norma parece que la movilidad geográfica solo regula el cambio de centro de trabajo que exige cambio de domicilio del trabajador y que no trata la modificación de la ubicación del centro de trabajo como podría suceder en el supuesto referido. Por ello, al margen de que esta decisión pueda ser tomada por el empresario en virtud de su poder de dirección y que tan solo requiera de la información a los representantes legales prevista en el ET, habremos de preguntarnos si cuando este traslado implica para los trabajadores un cambio de residencia estamos ante un supuesto de aplicación del art. 40 ET"[121].

Por su parte, la segunda de las normas anunciadas tampoco ayuda mucho. Lo único que hace es permitir al trabajador discernir si ha sido o no contratado específicamente para prestar sus servicios en un centro móvil o itinerante. Afirma así el art. 40.1 ET que sus previsiones no

---

[116] Ibídem, pág. 197.

[117] Véase ROSELLÓ SABORIT, I., *Movilidad geográfica de trabajadores en España*, cit., pág. 153.

[118] Véase RIBES MORENO, I., "La movilidad geográfica y los centros de trabajo móviles o itinerantes. Una reflexión sobre los buques en la marina mercante", en *Derecho de las relaciones laborales*, núm. 1, 2016, pág. 28.

[119] Ibídem, pág. 28.

[120] Ibídem, pág. 28.

[121] Cfr. RIBES MORENO, I., "La movilidad geográfica y los centros de trabajo móviles o itinerantes. Una reflexión sobre los buques en la marina mercante", cit., pág. 28. Según esta misma autora, "por último, ¿podríamos considerar el cambio de destino del buque un supuesto de movilidad geográfica? Entendemos que no. Esta situación, aunque conexa con la movilidad geográfica, no constituye un supuesto que se vea afectado por el contenido del art. 40 ET sino que constituiría una modificación sustancial de las condiciones de trabajo y mantendría un régimen distinto para su regulación, sin que vaya a ser abordado en el presente trabajo".

resultan aplicables a los trabajadores que "no hayan sido contratados específicamente" para prestar sus servicios en empresas con centros de trabajo móviles o itinerantes[122]. Por su parte, el Real Decreto 1659/1998, de 24 de julio[123], que desarrolla el art. 8, apdo. 5, de la Ley del Estatuto de los Trabajadores, en materia de información al trabajador sobre los elementos esenciales del contrato de trabajo, exige al empresario informar por escrito al trabajador sobre los elementos esenciales del contrato de trabajo, debiendo incluir dicha información, cuando menos, "el domicilio social de la empresa o, en su caso, el domicilio del empresario y el centro de trabajo donde el trabajador preste sus servicios habitualmente. Cuando el trabajador preste sus servicios de forma habitual en diferentes centros de trabajo o en centros de trabajo móviles o itinerantes se harán constar estas circunstancias"[124].

De todos modos, ello no aporta ninguna solución al conflicto interpretativo, encontrándonos en el mismo punto de partida. Conforme a un clásico aforismo, la calificación que las partes otorguen a las cláusulas del contrato de trabajo "no vincula a los Tribunales para examinar la naturaleza jurídica verdadera de su contenido, pues las cosas son lo que son y no lo que las partes dicen que son y los [contratos] están sometidos al imperio de la Ley"[125]. En definitiva, la naturaleza de las instituciones viene determinada por la realidad del contenido que manifiesta su ejecución, que debe prevalecer sobre el *nomen iuris* que errónea o interesadamente puedan darle las partes, porque "los contratos [o sus cláusulas, añadiríamos] tienen la naturaleza que se deriva de su real contenido obligacional, independientemente de la calificación jurídica que les den las partes; de modo que [...] debe prevalecer sobre la atribuida por las partes, la que se derive de la concurrencia de los requisitos [...] y de las prestaciones realmente llevadas a cabo"[126]. En otras palabras, "es reiterada la jurisprudencia de esta Sala

[122] Lo que necesariamente puede provocar el despido del trabajador que se niegue al desplazamiento o traslado cuando se trate de un centro móvil o itinerante, normalmente por causa de desobediencia punible [cfr. STSJ Murcia de 16 de abril de 2012 (Rec. núm. 954/2011)].

[123] BOE de 12 de agosto de 1998.

[124] Art. 2.2 c). Y así lo confirma la jurisprudencia, asegurando que "el art. 40 acompaña la exclusión de una importante cautela cual es que el trabajador haya sido contratado específicamente para prestar servicios en tal tipo de empresas, lo que se traduce en la obligación de que el empresario informe específicamente al trabajador de las particulares condiciones de movilidad en las que va a prestar los servicios. Determina concretamente el Art. 2.2.c) Real Decreto 1659/1998, de 24 de julio, por el que se desarrolla el artículo 8, apartado 5, de la Ley del Estatuto de los Trabajadores en materia de información al trabajador sobre los elementos esenciales del Contrato de Trabajo, que el empresario deberá informar por escrito al trabajador: «del centro de trabajo donde el trabajador preste sus servicios habitualmente. Cuando el trabajador preste sus servicios de forma habitual en diferentes centros de trabajo o en centros de trabajo móviles o itinerantes se harán constar estas circunstancias», obligación que se entenderá cumplida cuando tales condiciones figuren ya en el contrato formalizado por escrito que obre en poder del trabajador" [STSJ Asturias de 9 de marzo de 2021 (Rec. núm. 149/2021)].

[125] Véase STS de 19 de junio de 1995. Al respecto, véase igualmente STSJ Madrid de 17 de febrero de 2020 (Rec. núm. 80/2019), o una STSJ Andalucía (Sevilla) de 28 de enero de 2010 (Rec. núm. 3636/2009), para la cual, cuando el trabajador haya sido contratado específicamente para prestar servicios en centros móviles, "deberá por tanto considerarse admisible la modificación efectuada salvo que el traslado se hubiese efectuado con abuso de derecho, lo que no se ha alegado en las presentes actuaciones; abuso que indiscutiblemente debería ser acreditado por los trabajadores afectados. Al ser consustancial con el objeto contractual el desarrollo de sus labores en centros o lugares distintos, cuando la mano de obra no sea necesaria en un determinado sitio y lo sea en otro, puede la empresa efectuar los traslados que crea conveniente entre su personal, sin que ello lleve consigo ni comporte una pormenorizada demostración de la necesidad de movilidad geográfica, que en principio, deviene concurrente por la existencia de trabajos en la zona a la que son movilizados los trabajadores".

[126] Véanse las SSTS de 7 de mayo de 1985, 7 de noviembre de 2007 (Rec. núm. 2224/2006) o 12 de diciembre 2007 (Rec. núm. 2673/2006)

que declara la irrelevancia de la calificación que las partes otorguen a un contrato, señalando que la naturaleza jurídica de un ente contractual viene determinada por el conjunto de derechos y obligaciones que se pactan y las que realmente se ejercitan"[127]. Así, "el *nomen iuris* que las partes atribuyen a los pactos que mediante contrato convienen solo tiene definitiva consistencia para precisar su naturaleza jurídica, si las prestaciones mutuas que en su desarrollo se consuman pueden encuadrarse debidamente entre las que son inherentes a dicha denominación contractual"[128]. De esta manera, la información de la que se provea al trabajador no necesariamente refleja la realidad jurídica de la relación contractual[129]. Sin embargo, en el caso de que se haya pactado en contrato el carácter móvil o itinerante del centro de trabajo, ello, en un principio, vincula necesariamente a las partes[130], y supone que "en virtud del pacto en cuestión, la empresa [puede] libremente en todo momento acordar medidas de movilidad geográfica del trabajador, sin necesidad de acreditar la concurrencia de causas económicas, técnicas, organizativas o de producción y sin tener que cumplir los requisitos y formalidades establecidos al respecto en el [...] artículo 40 del Estatuto de los Trabajadores"[131]; otra cosa distinta es que el trabajador entienda que su centro de trabajo no es móvil o itinerante, pero su discusión solo puede llevarse a efecto a través de la correspondiente acción y ante los tribunales laborales.

Por lo tanto, ante la indefinición normativa, el recurso a la jurisprudencia laboral se revela como herramienta imprescindible[132]. No son muchas las resoluciones de los tribunales laborales que nos permitan aclarar esa oscuridad normativa. Mas esas pocas que son se nos muestran especialmente reveladoras[133]. Lo ejemplifica una STSJ Canarias (Las Palmas) de 16 de febrero de 2018[134], según la cual el art. 40 ET exige "precisar el siguiente modus operandi: 1.º) Interpretar tal poder o excepción en sentido restrictivo y en caso de duda de la naturaleza de la actividad exigir la autorización de la autoridad laboral. 2.º) La expresión «contrato específicamente» implica que el empleador debe hacer constar tal circunstancia en el centro de trabajo escrito, si lo hubiera. 3.º) El comité de empresa, de conformidad con el artículo 64.1.8 del ET, debe controlar el uso empresarial de esta facultad excepcional y en este último sentido (el trabajador) «debe conocer las circunstancias particulares de la actividad en la cual va a prestar sus servicios; el encubrimiento de estas circunstancias o bien una cláusula contractual de inamovilidad imposibilitarían la amplia libertad del empresario»

---

[127] Cfr. SSTS de 20 de septiembre de 1995 (Rec. núm. 1463/1994) o 15 de junio de 1998 (Rec. núm. 2220/1997).

[128] Así lo concluye la STS de 13 junio de 1988.

[129] Al respecto, véase STSJ Castilla y León (Valladolid) de 14 de octubre de 2010 (Rec. núm. 1534/2010).

[130] Pero, insistimos, siempre teniendo en cuenta que "[e]l concepto de centro de trabajo itinerante o móvil no depende de la denominación formal que quiera darle la empresa sino de la realidad de una prestación de servicios que conlleve de realmente (y no formalmente), itinerancia" [STSJ Canarias (Las Palmas) de 16 de febrero de 2018 (Rec. núm. 1491/2017)].

[131] STSJ Andalucía (Málaga) de 18 de julio de 2018 (Rec. núm. 806/2018).

[132] Véanse, al respecto, SSTSJ Andalucía (Málaga) de 18 de julio de 2018 (Rec. núm. 806/2018), Castilla y León (Burgos) de 21 de junio de 2018 (Rec. núm. 400/2018) y Madrid de 17 de febrero de 2020 (Rec. núm. 80/2019).

[133] Así, por ejemplo, relativa al abono de dietas, véase STSJ Cataluña de 4 de marzo de 2003 (Rec. núm. 3851/2002).

[134] Rec. núm. 1491/2017.

(STS Sala 6.ª, 28 septiembre 1978)". Por su parte, para una STSJ Madrid de 14 de junio de 2019[135], resultan ejemplos de la exclusión normativa "empresas dedicadas al despliegue de redes telefónicas, eléctricas o de gas, servicios de construcción y mantenimiento de infraestructura ferroviaria", debiendo entenderse por "trabajadores específicamente contratados para prestar sus servicios en centros de trabajo móviles o itinerantes [...] aquellos para quienes el objeto de su prestación laboral consiste precisamente en desplazarse periódica o atípicamente, constituyendo la movilidad geográfica una circunstancia principal del contrato y configurándose dentro del poder de dirección empresarial"[136]. De manera, que "el empresario puede enviarles a otro centro de trabajo sin sujetarse a las reglas previstas con carácter general, al haber asumido el trabajador esa posibilidad como condición para poder ser contratado"[137]. Una STSJ Castilla-La Mancha de 21 de junio de 2011[138], advierte, no obstante, que, si bien la doctrina jurisprudencial "viene considerando centros de trabajo móviles o itinerantes aquellos que presentan localización o emplazamiento variable [...], tales actividades no deben confundirse con otras en las que el trabajador, en mayor o menor medida, debe desplazarse a diferentes lugares para realizar determinadas funciones de su trabajo, pero manteniendo siempre su centro de trabajo en un lugar determinado"[139].

La doctrina científica, empero, se muestra particularmente cauta en esta materia, sosteniendo, bajo el aserto de que "es preciso acotar el significado de ese presupuesto ... son pena de hacer de él una patente de corso desafecta de cualquier límite"[140], que "la nota de movilidad requerida en la norma debe apreciarse valorando las circunstancias concurrentes, y, eso sí, al amparo de una exégesis sobremanera cautelosa"[141], debiendo "indagar en las circunstancias objetivas que rodeen el supuesto en cuestión deduciendo la movilidad de factores extrínsecos a la voluntad de las partes, esto es, observando su diseño organizativo y la naturaleza de la actividad"[142]. En ocasiones, pese a que se aventura a definir el concepto, asegurando que el centro de trabajo móvil o itinerante resulta ser una "unidad productiva itinerante con organización específica o más concretamente unidad productiva con organización específica caracterizada por su movilidad o itinerancia"[143], encontrándonos

---

135 Rec. núm. 27/2019.

136 Para una STSJ Asturias de 9 de marzo de 2021 (Rec. núm. 149/2021), "[u]n centro de trabajo es móvil o itinerante cuando o bien una indeterminación espacial del puesto de trabajo o bien un emplazamiento múltiple de la actividad o servicio desarrollado, como sucede con las empresas de montaje y reparación de instalaciones eléctricas o redes telefónicas".

137 Al respecto, véase STS de 19 de junio de 1995 (Rec. núm. 1359/1994).

138 Rec. núm. 529/2011.

139 "Este último es el caso del actor, que tiene su centro de trabajo ubicado en el laboratorio existente en la Delegación provincial en Guadalajara, en el que lleva a cabo su cometido de realizar las pruebas de los materiales empleados en las obras públicas llevadas a cabo por le entidad demandada, pero que debe desplazarse determinados días a las plantas de fabricación de tales materiales o a los lugares de ejecución de las obras para la toma de muestras que deben analizarse, por lo que su actividad no puede calificarse de itinerante, aunque parte de la ejecución de la misma se realice fuera del centro de trabajo".

140 Véase ALEMÁN PÁEZ, F., *La movilidad geográfica. Problemática social y régimen jurídico*, Tecnos (Madrid, 2001), pág. 215.

141 Ibídem, pág. 215.

142 Ibídem, pág. 215.

143 RIBES MORENO, I., "La movilidad geográfica y los centros de trabajo móviles o itinerantes. Una reflexión sobre los buques en la marina mercante", cit., pág. 25.

así con un centro de trabajo móvil o itinerante "cuando no ostenta una radicación geográfica fija; bien porque la actividad empresarial tenga un emplazamiento múltiple, es decir, que por la naturaleza de la misma cambiará de lugar o ubicación, o bien, cuando el puesto de trabajo se encuentre indeterminado espacialmente"[144]. Pese a ello –repetimos–, la conclusión es que "dentro de la acepción cabrían dos interpretaciones: aquellas actividades cuyos centros de trabajo son móviles porque están sometidos a cambios constantes de lugar, ya que dichos cambios son necesarios para realizar el propio objeto de la prestación -consustancial a ella- y las que se prestan en un centro de trabajo itinerante por sí mismo, sin perjuicio de que aquí el lugar del servicio también pueda exigir alteraciones"[145].

Sea como fuere, si acudimos a la casuística judicial, resulta que se han entendido excluidos del art. 40 ET, por tratarse de centros móviles o itinerantes, en los casos de: 1) una "empresa se dedica al tendido de líneas eléctricas, telefónicas y a montajes"[146]; 2) "una empresa que se dedica a la actividad de montajes industriales, desarrollando esta actividad en diferentes centros y lugares «ubicados en todo el territorio nacional en función de las obras contratadas»"[147]; 3) "empresas dedicadas al despliegue de redes telefónicas, eléctricas o de gas, servicios de construcción y mantenimiento de infraestructura ferroviaria"[148]; y 4) una "empresa constructora [...] que se dedica a la realización de obras por todo el territorio nacional"[149].

II. El concepto de traslado

Otra de las dificultades que presenta la hermenéutica del precepto que aquí nos ocupa tiene por objeto el término "traslado", cuya concreción resulta esencial a la hora de pergeñar soluciones a la problemática aplicativa que presenta la movilidad geográfica de trabajadores. La norma, aunque lo intenta, en realidad no lo define, se limita a identificarlo con la exigencia de cambio de residencia provocada por la necesidad de prestar servicios en un centro de trabajo distinto al habitual: "El traslado de trabajadores [...] a un centro de trabajo distinto de la misma empresa que exija cambios de residencia". Dos resultan ser, pues, los elementos (ambos ciertamente con un cargado aspecto locativo) que definen y configuran la noción de traslado, por una parte, el centro de trabajo donde el empleado presta sus servicios; por otra parte, su lugar de residencia. Solo cuando ambos se conjuguen, y den lugar a una modificación de lugar de trabajo y residencia, podremos hablar de movilidad geográfica *ex* art. 40 ET.

---

[144] Ibídem, pág. 25. En este último caso, se sigue afirmando, "el centro de trabajo será móvil a consecuencia de su propia naturaleza, porque los servicios se prestan necesariamente de forma móvil, como podrá suceder en los buques, un circo ambulante, o cualquier otro centro de trabajo sometido a itinerancia".

[145] Ibídem, pág. 25.

[146] Véanse SSTS de 14 de mayo de 1996 (Rec. núm. 1245/1995) y 19 de junio de 1995 (Rec. núm. 1359/1994).

[147] STS de 14 de octubre de 2004 (Rec. núm. 2464/2003).

[148] STSJ Madrid de 14 de junio de 2019 (Rec. núm. 27/2019).

[149] STSJ Andalucía (Málaga) de 18 de julio de 2018 (Rec. núm. 806/2018).

1. El cambio de centro de trabajo

La primera de tales exigencias resulta, aparentemente, de sencilla apreciación: bastará con que al trabajador se le destine a un centro de trabajo distinto de aquel en el que presta habitualmente sus servicios retribuidos para que pueda discutirse si ello supone que lo estén trasladando o no[150]. La crucial determinación del centro de trabajo resultará, pues, de la identificación de "la unidad productiva con organización específica, que sea dada de alta, como tal, ante la autoridad laboral"[151].

Así, por regla general y de manera sencilla, "por centro de trabajo hay que entender, salvo especificación en contrario, el que define el artículo 1.5 del ET, es decir, «la unidad productiva con organización específica, que sea dada de alta, como tal, ante la autoridad laboral»"[152]. Más específicamente, habida cuenta la escueta definición propuesta por la norma, el Tribunal Supremo sostiene que, si bien, "el concepto de centro de trabajo tiene unos contornos indeterminados [...], ello no supone que pueda dejarse al arbitrio del empresario la decisión última de crear artificialmente o reconocer la existencia de un centro de trabajo"[153], y con mayor razón –añadimos–, tratándose de la movilidad geográfica de trabajadores.

De este modo, para la jurisprudencia el alta administrativa no resulta ser "un elemento constitutivo de su existencia [...], lo decisivo es que se aprecie la existencia de una unidad técnica de producción que, dentro del conjunto de la actividad de la empresa, sirva a la ejecución práctica de esta"[154]. Sobre todo, si se tiene en cuenta que "la circunstancia de que el centro no conste dado de alta administrativamente no impide que pueda ser afirmada su existencia, pues el alta no es un elemento constitutivo ... [siendo lo] decisivo [...] que se aprecie la existencia de una unidad técnica de producción que, dentro del conjunto de la actividad de la empresa, sirva a la ejecución práctica de esta [...], el centro de trabajo se configura como unidad simple, en donde se efectúa la realización de la actividad empresarial"[155].

Por lo tanto, "el centro de trabajo se configura como unidad simple, en donde se efectúa la realización de la actividad empresarial, bien desde un punto de vista geográfico o desde el punto de vista funcional"[156], pudiendo ocasionalmente identificarse "centro de trabajo con

---

150 No del puesto de trabajo, ya que, en tal caso, nos encontraríamos con una movilidad funcional o con una modificación sustancial de las condiciones de trabajo. No obstante, el Tribunal Supremo ya apuntó en su momento que en ocasiones "Las especiales características de la empresa [puede hacer] muy difícil determinar la diferenciación entre puesto de trabajo y centro de trabajo" [STS de 16 de marzo de 1989]. Téngase en cuenta, no obstante, que ocasionalmente los tribunales laborales entienden que "se trata de un cambio de centro que presupone la existencia de un puesto de trabajo anterior desempeñado con carácter permanente y no provisional o circunstancial" [STSJ Canarias (Santa Cruz de Tenerife) de 5 de junio de 2017 (Rec. núm. 922/2016)].

151 Art. 1.5 ET. Sobre la movilidad geográfica en grupos de empresas, véase STSJ Madrid de 17 de junio de 2013 (Rec. núm. 6818/2012).

152 Véase STS de 14 de junio de 2005 (Rec. núm. 124/2004).

153 Véase STS de 5 de mayo de 2021 (Rec. núm. 3160/2018).

154 Ídem.

155 STS de 24 de febrero de 2011 (Rec. núm. 1764/2010). Así, si "un centro de actividad ostenta una unidad productiva con organización específica probada (elementos materiales), el hecho que no haya sido dado de Alta ante la Autoridad Laboral (elemento formal) no será óbice a que sea considerado centro de trabajo a efectos laborales" (ROSELLÓ SABORIT, I., Movilidad geográfica de trabajadores en España, cit., pág. 43).

156 Véase STS de 5 de mayo de 2021 (Rec. núm. 3160/2018).

lugar de trabajo, como ha sucedido en relación con la aplicación de las normas sobre prevención de riesgos laborales"[157], aunque no siempre deba ser así, siendo lo decisivo "para determinar el concepto el que se trate del lugar al que acuden los trabajadores para la prestación de servicios y donde la empresa tenga implantados elementos productivos destinados a tal fin"[158]. En suma, a los efectos de determinar si estamos ante un centro de trabajo, no resulta relevante que la localización o sede de la empresa haya sido dada de alta como tal ante la autoridad laboral y sí que se aprecie la existencia de una unidad técnica de producción que, dentro del conjunto de la actividad de la empresa, sirva a la ejecución práctica de esta.

Lo explica a la perfección una STSJ Galicia de 4 de marzo de 2011[159], en la que, partiendo del concepto legal del art. 1.5 ET, se preocupa por señalar de manera previa que "a los efectos de determinar la existente de una organización específica los tribunales suelen manejar distintos criterios, entre los que se encuentra el factor geográfico definiendo el centro de trabajo como tal, viendo un carácter de elemento esencial diferenciador, cual es el espacio físico de localización, pero siempre e ineludiblemente enlazado con el criterio de la autonomía, e independencia con respecto de cualquier otro centro"; y, además, que "cuando el Estatuto de los Trabajadores diferencia entre empresa y centro de trabajo lo hace con la exclusiva finalidad de separar o diferenciar los conceptos de empresa y centro de trabajo que no siempre son coincidentes físicamente", porque lo "que el precepto pretende en definitiva al citar ambos términos, es distinguir entre las empresas de estructura u organización funcional simple, entendiendo por tales aquellas en que la empresa, concepto jurídico-económico e inmaterial, asienta físicamente su actividad sobre un único centro de trabajo, y las de estructura más compleja o múltiple, que la desarrollan en varios centros". Sobre esta base, pues, para la sentencia "los elementos del concepto de centro de trabajo son: 1.º Una unidad productiva autónoma, definida como [...] la unidad de explotación claramente diferenciada que constituye una unidad socio económica de producción. Una definición que incluye las organizaciones empresariales verticales, horizontales o mixtas. 2.º Con organización específica, elemento de carácter material que alude a una autonomía organizativa superpuesta a la autonomía técnica. Para concluir si una unidad productiva ostenta una organización específica se atiende a indicios: separación geográfica del resto de la empresa; distribución de funciones entre unidades productivas; organigrama de personal de la unidad productiva –incluyendo, por ejemplo, a un responsable general–. 3.º Que sea dada de alta, como tal, ante la autoridad laboral, elemento de carácter formal y en cierta manera ajeno a la realidad del centro de trabajo que no ostenta eficacia constitutiva, aunque sí ostenta eficacia probatoria; de tal modo que si el empresario no ha dado de alta el centro de trabajo, se puede acreditar su existencia si concurren los

[157] Véase STS de 5 de mayo de 2021 (Rec. núm. 3160/2018). Y es que, de acuerdo con el art. 2 a) del Real Decreto 171/2004, de 30 de enero, que desarrolla el art. 24 de la Ley 31/1995, de 8 de noviembre, de Prevención de Riesgos Laborales, en materia de coordinación de actividades empresariales, el centro de trabajo se define como "cualquier área, edificada o no, en la que los trabajadores deban permanecer o a la que deban acceder por razón de su trabajo".

[158] STS de 5 de mayo de 2021 (Rec. núm. 3160/2018). Es decir, que el "centro de trabajo por tanto, a estos efectos, será el lugar de prestación de servicios del trabajador, al margen del alta del centro ante la Autoridad Laboral y al margen de la formal adscripción de éste a dicho centro" [STSJ Andalucía (Sevilla) de 19 de abril de 2017 (Rec. núm. 777/2017)].

[159] Rec. núm. 2229/2007.

otros dos elementos materiales". En todo caso, finaliza, "el elemento decisivo es el carácter autónomo de la organización productiva".

Pese a la claridad de los pronunciamientos judiciales, la concreción del centro de trabajo a efectos de movilidad sigue planteando ocasionales problemas al trabajador desplazado[160]. Téngase en cuenta que, según dispone el art. 8.5 ET, "el empresario deberá informar por escrito al trabajador, en los términos y plazos que se establezcan reglamentariamente, sobre los elementos esenciales del contrato y las principales condiciones de ejecución de la prestación laboral", y que, de acuerdo con el art. 2 del Real Decreto 1659/1998, de 24 de julio, por el que se desarrolla el art. 8, apdo. 5, de la Ley del Estatuto de los Trabajadores en materia de información al trabajador sobre los elementos esenciales del contrato de trabajo, entre esa información se encuentra "el domicilio social de la empresa o, en su caso, el domicilio del empresario y el centro de trabajo donde el trabajador preste sus servicios habitualmente"[161]. Puede suceder así que la realidad material del centro de trabajo del trabajador desplazado no coincida con la formal informada. Obviamente, en tales ocasiones, deberá atenderse en todo caso a la unidad técnica de producción que, dentro del conjunto de la actividad de la empresa, sirva a la ejecución práctica de esta, donde el trabajador presta sus servicios[162].

Frente a las dificultades que finalmente plantea la concreción precisa del centro de trabajo desde el que se traslada al trabajador, la doctrina entiende (acertadamente, añadimos) que "cuando el lugar de trabajo de un empleado no coincida con el centro de trabajo al que formalmente se halla adscrito, se deberá analizar si el primero constituye o no «centro de trabajo» propiamente dicho: si la respuesta es afirmativa, será el «lugar de trabajo» —en cuanto a centro de trabajo a efectos del artículo 1-5 ET—, el que se tomará como referencia del origen de la movilidad. Si la respuesta es negativa, se tendrá de valorar conjuntamente la ubicación del «centro de trabajo» y del «lugar de trabajo» habitual, para ponderar si, en relación al centro de trabajo de destino y la ubicación de su domicilio, se hace necesario, en términos objetivos, un cambio de residencia"[163]. En definitiva, "para hallarse dentro del fenómeno regulado en el apartado primero del artículo 40 ET, será requisito necesario (pero no exclusivo ni autónomo) que un empleado que prestaba servicios en un centro de trabajo concreto, pase a hacerlo a otro de la misma empresa, debiendo reunir, al menos el centro de destino, las notas esenciales estudiadas"[164].

---

160 Sobre un supuesto particular de centro de trabajo en empresa de obras, véase STSJ Madrid de 14 de mayo de 2012 (Rec. núm. 995/2012). Y sobre "personal laboral del Servicio Andaluz de Salud, contratada como interino vacante para prestar servicios en Distrito Sanitario sin adscripción a ningún centro de trabajo concreto", véase STSJ Andalucía (Sevilla) de 21 de septiembre de 2000 (Rec. núm. 661/2000).

161 Cfr. art. 2.2 c).

162 De ahí que la doctrina afirme que "la redacción del artículo 40 ET es ciertamente incompleta al no contener referencia alguna al lugar de trabajo" (ROSELLÓ SABORIT, I., *Movilidad geográfica de trabajadores en España*, cit., pág. 11).

163 Véase ROSELLÓ SABORIT, I., *Movilidad geográfica de trabajadores en España*, cit., pág. 58, "[l]o que antecede no viene sino en confirmar la elevada importancia que adopta el «lugar de trabajo» en relación con el artículo 40 ET y, *obiter dicta (dicho sea de paso)*, respecto del Derecho del Trabajo en su conjunto. Fíjese que el Legislador, por ejemplo, al abordar la competencia territorial de los Js. Soc. en el artículo 10.1 LRJS, permite al empleado acudir, a su elección, a los tribunales del lugar de prestación de servicios, sin necesidad de que su centro de trabajo está ubicado en tal emplazamiento, todo ello sin perjuicio de las reglas de competencia territorial específicas en función de la materia, reguladas en el apartado siguiente del meritado precepto".

164 Ibídem, pág. 178.

2. El cambio de residencia

El segundo de los requisitos legales a la hora de apreciar la presencia de una situación de movilidad geográfica ocasiona mayores y más complejos problemas de determinación. Dice el art. 40.1 ET que el traslado consiste en la decisión empresarial de modificar el centro de trabajo del empleado, siempre y cuando el mismo exija que este cambie de residencia. Ya conocemos lo que quiere decir el Legislador con la expresión "centro de trabajo", nos queda ahora, por lo tanto, discernir qué pretende cuando exige al trabajador el cambio de residencia para poder apreciar la presencia de una movilidad geográfica "sustancial".

Aquí, en principio, deben hacerse varias precisiones. En primer lugar, debe prestarse atención al hecho de que la norma exija simplemente al trabajador que la movilidad le imponga cambiar de residencia, sin más precisiones. La labor hermenéutica podría resultar sencilla si esta, la de "cambio de residencia", fuera una expresión utilizada habitualmente por el Legislador laboral, pero no es así. Se trata de una locución extravagante, que el ET solo utiliza en el precepto relativo a la movilidad geográfica de los trabajadores, y más en concreto, únicamente con referencia al traslado de trabajadores, ya que con relación al desplazamiento se ha considerado conveniente usar la expresión más común de "domicilio habitual". Y es que, al texto estatutario le resulta más cómodo utilizar términos como "domicilio habitual"[165], "domicilio de origen"[166] o, simplemente, "domicilio" del trabajador, cuando quiere establecer referencias locativas; por ejemplo, en su art. 8.4, al efecto de excluir de la copia básica del contrato de trabajo determinados extremos que pudieran afectar a la intimidad personal, ya que en todos los modelos oficiales de contrato de trabajo ofrecidos por la Agencia Española de Empleo se contiene una casilla referida al "municipio del domicilio" del trabajador.

Por todo ello, se nos presentan tres alternativas a la hora de determinar la residencia del trabajador como lugar (de posible muda) a tener en cuenta en caso de movilidad geográfica: el lugar de residencia, el domicilio o el municipio del domicilio. En realidad, domicilio y lugar de residencia pueden ser utilizados como sinónimos a nuestros efectos, ya que, mientras que este último término, según la RAE, hace referencia al lugar o casa en que se reside o se vive, el domicilio no es más que (de nuevo, según la RAE) el lugar de residencia habitual o el lugar en que legalmente se considera establecido alguien para el cumplimiento de sus obligaciones y el ejercicio de sus derechos. A tales efectos, debemos tener presente apriorísticamente el domicilio fijado en contrato, siempre y cuando el mismo coincida con el domicilio o residencia efectiva del trabajador. Porque, en efecto, en tales casos a él tendremos que atenernos y, en todo caso, al efectivo lugar donde se reside habitualmente, que no necesariamente tiene que coincidir con el domicilio señalado en el contrato. Sea como fuere, la residencia a la que se refiere el art. 40.1 ET no puede ser otra más que el domicilio habitual del trabajador, donde reside habitualmente[167], en suma, el lugar de residencia habitual con

165 Art. 37.3 c) ET.

166 Curiosamente en el propio art. 40, en su apdo. 6.

167 Término este de "residencia habitual" que utiliza el art. 40 CC para referirse al domicilio de las personas naturales.

voluntad de permanencia[168], el espacio donde el individuo vive sin estar sujeto necesariamente a los usos y convenciones sociales, haciéndolo con la libertad más espontánea[169].

La segunda de esas previsiones legales exige poner de manifiesto que "cambio de destino y de residencia parecen ser [...] los elementos que encuadran la identificación legal de traslado"[170]. Porque, sin duda, la conjunción de ambos elementos locativos nos debe dar la pauta a la hora de determinar la presencia de un supuesto de movilidad geográfica "sustancial". Por lo tanto, el mero traslado de centro de trabajo no puede ser en ningún caso el patrón determinante de la configuración legal. El cambio de residencia resulta ser así "un concepto indeterminado, que no se relaciona automáticamente con un cambio de municipio o provincia. En este sentido, debe partirse de que no existe un patrón cierto que establezca a partir de cuántos kilómetros se puede considerar un cambio de centro de trabajo como traslado en los términos del artículo 40 ET y de que, a la postre, se trata de un concepto jurídico indeterminado"[171].

De este modo, como regla general y fijándonos únicamente en el elemento locativo, no basta con atender al simple cambio de centro de trabajo a la hora de determinar si nos encontramos frente a una movilidad geográfica "sustancial". En estas ocasiones debe prestarse atención, de un lado, a la situación geográfica de los centros de trabajo implicados, así como a la ubicación de la residencia del trabajador; y, de otra parte, sobre esa base, deben valorarse principalmente la distancia entre todas esas ubicaciones, las comunicaciones (a efectos de desplazamiento) entre las mismas y las posibles responsabilidades familiares del trabajador[172].

Por todo ello, según la doctrina, en orden a la determinación de si nos encontramos en presencia de una movilidad geográfica de las que se ocupa el art. 40 ET, se ha de tener en cuenta: 1) la distancia "(en km) entre el centro de trabajo de destino y la residencia habitual del trabajador, pero también la que mediaba entre esta última y el centro de trabajo de origen, la que separa sendos centros y el lugar de trabajo, si este es distinto al del centro de trabajo"[173]; 2) la comunicación con el centro de destino, debiendo tenerse "presente la comunicación existente por autovía carretera convencional, medios de transporte públicos, con accesibilidad y frecuencia de paso, gastos, etcétera"[174]; y 3) la jornada laboral de la persona trabajadora, debiendo valorarse "la duración de esta, como también el porcentaje de la misma que ocupa el desplazamiento diario al nuevo centro de trabajo"[175].

Con todo, no debe olvidarse que, mientras que si se trata de un traslado lo único que se impone normativamente es el cambio de residencia, en el desplazamiento se exige un plus, señalando el art. 40.6 ET que el trabajador desplazado deberá residir en población distinta

[168] Cfr. STS (Sala de lo Civil) de 5 de diciembre de 2018 (Rec. núm. 1185/2016).

[169] STC 50/1995, de 23 de febrero.

[170] Véase ALEMÁN PÁEZ, F., *La movilidad geográfica. Problemática social y régimen jurídico*, cit., pág. 79.

[171] Véase ROSELLÓ SABORIT, I., *Movilidad geográfica de trabajadores en España*, cit., pág. 183.

[172] Al respecto, véase STSJ Canarias (Las Palmas) de 30 de enero de 2014 (Rec. núm. 366/2012).

[173] Véase ROSELLÓ SABORIT, I., *Movilidad geográfica de trabajadores en España*, cit., pág. 195.

[174] Ibídem, pág. 196.

[175] Ibídem, pág. 198.

de la de su domicilio habitual. Esto, en última instancia, podría propiciar la posibilidad de admitir el traslado cuando el cambio de centro se lleve a cabo en una gran ciudad (Madrid, Barcelona, etc.), ya que, lógicamente, no es lo mismo residir en una pequeña población que en una gran urbe, donde las distancias pueden exigir circunstancialmente el cambio de residencia[176]. Se trata, no obstante, de una posibilidad que el Tribunal Supremo viene rechazando desde hace años, por ejemplo, en una STS de 12 de febrero de 1990, en la cual, frente a la alegación del trabajador de que el cambio de centro de trabajo ha constituido infracción de los artículos 40.1 ET (movilidad geográfica por traslado superior a un año), resolvió que "el argumento no puede aceptarse por varias razones: a) El traslado de centro de trabajo ha tenido lugar dentro de la misma ciudad de Madrid, por lo que no ha exigido el cambio de residencia que es el elemento característico del supuesto de hecho del art. 40.1 ET". Para la jurisprudencia de unificación, pues, "los cambios de puestos de trabajo que no signifiquen cambio de domicilio por estar en la misma localidad o concentración urbana o industrial, no se configuran como traslados"[177].

3. De nuevo sobre la movilidad geográfica "débil", o el traslado sin necesidad de cambio de residencia. Sus límites, en particular la posible consideración como un supuesto de modificación sustancial de las condiciones de trabajo

La exigencia de "cambio de residencia" se convierte así en el elemento esencial de la noción legal de movilidad geográfica. Si el traslado del trabajador no conlleva (siempre bajo una necesaria valoración subjetiva) la necesidad de cambio de residencia, nos encontraremos con una mera manifestación del *ius variandi* empresarial, que legitima, sin necesidad de alegar causa, el traslado del trabajador de un centro de trabajo a otro de la empresa. La realidad judicial, empero, nos enseña que esta simple categorización no resulta siempre ajustada al entendimiento que los jueces de lo social tienen sobre la institución que aquí nos ocupa. Y es que, aunque ya hemos hablado anteriormente de ello, conviene volver a incidir en el tema, por la trascendencia práctica del mismo.

La primera de esas líneas rojas instauradas por los tribunales del orden social de la jurisdicción se constituye a la hora de poner ciertos límites al poder empresarial. De acuerdo con lo dispuesto en el art. 20.2 ET, "en el cumplimiento de la obligación de trabajar asumida en el contrato, el trabajador debe al empresario la diligencia y la colaboración en el trabajo que marquen las disposiciones legales, los convenios colectivos y las órdenes o instrucciones adoptadas por aquel en el ejercicio regular de sus facultades de dirección". Así, "el

[176] Con todo, la regla general no es otra que aquella que sostiene que "el cambio de centro de trabajo operado de un centro a otro que radica dentro del casco urbano de la misma localidad, no constituye, conforme al apartado 1 del citado artículo 41, una modificación sustancial de las condiciones de trabajo, lo que excusa de la obtención de la autorización del cambio por la previa negociación de las partes, máxime cuando en definitiva nos encontramos ante un supuesto de movilidad geográfica, regulado por el artículo 40 del Estatuto, que no tiene relevancia por cuanto no implica un cambio de residencia de los trabajadores afectados, que no se ven perjudicados, y cuando además el cambio estaba justificado por razones operativas y de mayor eficacia" (STSJ Andalucía [Granada] de 2 de febrero de 2023 [ECLI:ES:TSJAND:2023:1030]).

[177] Cfr. STS de 16 de marzo de 1989. En este mismo sentido se expresa la jurisprudencia de suplicación, señalando que estas ocasiones "ciertamente el nuevo centro de trabajo conllevaría mayor inversión de tiempo en desplazamientos que en el inicial centro, pero ello no implica un cambio de residencia" [STSJ Madrid de 27 de enero de 2014 (Rec. núm. 1320/2013)].

empresario ejerce la dirección y organización de la empresa y a ellas quedan sujetas las prestaciones a realizar por el trabajador puesto que es imposible que estas puedan quedar absolutamente prefijadas en el contrato y que se puedan prever, además, las alteraciones de las circunstancias a lo largo de la relación que exijan una modificación de dichas prestaciones encomendadas al trabajador"[178].

No se trata, sin embargo, de un poder omnímodo del empleador, que debe, por ello mismo, ajustarse a ciertos límites legales, utilizables en los supuestos de movilidad geográfica "débil" del trabajador. El *ius variandi* del empresario no es más que "la facultad de especificación de la prestación laboral y de introducir en ella modificaciones accidentales"[179], pero, como manifestación de su poder de dirección, se encuentra con fronteras de carácter infranqueable, con el fin de evitar precisamente que el empresario modifique a su libre albedrío lo pactado en contrato, preservando así hasta cierto punto determinados derechos del trabajador: la "potestad del empresario de alterar los términos de la prestación del trabajador por su voluntad unilateral, que descansa en su poder de dirección [...] no puede entenderse como una facultad arbitraria y omnímoda, sino que se encuentra sometido a determinadas limitaciones, debiendo utilizarse con el máximo respeto a los derechos del trabajador y a su dignidad humana y sin perjuicio para él, o con la compensación adecuada cuando el ejercicio de tal potestad resulte inevitable, y sin que pueda exceder de lo que las normas legales y los principios generales inspiradores del derecho de trabajo imponen"[180].

Analizada la realidad judicial, la lógica jurídica podría permitirnos concluir que, a salvo los límites impuestos judicial y normativamente al *ius variandi* empresarial, si la decisión de traslado no cristaliza en la necesidad de un cambio de residencia del trabajador, no podríamos hablar propiamente de un supuesto de movilidad geográfica "sustancial" *ex* art. 40 ET. En tales ocasiones, la jurisprudencia habilita al empresario para modificar el lugar de prestación de servicios del trabajador, al tratarse de lo que adjetiva como movilidad geográfica "débil", esto es, la capacidad del empresario para trasladar al trabajador a otro centro de trabajo sin necesidad de alegar causa o seguir cualquier tipo de procedimiento legal previamente establecido. Pero puede suceder que, a pesar de esa habilitación, e —incluso— de que el trabajador no se vea obligado a cambiar de residencia, ese traslado resulte (por las razones que sean) excesivamente gravoso para él. Pues bien, como sabemos, en estas ocasiones no resulta extraordinario encontrarse resoluciones judiciales que asimilan el traslado gravoso a una modificación sustancial de las condiciones de trabajo.

Pese a todo, esta particularidad, la identificación de la movilidad geográfica "débil" con la figura de la modificación sustancial de condiciones de trabajo a la que se refiere el art. 41 ET, viene siendo rechazada de manera rotunda por la mayoría de los tribunales laborales. Además de otros argumentos, el principal motivo por el cual esa asimilación se rechaza no es otro que la presencia, en el apdo. 7 del art. 41 ET, de un inciso con el siguiente tenor literal: "En materia de traslados se estará a lo dispuesto en las normas específicas establecidas en el

178 Véase MORENO DE TORO, C., y RODRÍGUEZ CRESPO, M. J., "Ejercicio y límites del «*ius variandi*» del empresario", en Temas laborales. Revista andaluza de trabajo y bienestar social, núm. 98, 2009, pág. 203.

179 Véase GARCÍA VALVERDE, M. D., "Una manifestación más del «*ius variandi*» movilidad geográfica «lato sensu»", en Aranzadi Social: Revista Doctrinal, vol. 3, núm. 10, 2010, pág. 30.

180 Véase STS de 4 de diciembre de 1982.

artículo 40"[181]. La jurisprudencia entiende así que todo lo que tenga que ver con el traslado o desplazamiento de los trabajadores debe resolverse atendiendo a lo dispuesto en el precepto relativo a su movilidad geográfica, de tal manera que se establece así legalmente una clara dualidad: si existe cambio de centro de trabajo y la correlativa necesidad de cambio de domicilio nos encontraremos con un supuesto de movilidad geográfica "sustancial", por lo que el empresario se encuentra obligado a cumplir con los mandatos legales contenidos en el art. 40 ET; en caso contrario, la facultad de disponer acerca del lugar de prestación de servicios del trabajador se enmarca dentro de las facultades del *ius variandi* empresarial, sujeta únicamente a los límites de la institución.

Pero, como decimos, no todos los tribunales laborales entienden así la construcción normativa de ambas realidades jurídicas. Existe cierta corriente judicial que considera necesario establecer un término medio entre la movilidad geográfica "sustancial" y el mero ejercicio del *ius variandi* empresarial. De esta manera, dentro del concepto de movilidad geográfica "débil" debe distinguirse (según esta misma jurisprudencia) entre aquellas situaciones en las que el desplazamiento del trabajador sí que se encuentra dentro de la capacidad del empresario para modificar el contenido de la prestación laboral, y aquellas otras en las cuales el trabajador, debido precisamente al traslado, se halla en la situación en la que, siquiera no le exige cambiar de domicilio, sí le supone una excesiva onerosidad, y que, por ello mismo, encaja en la noción de modificación sustancial de condiciones de trabajo a la que se refiere el art. 41 ET.

No nos estamos refiriendo aquí a aquellas ocasiones en las cuales el empresario no se limita simplemente a trasladar al trabajador. Porque, obviamente, si, además de la movilidad, el trabajador se encuentra con que se le modifican algunas de sus condiciones de trabajo (horario, jornada, etc.), podemos hablar perfectamente de un supuesto de modificación sustancial o, incluso, de movilidad funcional. No, nos estamos refiriendo a aquellas situaciones en las cuales únicamente se traslada al trabajador, manteniendo el resto de sus condiciones laborales, y que, a pesar de que no necesite cambiar de residencia, su traslado diario al nuevo centro de trabajo le resulta especialmente gravoso.

En estos casos, para cierta jurisprudencia laboral, ni se trata de movilidad geográfica "sustancial", ni de movilidad geográfica "débil"; se trata, simple y llanamente, de un supuesto de modificación sustancial de condiciones de trabajo, encajable en la literalidad del art. 40.1 ET ("[t]endrán la consideración de modificaciones sustanciales de las condiciones de trabajo, entre otras [...]"), al venir sosteniendo la doctrina de unificación desde hace años que la relación de materias del precepto "no tiene carácter cerrado y exhaustivo, pues esta interpretación iría en contra de la expresión «entre otras», que precede al catálogo legal y que parecen indicar la existencia de un «numerus apertus», respecto a materias conexionadas

[181] "Aunque el art. 41 ET hace de ellas una enumeración de lista abierta, no puede pasarse por alto que en su listado especificatorio la norma para nada cita los supuestos de movilidad geográfica (a diferencia de la funcional que exceda de los límites del art. 39, mencionada en el apartado f), y que muy al contrario el núm. 5 (ahora núm. 7) del precepto se cuida de normar que «En materia de traslados se estará a lo dispuesto en las normas específicas establecidas en el artículo 40 de esta Ley», con lo que es evidente que la materia relativa a traslados –sea configurable o no como modificación sustancial– tiene un régimen jurídico diferenciado y de obligada aplicación" [STSJ Extremadura de 18 de noviembre de 2014 (Rec. núm. 511/2014)].

con las legalmente individualizadas"[182]. No obstante, siendo honestos, la interpretación que propugna aquí la jurisprudencia laboral no puede, pese a todo, resolverse de manera tan simple. En realidad, existen dos posturas que, observadas con detenimiento, permiten conjugar perfectamente ambas instituciones.

La primera de ellas entiende que, atendidas las circunstancias, la movilidad geográfica "débil" puede derivar en un supuesto de modificación sustancial, por cuanto que la decisión de traslado, aunque aparentemente aséptica, limitada únicamente al desplazamiento diario del trabajador a su nuevo centro de trabajo, supone *de facto* la modificación de sus condiciones de trabajo. Este es el parecer, por ejemplo, de una STSJ Extremadura de 18 de noviembre de 2014[183], en la que se parte de un presupuesto siempre necesario en estas situaciones: "Empezar por dudarse si estamos ante una modificación sustancial de las condiciones de trabajo". Así, partiendo de dicho presupuesto, "no cabe duda de que se trata de una modificación sustancial de las condiciones de trabajo porque, residiendo aquella en Plasencia, como tal hay que entender que de trabajar en esa misma localidad se le obligue a hacerlo en otra distinta cada día de la semana, el lunes a 42 kilómetros, el martes a 70, el miércoles y el jueves a 34, el viernes a 31 y el sábado a 38, sin que, además, conste acreditado como se iba a realizar el viaje de ida y vuelta desde esos puntos". Con ello, "está más que justificado que se trata de una modificación sustancial por alterar un aspecto fundamental de la relación laboral, como es la relativa a la obligación de acudir diariamente al centro de trabajo para cumplir la jornada y el horario pactados, que se hace mucho más gravosa y con evidentes perjuicios para la trabajadora pues tampoco se especifica en la comunicación si el tiempo empleado en acudir a los distintos lugares va a ser considerado o no como de trabajo y, en todo caso solo el aumento del riesgo que suponen los diarios viajes por carretera que antes no se hacían, ya determina un perjuicio que justifica la extinción".

La segunda de esas posturas es la que atiende en exclusiva a la "gravosidad" del traslado para entender concurrente un supuesto de movilidad geográfica "sustancial". En estos casos, los tribunales laborales consideran que la distancia en el desplazamiento no resulta un elemento constitutivo esencial, sino que debe atenderse (en concurrencia con el resto de elementos materiales que conlleva el cambio de centro de trabajo) a si el mismo provoca un excesivo perjuicio al trabajador, si el traslado le resulta o no gravoso. Así lo entiende, por ejemplo, una STSJ Valencia de 29 de junio de 2021[184], para la que resulta "evidente que las situaciones que determinan esa necesidad de cambio de domicilio, como requisito exigible para determinar si esa movilidad geográfica constituye o no un elemento que obliga al cambio de residencia son casuísticas, y deben analizarse, no solo en relación con la distancia entre el domicilio del trabajador/a y el nuevo lugar de trabajo al que se lo envía, sino también en relación con el perjuicio que ello le causa, hasta el punto de imposibilitarle la continuidad de la prestación laboral". De este modo, "aunque los cambios de centro de trabajo a otro que no implique un cambio de residencia no se contemplan en el art. 40 del Estatuto de los Trabajadores [...], por lo que han de entenderse comprendidos los mismos dentro de las facultades que integran el *ius variandi* del empresario", existen, no obstante, "supuestos en

[182] Cfr. STS de 27 de enero de 2003 (Rec. núm. 63/2002).

[183] Rec. núm. 511/2014.

[184] Rec. núm. 775/2021.

los que aunque no se plantea por la empresa directamente el cambio de residencia del trabajador puede ocurrir que el desplazamiento diario del domicilio al centro de trabajo sea de tal naturaleza que haga gravosa la relación, constituyendo, de hecho, un supuesto de traslado, con la posibilidad de permitir el derecho del trabajador a extinguir su contrato".

Esta postura judicial permite, por lo tanto, apreciar la presencia de una movilidad geográfica "sustancial" cuando, aunque el trabajador no se haya traslado de domicilio, la presencia diaria en su centro de trabajo le resulte especialmente costosa, al suponer una modificación sustancial de sus condiciones de trabajo, tal y como apreció en su momento una STSJ Andalucía (Málaga) de 20 de marzo de 1995[185]. Se dice en esta resolución que "en el presente caso el cambio de centro de trabajo aunque definitivo, no ha supuesto para el actor cambio de su residencia"; ahora bien, "ocurre que el art. 40.1 no impone que sea la empresa la que exija el cambio de residencia del trabajador sino que tal cambio venga impuesto o exigido por el hecho del traslado del centro de trabajo, es decir porque materialmente sea imposible o notablemente gravoso mantener la anterior residencia y desplazarse desde la misma a la localidad donde radique el nuevo centro de trabajo"; y en esta ocasión, "así entendido el precepto en cuestión es obvio que no ha podido producirse su infracción porque aunque la demandada no haya exigido al actor que se vaya a vivir a Málaga, permitiéndole continuar en Marbella, es claro que constituye una muy gravosa obligación para el trabajador tener que trasladarse diariamente por la mañana y por la tarde de una a otra localidad, distantes varios kilómetros, obligación que constituye una sustancial modificación de las condiciones en que venía prestando sus servicios para la demanda y que, de hecho, le exige el cambio de residencia".

Pese a todo, tal y como se indicó anteriormente, la mayor parte de la jurisprudencia laboral (con la que coincidimos), con buen criterio, señala que la movilidad geográfica simpliciter, esto es, el simple cambio de centro de trabajo, sin distorsiones significativas en el resto de condiciones laborales, solo puede significar o bien una movilidad geográfica "débil", si el traslado no exige cambio de residencia; o bien una movilidad geográfica "sustancial", si la medida empresarial de traslado impone al trabajador el cambio en su residencia habitual, pero nunca un supuesto de movilidad funcional o de modificación sustancial de las condiciones de trabajo. Así lo viene advirtiendo el Tribunal Supremo desde hace décadas, señalando que "en relación con los arts. 39 y 41 del Estatuto de los Trabajadores la movilidad debe efectuarse sin perjuicio de los derechos económicos y profesionales del trabajador; pero es claro que los desplazamientos acordados que presuponen modificación del contrato, no perjudican al trabajador, que viene ciertamente obligado a desplazarse en su nuevo puesto de trabajo"[186].

III. El elemento tiempo

Nada dice el art. 40.1 ET acerca del tiempo que debe durar el cambio de centro de trabajo para considerar la decisión empresarial de traslado como un supuesto de movilidad geográfica "sustancial"[187], exigiendo únicamente, como sabemos, canje de centro de trabajo y la

[185] Rec. núm. 550/1993.

[186] Cfr. STS de 26 de noviembre de 1984.

[187] "Se trata de un cambio con vocación de permanencia aunque esta no se prevea inicialmente" [STSJ Canarias (Santa Cruz de Tenerife) de 5 de junio de 2017 (Rec. núm. 922/2016)].

consecuente necesidad de modificar el lugar de residencia habitual. Pero una lectura atenta al contenido del art. 40 ET permite sostener la necesidad de que el traslado dure un tiempo determinado, que la norma considera como mínimo, a los exclusivos efectos de diferenciar entre traslado y desplazamiento.

Así, afirma el apdo. 6 del precepto (sobre el que volveremos más adelante), en su último párrafo, que "[l]os desplazamientos cuya duración en un periodo de tres años exceda de doce meses tendrán, a todos los efectos, el tratamiento previsto en esta ley para los traslados". Ello permitiría sostener que todo desplazamiento del trabajador que dure más de 12 meses en un período de tres años automáticamente se convierte en un traslado, el cual se configuraría así como el cambio de centro de trabajo que exige cambio de residencia durante más de un año en un período de tres años. Cierta doctrina advierte, empero, que "por prudencia legalista, esto debe ser ponderado, pues más que transformarse en un traslado, ese desplazamiento –por tiempo superior al máximo permitido–, pasará a ser considerado como aquel a todos los efectos, fenómeno que no es exactamente igual al primero"[188]. Y es que, "de no ser así, se estaría permitiendo al empresario sortear las formalidades legalmente exigidas para la adopción unilateral del traslado, por medio de desplazamientos en los que posteriormente se limitara a dejar transcurrir el tiempo suficiente hasta que aquellos mutatis mutandis se convirtieran en traslados"[189].

IV. La necesidad causal

El empresario solo puede trasladar a sus trabajadores (individualmente considerados, claro) si existen razones económicas, técnicas, organizativas o de producción que lo justifiquen. La cuestión es completar ese concepto jurídico indeterminado. Y es que aquí el ET se limita a indicar que "se consideraran tales las que estén relacionadas con la competitividad, productividad u organización técnica o del trabajo en la empresa, así como las contrataciones referidas a la actividad empresarial"[190]. Lo cual viene a ser como no decir nada. La paráfrasis normativa resulta así un vacuo intento del Legislador, que se limita a indeterminar aún más lo que ya de por sí lo es. Esto provoca dos inmediatas consecuencias. De un lado, le proporciona al empresario un extenso punto de apoyo con el que justificar sus decisiones de movilidad; y, de otro lado, deja en manos de los jueces la necesidad de decidir en cada caso concreto la existencia o no de razones justificativas del traslado.

Precisamente, en este punto es donde surgen los problemas interpretativos, porque en el momento de resolver pleitos sobre movilidad geográfica los tribunales laborales han tenido que plantearse, ante la indefinición normativa, la necesidad de acudir a otras previsiones más concretas del ET en las que se ajusten con mayor precisión los términos utilizados por su art. 40[191]. Por descontado, el recurso más obvio lo constituye la dicción

[188] Véase ROSELLÓ SABORIT, I., *Movilidad geográfica de trabajadores en España*, cit., pág. 200.

[189] Ibídem, pág. 201.

[190] Art. 40.1, párrafo 1.º, ET.

[191] Cfr. SSTSJ Canarias (Las Palmas) de 30 de abril de 2012 (Rec. núm. 1718/2011), Andalucía (Sevilla) de 10 de enero de 2019 (Rec. núm. 3884/2018), Madrid de 23 de abril de 2018 (Rec. núm. 1038/2017), Madrid de 4 de diciembre de 2017 (Rec. núm. 41/2017), Castilla y León (Valladolid) de 6 de marzo de 2013

del art. 51.1 ET[192], y así lo venían entendido algunas salas de lo social de los Tribunales Superiores de Justicia, habida cuenta la literalidad de la norma hasta la reforma operada en la misma por el Real Decreto-ley 3/2012, de 10 de febrero[193], sobre medidas urgentes para la reforma del mercado laboral, que sustituyó el inciso "[s]e entenderá que concurren las causas a que se refiere este artículo cuando la adopción de las medidas propuestas contribuya a mejorar la situación de la empresa a través de una más adecuada organización de sus recursos que favorezca su posición competitiva en el mercado o una mejor respuesta a las exigencias de la demanda", por el actual[194].

A la vista de lo anterior, no resultaba extraordinario que la jurisprudencia concluyese ocasionalmente que "en relación con las citadas causas [...] constituyen [...] referencia obligada [...] los artículos 41.1, 51.1 y 52.c) del Estatuto de los Trabajadores al objeto de sustentar las medidas a adoptar por las empresas a que dichos preceptos se refieren"[195], es decir, "para acordar las medidas que aquí se analizan, no se precisa que la empresa se encuentre en una situación de crisis o emergente, sino que bastará que la modificación contribuya a mejorar la situación de la empresa en el mercado para que la medida esté justificada, por lo que su adopción cabe aunque el balance económico de la empresa pueda ser positivo o no exista peligro alguno sobre su futura viabilidad, o [...] dicha facultad empresarial podrá ejercitarse cuando su adopción pueda contribuir, real y efectivamente, a mejorar la competitividad de la empresa, articulando el Legislador esta facultad como un instrumento destinado a conseguir una mayor adecuación de la empresa a las necesidades del mercado, permitiendo una mejor organización de sus recursos productivos, para dar respuesta a las exigencias necesarias para mantener o aumentar los niveles de competitividad"[196].

(Rec. núm. 239/2013), Asturias de 4 de febrero de 2020 (Rec. núm. 2495/2019) y STSJ Cataluña de 27 de julio de 2016 (Rec. núm. 1747/2016), esta última, sobre el fin de arriendo de un local de negocio como causa para el traslado.

[192] Según el cual "[s]e entiende que concurren causas económicas cuando de los resultados de la empresa se desprenda una situación económica negativa, en casos tales como la existencia de pérdidas actuales o previstas, o la disminución persistente de su nivel de ingresos ordinarios o ventas. En todo caso, se entenderá que la disminución es persistente si durante tres trimestres consecutivos el nivel de ingresos ordinarios o ventas de cada trimestre es inferior al registrado en el mismo trimestre del año anterior.

Se entiende que concurren causas técnicas cuando se produzcan cambios, entre otros, en el ámbito de los medios o instrumentos de producción; causas organizativas cuando se produzcan cambios, entre otros, en el ámbito de los sistemas y métodos de trabajo del personal o en el modo de organizar la producción y causas productivas cuando se produzcan cambios, entre otros, en la demanda de los productos o servicios que la empresa pretende colocar en el mercado".

[193] BOE de 11 de febrero de 2012.

[194] Así, por ejemplo, para una STSJ Andalucía (Granada) de 25 de mayo de 2018 (Rec. núm. 2513/2017), aunque "la norma no especifica qué debe entenderse en este caso por dichos motivos económicos, técnicos, organizativos o de producción [...], sí ha precisado que se considerarán tales los que estén relacionados con la competitividad, productividad u organización técnica o del trabajo en la empresa. En cualquier caso, se alude a las mismas causas que exigen los artículos 41 ET (modificación sustancial de condiciones de trabajo), 47 ET (suspensión del contrato de trabajo y reducción de jornada), 51 ET (despido colectivo) y 52.c ET (despido objetivo)". Y para una antigua STSJ Cataluña de 14 de julio de 2011 (Rec. núm. 3092/2011), "en relación con las citadas causas [...] constituyen, a su vez, referencia obligada en los artículos 41.1, 51.1 y 52.c) del Estatuto de los Trabajadores al objeto de sustentar las medidas a adoptar por las empresas a que dichos preceptos se refieren". En este mismo sentido, véase STSJ Canarias (Santa Cruz de Tenerife) de 5 de junio de 2017 (Rec. núm. 922/2016).

[195] Cfr. STSJ Cataluña de 14 de julio de 2011 (Rec. núm. 3092/2011).

[196] Cfr. STSJ Cataluña de 14 de julio de 2011 (Rec. núm. 3092/2011).

Sin embargo, en la actualidad, los tribunales de lo social vienen desechando de manera rotunda ese recurso analógico[197]. Una STSJ Andalucía (Sevilla) de 9 de julio de 2020[198], por ejemplo, ante la denuncia en recurso de los arts. 51.1 y 52 c) ET, concluyó que "la definición legal de las causas económicas, técnicas, organizativas y de producción a efectos de movilidad geográfica, idénticas a las de modificación sustancial de condiciones de trabajo del art. 41 ET, difieren de las que el art. 51 ET establece para las extinciones de contratos fundadas en las mismas causas, tanto colectivas como individuales". No existe, por tanto, finaliza la sentencia, "una remisión ni expresa ni tácita del art. 40 al 51 a la hora de configurar o definir las causas económicas, técnicas, organizativas y de producción que justifican la medida de traslado de centro de trabajo, razón por la que en este caso no puede haberse producido una vulneración de los arts. 51.1 ni 52.c) ET ni de la jurisprudencia que los interpreta". En definitiva, tal y como afirma una STSJ Galicia de 30 de enero de 2020[199], "desde tal nueva redacción del precepto, no es necesario que se acredite que las causas «económicas» provoquen una grave situación o una situación negativa, por lo que no pueden aplicarse los parámetros del art. 51 ET"[200].

Pero el problema hermenéutico continúa: ¿Cómo definir cada una de las causas que contempla el art. 51.1 ET? Conforme a lo dispuesto en el art. 40.1 ET, las cuatro distintas razones (estrictamente objetivas) que habilitan al empresario a trasladar al trabajador (económicas, técnicas, organizativas o de producción[201]) pueden venir relacionadas de manera indistinta con "la competitividad, productividad u organización técnica o del trabajo en la empresa, así como las contrataciones referidas a la actividad empresarial"[202]. Precisamente por ello, el abanico de posibilidades con el que cuenta el empresario resulta ser, aparentemente, casi ilimitado, ya que "tal eliminación de exigencias finalistas, aparte de llevar a una definición casi tautológica de las causas, amplía los poderes del empresario y desincentiva a los trabajadores para impugnar judicialmente"[203]. No resulta ser esta, sin embargo, la opinión mayoritaria que la nueva redacción del precepto le merece a la jurisprudencia de suplicación[204].

---

197 Para una STSJ Galicia de 30 de enero de 2020 (Rec. núm. 5523/2019), "no es necesario que se acredite que las causas «económicas» provoquen una «grave situación» o una «situación negativa», por lo que no pueden aplicarse los parámetros del art. 51 ET".

198 Rec. núm. 173/2020.

199 Rec. núm. 5523/2019.

200 En este mismo sentido, véanse SSTSJ País Vasco de 11 de junio de 2019 (Rec. núm. 956/2019), Castilla-La Mancha de 20 de febrero de 2019 (Rec. núm. 1799/2017), Cataluña de 20 de diciembre de 2010 (Rec. núm. 5642/2009) y Asturias de 29 de junio de 2017 (Rec. núm. 1427/2017).

201 "Al emplear la conjunción «o», el Legislador ha pretendido disipar cualquier eventual duda sobre la concurrencia de causas, en el sentido de que es suficiente la existencia de una de ellas para proceder a la movilidad geográfica, bien entendido que esto no es óbice para que concurran simultáneamente todas o algunas de ellas" (ROSELLÓ SABORIT, I., *Movilidad geográfica de trabajadores en España*, cit., pág. 208).

202 Véase, con amplia argumentación, al respecto de la concurrencia causal [STSJ Canarias (Santa Cruz de Tenerife) de 5 de junio de 2017 (Rec. núm. 922/2016)].

203 Véase CABEZA PEREIRO, J., y LOUSADA AROCHENA, J. F.: *Derecho del trabajo y crisis económica*, CGPJ (Madrid, 2013), pág. 144.

204 Y es que, ocasionalmente se puede apreciar en ciertos pronunciamientos judiciales una cierta laxitud en la interpretación del precepto que nos ocupa: "El poder de ejercitar la movilidad geográfica (traslados y desplazamientos de trabajadores) es una derivación en el ámbito laboral de la libertad de empresa, que aparece reconocida en el artículo 38 de la Constitución Española y, por tanto debe interpretarse coherentemente con tal principio, que aspira a dotar al empresario de un poder suficiente para que organice según sus lícitos interés, la unidad productiva sin hacer imposible su utilización a través de

Y es que, según entiende una STSJ Andalucía (Sevilla) de 9 de julio de 2020, la "escueta mención del art. 40 ET a que se considerarán tales causas económicas, técnicas, organizativas y de producción ... obedece al espíritu flexibilizador avanzado por el Real Decreto-Ley 3/2012, de 10 de febrero y plasmado luego en la Ley 3/2012, de 6 de julio", de tal manera que dicha reforma "ha limitado aún más, el nivel de exigencia de la versión precedente, que admitía la concurrencia de causas cuando la adopción de las medidas propuestas contribuya a prevenir una evolución negativa de la empresa o a mejorar la situación y perspectivas de la misma a través de una más adecuada organización de sus recursos, que favorezca su posición competitiva en el mercado o una mejor respuesta a las exigencias de la demanda". Ya no se exige, pues, "tal finalidad de prevención o mejora, tampoco la de superación, que en versiones anteriores del precepto sí existían; sino solo que las medidas tengan algún tipo de relación con la competitividad, productividad u organización técnica o del trabajo en la empresa, o con las contrataciones referidas a la actividad empresarial, debiéndose descartar en cualquier caso que ello suponga atribuir al empresario una amplia discrecionalidad al respecto". Aunque tras dicha reforma el nivel de exigencia empresarial "a la hora de justificar la medida sigue siendo distinta de la que se utiliza para las más graves decisiones de extinción de contratos, sin embargo ..., la exigencia de probar las razones económicas, técnicas, organizativas o de producción y su relación con la competitividad, la productividad u organización técnica del trabajo en la empresa [...] revela que no existe una discrecionalidad absoluta del empresario, quien deberá acreditar la concurrencia de circunstancias en su empresa, basadas en las causas reiteradas, que incidan en su competitividad, su productividad o su organización del trabajo, que justifiquen razonablemente las modificaciones propuestas, puesto que las modificaciones tienen por finalidad promocionar una mejora en la competitividad y en la productividad de la empresa, así como en la mejor organización de sus sistemas de trabajo"[205].

V. La necesaria notificación del traslado

El art. 40.1 ET indica lo siguiente: "La decisión de traslado deberá ser notificada por el empresario al trabajador, así como a sus representantes legales, con una antelación mínima de treinta días a la fecha de su efectividad". Por lo tanto, el traslado debe actuarse a través de una declaración de voluntad recepticia, dirigida por el empleador o la persona que ostente los poderes necesarios para ello a la contraparte, constituida por el trabajador y sus representantes legales. La orden de movilidad, pues, generará el efecto deseado una vez notificada a sus destinatarios, de suerte que la intervención de los organismos jurisdiccionales solo será menester cuando el afectado discuta la eficacia de la misma. Recepticia, insistimos, y dirigida no solo al trabajador; el empresario debe comunicar su decisión igualmente a sus representantes legales, esto es, comité de empresa o delegados de personal[206].

---

exigir que las razones económicas, técnicas, organizativas o de producción, constituyan casos de verdadera fuerza mayor" [STSJ Canarias (Santa Cruz de Tenerife) de 5 de junio de 2017 (Rec. núm. 922/2016)].

[205] En similar sentido, véase STSJ Andalucía (Sevilla) de 3 de marzo de 2016 (Rec. núm. 3443/2015). Y acerca de la necesidad de acreditación, véanse STSJ Madrid de 31 de enero de 2020 (Rec. núm. 859/2019) y STSJ Andalucía (Málaga) de 22 de noviembre de 2022 (ECLI:ES:TSJAND:2022:16641).

[206] En ausencia de los mismos, la notificación a estos resultará innecesaria, pues ello "sería tanto como imponer al empresario una obligación de contenido imposible (ad imposibilia nemo tenetur, impossibilium

Como se observa, la norma simplemente señala que la decisión de traslado deberá ser notificada por el empresario al trabajador, sin más precisiones. Y es que, en ocasiones como la que nos ocupa, cuando el ET quiere que la orden empresarial se notifique por escrito, así lo determina expresamente en su articulado. Sucede, por ejemplo, con el despido disciplinario[207], o con la obligación de informar al trabajador sobre los elementos esenciales del contrato[208]. En cambio, tratándose del traslado de trabajadores guarda silencio al respecto, señalando únicamente la obligación legal de notificar la decisión de traslado. Las resultas de la previsión normativa, si prestamos atención únicamente a la norma estatutaria, no pueden ser otras más que admitir tanto la notificación escrita como la verbal, que, por lo tanto, deberá ser expresa, sin que quepa admitir en modo alguno las órdenes tácitas de traslado, aunque solo sea por la dificultad que entraña señalar a alguien su necesidad de cambio de domicilio de manera implícita, mediante actos reveladores de la intención del emisor[209].

Se trata, no obstante, de un tema, este de la hipotética necesidad de notificación por escrito, que no se revela como pacífico en la doctrina laboral. Así, no resulta extraño encontrar autores que sostienen sin fisuras la necesidad de notificación epistolar[210], apoyándose ocasionalmente en lo dispuesto en el art. 4 del Real Decreto 1659/1998, de 24 de julio, que ordena al empresario "informar por escrito al trabajador sobre cualquier modificación de los elementos y condiciones a los que se refieren los artículos 2.2 y 3.1 del presente Real Decreto"[211], esto es, "el centro de trabajo donde el trabajador preste sus servicios habitualmente"[212]. El problema se encuentra en que esa misma norma exige que la información sobre las modificaciones "deberá ser entregada por el empresario al trabajador en el plazo de un mes a contar desde la fecha en que la modificación sea efectiva", lo que puede hacer inoperable la previsión normativa.

De igual manera, nos encontramos con resoluciones judiciales que exigen en todo caso la forma escrita a la hora de hacer partícipe al trabajador de la decisión empresarial. Así, mientras que en ocasiones los tribunales entienden que basta con que la notificación de traslado llegue al trabajador, aunque sea verbalmente[213], en otras, en cambio, consideran

---

nulla obligatio est), sin que pueda exigirse aquí al empleador que consulte a un órgano que no existe ... [«no podrán ser objeto de contrato las cosas o servicios imposibles» (art. 1272 del Código Civil)]" (STSJ Galicia de 7 de febrero de 2008 [Rec. núm. 3667/2007]).

[207] "El despido deberá ser notificado por escrito al trabajador..." (art. 55.1 ET).

[208] "Cuando la relación laboral sea de duración superior a cuatro semanas, el empresario deberá informar por escrito al trabajador, en los términos y plazos que se establezcan reglamentariamente, sobre los elementos esenciales del contrato y las principales condiciones de ejecución de la prestación laboral..." (art. 8.5 ET).

[209] Siempre, por supuesto, a salvo de previsiones convencionales al respecto, a las que habrá de atenderse en todo momento, v. gr., si exigen "la previa comunicación documental a la representación legal de los trabajadores con tres días de antelación" [STSJ Madrid de 18 de octubre de 2012 (Rec. núm. 614/2012)].

[210] "En lo que atañe a la forma de comunicar el traslado, si bien la ley no lo recoge de forma expresa, todo parece indicar que deberá realizarse por escrito. Primero, porque es el medio idóneo para expresar de forma suficientemente clara las causas que lo motivan; y segundo y no menos importante, porque es la mejor garantía para el empresario en relación a la acreditación del cumplimiento de las formalidades legales" (ROSELLÓ SABORIT, I., *Movilidad geográfica de trabajadores en España*, cit., pág. 417).

[211] Art. 4.

[212] Art. 2.2 c). Así lo advierte, por ejemplo, PURCALLA BONILLA, M. A., *Movilidad geográfica y modificación sustancial: impugnación procesal laboral*, Lex Nova (Valladolid, 2003), pág. 45.

[213] Cfr. STSJ Madrid de 13 de junio de 2017 (Rec. núm. 905/2016). O una STSJ País Vasco de 20 de junio de 2017 (Rec. núm. 1246/2017), para la cual el art. 40.1 ET "no exige que la notificación de traslado

que el traslado debe "adoptarse y llevarse a efecto siguiendo los parámetros y directrices establecidos en el artículo 40 del Estatuto de los Trabajadores, con arreglo al cual la validez y efectividad de la decisión de traslado precisa: [...] que sea notificada por escrito al trabajador afectado y a sus representantes legales con una antelación mínima de 30 días a la fecha de efectividad"[214].

Sea cual sea la forma de la comunicación, resulta que el silencio que la norma guarda igualmente con relación a su contenido –porque de nuevo se omite cualquier referencia al mismo[215]– venga provocando en el foro resoluciones encontradas. Nos podemos encontrar así con sentencias para las cuales se parte de que el art. 40.1 ET "no exige que la notificación de traslado exprese los hechos o causas en que se sostiene, a diferencia de lo que se prevé para las extinciones de contrato de trabajo –artículo 53 ET– para el despido objetivo, que exige que la comunicación escrita exprese la causa; artículo 55 ET para el despido disciplinario que prevé que en la notificación se harán figurar los hechos que lo motivan"[216], con lo que bastará con informar al trabajador del centro de destino, la fecha del desplazamiento y ocasionalmente el tiempo de duración del traslado, sin más precisiones. Y, al mismo tiempo, nos podemos topar con resoluciones judiciales que entienden todo lo contrario, estableciendo determinados requisitos de contenido material a fin de adecuar la orden de traslado a lo dispuesto en la norma estatutaria.

Así, por ejemplo, según una STSJ Cataluña de 22 de julio de 2013[217], el reconocimiento de que la empresa "pueda desplazar a sus empleados de conformidad con lo que dispone el artículo 40 Estatuto de los Trabajadores [...] no quiere decir que lo pueda hacer si someterse a las mínimas exigencias legales, es decir, sin respetar los límites que en general le impone artículo 40 citado, que precisa la obligación de la empresa de notificar en forma a los trabajadores afectados y a sus representantes, indicándoles, entre otras cosas, cuál es la causa que soporta el desplazamiento, y en particular, del derecho que les asiste"[218]. Y es que, de otro modo, de nuevo de acuerdo con esta misma corriente judicial, la ausencia en la comunicación de las causas del desplazamiento, así como su justificación pueden generar "una patente indefensión"[219] al trabajador.

exprese los hechos o causas en que se sostiene, a diferencia de lo que se prevé para las extinciones de contrato de trabajo (artículo 53 ET) para el despido objetivo, que exige que la comunicación escrita exprese la causa; artículo ET para el despido disciplinario que prevé que en la notificación se harán figurar los hechos que lo motivan".

[214] Véase STSJ Andalucía (Málaga) de 4 de julio de 2018 (Rec. núm. 709/2018).

[215] De ahí que algunos tribunales se refieran de manera despectiva a la exigencia del art. 40 ET, tildándola de "nula" (STSJ País Vasco de 20 de junio de 2017 [Rec. núm. 1246/2017]).

[216] Cfr. STSJ País Vasco de 20 de junio de 2017 (Rec. núm. 1246/2017).

[217] Rec. núm. 5223/2012.

[218] Así lo entiende igualmente una STSJ Andalucía (Sevilla) de 1 de julio de 2015 (Rec. núm. 948/2015), señalando que "en la expresada comunicación se harán constar las causas económicas, técnicas, organizativas o de producción en las que se funde aquella".

[219] Cfr. STS Canarias (Las Palmas) de 9 de marzo de 2017 (Rec. núm. 1272/2016). Así lo entiende igualmente una STSJ Cataluña de 30 de septiembre de 2004 (Rec. núm. 5975/2003), según la cual la norma "obligaba a la empresa a notificar a los trabajadores y a sus representantes además del cambio de centro de trabajo, el modo y forma en que se habría de desarrollar la prestación de servicios en el nuevo [...], [ya que] el principio de buena fe que rige la ejecución del contrato de trabajo (art. 20-2 del Estatuto de los Trabajadores) lleva aparejado que aquella contenga un mínimo de datos necesarios para que el

Se trata, por lo demás, de una composición de lugar que ya realizó en un primer momento el Tribunal Supremo, en una ya vetusta resolución de fecha 5 de junio de 1990, a propósito de un caso en el que se debatía si una concreta orden de traslado se ajustaba o no a las previsiones del art. 40 ET, concluyendo que la misma no lo hacía "a las prevenciones antes aludidas referidas al desplazamiento temporal y menos todavía al traslado definitivo, pues si bien especifica el carácter temporal de la «incorporación» se omiten datos fundamentales, tales como especificar el puesto de trabajo que iba a desempeñar en la Oficina de Almadén, el período de tiempo de tal «incorporación», los gastos y dietas que iba a percibir y las razones que amparaban tal decisión", de tal manera que tales defectos "determinan que la decisión empresarial no se ha ajustado a derecho".

Por último, el art. 40.1 ET señala que "la decisión de traslado deberá ser notificada [...] con una antelación mínima de treinta días a la fecha de su efectividad". La primera precisión necesaria aquí es recordar que se trata de un plazo de naturaleza civil, no procesal, por lo que según lo dispuesto en el art. 5 CC: 1) en los plazos señalados por días, a contar de uno determinado, quedará este excluido del cómputo, el cual deberá empezar en el día siguiente[220]; y 2) no se excluyen los días inhábiles[221]. Y, en segundo lugar, debe prestarse atención igualmente a que dicha notificación debe formalizarse en el mismo plazo a los representantes legales de los trabajadores, ya que la misma responde a un doble orden de consideraciones: resulta ser una garantía adicional para los trabajadores afectados por el traslado y además conecta con su intervención cuando el traslado afecta a un colectivo determinado[222].

VI. La elección de trabajadores a trasladar

Poco dice la norma acerca del proceso de selección de trabajadores para el traslado, lo que en principio podría liberar al empresario de encorsetamiento alguno al respecto. La realidad jurídica nos demuestra, empero, que ello no es así. Existe un primer límite perfectamente diferenciado a la hora de proscribir el traslado de cierta categoría de trabajadores, que se encuentra en el apdo. 7 del art. 40 ET, según el cual "[l]os representantes legales de los trabajadores tendrán prioridad de permanencia en los puestos de trabajo a que se refiere este artículo. Mediante convenio colectivo o acuerdo alcanzado durante el periodo de consultas se podrán establecer prioridades de permanencia a favor de trabajadores de otros colectivos, tales como trabajadores con cargas familiares, mayores de determinada edad o personas con discapacidad"[223]. Por tanto, "toda aquella decisión empresarial que

---

trabajador o trabajadores afectados puedan conocer la nueva situación y decidir sobre su impugnación o la rescisión del contrato, según convenga a su derecho".

220 Cfr. art. 5.1 CC.

221 Cfr. art. 5.2 CC.

222 Véase ALEMÁN PÁEZ, F., *La movilidad geográfica. Problemática social y régimen jurídico*, cit., pág. 99.

223 Tal y como señaló el Tribunal Supremo en su momento (por ejemplo, en una STS de 9 de octubre de 1989) la finalidad de esta garantía es la de "proteger al representante frente a determinadas elecciones empresariales que pudieran perjudicarle, evitando al mismo tiempo que la representación sufra restricciones que, aunque justificadas en general, puedan resultar evitables en su aplicación inicial y concreta al titular de la representación" y el medio para conseguir ello es la limitación de determinadas decisiones empresariales extintivas, suspensivas y modificativas del lugar de la prestación de servicios, bien impidiéndolas, o bien dificultándolas.

comporte la prestación de servicios por parte del trabajador en otro centro de trabajo, y que lleve aparejada un cambio de residencia, deberá tener en cuenta la prioridad de permanencia del representante legal"[224]. No es "que el representante no pueda ser trasladado, sino que, simplemente, al tener una prioridad de permanencia y al tener que justificarse el traslado por razones económicas, técnicas, organizativas o productivas, deberán ser trasladados previamente otros trabajadores que, por sus aptitudes profesionales, sean también aptos para cumplir la finalidad que el traslado se propone. En otras palabras: lo que en realidad se está protegiendo no es tanto la inamovilidad en dicho puesto de trabajo sino, más exactamente el lugar de la prestación" [225].

La primera precisión al respecto tiene que ver con la noción de "representantes legales de los trabajadores", en el sentido de si la misma incluye o no a los sindicales, esto es, si la previsión normativa se refiere con exclusividad a la representación unitaria del personal (miembros del comité de empresa y delegados de personal), o si también implica a la representación sindical en la empresa (esto es, a los delegados sindicales)[226]. En puridad, la referencia legal debería o aparenta ser excluyente. Sin embargo, el art. 10.3 de la LOLS señala que "los delegados sindicales, en el supuesto de que no formen parte del comité de empresa, tendrán las mismas garantías que las establecidas legalmente para los miembros de los comités de empresa o de los órganos de representación que se establezcan en las Administraciones públicas", por lo que la duda se traslada al precepto estatutario, en el sentido de establecer si esas garantías incluyen el derecho de prioridad de permanencia del art. 40.7 ET, más allá, pues, de las normadas en el art. 68 ET.

La respuesta judicial, a la vista de la doctrina constitucional al respecto[227], no puede ser otra más que una naturalmente proclive a la plena identificación entre representación legal y sindical. Y así lo viene destacando la doctrina científica desde hace años, señalando que "la garantía [del art. 40.7 del ET] se extiende tanto a los representantes unitarios como a los sindicales [...] y ello mientras perdure su mandato representativo"[228], lo que nos sirve para apuntar esa segunda precisión normativa, que viene referida a esa "prioridad de permanencia".

El art. 40.7 ET señala que los representantes de los trabajadores tienen "prioridad de permanencia en los puestos de trabajo a que se refiere este artículo" [229], lo que a nuestro

---

224 Véase STSJ Cataluña de 20 de febrero de 2004 (Rec. núm. 464/2003).

225 Véase STSJ Cataluña de 20 de febrero de 2004 (Rec. núm. 464/2003). Según esta misma resolución, "la preferencia que el artículo 40.5 del ET concede a los representantes legales de los trabajadores para permanecer en su puesto de trabajo en caso de traslado o desplazamiento, tan solo es de aplicación en referencia a aquellos compañeros de trabajo respecto a los cuales se encuentre en idéntica situación, de tal manera que frente a ellos el representante goza del derecho preferente a mantenerse en su puesto de trabajo, pero esta preferencia no puede ser de aplicación respecto a quienes no se encuentran en condiciones de igualdad por gozar de mejor derecho que los demás trabajadores de la empresa en virtud de lo dispuesto válidamente en pacto o convenio colectivo".

226 Véase, al respecto, STSJ Madrid de 22 de marzo de 2013 (Rec. núm. 345/2013).

227 Véanse, entre otras muchas, SSTC 123/2018, de 12 de noviembre, y 229/2002, de 9 diciembre.

228 Véase ALEMÁN PÁEZ, F., *La movilidad geográfica. Problemática social y régimen jurídico*, cit., pág. 199.

229 Esta figura se analiza de manera completa por MUNÍN SÁNCHEZ, L. M., "Representación y participación en la empresa", en MELLA MÉNDEZ, L. [dir.], *Manual de Derecho del Trabajo*, Aranzadi (Cizur Menor, 2022), págs. 485 y ss., donde expone las novedosas cuestiones que relación a ella se plantean.

entender significa dos cosas. Primero, esos "puestos de trabajo" son los relativos a la movilidad geográfica "sustancial", sin que se puedan extender a la "débil", no pudiendo en este último caso existir más límites que los que ordena el art. 28 CE[230]. Segundo, la "prioridad de permanencia" se identifica con la necesidad de colocar a los representantes de los trabajadores los últimos en la lista de posibles trasladados o desplazados, siempre que dicha lista venga referida a trabajadores en semejante situación contractual[231], tal y como se ocupa de precisar una STSJ Cataluña de 20 de febrero de 2004[232], conforme a la cual "no es que el representante no pueda ser trasladado, sino que, simplemente, al tener una prioridad de permanencia y al tener que justificarse el traslado por razones económicas, técnicas, organizativas o productivas, deberán ser trasladados previamente otros trabajadores que, por sus aptitudes profesionales, sean también aptos para cumplir la finalidad que el traslado se propone". En otras palabras, "lo que en realidad se está protegiendo no es tanto la inamovilidad en dicho puesto de trabajo sino, más exactamente el lugar de la prestación [...], la preferencia que el artículo 40.5 del ET concede a los representantes legales de los trabajadores para permanecer en su puesto de trabajo en caso de traslado o desplazamiento, tan solo es de aplicación en referencia a aquellos compañeros de trabajo respecto a los cuales se encuentre en idéntica situación, de tal manera que frente a ellos el representante goza del derecho preferente a mantenerse en su puesto de trabajo, pero esta preferencia no puede ser de aplicación respecto a quienes no se encuentran en condiciones de igualdad por gozar de mejor derecho que los demás trabajadores de la empresa en virtud de lo dispuesto válidamente en pacto o convenio colectivo".

Advierte, pese a todo, el art. 40.7 ET, que "mediante convenio colectivo o acuerdo alcanzado durante el periodo de consultas se podrán establecer prioridades de permanencia a favor de trabajadores de otros colectivos, tales como trabajadores con cargas familiares, mayores de determinada edad o personas con discapacidad" [233]. Por lo tanto, en este

---

[230] Dice así una añeja STS de 23 de octubre de 1984: "Sobre la base de que el trabajo encomendado al actor –ya referido en varios pasajes precedentes– comportaba un traslado, argumenta el recurrente, en el motivo quinto, que, dada su condición de candidato a representante sindical, otros compañeros suyos debieron ser requeridos con preferencia para aquella área y al no entenderlo así el Magistrado de instancia violó el apartado quinto del artículo 40, en relación con el artículo 17, ambos del Estatuto de los Trabajadores; cierto es que ese apartado quinto reconoce a dichos representantes prioridad de permanencia en los puestos de trabajo, cuando la empresa produzca traslados que exijan cambios de residencia, y que el artículo 17 prohíbe cualquier género de discriminación en las relaciones laborales; ahora bien, la realización del trabajo encomendado al actor no comportaba un traslado de residencia, –ya se ha razonado– ni siquiera por un corto tiempo, solo exigía un desplazamiento algunos días (según los folios 90 a 97, tres jornadas), tal tarea se correspondía con la normal de la empresa y para su realización el actor estaba capacitado por sus conocimientos (del Considerando segundo de la Sentencia recurrida); no se aprecia, por ello, ningún signo que ponga de manifiesto, siquiera sea de manera indiciaria, que la empresa trate al actor de manera desigual respecto de sus compañeros y, menos aún, que de haberse dado esa diferencia, ésta venga determinada por su condición de candidato a representante sindical; sin que resulte obvio reiterar que la jurisprudencia tiene precisado que los derechos del representante sindical no son de carácter absoluto, y que están aparejados a deberes concretos, por lo que el buen desempeño de sus funciones representativas ha de llevarle siempre al recto uso de aquellos y al cumplimiento fiel de estos, pues en ningún caso puede ofrecer una conducta que se evidencie como abuso de unos y menosprecio de otros".

[231] Cfr. STSJ Madrid de 29 de enero de 2007 (Rec. núm. 6220/2006).

[232] Rec. núm. 464/2003.

[233] En este sentido, sorprende una STS de 31 de marzo de 2015 (Rec. núm. 102/2014), otorgando plena legitimidad a un convenio donde "nos encontramos ante dos grupos diferenciados –el de los trabajadores fijos y el de los no que no ostentan tal condición– a los que se otorga tratamiento distinto en el referido

concreto aspecto de prioridad de permanencia, el ET habilita a la norma colectiva o "acuerdo alcanzado durante el período de consultas" a establecer las prioridades que considere oportunas; referencia esta a convenios o acuerdos que concierne a los convenios colectivos, cualquiera que sea su eficacia, pactos o acuerdos de empresa, y decisiones empresariales de carácter colectivo, porque fuera de estos casos la protección normativa de prioridad debe buscarse en el derecho laboral más común, que impide la movilidad geográfica cuando esta suponga discriminación, vulneración de derechos fundamentales o abuso de derecho[234].

Conviene señalar, por último, que, aunque el empresario cuente con amplio margen de decisión a la hora de elegir a los trabajadores a trasladar, siguen vigentes los límites que el ordenamiento laboral impone a las decisiones empresariales de carácter discrecional, tales como el respeto a los derechos fundamentales del trabajador, o a no ser discriminado, etc.; en definitiva, la orden de traslado deberá ajustarse en todo momento al ejercicio regular de las facultades de dirección empresariales[235]. Esta postura la defiende una STSJ Madrid de 28 de junio de 2021[236], declarando nulo el traslado de una concreta trabajadora por vulneración del art. 14 CE, "por su condición de mujer trabajadora con reducción de jornada por guarda legal", coligiendo que en ese caso concreto "se ha vulnerado el derecho a la igualdad y a la no discriminación de la actora, en su vertiente del derecho a la conciliación de la vida familiar y laboral".

Acuerdo de viabilidad, en tanto se reconoce a los primeros preferencia a la hora de permanecer en el mismo destino en caso de movilidad forzosa".

[234] "Este añadido comporta dos relativas novedades. Por un lado, que el Legislador lo único que ha hecho es dar carta de naturaleza a una opción, que ya formaba parte, aunque también es cierto que no de manera extendida, de la praxis convencional. Y por otro lado, que la norma contempla una enumeración abierta –por pura lógica, condicionada por la realidad de la empresa–, que exige de una concreción, cuya sede natural es el convenio colectivo o, en su defecto, el acuerdo de empresa" (MORALES ORTEGA, J. M., "Movilidad geográfica y modificaciones sustanciales tras la reforma de 2012: ¿Una mal entendida flexiseguridad?, en *Temas Laborales*, núm. 119, 2013, pág. 79).

[235] Al respecto, véase una STSJ Galicia de 15 de julio de 2021 (Rec. núm. 2158/2021).

[236] Rec. núm. 189/2021.

El desplazamiento de trabajadores

I. El concepto de desplazamiento, y su hipotética consideración ocasionalmente como modificación sustancial de las condiciones de trabajo

Debemos insistir en que (aunque a lo largo de este escrito hayamos podido, y podamos utilizar, ambas expresiones ocasionalmente de manera indistinta) "traslado" y "desplazamiento" no son lo mismo, cuando menos, jurídicamente hablando. Es indudable –afirmó ya hace lustros la Sala de lo Social del Tribunal Supremo– "que ambas figuras, concebidas legalmente como supuestos de movilidad geográfica, tienen su propia autonomía y producen distintos efectos"[237]. El art. 40 ET es meridianamente claro a este respecto, aunque solo en su aspecto formal, ya que el traslado como institución jurídica se regula en los cinco primeros apartados del precepto, y el desplazamiento, en cambio, ocupa únicamente el sexto de ellos. Mayor dificultad presenta, no obstante, la conformación jurídica del término "desplazamiento".

En principio, traslado y desplazamiento confluyen en la consideración de ambos como una permuta de centro de trabajo del operario que le exige un cambio de residencia[238]; o lo que es igual, un supuesto de movilidad geográfica "sustancial". Y ello, a pesar incluso de que el art. 40.6 ET se refiera al cambio de residencia como la exigencia de que "estos residan en población distinta de la de su domicilio habitual". ¿Supone esto que solo existirá desplazamiento cuando el trabajador tenga que residir en otra población distinta? ¿O bastará de nuevo con que el desplazamiento le exija cambiar de domicilio, aunque sea en la misma localidad?

Repárese previamente en que en ambas ocasiones existirá un cambio de centro de trabajo, que, si hablamos de traslado, exigirá el cambio de residencia con carácter permanente (añadimos), esto es, la modificación locativa del hogar familiar; en cambio, en el desplazamiento el requerimiento legal no es otro que el de residir en población distinta a la del domicilio habitual o, lo que es igual, el hogar se traslada de manera temporal a otra localidad diferente, manteniéndose así durante el tiempo que dure el desplazamiento la inicial

[237] Véase STS de 5 de junio de 1990.

[238] Según la doctrina, "Mientras que en el traslado se ha defendido que, en todo caso, el destino de la persona trabajadora ha de ser un centro de trabajo *ex* artículo 1.5 ET, en el caso de los desplazamientos considero que podría ser, además de lo anterior, un emplazamiento en el que aquél no existiera como tal. Este planteamiento se sustenta, de un lado, en la dicción literal del apartado sexto del artículo 40 ET, que no especifica que el desplazamiento tuviere que tener como destino otro centro de trabajo, lo que, conjugado con el apartado primero, que sí lo exige, parece conducir a esta exégesis. Y, de otro, en la circunstancialidad que envuelve este tipo de medidas, estando acotada temporalmente a diferencia del traslado, que tiene vocación de permanencia" (ROSELLÓ SABORIT, I., *Movilidad geográfica de trabajadores en España*, cit., pág. 227). Y así parece entenderlo el TS, que en ocasiones se ha referido al desplazamiento como "cambio de sede geográfica laboral" [STS de 17 de febrero de 2000 (Rec. núm. 2794/1999)].

residencia personal del trabajador, por lo que puede suceder —incluso— que el trabajador decida desplazarse únicamente al nuevo centro de trabajo los días laborables, manteniendo así su residencia de inicio.

Sea como fuere, lo cierto es que la respuesta a esos interrogantes tiene que ver con elemento distintivo entre ambas figuras jurídicas. Y ese elemento no es otro que el temporal. Porque, en efecto, mientras que el locativo resulta ser el hito indicativo en su cruce de caminos, el tiempo de duración de la movilidad hace que ambas instituciones transcurran por distintas vías. Así lo reconoce el propio art. 40.6 ET, al permitir a la empresa "efectuar desplazamientos temporales de sus trabajadores", señalando (como ya sabemos) más adelante que "los desplazamientos cuya duración en un periodo de tres años exceda de doce meses tendrán, a todos los efectos, el tratamiento previsto en esta ley para los traslados". El desplazamiento resulta ser así, pues, el cambio de centro de trabajo durante un máximo de doce meses en un período de tres años, que exigirá al trabajador durante esa horquilla temporal residir en población distinta de la de su domicilio habitual.

Como decimos, el elemento temporal es el que nos permite averiguar la intención del Legislador cuando, a diferencia de lo relativo a traslado, entiende que el desplazamiento, para ser considerado como tal, precisa que el trabajador resida en población distinta de la de su domicilio habitual. Y la respuesta que buscamos no es otra que la de confirmar —siquiera como regla general, como veremos un poco más adelante— la literalidad de la norma. En efecto, solo existirá desplazamiento cuando el trabajador tenga que residir en otra población distinta durante el tiempo que dure el traslado. La razón de esa diferencia no es otra precisamente que el carácter esencialmente temporal del desplazamiento, de tal manera que el trabajador, atendiendo justamente a la particularidad estacional de su cambio de centro de trabajo, puede decidir no modificar su población de residencia, a la vista de la exigencia legal de que el empresario le abone gastos de viaje y dietas. En opinión de la doctrina, "si el cambio temporal de un centro exige objetivamente modificar el domicilio, aunque el trabajador opté por hacerlo, se entenderá desplazamiento a los efectos del artículo 40 ET"[239]; opinión esta que en modo alguno resulta descartable.

Aquí la regla general es que el desplazamiento, que supone el cambio temporal de centro de trabajo, presupondrá la correlativa necesidad, derivada precisamente de ese cambio, de residir temporalmente (sin reemplazo) en población distinta de la de su domicilio particular. Dicho lo cual, lo más normal será en estos casos que el "trabajador bus[que] un nuevo hospedaje en el nuevo destino, debiendo pernoctar y realizar sus comidas principales"[240], al obedecer el cambio de destino a razones temporales y, por ello mismo, contar con gastos de viaje y dietas. Obviamente, no todos los casos de modificación del lugar de prestación de servicios, incorporando al trabajador a distinto centro de trabajo y distinta localidad, se podrán considerar desplazamiento, debiendo "analizarse cada caso concreto comprobando, primero, la necesidad objetiva de alterar temporalmente la residencia y de domiciliarse eventualmente en la localidad donde sea destinado el trabajador, se mantenga o no el domicilio familiar sito en el destino precedente"[241].

239 Véase ROSELLÓ SABORIT, I., *Movilidad geográfica de trabajadores en España*, cit., pág. 227.

240 Véase ALEMÁN PÁEZ, F., *La movilidad geográfica. Problemática social y régimen jurídico*, cit., pág. 158.

241 Ibídem, pág. 159.

Pero ¿qué sucede en todos aquellos supuestos en los cuales no se exige residir en población distinta? ¿Qué sucede cuando el desplazamiento se produce dentro de la misma localidad? Aquí la respuesta sencilla sería la misma que tratándose de traslados: nos encontraremos con una movilidad geográfica "débil", que entra dentro de las facultades de *ius variandi* empresarial. La respuesta complicada, en cambio, es justamente eso, más compleja.

Recordemos que la regla general en estos casos es, como ya expusimos *ut supra*, estimar que todos aquellos supuestos de movilidad que se desvíen de lo dispuesto en el ET se deberán considerar legítimos, sin que el empresario se encuentre limitado más que por razones básicas de orden público, al encontrarse habilitado por el *ius variandi* empresarial. Pero también debe recordarse que la imposibilidad de acudir en estos casos a la institución de la modificación sustancial de condiciones de trabajo viene provocada por la previsión contenida en el art. 41.7 ET, que en materia de traslados se remite a lo establecido en el art. 40 ET, mas, sin hacer referencia alguna a los desplazamientos de los trabajadores, lo que nos permite sostener, sí, que las reglas aplicables aquí son similares a las relativas al traslado de trabajadores, pero no idénticas.

Que el art. 41.7 ET se haya olvidado —quién sabe si conscientemente— de los desplazamientos nos permite afirmar sin rubor que en estos casos la movilidad geográfica "débil" puede tener la consideración de modificación sustancial de condiciones de trabajo. La lista del art. 41 es abierta, su número 7 no refiere los desplazamientos y, lo que es más importante aún, el desplazamiento del trabajador en una misma localidad (piénsese, por ejemplo, en ciudades como Madrid o Barcelona) puede, en determinadas circunstancias, ser considerado como modificación sustancial de las condiciones de trabajo. En definitiva, el desplazamiento de trabajadores, en ocasiones, puede encontrar cobijo legal dentro del amplio paraguas del art. 41 del ET, de considerar que el desplazamiento que se realiza en las condiciones exigidas por el art. 40.6 del ET tal y como sostiene cierta doctrina laboralista.

II. Los requisitos del desplazamiento

1. La causalidad

En apariencia, los condicionamientos legales del desplazamiento resultan ser los mismos que los relativos a traslados, en particular en todo lo que se refiere a la ejecutividad de la orden empresarial, así como a la posibilidad de ius resistentiae del trabajador, debiendo darse los mismos elementos materiales y procedimentales que los apreciados en materia de traslados, de tal manera que al haber establecido el art. 40.6 ET la "ejecutividad de la decisión empresarial de desplazamiento ..., los fallos de los Tribunales son reacios a reconocer en este punto un ius resistentiae del trabajador: el empresario decide unilateralmente la orden de desplazamiento y el trabajador debe cumplirla sin perjuicio de su impugnación si la entiende injustificada"[242]. Fuera de ello, una lectura pausada de la norma revela, sin embargo, que esa identidad no es más que una mera apariencia.

Porque lo cierto es que en realidad los requisitos del desplazamiento contenidos en el art. 40.6 ET difieren de los relatados en su apartado 1 con relación a los traslados. Así, en primer

---

242 Véase STSJ Andalucía (Granada) de 10 de mayo de 2012 (Rec. núm. 555/2012).

lugar, y por lo que se refiere a la motivación, mientras que el art. 40.1 ET señala que "el traslado de trabajadores [...] requerirá la existencia de razones económicas, técnicas, organizativas o de producción que lo justifiquen", añadiendo que "se consideraran tales las que estén relacionadas con la competitividad, productividad u organización técnica o del trabajo en la empresa, así como las contrataciones referidas a la actividad empresarial", el art. 40.6 ET se limita a exigir que los desplazamientos se justifiquen "por razones económicas, técnicas, organizativas o de producción, o bien por contrataciones referidas a la actividad empresarial", sin añadir nada más. Pese a ello, y siempre a nuestro entender, la defectuosa técnica legislativa no debiera impedir al exégeta de la norma fagocitar la fórmula legal de desplazamiento, asimilándola a la del traslado, mediante el simple recurso a la analogía[243].

2. Gastos de viaje, dietas y permisos

Dice el art. 40.1 ET (tal y como veremos con más profundidad más adelante) que el trabajador que se traslade tiene derecho a una "compensación por gastos", que "comprenderá tanto los gastos propios como los de los familiares a su cargo, en los términos que se convengan entre las partes"[244]. En cambio, el art. 40.6 amplía la garantía económica de los desplazados, garantizándoles "los salarios, los gastos de viaje y las dietas". Así, si bien la referencia a los salarios resulta obvia[245], mayores dificultades –siempre que las partes no hayan acordado nada al respecto[246], y siempre también que el convenio no prevea nada al respecto[247]– plantea averiguar a qué se refiere la norma cuando habla de "gastos de viaje" y "dietas"[248].

Según la doctrina, los "gastos de viaje" deberán abarcar, como mínimo, "los gastos de locomoción del trabajador y, en su caso, los gastos que eventualmente pueda originar el transporte de sus enseres indispensables"[249]. La mención que la norma hace de las "dietas", por su parte, exigirá al empresario el reembolso "al trabajador de los gastos que origina su estancia en dicho destino, especialmente los derivados de su manutención y eventual alojamiento"[250]. Por lo que se refiere a la jurisprudencia, debemos partir de una añeja STS

---

243 Y así lo entendió en su momento el Tribunal Supremo, asegurando que "el desplazamiento –o comisión de servicio según la terminología de la Ordenanza rectora del sector– si bien implica también un cambio de residencia habitual, se caracteriza porque tiene naturaleza temporal o transitoria, con una duración máxima de un año, exigiéndose también que concurran el mismo tipo de razones [que en el traslado]" (STS de 5 de junio de 1990).

244 Aunque resulte evidente, no está de más recordar que en los supuestos de movilidad geográfica "débil" que "no impliquen un cambio de residencia del trabajador [...] no están sujetos a la limitación alguna [...] en consecuencia, al no existir norma alguna que regule que el plus de distancia por cambio de centro de trabajo conlleve compensación económica alguna [...] el Legislador ha querido que sean las partes las que negocien dicha compensación en los convenios colectivos o se fijen en el contrato de trabajo, pero nunca el Juzgador" (STSJ Andalucía [Sevilla] de 30 de septiembre de 2004 [Rec. núm. 2519/2003]).

245 La mera movilidad geográfica no puede suponer merma alguna de los derechos económicos del trabajador, en particular, de su salario, ya que de otro modo estaríamos hablando de distinta figura jurídica.

246 Porque, en efecto, nada impide que las partes acuerden de manera previa al desplazamiento la concreción de los gastos y dietas a los que se refiere la norma.

247 Al respecto de dietas convencionales, véase STS de 3 de noviembre de 2016 (Rec. núm. 62/2016).

248 Sobre la consideración de determinados pluses percibidos por el trabajador como condición más beneficiosa, véanse SSTSJ La Rioja de 21 de mayo de 2015 (Rec. núm. 113/2015) y 17 de septiembre de 2015 (Rec. núm. 198/2015).

249 Véase ALEMÁN PÁEZ, F., *La movilidad geográfica. Problemática social y régimen jurídico*, cit., pág. 175.

250 Ibídem, pág. 176.

de 7 de julio de 1987, en la que se señalaba que la previsión legal consiste, "en términos generales, en el abono de los gastos de viaje, propios y de familiares, del transporte de muebles y enseres, y a facilitarle vivienda o abonarle la diferencia de alquiler que existiera entre el que abonaba y hubiera de pagar".

No se acaban aquí, sin embargo, las ventajas que se otorgan al trabajador desplazado en el párrafo 2.º del art. 40.6 ET, ya que, tratándose de desplazamientos de duración superior a tres meses, "el trabajador tendrá derecho a un permiso de cuatro días laborables en su domicilio de origen por cada tres meses de desplazamiento, sin computar como tales los de viaje, cuyos gastos correrán a cargo del empresario". Por lo tanto, el trabajador desplazado tiene derecho a regresar a su lugar de residencia permanente cada tres meses y durante cuatro días laborables, excluyendo del cómputo las jornadas que ocupen el trayecto de ida y vuelta, siendo a cargo del empresario los gastos de viaje o locomoción[251]. Ahora bien, a falta de mención expresa alguna en el art. 37.3 del ET —precepto relativo, como se sabe, a los permisos remunerados—, debemos entender esos días de viaje y estancia en la localidad de residencia del trabajador como simples permisos no remunerados, tal y como concluyó la Sala de lo Social del Tribunal Supremo en su momento: "es un derecho de disfrute «in natura», sin contenido económico, que (como se afirmó en sentencias del extinto Tribunal Central de Trabajo, en su día competente en último grado jurisdiccional para el conocimiento de los procesos de conflicto colectivo) responde a la necesidad de evitar o reducir en lo posible el grave quebranto que para la convivencia familiar y para el ámbito afectivo de la persona suponen los desplazamientos de larga duración. La naturaleza de este derecho y la finalidad de la normativa que lo declara y reconoce evidencian la imposibilidad de su compensación por vía económica"[252].

3. La notificación del desplazamiento

Como ya sabemos, el art. 40.1 ET impone al empresario la obligación de preavisar al trabajador y a sus representantes legales acerca del traslado con una antelación mínima de treinta días a la fecha de su efectividad. Por desgracia, los trabajadores desplazados no cuentan con tales garantías, es más, el Legislador laboral provoca con su previsión al respecto una gran inseguridad jurídica. Y es que, aunque el trabajador desplazado tenga también derecho a ser informado (no podría ser de otro modo) de su movilidad antes de la fecha de la misma ("[e]l trabajador deberá ser informado del desplazamiento"), el art. 40.6 se olvida de establecer un plazo (mínimo o incluso máximo) para ello, a excepción de aquellos desplazamientos de duración superior a tres meses.

En efecto, tratándose de desplazamientos de duración superior a tres meses, el trabajador simplemente deberá ser informado de ello con una antelación mínima que "no podrá ser inferior a cinco días laborables". Pero si el desplazamiento presenta un lapso temporal menor, el trabajador únicamente "deberá ser informado del desplazamiento con una antelación suficiente a la fecha de su efectividad", lo cual es como no decir nada, dejando en todo caso en manos de empresario la capacidad de decidir cuándo se puede dar esa "antelación suficiente",

---

[251] Al respecto, véase STSJ País Vasco de 14 de abril de 2015 (Rec. núm. 434/2015).

[252] Véase STS de 28 de mayo de 1994 (Rec. núm. 811/1993).

y que en todo caso podrá ser discutida ante el tribunal social competente. Y lo mismo puede decirse con relación a los requisitos de forma de la comunicación.

Porque aquí de nuevo nos encontramos con una escueta referencia legislativa, más rácana incluso que la referida a traslados, por cuanto que, si bien en este último caso por lo menos se indicaba que "la decisión de traslado deberá ser notificada por el empresario al trabajador, así como a sus representantes legales", el apdo. 6 del art. 40 ET se limita a señalar que "el trabajador deberá ser informado del desplazamiento", sin más precisiones[253]. Por ello, los interrogantes resultan ser los mismos (ahora exacerbados) que los que nos encontramos con relación al traslado de trabajadores. Y por esa misma razón podemos seguir afirmando que, aunque se trate de una declaración recepticia, esta podrá llevarse a efecto tanto de palabra como por escrito.

Y lo mismo podemos indicar con relación a su contenido material. Otra vez más la norma guarda silencio al respecto, pero con una importante diferencia. Así, mientras que el art. 40.1 ET impone notificar "la decisión de traslado", el art. 40.6 exige que el trabajador sea "informado", lo cual, a nuestro entender, debiera endurecer la posición del trabajador, obligando al empresario a esmerarse en su comunicación de traslado, tal y como declaró el Tribunal Supremo hace ya décadas, concluyendo que el trabajador debe ser informado del nuevo lugar de trabajo, así como de otros "datos fundamentales, tales como especificar el puesto de trabajo que iba a desempeñar [...], el período de tiempo de tal «incorporación», los gastos y dietas que iba a percibir y las razones que amparaban tal decisión"[254].

4. La imposibilidad de optar por la extinción indemnizada del contrato de trabajo

Por último, conviene dejar anotado –ya que será un tema que trataremos en su momento *ut infra*– una trascendental diferencia en el régimen jurídico de ambas movilidades. Nos estamos refiriendo a la opción por la extinción del contrato de trabajo de la que goza el trabajador en caso de traslado. El art. 40.1 ET habilita para extinguir el contrato de trabajo en caso de que el trabajador se muestre en desacuerdo con la orden de traslado tras su notificación, pudiendo así a "optar entre el traslado, percibiendo una compensación por gastos, o la extinción de su contrato, percibiendo una indemnización de veinte días de salario por año de servicio, prorrateándose por meses los periodos de tiempo inferiores a un año y con un máximo de doce mensualidades"[255], y, en caso de no optar por la extinción,

---

[253] En efecto, al contrario de lo que sucede con los traslados, tratándose de desplazamientos "su procedimiento legal es mucho más simple y prácticamente se limita, si es de tres meses o de menos duración, a informar al trabajador con antelación suficiente" [STSJ Galicia de 15 de noviembre de 2003 (Rec. núm. 300/2001)].

[254] Véase STS de 5 de junio de 1990.

[255] Art. 40.1, párrafo 3.º, ET. Sobre el cálculo de la indemnización, véase STSJ Cataluña de 7 de mayo de 2018 (Rec. núm. 461/2018), y acerca de la previsión convencional al respecto, véase STSJ Castilla-La Mancha de 5 de julio de 2018 (Rec. núm. 587/2017). Más en particular sobre este último extremo, una STSJ Andalucía (Málaga) de 24 de junio de 2020 (Rec. núm. 346/2020), para la cual, a la hora de fijar la indemnización prevista –supuesto que el convenio de aplicación aumente la cuantía prevista legalmente–, "dicho tope no resulta de aplicación para el cálculo de la indemnización prevista en el artículo 32.5 del repetido convenio colectivo, pues, como hemos indicado anteriormente, dicho precepto convencional establece una regulación propia y específica para los supuestos de traslado del trabajador acordados unilateralmente por la empresa, regulación distinta de la establecida al respecto en el artículo 40 del Estatuto de los Trabajadores y que resulta más favorable para el trabajador, por lo que habrá que estar

cuando "se muestre disconforme con la decisión empresarial podrá impugnarla ante la jurisdicción social"[256]. No sucede lo mismo, en cambio, cuando se trate de desplazamientos, ya que el art. 40.6 únicamente permite al trabajador "contra la orden de desplazamiento, sin perjuicio de su ejecutividad [...] recurrir [...] en los mismos términos previstos en el apartado 1 para los traslados"[257].

Aquí doctrina y jurisprudencia se muestran unánimes a la hora de concluir que el trabajador desplazado solo puede atacar la orden de desplazamiento judicialmente. La utilización del término "recurrir", junto con la exigencia de plena ejecutividad de la orden de desplazamiento[258], llevan a concluir necesariamente que "los desplazamientos no permiten la posibilidad de extinguir el contrato de trabajo [...], esta diferencia obedece también a un principio lógico, en la medida que el traslado es una modificación temporal del contrato de trabajo que deberá quedar sin efectos dentro de un plazo máximo establecido legalmente, retornando el trabajador al centro de trabajo de origen, mientras que el traslado, al tener vocación de permanencia, es racional que venga acompañado de esta posibilidad resolutoria, para el caso de que el trabajador se muestre contrario a cambiar de residencia"[259].

---

a los términos literales del precepto convencional [...], por lo que para el cálculo de la indemnización prevista en el precepto convencional no se podrá tener en cuenta tope o límite alguno".

[256] Art. 40.1, párrafo 4.º, ET.

[257] Art. 40.6, párrafo 4.º, ET.

[258] Cfr. STSJ Canarias (Las Palmas) de 31 de octubre de 2014 (Rec. núm. 810/2014).

[259] Cfr. ROSELLÓ SABORIT, I., *Movilidad geográfica de trabajadores en España*, cit., pág. 225.

Las movilidades geográficas extravagantes

Define el diccionario de la RAE el término "extravagante", en su primera acepción, como aquello que "se hace o dice fuera del orden o común modo de obrar". Y eso es justo de lo que vamos a tratar ahora aquí, de aquellas movilidades geográficas que se apartan de la más común de todas ellas recogida en el art. 40 ET. Porque la movilidad geográfica individual de los trabajadores no se agota con los traslados y desplazamientos "ordinarios" que regula el precepto, existen distintas posibilidades, unas contenidas en el propio art. 40 ET, otras, en cambio, se encuentran fuera de esa zona de confort normativa.

I. El traslado ¿matrimonial? por petición del otro cónyuge

"Si por traslado uno de los cónyuges cambia de residencia, el otro, si fuera trabajador de la misma empresa, tendrá derecho al traslado a la misma localidad, si hubiera puesto de trabajo". Así se expresa de manera contundente el art. 40.3 ET, y por esa razón hablamos aquí de traslado ¿matrimonial? –el interrogante tiene otra razón de ser, como veremos en un momento–. La principal novedad que presenta esta movilidad geográfica *sui generis* no es otra que la variación en la persona interesada en el traslado, derivando la posibilidad del empresario hacia el trabajador de que se trate[260]. Hasta ahora hemos visto que la decisión de traslado, o incluso de desplazamiento, depende exclusivamente de la voluntad empresarial, es este, el empleador, el que ostenta la potestad de concluir si quiere que alguno de sus trabajadores se desplace de manera permanente a cualquiera de los centros de trabajo de la empresa. Ahora, en cambio, parece ser el trabajador el que decide, pudiendo elegir qué quiere hacer, al otorgarle la norma el "derecho al traslado" a la localidad a la que haya sido destinado su cónyuge.

Antes de entrar a fondo en ello, debe llamarse la atención acerca del hecho de que la norma concede únicamente a los "cónyuges" la posibilidad de ejercitar el derecho al traslado, lo que inmediatamente nos plantea la duda acerca de si únicamente aquellas personas que se encuentren unidas por vínculo matrimonial se encontrarán legitimadas para instar del empleador su desplazamiento a su nueva residencia. Avanzado el siglo XXI, este interrogante no debería llegar ni a plantearse[261]. La ausencia de mención y, por ello mismo, de equiparación, entre matrimonio y parejas de hecho constituye una directa vulneración del principio de igualdad ante la ley (art. 14 CE), pues la diferencia de trato

[260] "No hay duda de que los trabajadores pueden pedir el traslado de residencia, invocando ese derecho de reunión, siempre que la empresa tenga vacantes adecuadas para ellos" [STSJ Cataluña, de 17 de abril de 2009 (Rec. núm. 8196/2007)].

[261] Y ello a pesar de alguna resolución del Tribunal Constitucional donde se afirma de manera rotunda (y, añadimos, jurídicamente aberrante) que "los matrimonios y las parejas de hecho no son situaciones iguales. No lo son en el plano constitucional (art. 32 CE), ni tampoco en el plano legal" (ATC 8/2019, de 12 de febrero).

no obedece a ninguna razón objetivamente justificada. Ninguna duda debe caber acerca de la plena equiparación entre cónyuges y parejas de hecho a la hora de acceder a la posibilidad legal de traslado[262].

Así las cosas, la primera precisión acerca de la aplicabilidad del precepto tiene que ver con sus presupuestos habilitantes, en particular, averiguar qué quiere decir la norma cuando refiere únicamente la posibilidad de reunificación "si por traslado..."[263]. Y la respuesta mayoritaria de doctrina y jurisprudencia es que únicamente cabrá tal posibilidad cuando el traslado al que se refiere el precepto sea aquel que contempla el apdo. 1 del art. 40 ET[264], tal y como entendió en su momento una STSJ Cataluña, de 24 de enero de 2006[265], al asegurar que "lo dispuesto en el art. 40.3.º del Estatuto de los Trabajadores solo es de aplicación a los supuestos en los que el traslado de los trabajadores se produzca de manera forzosa y en el marco de una decisión sobre movilidad geográfica adoptada por la empresa al amparo de lo previsto en dicho precepto legal, no siendo extensible esta regla a las situaciones ordinarias de cambio voluntario de centro de trabajo a petición unilateral del propio trabajador interesado". Se concede de esta forma –sigue diciendo– "un derecho preferente a favor del cónyuge del trabajador que se ve obligado a cambiar de centro de trabajo con cambio de residencia, que queda limitado exclusivamente al supuesto de traslado en los términos que en el párrafo primero de ese mismo artículo se describe, esto es, el decidido por la empresa cuando existen razones técnicas, organizativas o productivas que lo hacen necesario", ya que es "justamente esta necesidad del traslado, el hecho de que pueda decidirlo unilateralmente el empresario contra la voluntad del trabajador trasladado, lo que justifica que se conceda tal preferencia al cónyuge para disminuir de alguna forma las consecuencias tan gravosas que este tipo de cambio de centro de trabajo supone para el trabajador afectado"[266]. Y esa justificación "no existe cuando es el propio trabajador el que voluntariamente solicita el cambio de centro de trabajo, de manera unilateral y absolutamente al margen de una decisión del empresario adoptada en el marco del art. 40 del Estatuto de los Trabajadores".

---

[262] Y es que, "si es la familia, y más concretamente el mantenimiento de la convivencia en el seno del grupo doméstico lo que en puridad garantiza el precepto [...] entonces [...] es secundaria la fórmula matrimonial escogida o la célula definitivamente materializada. Lo relevante es la relación de pareja [...] Por ello parece más conveniente [...] extender las previsiones del art. 40.3 ET al matrimonio de derecho y a las uniones de hecho, siempre que en este caso se demuestre fehacientemente la existencia de la relación" (ALEMÁN PÁEZ, F., *La movilidad geográfica. Problemática social y régimen jurídico*, Tecnos [Madrid, 2001], pág. 195).

[263] Al respecto, véase STSJ La Rioja de 11 de marzo de 1994 (Rec. núm. 18/1994).

[264] Lo que excluye de raíz, a su vez, su aplicabilidad a los supuestos de desplazamiento. Algún autor entiende, no obstante, que "considerando la matriz garantista del art. 40.3 del ET y los bienes jurídicos protegidos, no sería aventurada una interpretación que extienda sus previsiones a otros supuestos de movilidad" (ALEMÁN PÁEZ, F., *La movilidad geográfica. Problemática social y régimen jurídico*, cit., pág. 195).

[265] Rec. núm. 10038/2004.

[266] En este mismo sentido, véase una STSJ Madrid de 5 de febrero de 2021 (Rec. núm. 9/2021), donde se entendió que "en el presente supuesto no nos encontramos ante una decisión de traslado adoptada por la empresa (lo que justificaría la aplicación del citado art. 40.3 ET) sino ante una decisión de contraer matrimonio adoptada libremente por el trabajador y su pareja, estando ambos destinados en distintos centros de trabajo (situados en diferentes localidades) antes y después de tal matrimonio. Así pues, el punto 3 del artículo 40 del ET requiere expresamente la existencia de un traslado adoptado por la empresa, sin que proceda afirmar su aplicación, aun analógica, a un supuesto como el presente en el que la norma no prevé como derecho del trabajador la posibilidad de solicitar un traslado a otra localidad por la decisión de contraer matrimonio con una trabajadora de distinto puesto de trabajo".

No se agotan aquí los interrogantes que suscita la lectura del art. 40.3 ET, su incuria material hace necesario precisar diversos aspectos de su régimen jurídico. Y el primero de ellos exige concretar que ambos sean trabajadores de la misma empresa[267] y, además, que alguno cambie de residencia debido al traslado impuesto por su empleador[268]. Aquí el supuesto de hecho parece claro: si uno de los miembros de la pareja es trasladado de acuerdo con el art. 40.1 ET —lo que necesariamente conllevará, desde un punto de vista estrictamente jurídico, cambio de residencia, incluso aunque esta no se materialice—, el otro integrante tiene derecho a ser también trasladado. A la "misma localidad", dice el precepto, y "si hubiera puesto de trabajo", añade. ¿Significa esto que el traslado no necesariamente debe ser al mismo centro de trabajo? Pues parece que no, ya que la norma es clara a este respecto y únicamente habilita al trabajador para ser trasladado a la "misma localidad" donde radique ahora la residencia de su pareja, lo que podría dar lugar al traslado del otro "cónyuge" a distinto centro de trabajo, aunque en la "misma localidad". Sin embargo, esta no puede ser más que una regla general, excepcional en todos aquellos supuestos en los cuales, aunque se trate de la misma localidad (pensamos, por ejemplo, en Madrid o Barcelona), el desplazamiento diario resulte excesivamente gravoso para la pareja que ha decidido trasladarse de manera voluntaria.

Por su parte, el segundo de los interrogantes anunciado tiene que ver con la exigencia de que "hubiera puesto de trabajo", sin más. Y así, ante la ausencia de precisión alguna en la norma, entendemos que el recurso hermenéutico más adecuado aquí no es otro que el de la analogía, adecuando la previsión del art. 40.3 ET a lo dispuesto en el art. 46.5 del texto estatutario, relativo como se sabe a las excedencias laborales, y que, para el caso de las voluntarias, señala que "el trabajador en excedencia voluntaria conserva solo un derecho preferente al reingreso en las vacantes de igual o similar categoría a la suya que hubiera o se produjeran en la empresa" [269]. De este modo, el "cónyuge" podrá instar el desplazamiento siempre que exista una vacante en la localidad a donde se haya trasladado el domicilio familiar, y siempre en el mismo o similar grupo profesional en el que se encuentre encuadrado, con la necesaria, en su caso, novación objetiva del contrato de trabajo. Todo ello, en suma, de conformidad con lo que disponga el convenio colectivo de aplicación, habida cuenta las clamorosas lagunas legales de la norma, que viene a exigir a la colectiva completar el régimen jurídico de la institución, siempre con respeto a los mínimos de derecho necesario[270]: "Los

---

[267] Véase, al respecto, STSJ Madrid de 11 de octubre de 2013 (Rec. núm. 5675/2012).

[268] Al respecto, véase AGRA BIFORCOS, B., "La movilidad geográfica no es un derecho para conciliación de vida laboral y familiar cuando los cónyuges prestan servicios en diferentes empresas. STSJ Cataluña 24 noviembre 2015", en Nueva Revista Española de Derecho del Trabajo, núm. 187, 2016, págs. 257 y ss.

[269] Obviamente, "no puede hacerse recaer sobre el trabajador el gravamen de acreditar que la empresa tuviera vacante de su categoría en el centro de trabajo al que prende el traslado. Por el contrario, solo a la empresa puede pedírsele el conocimiento puntual cual es la plantilla que dicho centro tiene y la situación en que se encuentran los puestos de trabajo atribuidos al mismo. La cercanía a la fuente de la prueba —por no decir, la única posibilidad de acceso a ello— es aquí elemento determinante para configurar esa carga probatoria. Únicamente la empresa podía haber acreditado precisamente que no había vacantes como la que el actor solicitaba y, solamente en tal caso, se hubiera podido invertir a la carga, exigiendo al trabajador que probara que las plazas no estaban cubiertas" [STSJ Cataluña de 17 de abril de 2009 (Rec. núm. 8196/2007)]. En este mismo sentido, véase STSJ Galicia de 29 de marzo de 2019 (Rec. núm. 4811/2018).

[270] Véase, al respecto, STSJ Cataluña de 13 de octubre de 1995 (Rec. núm. 5487/1995) y, más en particular, una STSJ Cataluña de 17 de abril de 2009 (Rec. núm. 8196/2007), según la cual el derecho contemplado en el art. 40.3 prevalece frente a las previsiones convencionales relativas a concurso de traslado, ya que "en este litigio no puede obviarse el dato de que el actor había solicitado, con anterioridad al inicio del proceso de movilidad, su traslado a Sevilla, con fundamento exclusivo en el derecho de reunión indicado.

convenios colectivos es cierto que pueden modificar las normas legales, siempre que su contenido no sea de derecho necesario"[271].

Esta complementariedad del convenio se exacerba si observamos que el art. 40.3 ET nada dice acerca del plazo de solicitud, ni de la asunción de la compensación de gastos, ni, en fin, de la posible impugnación de la decisión empresarial denegatoria del traslado. Porque, en efecto, el citado art. 40.3 no efectúa manifestación alguna al respecto, lo que permite sostener que: 1) no existe limitación temporal al ejercicio de la habilitación normativa, pudiendo el trabajador solicitar en cualquier momento el reagrupamiento familiar; 2) la compensación por gastos, salvo que se haya pactado algo distinto (bien individual, bien convencionalmente), corre por cuenta del trabajador; y 3) la impugnación de la decisión empresarial únicamente puede derivarse hacía el hipotético derecho al traslado, sin que quepa en ningún caso la opción por la extinción a la que se refiere el art. 40.1, párrafo 3.º, ET.

Por último, conviene precisar que, en este último caso, la decisión del trabajador de atacar judicialmente la decisión empresarial solo podrá llevarse a efecto mediante la modalidad procesal del art. 139 LJS, que se ocupa de los derechos de conciliación de la vida personal, familiar y laboral reconocidos legal o convencionalmente[272]. La razón que nos lleva a concluirlo es doble. Por un lado, resulta evidente que la modalidad procesal del art. 138 LJS no se ajusta a las previsiones del art. 40.3 ET, siendo manifiestamente diversos los objetos de uno y otro procedimiento; y por otro lado, de acuerdo con lo dispuesto en la DA 18.ª ET, "las discrepancias que surjan entre empresarios y trabajadores en relación con el ejercicio de los derechos de conciliación de la vida personal, familiar y laboral reconocidos legal o convencionalmente se resolverán por la jurisdicción social a través del procedimiento establecido en el artículo 139 de la Ley 36/2011, de 10 de octubre, Reguladora de la Jurisdicción Social"[273]. Sobre la base estos dos argumentos, decimos, el trabajador deberá acudir a la modalidad procesal del art. 139 LJS para ver cumplidos sus deseos de conciliación, porque en el fondo la solicitud de reunificación no es más que el ejercicio legal de un derecho relativo a la conciliación de la vida personal, familiar y laboral. Y así lo ha entendido una STSJ Galicia, de 29 de marzo de 2019[274], asegurando que en estos casos "el cauce procesal para la pretensión ejercitada

La circunstancia de que, posteriormente, la empresa convocara un proceso de movilidad ni puede servir para enmascarar el eventual derecho reclamado con fundamento distinto". Por lo tanto, "la cuestión de la prelación solo se suscitaría de producirse simultáneamente ambas solicitudes, de suerte que el trabajador instara el traslado por derecho de cónyuge o pareja al mismo tiempo que se pone en marcha un proceso de movilidad que incluye la plaza solicitada. Pero no es eso lo que sucede en el presente caso, ya que el demandante había formulado su solicitud con mucha antelación la convocatoria que ahora sirve de excusa a la empresa para negar el derecho. De ahí que hayamos de rechazar que el proceso de movilidad incida en noviembre de 2006 puede obstaculizar el análisis de la petición del demandante, la cual ha de abordarse aisladamente. La movilidad por derecho de reunión familiar es un tipo más de los supuestos descritos en el convenio colectivo. La parquedad de la regulación convencional sobre esta última modalidad de movilidad hace concluir que no se halla sometida a ningún orden de prelación respecto de otros supuestos, ni tampoco a procedimiento específico alguno, siendo su único condicionante la existencia de vacante".

[271] Véase STS de 14 de mayo de 1996 (Rec. núm. 1245/1995).

[272] Al respecto, véase STSJ Aragón de 15 de febrero de 2021 (Rec. núm. 44/2021).

[273] Ello lleva a una STSJ Galicia de 20 de junio de 2019 (Rec. núm. 1648/2019) a entender incluso que "el derecho de reunión de cónyuge o pareja de hecho como una modalidad de movilidad geográfica [...] en la actualidad [...] aunque implique una movilidad geográfica se inserta en una más amplia categoría, la de los derechos de conciliación de la vida de familiar y laboral".

[274] Rec. núm. 4811/2018. Una STSJ Galicia de 20 de junio de 2019 (Rec. núm. 1648/2019) admite incluso la dualidad procedimental, asegurando que, "en todo caso, de no haber acudido al art. 139 de la

habrá de ser forzosamente el del art. 139 LRJS", a lo que podrá añadirse, en su caso (y sobre ello también se pronuncia), una indemnización adicional por daños y perjuicios, derivados del incumplimiento normativo empresarial , aunque para ello deberá acreditar (indiciariamente) la presencia de un supuesto discriminatorio o vulnerador de algún derecho fundamental, sin que sea suficiente la mera denegación del traslado.

II. La especial atención a las víctimas de violencia de género y de actos terroristas

La violencia de género resulta una lacra social inadmisible en cualquier sociedad civilizada y, por ello mismo, los poderes públicos no pueden ser ajenos a ella, al constituir uno de los ataques más flagrantes a derechos fundamentales tales como la libertad, la igualdad, la vida, la seguridad y la no discriminación proclamados en nuestra CE. Esos mismos poderes públicos tienen, conforme a lo dispuesto en el art. 9.2 CE, la obligación de adoptar medidas de acción positiva para hacer reales y efectivos dichos derechos, removiendo los obstáculos que impiden o dificultan su plenitud y, precisamente por esa razón, se publicó en su momento la Ley Orgánica 1/2004, de 28 de diciembre, sobre Medidas de Protección Integral contra la Violencia de Género. Se trata de una norma que nos interesa especialmente, porque en su momento decidió que, entre las medidas de protección integral frente a la violencia de género, una de ellas sería justificar las ausencias del puesto de trabajo de las víctimas de la violencia de género, posibilitando su movilidad geográfica, la suspensión con reserva del puesto de trabajo y la extinción del contrato. Y así, con dicho fin, su DA 7.ª introdujo un nuevo apartado (3.bis) en la redacción del art. 40 ET de 1995, que, aunque con ligeras variaciones[275], resulta ser el texto que ha llegado hasta nosotros, incorporado como apdo. 4 del art. 40 ET.

Afirma así ahora ese art. 40.4 ET, en su párrafo 1.º, que "Las personas trabajadoras que tengan la consideración de víctimas de violencia de género o de víctimas del terrorismo que se vean obligados a abandonar el puesto de trabajo en la localidad donde venían prestando sus servicios, para hacer efectiva su protección o su derecho a la asistencia social integral, tendrán derecho preferente a ocupar otro puesto de trabajo, del mismo grupo profesional o categoría equivalente, que la empresa tenga vacante en cualquier otro de sus centros de trabajo"[276]. Dos resultan ser, entonces, los requisitos básicos necesarios para el acceso a la movilidad geográfica: Tener la consideración de víctima de violencia de género o del terrorismo y verse obligado a abandonar el puesto de trabajo.

LRJS, debería haberlo hecho al art. 138 de la misma ley, y no al ordinario, y aquél comparte las mismas garantías procesales que el de conciliación".

[275] Entre ellas, una de especial trascendencia, como es la de incluir en la protección que ofrece el precepto a las víctimas de terrorismo; incorporación esta al texto legal procurada por la DF 15.ª de la 3/2012, de 6 de julio, sobre Medidas urgentes para la reforma del mercado laboral.

[276] Para la doctrina, el "derecho preferente a la movilidad geográfica de la trabajadora víctima tiene una doble finalidad. Por una parte, garantiza la pervivencia del contrato, para conciliar el cumplimiento de las obligaciones laborales con la situación que vive (art. 2.d de la LOVG). Por otro parte, constituye un instrumento para proteger la vida e integridad de la mujer, en esencia, su dignidad. Para ello, el Legislador utiliza herramientas del Derecho del Trabajo con la intención de alejarla del agresor y acercarla a un entorno más seguro donde pueda tener la atención necesaria" (CARMONA BAYONA, E. F., "Flexibilidad interna y cambio de lugar de trabajo de la víctima de violencia de género", en *Anuario de la Facultad de Derecho de la Universidad de Alcalá*, vol. IX, 2016, pág. 243).

Con relación al primero de tales requisitos, la Ley Orgánica 1/2004, señala que "la violencia de género a que se refiere la presente Ley comprende todo acto de violencia física y psicológica, incluidas las agresiones a la libertad sexual, las amenazas, las coacciones o la privación arbitraria de libertad"[277] y "la violencia que con el objetivo de causar perjuicio o daño a las mujeres se ejerza sobre sus familiares o allegados menores de edad por parte de las personas indicadas en el apartado primero"[278]. Y, de igual manera, el art. 3 de la Ley 29/2011, de 22 de septiembre, de Reconocimiento y protección integral a las víctimas del terrorismo, entiende que tales a "quienes sufran la acción terrorista, definida esta como la llevada a cabo por personas integradas en organizaciones o grupos criminales que tengan por finalidad o por objeto subvertir el orden constitucional o alterar gravemente la paz pública, [y] a las víctimas de los actos dirigidos a alcanzar los fines señalados en el párrafo precedente aun cuando sus responsables no sean personas integradas en dichas organizaciones o grupos criminales".

Por su parte, la acreditación de la condición de víctima de violencia de género podrá efectuarse "mediante una sentencia condenatoria por un delito de violencia de género, una orden de protección o cualquier otra resolución judicial que acuerde una medida cautelar a favor de la víctima, o bien por el informe del Ministerio Fiscal que indique la existencia de indicios de que la demandante es víctima de violencia de género"[279]. También podrán acreditarse las situaciones de violencia de género "mediante informe de los servicios sociales, de los servicios especializados, o de los servicios de acogida destinados a víctimas de violencia de género de la Administración Pública competente; o por cualquier otro título, siempre que ello esté previsto en las disposiciones normativas de carácter sectorial que regulen el acceso a cada uno de los derechos y recursos"[280], y (añadimos nosotros de conformidad con el art. 220.1 LGSS) por cualquier otro medio de prueba admitido en Derecho. En lo que respecta a las víctimas del terrorismo, se exige: 1) sentencia firme[281]; o 2) las oportunas diligencias judiciales o incoado los procesos penales para el enjuiciamiento de los delitos, en cuyo caso la condición de víctima podrá acreditarse ante el órgano competente de la Administración General del Estado por cualquier medio de prueba admisible en derecho[282].

Más dificultades, empero, encuentra la acreditación de la necesidad de abandonar el puesto de trabajo en la localidad donde venían prestando sus servicios. Entendemos, no obstante, que la mera condición de víctima legitimará al sujeto implicado para solicitar la movilidad geográfica en distinta localidad en la que venía residiendo. Asegura así la doctrina que "la referencia a que la víctima «se vea obligada a abandonar el puesto de trabajo» (art. 40.4 del ET), se circunscribe a las circunstancias que la rodean

277 Art. 1.3.

278 Art. 1.4. Por su parte, esas personas indicadas en el apartado primero podrán ser "quienes sean o hayan sido sus cónyuges o de quienes estén o hayan estado ligados a ellas por relaciones similares de afectividad, aun sin convivencia".

279 Art. 23 de la Ley Orgánica 1/2004.

280 Art. 23 de la Ley Orgánica 1/2004. En caso de víctimas menores de edad, el precepto señala que "la acreditación podrá realizarse, además, por documentos sanitarios oficiales de comunicación a la Fiscalía o al órgano judicial".

281 Cfr. Art. 3.bis.1 a) de la Ley 29/2011.

282 Cfr. Art. 3.bis.1 b) de la Ley 29/2011.

y la motivan a decidir. La norma no regula una condición objetiva que deba acreditarse ante el empresario, sino que reconoce cómo la acumulación de varios sucesos obliga a la empleada a cambiar de puesto de trabajo. Si nos decantamos por una interpretación contraria se agrava la situación de la víctima, que la puede poner en un estado de tensión emocional y en una coyuntura con el empleador que se opone a la idoneidad de la movilidad en estudio"[283].

Sin embargo, no se trata de un derecho incondicionado, por cuanto que el ET simplemente les otorga "derecho preferente a ocupar otro puesto de trabajo, del mismo grupo profesional o categoría equivalente, que la empresa tenga vacante en cualquier otro de sus centros de trabajo"[284]; es decir, que la norma entiende este concreto supuesto como una mera excedencia voluntaria[285]; o, lo que es igual, simplemente concede al trabajador "un derecho potencial o expectante, condicionado a la existencia de vacante en la empresa, y no un derecho incondicionado, ejercitable de manera inmediata"[286].

Con dicha finalidad, la norma exige al empresario (suponemos que tras la solicitud del trabajador implicado) "comunicar a los trabajadores las vacantes existentes en dicho momento o las que se pudieran producir en el futuro". Ahora bien, para ello se hace necesario que la víctima "le notifique su deseo de ejercer su derecho preferente, lo que implica poner en conocimiento del empleador su situación acompañada de las credenciales que exige la norma o que se hayan pactado en el convenio"[287], naciendo a partir de ese momento las obligaciones legales. Por su parte, la comunicación debe referirse en exclusividad a la víctima, y deberá ser "veraz, clara y completa, que contenga la información suficiente relativa al puesto, tales como el grupo profesional en el que se encuadra, su carácter permanente o temporal... con el fin de que la trabajadora valore si le interesa" [288].

En suma, acreditada la condición de víctima, con la consecuente necesidad de trasladarse, y comprobada la existencia de vacantes en otro centro de trabajo de la empresa, el "traslado o el cambio de centro de trabajo tendrá una duración inicial de seis meses, durante los cuales la empresa tendrá la obligación de reservar el puesto de trabajo que anteriormente ocupaban los trabajadores"[289]. De nuevo aquí la norma acude como referente a la

[283] Véase CARMONA BAYONA, E. F., "Flexibilidad interna y cambio de lugar de trabajo de la víctima de violencia de género ", cit., pág. 247.

[284] Tal y como señala con acierto la doctrina, "la posibilidad de que este cambio devenga efectivo depende, además de la voluntad de la víctima en los términos expuestos, de un factor externo a la voluntad de las partes, cual es, que las dimensiones de la empresa permitan ese cambio" (FABREGAT MONFORT, G., "La movilidad geográfica de la trabajadora víctima de la violencia de género. Algunos aspectos críticos del art. 40.3 bis ET (Estatuto de los Trabajadores)", en Revista europea de derechos fundamentales, núm. 19, 2012 (Ejemplar dedicado a: Género, desigualdad y violencia), pág. 279.

[285] El art. 46.5 ET otorga a los excedentes voluntarios únicamente "un derecho preferente al reingreso en las vacantes de igual o similar categoría a la suya que hubiera o se produjeran en la empresa".

[286] Véase STS de 11 de noviembre de 2020 (Rec. núm. doctrina 2405/2018).

[287] Véase CARMONA BAYONA, E. F., "Flexibilidad interna y cambio de lugar de trabajo de la víctima de violencia de género ", cit., pág. 245.

[288] Ibídem, pág. 245.

[289] Al respecto, véase FABREGAT MONFORT, G., "La movilidad geográfica de la trabajadora víctima de la violencia de género. Algunos aspectos críticos del art. 40.3 bis ET (Estatuto de los Trabajadores)", en *Revista europea de derechos fundamentales*, núm. 19, 2012 (Ejemplar dedicado a: Género, desigualdad y violencia), págs. 286 y ss.

normativa relativa a las excedencias[290], al señalar que la empresa tiene la obligación de reservar el puesto de trabajo primigenio durante la situación de movilidad, lo que no significa más que una necesidad incondicionada de conservar ese "puesto de trabajo que el trabajador venía desempeñando [...], es decir, de manera automática, sin supeditación a la existencia de vacante [...], el empresario deberá reservar el puesto de trabajo que ocupaba el trabajador en el momento de acceder a la excedencia"[291].

Finalizado ese período inicial de seis meses, el art. 40.4 ET otorga al trabajador dos posibilidades, bien regresar a su antiguo puesto de trabajo, bien continuar en el nuevo. En el primer caso, ya hemos visto que se conserva el derecho incondicionado al retorno en el mismo puesto de trabajo que se venía desempeñando antes; en cambio, en el otro, dice la norma que decae "la mencionada obligación de reserva", por lo que, a falta de mayores precisiones –podría haberse señalado, por ejemplo, que se conserva un derecho preferente al reingreso a modo y manera de la excedencia voluntaria–, parece que se consolida el traslado. No es esta, sin embargo, la única de las fallas constatables en el precepto. Lo cierto es que el mismo incurre en una evidente desidia legislativa. Nada dice acerca de la solicitud de movilidad o sobre los gastos de viaje y dietas. No se pronuncia siquiera sobre las opciones de impugnación en caso de negativa empresarial. Todos estos imperdonables olvidos, por lo tanto, deben ser solventados, y entendemos que la única manera de hacerlo es asumiendo las mismas conclusiones a las ya vertidas en el caso de movilidad por reunificación familiar.

Así, en primer lugar, creemos: 1) que no existe limitación temporal al ejercicio de la habilitación normativa, pudiendo el trabajador solicitar en cualquier momento el traslado durante seis meses; 2) que la compensación por gastos o los gastos de viaje o las dietas, salvo que se haya pactado algo distinto (bien individual, bien convencionalmente), corre por cuenta del trabajador[292] o, en su caso, de las instituciones públicas que vengan obligadas a la protección integral de las víctimas de violencia de género o de actos terroristas; y 3) que la decisión del trabajador de atacar judicialmente la negativa empresarial al traslado solo podrá llevarse a efecto mediante la modalidad procesal del art. 139 LJS, que se ocupa de los derechos de conciliación de la vida personal, familiar y laboral reconocidos legal o convencionalmente.

III. El desplazamiento de los trabajadores con necesidades especiales

La tercera de las movilidades geográficas extravagantes que hallan amparo normativo en el art. 40 ET se encuentra en su apdo. 5, según el cual: "Para hacer efectivo su derecho de protección a la salud, los trabajadores con discapacidad que acrediten la necesidad de recibir fuera de su localidad un tratamiento de habilitación o rehabilitación médico-funcional o atención, tratamiento u orientación psicológica relacionado con su discapacidad, tendrán derecho preferente a ocupar otro puesto de trabajo, del mismo grupo profesional, que la

[290] Véase, por ejemplo, el art. 46.3 ET.

[291] Véase STS de 21 de febrero de 2013 (Rec. núm. 740/2012).

[292] Véase STSJ Canarias (Santa Cruz de Tenerife) de 13 de diciembre de 2016 (Rec. núm. 1118/2015).

empresa tuviera vacante en otro de sus centros de trabajo en una localidad en que sea más accesible dicho tratamiento, en los términos y condiciones establecidos en el apartado anterior para las trabajadoras víctimas de violencia de género y para las víctimas del terrorismo".

Que la norma afirme que el derecho preferente a ocupar otro puesto de trabajo vacante en distinto centro de trabajo en los términos y condiciones establecidos en el apartado anterior para las trabajadoras víctimas de violencia de género y para las víctimas del terrorismo nos aboca a lo ya manifestado en el epígrafe anterior. Con todo y debido de nuevo a las evidentes imperfecciones normativas, conviene realizar ciertas aclaraciones al respecto. Así, en primer lugar, el art. 40.5 ET reconoce el derecho al traslado a los "trabajadores con discapacidad", lo que necesariamente nos remite al Real Decreto Legislativo 1/2013, de 29 de noviembre, por el que se aprueba el Texto Refundido de la Ley General de derechos de las personas con discapacidad y de su inclusión social, conforme al cual "son personas con discapacidad aquellas que presentan deficiencias físicas, mentales, intelectuales o sensoriales, previsiblemente permanentes que, al interactuar con diversas barreras, puedan impedir su participación plena y efectiva en la sociedad, en igualdad de condiciones con los demás"[293], así como "aquellas a quienes se les haya reconocido un grado de discapacidad igual o superior al 33 por ciento"[294], debiendo ostentar igualmente tal condición "los pensionistas de la Seguridad Social que tengan reconocida una pensión de incapacidad permanente en el grado de total, absoluta o gran invalidez, y a los pensionistas de clases pasivas que tengan reconocida una pensión de jubilación o de retiro por incapacidad permanente para el servicio o inutilidad".

Con relación a estos últimos colectivos, la acreditación de su condición de discapacitado no presenta dificultades, debiendo bastar con el documento público que así lo reconozca[295]. La primera de tales opciones, sin embargo, cuenta con mayores dificultades. La fórmula legal utilizada no es más que la trasposición a nuestro derecho interno de la asumida, primero, por la Convención sobre los derechos de las personas con discapacidad, hecho en Nueva York el 13 de diciembre de 2006, ratificada por España el 3 de diciembre de 2007 (y adoptado por la UE en Decisión 2010/48/CE, de 26 de noviembre) y que entró en vigor el 3 de mayo de 2008, donde se entiende por "personas con discapacidad... aquellas que tengan deficiencias físicas, mentales, intelectuales o sensoriales a largo plazo que, al interactuar con diversas barreras, puedan impedir su participación plena y efectiva en la sociedad, en igualdad de condiciones con las demás"[296]; y, después por la doctrina del TJUE, de acuerdo a la cual "la Unión ha aprobado la Convención de la ONU [...] y sus disposiciones forman parte integrante del ordenamiento jurídico de la Unión"[297].

Hoy en día, para el TJUE, "el concepto de «discapacidad» debe entenderse en el sentido de que se refiere a una limitación, derivada en particular de dolencias físicas, mentales o psíquicas que, al interactuar con diversas barreras, puede impedir la participación plena y

---

293 Art. 4.1.

294 Art. 4.2.

295 Al respecto, véase STSJ Andalucía (Sevilla) de 8 de noviembre de 2017 (Rec. núm. 3061/2017).

296 Art. 1.

297 Véase STJUE de 11 de abril de 2013 (asunto HK, asuntos acumulados C-335/11 y C-337/11).

efectiva de la persona de que se trate en la vida profesional en igualdad de condiciones con los demás trabajadores"[298], añadiendo en Sentencia de 1 de diciembre de 2016 (Caso Mohamed Daouidi contra Bootes Plus, S. L. y otros, asunto C-395/15), que si "esta limitación es de larga duración, puede estar incluido en el concepto de «discapacidad» en el sentido de la Directiva 2000/78". Así, dentro del concepto de "limitación de larga duración", para el TJUE una lesión, aunque sea reversible, en principio, no impide que se pueda calificar como de larga duración, porque el hecho de que la lesión sea curable, no parece ser obstáculo para apreciar "una limitación de su capacidad derivada de una dolencia física". Por consiguiente, para determinar si cabe considerar al trabajador como una "persona con discapacidad", habrá que analizar si esa limitación de su capacidad, que, al interactuar con diversas barreras, puede impedir la participación plena y efectiva del interesado en la vida profesional en igualdad de condiciones con los demás trabajadores, es "duradera". La diferencia, por tanto, consiste en diferenciar entre lesión "reversible" y "duradera", de tal manera que toda lesión irreversible puede entrar dentro del concepto de discapacidad, pero aquellas reversibles solo lo harán cuando se consideren de "larga duración".

La Convención de la ONU no define el concepto del carácter "a largo plazo" de las deficiencias físicas, mentales, intelectuales o sensoriales. Y la Directiva 2000/78 no define el concepto de "discapacidad", ni establece el de limitación "duradera" de la capacidad de la persona con arreglo a dicho concepto. Entonces, el concepto de limitación "duradera" tiene que ponerse en conexión con aquellos supuestos en los que la participación en la vida profesional se ve obstaculizada durante un largo período. Y, aunque en principio corresponde al juzgado nacional comprobar si la limitación de la capacidad del interesado tiene carácter "duradero", ya que tal apreciación es, ante todo, de carácter fáctico, el TJUE se permite aportar ciertos indicios al efecto de determinar si una limitación es duradera, en particular, "el que, en la fecha del hecho presuntamente discriminatorio, la incapacidad del interesado no presente una perspectiva bien delimitada en cuanto a su finalización a corto plazo o [...] el que dicha incapacidad pueda prolongarse significativamente antes del restablecimiento de dicha persona"[299]. Así, en la comprobación del carácter "duradero" de la limitación de la capacidad del interesado, el juzgado remitente debe basarse en todos los elementos objetivos de que disponga, en particular, en documentos y certificados relativos al estado de esa persona, redactados de acuerdo con los conocimientos y datos médicos y científicos actuales.

Debe tenerse en cuenta, no obstante, que para el Tribunal Supremo "la situación de IT no puede servir para llevar a considerar al trabajador como afecto de una discapacidad como factor de protección frente a la discriminación"[300]. Y cabría indicar aun en el supuesto de que entendiéramos que se trata de un trabajador especialmente sensibles

---

[298] Ídem.

[299] Véase STJUE de 1 de diciembre de 2016 (asunto C-395/15).

[300] Véase STS de 22 de mayo de 2020 (Rec. núm. 2684/2017). No obstante, debe señalarse que tras la promulgación de la Ley 15/2022, de 12 de julio, integral para la igualdad de trato y la no discriminación, algunos tribunales laborales vienen considerando la enfermedad como factor discriminatorio, así diferenciada de la discapacidad, habida cuenta de lo dispuesto en su art. 2.1: "Nadie podrá ser discriminado por razón de ... discapacidad ..., enfermedad o condición de salud, estado serológico y/o predisposición genética a sufrir patologías y trastornos".

a determinados riesgos, en los términos establecidos en el art. 25.1 de la Ley 31/1995, de 8 de noviembre, de prevención de Riesgos Laborales, ya que así se pronuncia la jurisprudencia comunitaria, en concreto, en una STJUE de 11 de septiembre de 2019[301], para la cual "el mero hecho de que se reconozca a una persona la condición de trabajador especialmente sensible a los riesgos derivados del trabajo, en el sentido del Derecho nacional, no significa, de por sí, que esa persona tenga una «discapacidad» en el sentido de la Directiva 2000/78", ya que "la definición del concepto de «trabajador especialmente sensible a los riesgos derivados del trabajo», en el sentido del artículo 25 de la Ley 31/1995, se basa en requisitos que no son idénticos a los mencionados en el apartado 41 de la presente sentencia. Por lo tanto, no puede considerarse que ese concepto se corresponda con el de «persona con discapacidad» en el sentido de dicha Directiva [...], [correspondiendo] al órgano jurisdiccional remitente comprobar si, en el asunto principal, el estado de salud de DW implicaba una limitación de su capacidad que cumplía con los requisitos mencionados en el apartado 41 de la presente sentencia". En suma, "el estado de salud de un trabajador reconocido como especialmente sensible a los riesgos derivados del trabajo, en el sentido del Derecho nacional, que no permite al trabajador desempeñar determinados puestos de trabajo al suponer un riesgo para su propia salud o para otras personas, solo está comprendido en el concepto de «discapacidad», en el sentido de dicha Directiva, en caso de que ese estado de salud implique una limitación de la capacidad derivada, en particular, de dolencias físicas, mentales o psíquicas a largo plazo que, al interactuar con diversas barreras, pueden impedir la participación plena y efectiva de la persona de que se trate en la vida profesional en igualdad de condiciones con los demás trabajadores. Corresponde al órgano jurisdiccional nacional comprobar si en el asunto principal concurren tales requisitos".

De toda esta larga disquisición acerca del reconocimiento de la condición de discapacitado resulta que, supuesta la solicitud de movilidad en estos casos (e igualmente la negativa empresarial), la única opción que la queda al trabajador no es otra que el recurso a los tribunales laborales, al efecto de determinar si concurre esa condición en el solicitante. No obstante, en estos casos cuenta con una importante contrapartida, ya que, en la demanda, además del requerimiento de movilidad, puede solicitar una indemnización por daños, derivado de su condición de discapacitado. Pero para ello tendrá que acreditar, además, distintos extremos exigidos por la norma estatutaria[302].

No obstante, debe señalarse que tras la promulgación de la Ley 15/2022, de 12 de julio, integral para la igualdad de trato y la no discriminación, algunos tribunales laborales vienen considerando la enfermedad como factor discriminatorio, así diferenciada de la discapacidad, habida cuenta de lo dispuesto en su art. 2.1: "Nadie podrá ser discriminado por razón de ... discapacidad ..., enfermedad o condición de salud, estado serológico y/o predisposición genética a sufrir patologías y trastornos".

---

[301] ECLI:EU:C:2019:703.

[302] Para un estudio más completo de este aspecto, véase DE CASTRO MEJUTO, L. F., "La eventual discriminación a la discapacidad en el despido objetivo español", en MELLA MÉNDEZ, L. [dir.], Violencia, riesgos psicosociales y salud en el trabajo. Estudios desde el derecho internacional y comparado, ADAPT (Módena, 2014), págs. 695 y ss.

Y es que, la condición de discapacitado no resulta ser la única de las exigencias legales para la movilidad[303]. El art. 40.5 ET requiere del trabajador acreditar "la necesidad de recibir fuera de su localidad un tratamiento de habilitación o rehabilitación médico-funcional o atención, tratamiento u orientación psicológica relacionado con su discapacidad", siempre y cuando se trate de una localidad "en que sea más accesible dicho tratamiento". No refiere la norma la fórmula necesaria para tal acreditación, sin embargo, entendemos que el requerimiento mínimo debe ser un certificado médico, bien público, bien privado, aunque en este último caso las exigencias deberían ir un poco más allá, incluida la aceptación del centro médico de referencia.

IV. La movilidad de los trabajadores especialmente sensibles

Cercana a la movilidad por discapacidad se encuentra aquella que se ocupa de los trabajadores especialmente sensible a determinados riesgos del trabajo[304]. Se trata de una figura jurídica recogida en el art. 25.1 LPRL[305], donde se sistematizan dos tipos de protección a esta clase específica de trabajadores. Una primera "ordinaria", regulada en el párrafo inicial del art. 25.1 LPRL, según el cual "el empresario garantizará de manera específica la protección de los trabajadores que, por sus propias características personales o estado biológico conocido, incluidos aquellos que tengan reconocida la situación de discapacidad física, psíquica o sensorial, sean especialmente sensibles a los riesgos derivados del trabajo", agregándose –por último– que "a tal fin, deberá tener en cuenta dichos aspectos en las evaluaciones de los riesgos y, en función de estas, adoptará las medidas preventivas y de protección necesarias"; y una segunda "urgente" contemplada en el párrafo 2.º del art. 25.1 LPRL: "Los trabajadores no serán empleados en aquellos puestos de trabajo en los que, a causa de sus características personales, estado biológico o por su discapacidad física, psíquica o sensorial debidamente reconocida, puedan ellos, los demás trabajadores u otras personas relacionadas con la empresa ponerse en situación de peligro o, en general, cuando se encuentren manifiestamente en estados o situaciones transitorias que no respondan a las exigencias psicofísicas de los respectivos puestos de trabajo"; y decimos urgente porque en estas ocasiones las obligaciones del empresario surgen si hay situaciones de peligro, y su necesidad de actuación se configura de manera inmediata, al efecto de evitar precisamente que dicha situación de peligro pueda materializarse.

---

303 De ahí que, en una STSJ Castilla y León (Valladolid) de 30 de enero de 2013, se asegure que "aunque considerásemos que este precepto resulta aplicable por razones temporales, la actora no cumpliría los requisitos establecidos en el mismo puesto que en modo alguno se ha acreditado la necesidad de recibir fuera de su localidad, en este caso en Palencia, un tratamiento de rehabilitación físico o psicológico relacionado con su discapacidad (en este sentido solo consta en el hecho probado primero el porcentaje de minusvalía del 33,33 % pero no las enfermedades que lo provocan); ni justifica tampoco que el demandado disponga de alguna plaza vacante en dicha ciudad, es más, en los hechos probados se niega expresamente tal circunstancia".

304 No es tamos refiriendo a la opción empresarial como medida de protección frente a los riesgos, ya que para la doctrina la LPRL "impone al empresario la obligación de abstenerse de ejercitar su poder de movilidad geográfica en aquellos supuestos en que puedan los trabajadores especialmente sensibles a los riesgos derivados del trabajo [...] ponerse en situación de peligro. En otras palabras, la protección... constituye un límite al poder de movilidad geográfica" (SERRANO OLIVARES, R., *Lugar de trabajo, domicilio y movilidad geográfica*, cit., pág. 277).

305 Al respecto de su régimen jurídico, cfr. LOUSADA AROCHENA, J. F., y RON LATAS, R. P., *La protección de la salud laboral de las personas trabajadoras especialmente sensibles a determinados riesgos*, Bomarzo (Albacete, 2018).

En la primera de esas "protecciones" normativas, al conocimiento empresarial de las características personales del trabajador, de su estado biológico o discapacidad, el párrafo primero del art. 25.1 LPRL anuda la obligación básica de garantizar "de manera específica" la protección de su salud laboral, al tratarse de trabajadores especialmente sensibles a los riesgos del trabajo[306]. Y de la misma emanan varias derivadas, pues –según dice la norma– "a tal fin" (es decir, con el propósito de garantizar de manera específica la protección de los trabajadores especialmente sensible), el empresario, en primer lugar, "deberá tener en cuenta dichos aspectos (características personales, estado biológico y discapacidad) en las evaluaciones de los riesgos", y, en segundo lugar, en función de estas evaluaciones "adoptará las medidas preventivas y de protección necesarias".

De esta manera, el empleador, de entrada, deberá tener en cuenta las características personales, el estado biológico o la discapacidad de sus trabajadores en "las evaluaciones de los riesgos"[307]. Lógicamente, tal evaluación de riesgos se hará según las normas generales al respecto, que se contienen en el art. 16 LPRL y, en su desarrollo, en el Real Decreto 39/1997, de 17 de enero[308], donde se contiene el Reglamento de los Servicios de Prevención. A su vez, el empresario deberá informar directamente al trabajador especialmente sensible de los riesgos derivados de su prestación de servicios en su puesto de trabajo, lo que se deriva sin trauma de lo dispuesto, con carácter general para todos los trabajadores, en el art. 18.1 LPRL, conforme al cual "en las empresas que cuenten con representantes de los trabajadores, la información... se facilitará por el empresario a los trabajadores a través de dichos representantes". De todos modos, aunque según la norma el empresario puede cumplir sus obligaciones de información en materia de salud laboral facilitándole dicha información contemplada legalmente a la representación del personal, asimismo deberá informar "directamente a cada trabajador de los riesgos específicos que afecten a su puesto de trabajo o función y de las medidas de protección y prevención aplicables a dichos riesgos"[309]; riesgos específicos entre los que sin duda se incluyen los del art. 25.1 LPRL[310].

Además de ese deber de evaluación (y de información) de los riesgos, según el párrafo primero del art. 25.1 LPRL, el empresario deberá adoptar las "medidas preventivas y

[306] Obviamente, "para activar la protección del art. 25.1 LPRL no se precisa que las características del trabajador que lo hacen especialmente vulnerable a los riesgos tengan un origen laboral, puesto que como se señala en la STSJ de Castilla y León de 3 de enero de 2017, el ámbito de aplicación del citado precepto «no se limita a los supuestos de dolencias provenientes de enfermedades profesionales o accidentes de trabajo [...] sino que se extiende a la protección de la salud en sentido amplio, incluyendo la prevención de riesgos personales derivados de las dolencias comunes...» que puedan sufrir los trabajadores pues, en definitiva, los agravamientos que pueda sufrir el trabajador «por la prestación de sus servicios, serán dolencias producidas con motivo u ocasión del trabajo»" (COS EGEA, M., "Los trabajadores especialmente sensibles a determinados riesgos en la doctrina judicial", *Revista Doctrinal Aranzadi Social*, núm. 12, 2010, pág. 42).

[307] "La evaluación a la que hace referencia el precepto... no tiene como finalidad detectar si los trabajadores tienen características que los hacen especialmente susceptibles de sufrir accidentes o enfermedades en el ámbito laboral, sino que parte del conocimiento por parte de la empresa de que un determinado trabajador es especialmente sensible a los riesgos y trata de determinar los riesgos que le afectan" (COS EGEA, M., "Los trabajadores especialmente sensibles a determinados riesgos en la doctrina judicial", cit., pág. 42).

[308] BOE de 31 de enero de 1997.

[309] Art. 18.1 LPRL.

[310] En igual sentido, Véase PALOMO BALDA, E., "Grupos especiales de riesgos", *Cuadernos de Derecho Judicial*, núm. 13, 2005, pág. 302.

de protección necesarias" para prevenir los riesgos laborales a los que puedan verse sometidos sus trabajadores especialmente sensibles. No se especifican en la norma cuáles deberán ser estas medidas, pero ello no obedece a una desidia del Legislador, sino a la imposibilidad material de prefijar unas concretas medidas en cada caso concreto, dada la heterogeneidad del colectivo al que se refieren[311]. Caben así sistemas de adaptación del trabajo o de protección individualizada, reforzamiento de la vigilancia de la salud, cambio de tareas o de puesto de trabajo en el centro donde presta servicios, concesión de permisos (o suspensión del contrato de trabajo) en periodos de exacerbación del riesgo[312] o, incluso (y esto es justamente lo que nos interesa), el traslado o desplazamiento del trabajador.

Y es que la norma se construye como un verdadero cajón de sastre, en el que cabría admitir cualquier medida empresarial de prevención y protección[313], al aceptar la jurisprudencia como "medidas preventivas y de protección necesarias", cualesquiera que contribuyan a garantizar de manera específica la protección de los trabajadores que, por sus propias características personales o estado biológico conocido, incluidos aquellos que tengan reconocida la situación de discapacidad física, psíquica o sensorial, ya sea originaria, ya sea sobrevenida, sean especialmente sensibles a los riesgos derivados del trabajo[314]. No obstante, un análisis de la jurisprudencia laboral recaída a propósito de las "medidas preventivas y de protección necesarias" que el empresario debe adoptar con relación a sus trabajadores especialmente sensibles a los riesgos derivados del trabajo, nos muestra que las opciones más habituales utilizadas por el empleador –que en ocasiones vienen así impuestas por el Convenio Colectivo de aplicación– vienen a ser la adaptación del puesto de trabajo, el cambio de tareas, el traslado del trabajador a otro puesto de trabajo[315], o el cambio de turnos.

Pese a ello, la adaptación del puesto de trabajo, el cambio de tareas, el traslado de puesto o el cambio de turno no son las únicas opciones con las que cuenta el empresario[316]. La propia

---

311 Ibídem, pág. 307.

312 De la doctrina judicial mayoritaria, "se deduce que la integración de esta norma sustantiva se produce exigiendo del empresario la adopción de una serie de medidas preventivas que se han de abordar de manera escalonada, de forma que resulte lo menos oneroso posible para el trabajador especialmente sensible a los riesgos laborales" (COS EGEA, M., "Los trabajadores especialmente sensibles a determinados riesgos en la doctrina judicial", cit., pág. 46).

313 Al respecto, véanse, entre otras, STSJ Galicia de 13 de diciembre de 2016 (Rec. núm. 2304/2016), STSJ Castilla-La Mancha de 7 de septiembre de 2005 (Rec. núm. 590/2004) y una STSJ Canarias (Santa Cruz de Tenerife) de 17 de enero de 2017 (Rec. núm. 1110/2015).

314 Para una STSJ Galicia de 26 de febrero de 2016 (Rec. núm. 764/2015), si el problema del trabajador es el desplazamiento desde el domicilio hasta el centro de trabajo por la fobia a conducir, "no se trata de un problema de salud de la demandante con respecto a su trabajo, ni a su puesto de trabajo sino un problema de desplazamiento al lugar de trabajo, y toda la normativa denunciada no hace referencia alguna a dicho desplazamiento sino a las condiciones de su trabajo; y por ello la LPRL impone al empresario tener en cuenta las capacidades profesionales de los trabajadores en materia de seguridad y de salud en el momento de encomendarles las tareas. Pero el desplazamiento al lugar de trabajo corre por cuenta del trabajador y la situación médica de la actora no le da derecho a un cambio de puesto de trabajo, porque como apunta la sentencia recurrida a cualquiera de los centros que cita, para su traslado, también tendría que desplazarse y la empresa puede asumir los gastos de transporte pero no la imposición de un cambio de puesto de trabajo".

315 Al respecto, pueden verse SSTSJ Cataluña de 23 de enero de 2008 (Rec. núm. 5549/2006) y Canarias (Santa Cruz de Tenerife) de 23 de marzo de 2012 (Rec. núm. 51/2011).

316 Véase STSJ Cataluña de 29 de febrero de 2016 (Rec. núm. 6709/2015).

norma admite expresamente que cabe incluso llegar a la prohibición de empleo[317]; posibilidad esta que viene avalada por el párrafo segundo del art. 25.1 LPRL, según el cual "los trabajadores no serán empleados en aquellos puestos de trabajo en los que, a causa de sus características personales, estado biológico o por su discapacidad física, psíquica o sensorial debidamente reconocida, puedan ellos, los demás trabajadores u otras personas relacionadas con la empresa ponerse en situación de peligro o, en general, cuando se encuentren manifiestamente en estados o situaciones transitorias que no respondan a las exigencias psicofísicas de los respectivos puestos de trabajo". Ello no significa, no obstante, que el empresario pueda utilizar cualquiera de tales medidas ante una concreta situación de necesidad provocada por un trabajador especialmente sensible a determinados riesgos; el empresario, en principio, no puede elegir libremente entre las varias medidas aplicables. Las medidas preventivas y de protección necesarias para proteger al trabajador especialmente sensible ostentan una finalidad exclusivamente preventiva, de manera que solo se pueden adoptar, cuando en una concreta situación se identifique, analice y evalúe un riesgo para un trabajador especialmente sensible a ese riesgo, cuando la medida a adoptar sea idónea para prevenir y proteger al trabajador frente a ese riesgo, y cuando, en un juicio de ponderación, no haya otra opción menos gravosa, conduciendo esto último a la existencia de ciertas preferencias entre medidas.

Así, en primer lugar, se encuentran aquellas medidas preventivas y de protección necesarias que puedan ser calificables como "ajustes razonables", de acuerdo con el Real Decreto Legislativo 1/2013, de 29 de noviembre, por el que se aprueba el Texto Refundido de la Ley General de Derechos de las Personas con Discapacidad y de su Inclusión Social, debiendo entenderse por tales en el ámbito laboral "las medidas adecuadas para la adaptación del puesto de trabajo y la accesibilidad de la empresa, en función de las necesidades de cada situación concreta, con el fin de permitir a las personas con discapacidad acceder al empleo, desempeñar su trabajo, progresar profesionalmente y acceder a la formación"[318]. No se trata, empero, de una opción empresarial de carácter potestativo. El empresario se encuentra obligado a adoptar esas medidas razonables salvo que las mismas "supongan una carga excesiva para el empresario"[319]. Y "para determinar si una carga es excesiva se tendrá en cuenta si es paliada en grado suficiente mediante las medidas, ayudas o subvenciones públicas para personas con discapacidad, así como los costes financieros y de otro tipo que las medidas impliquen y el tamaño y el volumen de negocios total de la organización o empresa" [320].

---

[317] Cfr. art. 25.1, párrafo segundo, LPRL.

[318] Art. 40.2, párrafo 1.º, del Real Decreto Legislativo 1/2013, de 29 de noviembre, por el que se aprueba el Texto Refundido de la Ley General de Derechos de las Personas con Discapacidad y de su Inclusión Social. Entre ellas, según una STSJ Madrid de 15 de marzo de 2013 (Rec. núm. 2097/2012), no se encuentra la de salir media hora antes del trabajo "habida cuenta que no estamos ante la evaluación de la existencia de un posible riesgo o peligro debido a las especiales circunstancias concurrentes por el desempeño del puesto de trabajo que le fue asignado y aceptó voluntariamente de Auxiliar de control en el Centro Ocupacional de Barajas, ni, mucho menos, ante una eventual exposición a agentes físicos, químicos o biológicos susceptibles de incidir en la función procreadora".

[319] Art. 40.2, párrafo 1.º, *in fine* del Real Decreto Legislativo 1/2013, de 29 de noviembre, por el que se aprueba el Texto Refundido de la Ley General de Derechos de las Personas con Discapacidad y de su Inclusión Social.

[320] Art. 40.2, párrafo 2.º, *in fine* del Real Decreto Legislativo 1/2013, de 29 de noviembre, por el que se aprueba el Texto Refundido de la Ley General de Derechos de las Personas con Discapacidad y de su Inclusión Social. Así, por ejemplo, para una STSJ Cataluña de 9 de diciembre de 2014 (Rec. núm.

Debemos admitir, no obstante, que, dado lo pírrico de dichas ayudas[321], "lamentablemente no puede entenderse que exista una obligación efectiva de adaptación para el empresario"[322].

Una vez agotadas todas aquellas medidas que es obligatorio que el empresario debe adoptar necesariamente a consecuencia de su deber de realizar los ajustes necesarios para la consecución de los objetivos marcados por la norma, habrán de adoptarse las medidas preventivas y de protección necesarias que afecten en menor medida a los derechos de la persona trabajadora, de manera que, solo después, tomarán las preventivas y de protección que supongan una mayor gravosidad para el empleado sensible. Con todo, esa gradación en función de la menor/mayor gravosidad para el afectado no es absoluta, pues debe combinarse ponderadamente con las posibilidades técnicas u objetivas de cada una de las medidas posibles y su razonable exigibilidad al empresario. En todo caso, el empresario, además de considerar la propuesta del Servicio de Prevención, debería oír siempre al trabajador sobre la medida a adoptar. Evidentemente, la norma no contempla como obligatoria la consulta al trabajador, pero ello no impide que el empresario recurra a él para conocer de primera mano sus necesidades.

Entre estas últimas medidas, quizá la opción más adecuada consistirá en la evaluación y adaptación del puesto de trabajo, conforme a lo dispuesto en el art. 25.1 LPRL, lo que puede conllevar la movilidad del trabajador o la modificación de sus condiciones laborales, todo ello con el fin de evitar la extinción del contrato. Y es que, desde la perspectiva eminentemente preventiva del art. 25.1 LPRL, "la movilidad en cualquiera de sus vertientes (funcional o geográfica) parece acomodarse mejor a lo pretendido por la norma"[323]. Hay, desde esa misma perspectiva preventiva, "un sinfín de argumentos (que) apoyan el derecho a la modificación de condiciones, incluso el cambio de puesto, para cualesquiera hipótesis de trabajador especialmente sensible a determinados riesgos presentes en un puesto de trabajo que ya está desempeñando"[324], que serían los siguientes: 1) el art. 14 LPRL otorga al empresario en orden a crear o mantener un entorno laboral seguro ligado al derecho del trabajador especialmente sensible a la atención particularizada; 2) el principio de adaptación del trabajo a la persona del art. 15.1 d) LPRL determina la prevalencia de la modificación

6157/2014), relativa a un trabajador con esclerosis múltiple, y una discapacidad del 67 %, una medida razonable sería "la reducción de jornada... en la medida en que el menor tiempo de trabajo que ello conlleva sin duda incide favorablemente en la compatibilización de las lesiones padecidas con las posibilidades de trabajo. No obsta a ello el que de forma expresa tal reducción de jornada por causa de enfermedad no esté reconocida del modo en que lo está la reducción por causa de cuidado de hijos o de personas enfermas, en la medida en que viene exigida como tal medida razonable en los casos en que por un lado sea posible por causa del tipo de discapacidad presentada, y por otro en que sea posible en virtud del tipo de organización empresarial en que se inserte y cualificación profesional del trabajador".

[321] Que la Orden del Ministerio de Trabajo y Seguridad Social de 13 de abril de 1994, nunca actualizada, aún fija en pesetas, a saber 150.000 pesetas (esto es, 901,52 euros). Tratándose de centros especiales de empleo, se estará a la Orden del Ministerio de Trabajo y Asuntos Sociales de 16 de octubre de 1998, asimismo nunca actualizada, y que asimismo aún fija en pesetas, a saber 300.000 pesetas (esto es 1.803,04 euros). En ambos casos, sin que la ayuda de que se trate pueda superar el coste de la inversión.

[322] Cfr. BALLESTER PASTOR, M. A., PÉREZ DE LOS COBOS ORIHUEL, F., y THIBAULT ARANDA, J., "Artículo 25. Protección de trabajadores especialmente sensibles frente a determinados riesgos", *Ley de Prevención de Riesgos Laborales. Comentada y con jurisprudencia*, Editorial La Ley (Madrid, 2008), numeral 7.

[323] Ibídem, numeral 9.

[324] Véase AGRA VIFORCOS, B., "La tutela de los trabajadores especialmente sensibles a los riesgos en el desarrollo de su relación laboral", *Pecunia: Revista de la Facultad de Ciencias Económicas y Empresariales de la Universidad de León*, núm. 7, 2008, pág. 11.

de las condiciones de trabajo frente a la privación del derecho al propio trabajo[325]; 3) la conjugación del deber empresarial de planificación –art. 15.1 g) LPRL– con los poderes empresariales de organización y variación de condiciones de trabajo en pro de la seguridad y salud de la plantilla; 4) el art. 25.1 LPRL, por su propia sistemática, coloca en último lugar la prohibición de empleo y, en consecuencia, antes de llegar a esa solución se deben agotar las demás que la misma norma contempla; y 5) la analogía con situaciones semejantes, como es la contemplada para la protección de la maternidad en el art. 26 LPRL, que sitúa de manera preferente otras medidas antes de la suspensión del contrato[326].

La solución debe ser la misma si, en vez de atender a la perspectiva preventiva propia del art. 25.1 LPRL, y de toda la LPRL, atendemos a la de los derechos y obligaciones surgidos del contrato de trabajo de acuerdo con el ET. Y es que, si la extinción del contrato de trabajo por ineptitud del trabajador *ex* art. 52 a) ET puede evitarse adecuando el trabajo a sus características personales, estado biológico o discapacidad, incluyendo en su caso eventuales movilidades funcionales o geográficas, o a través de una modificación de condiciones de trabajo, no estaremos propiamente ante una "ineptitud del trabajador", en los términos del art. 52 a) ET, pues el trabajador será apto siempre que se haya adaptado el trabajo a su persona[327].

El problema se presenta aquí a la hora de concretar el "cómo" de esa adaptación, por cuanto que la misma puede suponer una modificación sustancial de las condiciones de trabajo o bien que nos encontremos frente a un supuesto de movilidad funcional o geográfica. Téngase en cuenta que de lo dispuesto en la LPRL –así lo confirma la jurisprudencia laboral– "debe deducirse que... impone al empresario la obligación disyuntiva de adecuar las condiciones de trabajo a la capacidad del trabajador especialmente sensible a determinados riesgos o bien proveer un cambio de puesto de trabajo (cuando ello sea posible)"[328]. En este último caso, ¿significa eso que el empresario se encuentra obligado a someterse a los dictados del Estatuto de los Trabajadores sobre la materia o se trataría simplemente de la legítima opción del *ius variandi* empresarial?

---

[325] Así lo confirma la jurisprudencia, señalando, al respecto de lo dispuesto en el art. 25.1 LPRL, que "estas inconcretas obligaciones que, no son más que la manifestación o expresión de la exigencia general de la «adaptación del trabajo a la persona» [art. 15.1 d) de la propia LPRL], que debe manifestarse en toda la gama de obligaciones empresariales en el campo de la prevención: desde la evaluación de los riesgos, hasta la organización de la seguridad, el tipo de formación e información, etc., con exigencia de cuidado especial y reforzamiento de la obligación empresarial y de la diligencia en su cumplimiento, no son nuevas en nuestro ordenamiento jurídico, existiendo diversos antecedentes" [STSJ Navarra de 22 de enero de 2010 (Rec. núm. 241/2009)].

[326] Tales argumentos los recoge, ampliados, AGRA VIFORCOS, B., "La tutela de los trabajadores especialmente sensibles a los riesgos en el desarrollo de su relación laboral", cit., pág. 14.

[327] "El trabajador deberá aceptar el nuevo puesto de trabajo (no tiene posibilidad de extinguir su contrato de trabajo con derecho a indemnización) aunque deberán respetarse las titulaciones académicas y profesionales y la dignidad del trabajador" (MORENO SOLANA, A. "Las diversas controversias que se plantean en torno a los trabajadores especialmente sensibles", *Revista de Información Laboral*, núm. 7, 2014, pág. 42).

[328] Véase STSJ Madrid de 28 de mayo de 2012 (Rec. núm. 3671/2011). En este mismo sentido, puede consultarse STSJ Navarra de 22 de enero de 2010 (Rec. núm. 241/2009), donde además se sostiene que "con respecto a estos trabajadores, que tienen como característica común, la de hallarse en situaciones que les convierten en especialmente sensibles a los riesgos del trabajo, se asignan al empresario dos concretas obligaciones: 1) Tener en cuenta todas estas circunstancias en las evaluaciones de los riesgos, adoptando las medidas preventivas y de protección específicas; y, 2) La prohibición de asignarlos a puestos de trabajo incompatibles con sus características personales o estado biológico o de discapacidad, de manera que puedan ponerse en peligro ellos mismos, otros trabajadores de la empresa, o personas que en un momento dado puedan tener relación con la misma".

La solución más sencilla al problema se presenta cuando el convenio colectivo de aplicación resuelve la ecuación. No resulta extraño que las normas colectivas recojan en su articulado referencias expresas a aquellos trabajadores que, sometidos a su ámbito de aplicación, resultan especialmente sensibles a determinados riesgos. Dichas referencias son de todo tipo[329], pero las que más nos interesan aquí son aquellas –ciertamente escasísimas– relativas al procedimiento de adopción de medidas de adaptación. En particular, merecen nuestra atención aquellas que someten la adaptación a lo dispuesto en el ET, con remisión expresa a lo dispuesto en la normativa estatutaria en materia de movilidad (geográfica y funcional) y modificación sustancial de las condiciones de trabajo. En tales casos, la labor empresarial de adaptación deberá resultar de lo dispuesto en la norma paccionada, por cuanto que en tales casos el empresario deberá, supuesto que la adaptación conlleve alguna de estas posibilidades, atender a lo dispuesto en el ET y cumplir con las formalidades que allí se regulan.

Supuesto que el convenio colectivo mantenga silencio al respecto y, también, que la necesaria adaptación del trabajador especialmente sensible conlleve una modificación en su puesto de trabajo, cuando el cambio entre dentro de los parámetros contemplados en alguno de los arts. 39 a 41 ET, el empresario no se encuentra obligado a su aplicación, debiendo bastar con remitirse a lo dispuesto en el art. 25.1 LPRL.

Así lo destaca la doctrina laboral, conforme a la cual en estas ocasiones "nos encontramos ante un supuesto de movilidad funcional por razones de salud..., se trata de una movilidad funcional peculiar, por cuanto no se trata de una decisión unilateral del empresario que tiene su causa en razones organizativas o técnicas (art. 39 ET), ni de una modificación sustancial de las condiciones de trabajo por cuanto no se basa tampoco en una decisión unilateral del empresario por razones económicas técnicas organizativas o de producción (art. 41 ET), sino que la razón o causa de la movilidad es estrictamente la salud del trabajador y viene impuesta por una norma (no por decisión del empresario, ni del trabajador) que protege un bien jurídico superior cual es la salud e integridad física y psíquica del trabajador"[330]. Por ello, "el trabajador deberá aceptar el nuevo puesto de trabajo (no tiene posibilidad de extinguir su contrato de trabajo con derecho a indemnización) aunque deberán respetarse las titulaciones académicas y profesionales y la dignidad del trabajador"[331].

Vayamos por partes, porque, si la adaptación del puesto de trabajo del trabajador especialmente sensible conlleva la movilidad funcional en el seno de la empresa, proceder a ella solo requerirá que los Servicios de Prevención así lo señalen, pudiendo el empresario llevarla a efecto sin atenerse a lo dispuesto en el art. 39 ET. Así lo acredita, por ejemplo,

---

329 Se pueden encontrar en nuestro ordenamiento jurídico laboral más de trescientos convenios, de cualquier ámbito territorial, que contienen preceptos específicos relativos a trabajadores especialmente sensibles. Así, por ejemplo, el VII Convenio colectivo estatal del sector del corcho, en su art. 79, afirma lo que sigue: "Cuando un trabajador fuera considerado especialmente sensible a determinados riesgos de su puesto de trabajo, y no existiera un puesto equivalente exento de exposición a dichos riesgos, el trabajador deberá ser destinado a un puesto no correspondiente a su grupo, compatible con su estado de salud, si bien conservará, como mínimo, el derecho al conjunto de retribuciones de su puesto de origen".

330 Véase MORENO SOLANA, A., "Las diversas controversias que se plantean en torno a los trabajadores especialmente sensibles", cit., pág. 35.

331 Ibídem, pág. 35.

una STSJ Aragón de 9 de abril de 2008[332], conforme a la cual, en tales casos, "no nos encontramos dentro del ámbito del art. 39 del Estatuto de los Trabajadores porque no se trata de un supuesto en el que el empresario, en el ejercicio de sus facultades directivas, encomienda *motu proprio* al trabajador la realización de unas determinadas funciones. Nos encontramos dentro del ámbito del art. 14 de la Ley 31/1995, de 8-11, de Prevención de Riesgos laborales, que establece que los trabajadores tienen derecho a una protección eficaz en materia de seguridad y salud en el trabajo, así como del art. 25 de este texto legal, relativo a la protección de los trabajadores especialmente sensibles a determinados riesgos". Para cierta doctrina laboral, sin embargo, dicha movilidad "podría ser de carácter horizontal, esto es, la que se produce dentro del mismo grupo profesional o entre categorías equivalentes, como vertical, entre categorías no equivalentes o fuera del grupo profesional. En cualquiera de los casos, la movilidad debe realizarse respetando las previsiones del ET. En concreto si se trata de funciones de inferior categoría por el tiempo imprescindible hasta que se resuelva la afección transitoria del trabajador que le impide continuar en su puesto de trabajo habitual y manteniendo el derecho a la remuneración correspondiente al trabajo de superior categoría, ya sea el de origen o el de destino"[333].

Y, de igual manera, si la necesidad de adaptación conlleva el traslado o desplazamiento del trabajador, a pesar de que, según algunos autores, la vía que debe utilizarse para ello es la contemplada en el art. 40 ET; "ya sea constitutiva de mero desplazamiento o de traslado según las previsiones del artículo mencionado, a un puesto de trabajo exento de riesgo para el trabajador"[334], lo cierto es que el empresario no necesitará seguir las pautas que menciona el art. 40 ET. Por su parte, si el cambio de funciones excede los límites que para la movilidad funcional prevé el art. 39[335], parece que la medida empresarial con relación al trabajador especialmente sensible tampoco deberá someterse a las reglas del art. 41 del Estatuto de los Trabajadores[336], tal y como lo confirma la jurisprudencia del Tribunal Supremo.

Y es que, en efecto, para el alto tribunal, "en el decurso de la vida del contrato de trabajo, caracterizado por ser de tracto sucesivo, las modificaciones pueden sobrevenir por varias razones: porque cambie la norma aplicable; por acuerdo entre las partes; por voluntad unilateral de una de las partes, bien por la facultad del empresario de variarlas; bien por el ejercicio de un derecho del trabajador"[337]. Por lo tanto, "no toda decisión empresarial

[332] Rec. núm. 210/2008.

[333] Véase MENÉNDEZ MORILLO-VELARDE, L., "Comentario al artículo 25 de la Ley de Prevención de Riesgos Laborales. Protección de trabajadores especialmente sensibles a determinados riesgos", en SEMPERE NAVARRO, A. V., y CARDENAL CARRO, M. [Dir.], *Comentarios a la Ley de Prevención de Riesgos Laborales*, Aranzadi (Pamplona, 2010), pág. 365.

[334] Ibídem, pág. 365.

[335] Art. 41.1 f) ET.

[336] Un supuesto llamativo es el contemplado en una STSJ Madrid de 29 de octubre de 2014 (Rec. núm. 452/2014). En ella, a un trabajador del Metro de Madrid se le cambió de puesto de trabajo (directamente relacionado con la circulación y seguridad ferroviaria) por causa de su alcoholismo, y el tribunal madrileño confirmo la no necesidad de seguir los cauces previstos en el art. 41 ET. La decisión empresarial, afirma la sentencia, "está amparada por la Ley ya que ostenta el empleador un poder de dirección y al mismo tiempo un deber de protección a sus trabajadores, que se contiene en el art. 5 ET y en el art. 25.1 LPRL ..., no puede exigirse razonablemente a la empresa que permita sin más la prestación de servicios en los que puede producirse un grave riesgo de un trabajador que ha presentado los niveles de alcohol que se han descrito".

[337] Véase STS de 18 de diciembre de 2013 (Rec. núm. 2566/2012).

que altere la prestación de servicios del trabajador constituye una modificación sustancial. La configuración de lo que se configura por tal se fundamenta en la delimitación del poder de gestión y organización empresarial, por lo que la limitación a las facultades del empleador tiene en cuenta, tanto el tipo de condición laboral afectada (teniendo en cuenta que la relación de condiciones de trabajo del párrafo primero del art. 41 es meramente ejemplificativa y no exhaustiva) ... como la intensidad de la misma del modificación (no cualquier modificación de una de esas condiciones ha de ser necesariamente sustancial, sino que en cada caso se entra a analizar la medida empresarial adoptada para definir su naturaleza sustancial o no". Y no lo es, cuando "la medida adoptada no supuso alteración valorable de las condiciones de trabajo o de la remuneración"[338].

Ciertamente, continúa el Tribunal Supremo, "la calificación de una medida empresarial como modificación sustancial, no se supedita a que el empresario invoque formalmente las causas económicas, técnicas, organizativa o de producción a las que el art. 41 ET se refiere. La modificación será sustancial si, afectando a una de las condiciones que cabe incluir en dicho precepto, no está justificada por otra razón que no sea la que tales causas amparan"[339]. Pero lo cierto es que, cuando entra en juego la aplicación del art. 25.1 LPRL, "aun tratándose de una modificación del tiempo de trabajo... y del sistema de turnos..., no hay duda de que la medida no solo no obedecía a causas económicas, técnicas, organizativas o de producción, sino que ni siquiera se hallaba dentro de la mera discrecionalidad empresarial en el margen de su poder de dirección. Por el contrario, la medida adoptada..., además de tener un carácter temporal que la alejaba de la aplicación del régimen de la modificación sustancial de condiciones, se hallaba justificada en el cumplimiento de una obligación legal de ineludible cumplimiento para la empresa"[340].

Y es que, "a tenor de lo dispuesto en el art. 16 LPRL..., la empresa está obligada a efectuar una evaluación de riesgos de la que resulta, a su vez, la obligación de llevar a cabo las actividades preventivas necesarias respecto de los riesgos que en la evaluación se hayan puesto de manifiesto. De ahí que, establecido el plan de prevención, en atención a la previa evaluación, las medidas que en los protocolos de prevención se establecen devienen imperativas para la empresa. Por consiguiente, la adopción de una medida prevista, como puede ser el cambio de turnos para evitar el trabajo nocturno mientras persista el riesgo detectado en la evaluación, no constituye una modificación sustancial de condiciones de las que regula el art. 41 ET, ni exige, por consiguiente, el cumplimiento del procedimiento allí establecido"[341].

Por último, no está de más advertir que, cuando el empresario ha llevado a cabo una modificación del puesto de trabajo del trabajador especialmente sensible (o ha procedido a moverlo geográfica o funcionalmente), pero su situación es meramente transitoria, los tribunales laborales vienen admitiendo su derecho a recuperar sus anteriores condiciones

338 Véase STS de 18 de diciembre de 2013 (Rec. núm. 2566/2012).

339 Ídem.

340 Ídem.

341 Véase STS de 18 de diciembre de 2013 (Rec. núm. 2566/2012). En este mismo sentido, véase STSJ Cataluña de 10 de julio de 2014 (Rec. núm. 2794/2014).

laborales. Así lo prueba, por ejemplo, una STSJ Navarra de 25 de marzo de 2009[342], conforme a la cual "para el caso de especial sensibilidad sobrevenida en el transcurso de la prestación de servicios, siendo lógico que ello comporte la necesidad de una movilidad funcional, el precepto ni lo establece ni por consiguiente regula su alcance y límites, lo único claro es que si se trata de un estado o situación transitoria, desaparecida la transitoriedad, el trabajador debe tener derecho a recuperar su puesto de trabajo habitual".

Por último y ya con referencia a los trabajadores especialmente sensibles que precisen una protección que hemos denominado como "urgente", la obligación jurídica establecida en el art. 25, apdo. 1, párrafo segundo, LPRL, y dirigida al empresario es clara: prohibido emplear a cierta clase de trabajadores "en aquellos puestos de trabajo en los que [...] pueden ellos, los demás trabajadores u otras personas relacionadas con la empresa ponerse en situación de peligro", o, más en general, en aquellos puestos de trabajo para los que "no respondan a las exigencias psicofísicas" propias de esos puestos de trabajo. La doctrina científica destaca, sin embargo, que "esta prohibición implica cierta contradicción con el principio de adaptación del trabajo a la persona recogido en el art. 15.1 d) LPRL y del cual el art. 25 LPRL supone una manifestación, ya que dicha prohibición supone una reformulación del principio de adecuación del trabajador al trabajo, que aparecía recogido en el art. 189 LGSS-74 y que obligaba «a tomar en consideración la aptitud psicofísica del trabajador, de forma que se prohibía emplear a trabajadores con alteraciones psicofísicas en máquinas o trabajos cuando dicho empleo pudiera generar un peligro para ellos, otros trabajadores o terceros», por lo que no se actuaba «sobre el medio de trabajo para adaptarlo al trabajador, sino que es este quien debe adecuarse al trabajo»"[343].

Ahora bien, que la determinación del Legislador suponga el establecimiento de una clara y tajante limitación a la libertad de empresa, no significa que la misma sea unívoca. Antes, al contrario, sin duda nos encontramos ante una prohibición con una pluralidad de significados, según los distintos contextos en los cuales la misma se acabe aplicando. De este modo, si el presupuesto fáctico de la prohibición acontece con posterioridad a la contratación del trabajador, nada impide que el empresario decida prescindir de sus servicios —recuérdese que la norma dice expresamente "los trabajadores no serán empleados"—, acudiendo para ello a la figura jurídica del despido objetivo que contempla el art. 52 a) ET, si bien, en esta ocasión la cuestión acerca de la posibilidad de extinguir el contrato del trabajador por ineptitud sobrevenida debe observarse desde una perspectiva temporal, ya que la opción por la extinción adquiere necesariamente distinto matiz cuando estamos ante situaciones transitorias, no previsiblemente definitivas, pues, cuanto menor sea su duración temporal efectiva o previsible, más factible será, valorando la totalidad de las circunstancias del caso, la improcedencia del despido objetivo.

Por ello, la mejor de las posibilidades, menos onerosa para el trabajador y que debería prevalecer frente a la extinción[344], es aquella que supone la movilidad geográfica o funcional del trabajador. Nos encontraríamos en este último caso con "lo que la doctrina ha denominado

---

[342] Rec. núm. 442/2008.

[343] Véase COS EGEA, M., "Los trabajadores especialmente sensibles a determinados riesgos en la doctrina judicial", cit., pág. 50.

[344] "La expresión «no serán empleados» utilizada por el art. 25.1 LPRL debe interpretarse tanto como una limitación a las posibilidades de contratar a estos sujetos, como la necesidad de cambiar al trabajador

una «movilidad funcional objetiva» que implicaría cambios funcionales que no dependen tanto de la voluntad de las partes como de una situación de riesgo que el Legislador estima necesario proteger. Esta movilidad, como instrumento de política social, perseguiría que los sujetos especialmente sensibles puedan mantener su empleo sin verse perjudicados en su salud"[345]. De este modo, "esta movilidad funcional se configura como una alternativa a la extinción del contrato de trabajo, puesto que [...], está fuera de toda discusión que el art. 25 LPRL no se dicta con ánimo de despojar a los trabajadores especialmente sensibles de su fuente de ingresos sino de que se les proporcione un puesto de trabajo adaptado a sus condiciones particulares"[346]. Por tanto, "el derecho a la medida movilizadora por causa de salud derivado del art. 25.1 LPRL se trata de un «derecho irrenunciable del trabajador y una correlativa obligación del empresario» (STSJ de Galicia de 25 de mayo de 2004)"[347].

En cualquier caso, mientras los anteriores aspectos de la prohibición operan en un sentido ofensivo hacia el trabajador –pues le limitan en sus derechos–, la prohibición también puede operar en un sentido defensivo para el mismo, frente al ejercicio del *ius variandi* empresarial. Esta opción "defensiva" sería la ejercida por el trabajador, cuando se le impone una medida de movilidad geográfica o funcional o se le modifican sustancialmente sus condiciones de trabajo. Se trataría de alegar en tales casos que las nuevas tareas asignadas, o el nuevo puesto de trabajo, se encuentran entre aquellos que generarían una situación de peligro. Sin embargo, al igual que sucedía con las situaciones más "ofensivas", la transitoriedad de la situación en que se encuentre en su favor puede actuar en su contra, por cuanto que en tales casos la causa de oposición a la decisión empresarial puede desaparecer en un breve lapso de tiempo.

V. La movilidad geográfica como supuesto de adaptación *ex* art. 34.8 ET

La exposición de motivos del Real Decreto-Ley 6/2019, de 1 de marzo, de medidas urgentes para garantía de la igualdad de trato y de oportunidades entre mujeres y hombres en el empleo y la ocupación, asegura que su art. 2 asume la reforma del "texto refundido del Estatuto de los Trabajadores, aprobado por Real Decreto Legislativo 2/2015, de 23 de octubre, y plantea, resumidamente: remarcar el derecho de los trabajadores a la conciliación de la vida personal, familiar y laboral". Porque, en efecto, su art. 2 procedió a modificar un gran número de preceptos del texto estatutario, y aunque no podemos asegurar con certeza que todo se haya hecho con dicha finalidad, lo cierto es que el que aquí nos interesa, el art. 34.8 ET, desde luego que remarca el derecho de los trabajadores a la conciliación de la vida personal, familiar y laboral.

Dice así ahora el art. 34.8 ET: "Las personas trabajadoras tienen derecho a solicitar las adaptaciones de la duración y distribución de la jornada de trabajo, en la ordenación del tiempo de trabajo y en la forma de prestación, incluida la prestación de su trabajo a distancia, para hacer

---

de ocupación" (COS EGEA, M., "Los trabajadores especialmente sensibles a determinados riesgos en la doctrina judicial", cit., pág. 51).

[345] Véase COS EGEA, M., "Los trabajadores especialmente sensibles a determinados riesgos en la doctrina judicial", cit., pág. 50.

[346] Ibídem, pág. 50.

[347] Ibídem, pág. 50.

efectivo su derecho a la conciliación de la vida familiar y laboral. Dichas adaptaciones deberán ser razonables y proporcionadas en relación con las necesidades de la persona trabajadora y con las necesidades organizativas o productivas de la empresa.

En el caso de que tengan hijos o hijas, las personas trabajadoras tienen derecho a efectuar dicha solicitud hasta que los hijos o hijas cumplan doce años.

Asimismo, tendrán ese derecho aquellas que tengan necesidades de cuidado respecto de los hijos e hijas mayores de doce años, el cónyuge o pareja de hecho, familiares por consanguinidad hasta el segundo grado de la persona trabajadora, así como de otras personas dependientes cuando, en este último caso, convivan en el mismo domicilio, y que por razones de edad, accidente o enfermedad no puedan valerse por sí mismos, debiendo justificar las circunstancias en las que fundamenta su petición.

En la negociación colectiva se podrán establecer, con respeto a lo dispuesto en este apartado, los términos de su ejercicio, que se acomodarán a criterios y sistemas que garanticen la ausencia de discriminación, tanto directa como indirecta, entre personas trabajadoras de uno y otro sexo. En su ausencia, la empresa, ante la solicitud de la persona trabajadora, abrirá un proceso de negociación con esta que tendrá que desarrollarse con la máxima celeridad y, en todo caso, durante un periodo máximo de quince días, presumiéndose su concesión si no concurre oposición motivada expresa en este plazo.

Finalizado el proceso de negociación, la empresa, por escrito, comunicará la aceptación de la petición. En caso contrario, planteará una propuesta alternativa que posibilite las necesidades de conciliación de la persona trabajadora o bien manifestará la negativa a su ejercicio. Cuando se plantee una propuesta alternativa o se deniegue la petición, se motivarán las razones objetivas en las que se sustenta la decisión.

La persona trabajadora tendrá derecho a regresar a la situación anterior a la adaptación una vez concluido el período acordado o previsto o cuando decaigan las causas que motivaron la solicitud.

En el resto de los supuestos, de concurrir un cambio de circunstancias que así lo justifique, la empresa solo podrá denegar el regreso solicitado cuando existan razones objetivas motivadas para ello.

Lo dispuesto en los párrafos anteriores se entiende, en todo caso, sin perjuicio de los permisos a los que tenga derecho la persona trabajadora de acuerdo con lo establecido en el artículo 37 y 48 bis.

Las discrepancias surgidas entre la dirección de la empresa y la persona trabajadora serán resueltas por la jurisdicción social, a través del procedimiento establecido en el artículo 139 de la Ley 36/2011, de 10 de octubre, reguladora de la jurisdicción social".

A nuestros efectos, el quid del precepto no es otro que el concepto "adaptación". La norma comienza de manera tibia, limitándose a recoger la literalidad del texto primigenio del ET de 2015[348], al señalar que las personas trabajadoras tienen derecho a "solicitar

348 Y que ya había sido incorporado al ET de 1995 por la DA 11.ª de la Ley Orgánica 3/2007, de 22 de marzo, para la igualdad efectiva de mujeres y hombres con la siguiente redacción: "El trabajador tendrá

las adaptaciones de la duración y distribución de la jornada de trabajo", pero luego ya se anima y acepta que el trabajador pueda además solicitar modificaciones en la "ordenación del tiempo de trabajo y en la forma de prestación, incluida la prestación de su trabajo a distancia", todo ello para hacer efectivo su derecho a la conciliación de la vida familiar y laboral. La duda surge, pues, a la hora de concretar qué quiere decir ahora el texto estatutario cuando habla de la posibilidad de adaptar el tiempo de trabajo y la forma de prestación.

La trascendencia así del precepto resulta más que evidente[349]. Por ello, queremos saber si con la "interesante [e] inquietante"[350] fórmula legal se habilita al trabajador para solicitar el traslado (o el desplazamiento) a distinto centro de trabajo como medida de conciliación de la vida familiar y laboral. Por lo pronto, la doctrina sostiene que "por fin se consagra un derecho directo e incondicionado de las personas trabajadoras a la adaptación de la duración y distribución de la jornada para la conciliación, que comprende ahora también la elección de la modalidad de la prestación, principalmente a través del trabajo a distancia o el teletrabajo"[351]. Es cierto, pese a todo, que la manualística jurídico-laboral no llega a admitir expresamente la posibilidad de movilidad, pero sí que la deja apuntada. Precisamente por eso nos interesa la postura de nuestros tribunales laborales, y la verdad es que algunas de sus resoluciones no pueden dejarnos indiferentes.

Nos estamos refiriendo, en concreto, a una STSJ Galicia de 25 de mayo de 2021[352], en la que la "cuestión mollar" venía referida "al ropaje que ofrece el artículo 34.8 ET". Más en particular, lo que preocupaba al tribunal gallego era la expresión normativa "y en la forma de prestación", ya que según su parecer la misma suscitaba cuatro preguntas, a saber: "¿podemos incluir dentro de «la forma de prestación» el lugar o centro de trabajo? ¿Tendría la actora derecho al cambio de centro de trabajo en las condiciones convencionales y estatutarias? ¿Existían vacantes en [otro] centro de trabajo... al tiempo de la solicitud? Y, ¿cuál es el derecho prioritario en el caso de confrontación entre el de conciliación de la vida familiar y el de la estabilidad en el empleo de un trabajador temporal que ve transformado su contrato en uno indefinido?". En definitiva, lo que se discutía en la sentencia no era más que la posibilidad de encajar en la literalidad del art. 34.8 ET la movilidad geográfica a instancias del propio trabajador por motivos de conciliación.

---

derecho a adaptar la duración y distribución de la jornada de trabajo para hacer efectivo su derecho a la conciliación de la vida personal, familiar y laboral en los términos que se establezcan en la negociación colectiva o en el acuerdo a que llegue con el empresario respetando, en su caso, lo previsto en aquella".

349 Sobre la situación anterior a la reforma, en la que por regla general se denegaba el derecho a la movilidad geográfica por motivos de conciliación de la vida familiar y laboral, véase STSJ Cataluña de 24 de noviembre de 2015 (Rec. núm. 5130/2015).

350 Véase BALLESTER PASTOR, M. A., "El RDL 6/2019 para la garantía de la igualdad de trato y de oportunidades entre mujeres y hombres en el empleo y la ocupación: Dios y el diablo en la tierra del sol", en Femeris, vol. 4, núm. 2, 2019, pág. 33.

351 Véase MARTÍNEZ MORENO, C., "La nueva regulación de la adaptación de la jornada con fines de conciliación, ¿hasta dónde llega el avance?", en Revista Derecho Social y Empresa, núm. 12, 2020, pág. 74.

352 Rec. núm. 335/2021. En este mismo sentido, véase STSJ Galicia de 30 de junio de 2021 (Rec. núm. 4509/2020). Y de igual manera, una STSJ Galicia de 21 de diciembre de 2020 (Rec. núm. 3194/2020), denegando la adaptación, ya que "respecto de dicho puesto no puede entenderse que exista una vacante a los efectos del plan de igualdad, por cuanto que había sido cubierta por la empresa legítimamente en cumplimiento de una obligación legal impuesta para favorecer el acceso al empleo de las personas discapacitadas".

La respuesta, ya lo anticipamos, fue abiertamente proclive a dicha opción estatutaria. El entendimiento del tribunal acerca de la exégesis del precepto no puede resultar más clara: resulta posible incluir dentro de la expresión "la forma de prestación" el lugar de prestación de los servicios o centro de trabajo. Las razones que otorga la sentencia gallega para llegar a tal conclusión son variadas y heterogéneas, a saber: 1) el precepto tiene su fundamento en la Ley Orgánica 3/2007, de 22 de marzo, por lo que aquí "tratamos de la operatividad de un Derecho Fundamental..., de hecho, lo dice la propia Exposición de Motivos... y lo podemos averiguar de la configuración de los derechos de conciliación en el ET"; 2) el contenido de la "forma de la prestación... no puede restringirse al trabajo a distancia", ya que el tratarse de un concepto jurídico indeterminado "hay que partir de la base que proporciona el DRAE, definiendo como forma el «[m]odo o manera en que se hace o en que ocurre algo» –segunda acepción– o el «[m]odo o manera de estar organizado algo» –tercera–, siquiera los contornos difusos de tales descripciones llevan a destacar la imposibilidad de trazar una noción dogmática de «forma de la prestación» y la conveniencia de acudir a criterios empíricos de casuismo, pero que se puede concretar en todos los aspectos de la prestación de servicios... que vienen a conformar el contenido del contrato de trabajo y cómo se exterioriza, siempre que permita la conciliación de la vida familiar"; y 3) el art. 34.8 no arrastra así a "a una hermenéutica amplia, por cuanto la dimensión constitucional, en palabras de la STC 03/2007, de 15/Enero, «de todas aquellas medidas tendentes a facilitar la compatibilidad de la vida laboral y familiar de los trabajadores, tanto desde la perspectiva del derecho a la no discriminación por razón de sexo (artículo 14 CE) de las mujeres trabajadoras como desde la del mandato de protección a la familia y a la infancia (artículo 39 CE), ha de prevalecer y servir de orientación para la solución de cualquier duda interpretativa".

Todo ello supone, según el tribunal gallego, "que en los términos del artículo 34.8 ET se puedan amparar, entre otros, solicitudes de cambio de centro de trabajo, cuando ello fuese razonable y proporcionado «en relación con las necesidades de la persona trabajadora y con las necesidades organizativas o productivas de la empresa»". Matiza, sin embargo, que no nos encontramos con "un derecho absoluto, sino condicionado en su ejercicio: por un lado, se tiene «derecho a solicitar las adaptaciones», no un derecho a la adaptación"; y por el otro, "se trata de un derecho subordinado a la consecución o efectividad de la conciliación de la vida familiar y laboral. Esto es, el trabajador debe acreditar que la adaptación es necesaria para hacer efectiva la conciliación, exigiéndose, adicionalmente, que las adaptaciones solicitadas «deberán ser razonables y proporcionadas en relación con las necesidades de la persona trabajadora y con las necesidades organizativas o productivas de la empresa». Un juicio de razonabilidad y proporcionalidad que, en última instancia, deberá realizar el Juzgador a la luz de las alegaciones realizadas por las partes durante el previo proceso de negociación". En consecuencia, el artículo 34.8 ET "ampara un cambio de centro, por mor de la conciliación familiar, sin duda"[353].

Sobre la base de tal posibilidad, admitida judicialmente, la puesta en valor de la praxis del precepto nos revela un contenido, en principio caótico, escaso, indeterminado y altamente deficiente, que se ha intentado subsanar con la reforma operada en el mismo por el Real

---

353 En similar sentido, véase STSJ Canarias (Santa Cruz de Tenerife) de 21 de julio de 2020 (Rec. núm. 215/2020).

Decreto-Ley 5/2023, de 28 de junio, por el que se adoptan y prorrogan determinadas medidas de respuesta a las consecuencias económicas y sociales de la Guerra de Ucrania, de apoyo a la reconstrucción de la isla de La Palma y a otras situaciones de vulnerabilidad; de transposición de Directivas de la Unión Europea en materia de modificaciones estructurales de sociedades mercantiles y conciliación de la vida familiar y la vida profesional de los progenitores y los cuidadores; y de ejecución y cumplimiento del Derecho de la Unión Europea. Ya sabemos que las personas trabajadoras tienen derecho a solicitar el cambio de centro de trabajo para hacer efectivo su derecho a la conciliación de la vida familiar y laboral si tienen hijos o hijas menores de doce años[354], pero lo que no hemos dicho hasta ahora es que la norma prefiere dejar a la negociación colectiva "los términos de su ejercicio", y solo en su ausencia podrá el trabajador acudir al procedimiento que ofrece el art. 34.8 ET.

VI. La movilidad tras excedencia voluntaria

Como es bien sabido, cualquier trabajador se encuentra con la posibilidad de solicitar la excedencia voluntaria en su empresa si cuenta al menos con una antigüedad en la misma de un año[355], pudiendo "situarse en excedencia voluntaria por un plazo no menor a cuatro meses y no mayor a cinco años"[356]. En caso de aceptación empresarial, tras haber disfrutado de esta particular causa de suspensión del contrato[357], el ET señala que "el trabajador en excedencia voluntaria conserva solo un derecho preferente al reingreso en las vacantes de igual o similar categoría a la suya que hubiera o se produjeran en la empresa"[358]. Así las cosas, lo precedente resulta ahora concretar qué quiere decir la norma cuando habla de "derecho preferente al reingreso".

Se trata, no obstante, de un concepto jurídico indeterminado sobre el que se ha pronunciado de manera constante la jurisprudencia recaída en unificación de doctrina. Así, por ejemplo,

---

[354] Según una STSJ Galicia de 5 de octubre de 2020 (Rec. núm. 2173/2020), "si el hijo de la persona trabajadora tiene doce o más años, solo se podrá solicitar la adaptación de la jornada si resulta que se trata de un menor con necesidades especiales (discapacitado) o padece una enfermedad grave, siendo necesario en todo caso acreditar y razonar las necesidades de adaptación".

[355] Cfr. art. 46 ET.

[356] Cfr. art. 46.2 ET.

[357] Aunque para cierta doctrina, "la imposibilidad de que una causa de suspensión contractual se reconduzca a una situación de excedencia voluntaria es evidente" [BENET ESCOLANO, J., *La figura jurídica de la excedencia voluntaria*, Universidad de Valencia (Valencia, 2012), pág. 45, en https://roderic.uv.es]. Por su parte, para la jurisprudencia recaída en unificación de doctrina "este derecho preferente al reingreso del trabajador en excedencia voluntaria común es un derecho potencial o expectante, condicionado a la existencia de vacante en la empresa, y no un derecho incondicional, ejercitable de manera inmediata en el momento en que el trabajador excedente exprese su voluntad de reingreso [...] En este punto se diferencian las regulaciones legales de la excedencia voluntaria común de un lado, y de la suspensión del contrato de trabajo y las excedencias forzosas o especiales de otro, situaciones estas últimas caracterizadas por la conservación del puesto de trabajo por parte del trabajador" [STS de 21 de enero de 2010 (Rec. núm. 1500/2009)]. Por último, no resulta extraordinario encontrar jurisprudencia en suplicación para la cual "la excedencia voluntaria es un caso de suspensión del contrato, pero una suspensión especial al tener un régimen jurídico específico, en concreto referido al reingreso —como al cómputo de la antigüedad—. El contrato de trabajo está vigente en la situación de excedencia, al igual que en la suspensión, y como consecuencia la negativa injustificada a la reincorporación se considera un despido, o la no solicitud en tiempo de la reincorporación supone la extinción del contrato" [STSJ Andalucía (Sevilla) de 6 de noviembre de 2014 (Rec. núm. 2280/2013)].

[358] Véase art. 46.5 ET.

una STS de 28 de noviembre de 2017[359] resume del siguiente modo la doctrina de la Sala de lo Social en torno al ejercicio del derecho establecido por el art. 46.5 ET: 1) el derecho preferente al reingreso del trabajador en excedencia voluntaria común "es un derecho potencial o «expectante», condicionado a la existencia de vacante en la empresa, y no un derecho incondicional, ejercitable de manera inmediata en el momento en que el trabajador excedente exprese su voluntad de reingreso"; 2) si "la excedencia voluntaria no implica para el empresario «el deber de reservar al trabajador excedente el puesto de trabajo desempeñado con anterioridad ello, quiere decir que el empresario puede disponer de la plaza vacante, bien contratando a otro trabajador para el desempeño de la misma, bien reordenando los cometidos laborales que la integran, bien incluso procediendo a la amortización de la misma...»"; y 3) "el derecho potencial o expectante del trabajador en excedencia voluntaria solo puede ejercerse de manera inmediata cuando su mismo puesto de trabajo, u otro similar o equivalente, se encuentre disponible en la empresa".

Por lo tanto, una vez finalizado el período de suspensión acordado, el trabajador excedente puede solicitar el reingreso en la empresa, que se encontrará en todo caso condicionado a la existencia de una vacante en igual o similar grupo profesional que hubiera o se produjera en ella[360]. Afirma así la STS de 2017 que acabamos que ver que el condicionamiento normativo relativo a que existan "vacantes de igual o similar categoría [...], comporta un concepto jurídico de innegable indeterminación y dificultad interpretativa -sobre todo en relación con el grupo profesional y facultad directiva de movilidad-, pero que en todo caso apunta a una «simetría» o cuando menos «equivalencia» [...] entre la plaza dejada en excedencia [...] y la cubierta tras la solicitud de reingreso". Ello supone, entre otros efectos, que "el trabajador excedente no puede invocar como vacante adecuada sino aquella plaza cuyo ofrecimiento le resultase de obligada aceptación, de manera que su rechazo comportase el decaimiento del derecho expectante", de tal manera que "el equilibrio de las prestaciones propio de los negocios jurídicos onerosos [la «mayor reciprocidad de intereses» de que habla el art. 1289 CC], comporta que en la materia de que tratamos sea defendible una paridad derecho/deber, que se traduce —en la actualización del derecho al reingreso— en que el trabajador excedente solo puede exigir como plaza vacante aquella que por fuerza habría de aceptar si le fuese ofertada y que a la vez el empresario necesariamente hubiera de ofrecerle [desde el momento en que el empleado solicite temporáneamente su reincorporación, claro está]".

La pregunta que corresponde hacerse ahora no es otra que la siguiente: ¿Qué sucede cuando la empresa le ofrece reincorporarse en localidad distinta a aquella en la que venía prestando servicios el trabajador excedente? Pues bien, a este respecto la línea doctrinal que se venía manteniendo consideraba que "el alcance del derecho preferente del excedente voluntario se traduce en la obligación, por parte de la empresa, de ofrecer el reingreso al empleado en un puesto de trabajo en un centro de trabajo de la misma localidad, de manera que el trabajador continuaría en situación de excedencia voluntaria hasta que se produjese una vacante en dicha localidad, pudiendo el trabajador rechazar lícitamente cualquier otra vacante que se produjera

---

359 Rec. núm. 3844/2015.

360 Sobre el supuesto particular del art. 48.2 ET, véase STSJ Andalucía (Sevilla) de 19 de febrero de 2020 (Rec. núm. 2993/2018).

en la empresa, pero en otras localidades, ya que la pretensión unilateral de la empresa de que este reingresara en localidad distinta, obstaculizaría gravemente el ejercicio del derecho del trabajador excedente voluntario a su reincorporación, con lo que se alteraría sustancialmente su situación original y posibilitaría la asignación a este de un puesto en el lugar que le fuera designado por la empresa, desvirtuando su propósito de reingreso"[361].

Sin embargo, para esa misma doctrina, en la actualidad "la posibilidad del trabajador excedente voluntario a la hora de demandar a la empresa en base a una supuesta movilidad geográfica o modificación sustancial de las condiciones de trabajo ha quedado totalmente descartada, pues es inviable pensar en la existencia de un traslado indebido cuando el trabajador excedente voluntario no ocupa plaza alguna en la empresa, no es considerado un trabajador en activo de la plantilla y, por ende, no presta servicio alguno en aquella. En consecuencia, no se produce traslado ninguno, sino un mero ofrecimiento de reingreso tras una situación de excedencia voluntaria"[362]. No resulta ser esta, sin embargo, la postura que viene adoptando la Sala de lo Social del Tribunal Supremo desde, cuando menos, el siglo pasado.

Y es que, en efecto, desde una antigua Sentencia de 12 de diciembre de 1988, se viene sosteniendo, casi sin fisuras[363], por la Sala de lo Social del Tribunal Supremo que "si bien el derecho al reingreso en caso de excedencia voluntaria, a que se refiere el precepto denunciado como infringido, no lleva aparejada reserva de plaza en la norma estatutaria [...], la solución interpretativa más ajustada a derecho parece ser la de que el reingreso debe producirse en un puesto de trabajo de la misma localidad en la que prestaba sus servicios, ya que la pretensión unilateral de la empresa de que aquel reingrese en localidad distinta obstaculizaría gravemente el ejercicio del derecho del excedente a su reincorporación, alterando sustancialmente su situación original y posibilitando la asignación a este de un puesto en el lugar que le fuera designado por la empresa, desvirtuando su propósito de reingreso"[364]. De este modo, "la negativa del actor a optar por ninguno de los puestos de trabajo que le fueron ofrecidos que implicaban un cambio de residencia lleve implícita una renuncia al derecho que le corresponde como excedente voluntario, ni produzca, en consecuencia, la extinción del contrato de trabajo por dimisión del trabajador", sino que aquel queda, "ante la inexistencia de vacante en una situación de expectativa hasta que la vacante procedente se

[361] Véase BENET ESCOLANO, J., *La figura jurídica de la excedencia voluntaria*, cit., pág. 316.

[362] Ibídem, pág. 317. Al respecto, véase STSJ Galicia de 30 de enero de 2012 (Rec. núm. 4497/2011).

[363] No lo entiende así, por ejemplo, una STS de 18 de octubre de 1999 (Rec. núm. 3967/1998), para la cual "el supuesto aquí enjuiciado no contempla la negativa de la empresa al reingreso del excedente, negativa amparada en una pretendida inexistencia de vacantes. Porque la empresa ha ofrecido plazas vacantes en otras localidades diferentes de aquella en que desempeñaba sus tareas el excedente cuando se situó en excedencia. Por tanto, la empresa ha accedido a la restauración de los efectos plenos del contrato, en las condiciones profesionales del excedente, y en una vacante de su categoría, con lo cual, el mencionado art. 46 del Estatuto de los Trabajadores aparece respetado por la demandada, en su estricta literalidad". En este mismo sentido, véanse SSTSJ Madrid de 17 de febrero de 2015 (Rec. núm. 750/2014) y Cataluña de 10 de septiembre de 2014 (Rec. núm. 3577/2014).

[364] Y viceversa, "la rotunda negativa de la actora a su reincorporación a su puesto en Madrid y pretender ocupar una plaza en Toledo, para lo que carecía de todo derecho, entraña una conducta que hay que calificar como resolutoria del contrato por su propia voluntad, causa de extinción contemplada en el art. 49.4 del Estatuto de los Trabajadores; máxime cuando consta en la narración histórica que previamente la empresa, intentando complacerla, le ofreció un puesto en Toledo de su misma categoría, que aquella rechazó porque conllevaba labores de caja" [STS de 4 de diciembre de 1987].

produzca, situación que equilibra las posiciones de empleado y empresario, ya que el primero no se ve obligado a trasladar su domicilio con los perjuicios que ello siempre acarrea y el segundo no se encuentra obligado a readmitir, de momento, al excedente que quedaría en situación expectante por tiempo indeterminado"[365].

Repárese, no obstante, en que esta doctrina judicial se refiere al reingreso en distinta localidad de aquella en la que prestaba servicios el trabajador, lo cual –según una STS de 4 febrero de 2015[366]– encuentra sentido en el hecho de que el art. 46.5 ET "se refiere a la empresa y no al centro de trabajo", lo que a su vez resulta "lógico puesto que si se ofrece al trabajador un puesto de trabajo de su misma categoría o similar que no pertenezca al mismo centro de trabajo en el que trabajaba antes de la excedencia pero que no le obligue a cambiar de localidad de residencia esa oferta es adecuada". Pero "de ahí a interpretar que también lo es cuando la ubicación del nuevo centro de trabajo le obligaría a dicho traslado va un largo trecho: el que separa una solución justa, equilibrada y respetuosa con los derechos de ambas partes, de una solución completamente desprovista de tales atributos, en cuanto supondría dejar, en la práctica, en manos del empresario la eficacia del derecho de reingreso del trabajador, vaciando de contenido el art. 46.5 cuya parquedad –por no decir, simple y llanamente, silencio respecto a la cuestión concreta debatida– se trata de integrar"[367].

En definitiva, podemos concluir, de acuerdo con la doctrina judicial, que, si el reingreso que se oferta conlleva el cambio de residencia, y por ello mismo puede ser considerado como un supuesto de movilidad geográfica "sustancial"[368], la negativa del trabajador a ello no lleva implícita una renuncia al derecho que le corresponde como excedente voluntario[369], ni produce, en consecuencia, la extinción del contrato de trabajo por dimisión del trabajador,

365 En este mismo sentido, véase SSTSJ Cataluña de 11 de mayo de 2018 (Rec. núm. 1412/2018) y Canarias de 28 de octubre de 2010 (Rec. núm. 1235/2008).

366 Rec. núm. 521/2014.

367 En tales ocasiones, "la mera oferta por la empresa de un puesto de trabajo alternativo al adecuado, en localidad cercana a la de su anterior destino (al no existir vacante adecuada en su domicilio), no equivale a la realización de un traslado unilateral de la trabajadora que permita a esta resolver su contrato de trabajo mediante la opción prevista en prevista en el párrafo tercero del art. 40.1 del ET, y todo ello sin haberse incorporado efectivamente al puesto de trabajo, reactivando la relación laboral. Como se desprende de la doctrina jurisprudencial [...] la empresa puede ofertar a la trabajadora otras vacantes que no reúnan las condiciones de idoneidad antes mencionadas, si no existen vacantes adecuadas; pero ante ello, la trabajadora puede optar entre rechazar la plaza que implica cambio de residencia, sin que ello suponga dimisión o renuncia a su derecho, que mantiene intacto; pero también (si le interesa la reincorporación inmediata y reanudar la relación laboral por las razones que fueren) aceptar por propia decisión la oferta de la empresa y ocupar el puesto en otra localidad, asumiendo voluntariamente la nueva situación contractual. En todo caso, lo que no es posible es el ejercicio de acciones derivadas del contrato de trabajo que necesariamente impliquen la efectividad de la prestación laboral, desde la situación de excedencia voluntaria, que se mantiene en tanto no se produzca la efectiva reincorporación al puesto" [STSJ Castilla-La Mancha de 8 de marzo de 2018 (Rec. núm. 364/2017)].

368 Acerca de aquellos supuestos en los cuales la negativa de reincorporación del trabajador provoca que sea despedido, véase STSJ Andalucía (Granada) de 5 de noviembre de 2020 (Rec. núm. 893/2020).

369 De este modo, no hay "traslado alguno de un centro de trabajo a otro, sino una solicitud de reincorporación atendida por la empresa y si el demandante creía que la vacante ofrecida no era idónea pudo rehusar la reincorporación y conservar su derecho expectante a la reincorporación hasta que se produjese una vacante adecuada. Si, por el contrario, entendía que la vacante era idónea debía incorporarse a la misma sin que ello constituyese un traslado impuesto por decisión unilateral del empresario sino simple aceptación de la vacante ofrecida para materializar la reincorporación" [STSJ Baleares de 24 de marzo de 2017 (Rec. núm. 451/2016)].

sino que este queda en una situación de expectativa hasta que la vacante que se produzca entre dentro del *ius variandi* empresarial, que legitimará así al empresario para ofertar una vacante de igual o similar grupo profesional en distinto centro de trabajo a aquel en que venía prestando servicios, bien en la misma localidad, bien en otra distinta, siempre que no conlleve el cambio de residencia[370].

Una necesaria consecuencia de todo ello no es otra que excluir de raíz la posibilidad del trabajador de acudir a la opción que le ofrece el art. 40.1 ET, tal y como se encarga de señalar una STSJ Andalucía (Granada) de 29 de noviembre de 2012[371], ya que "se refiere dicho precepto al trabajador de la empresa con contrato no suspendido y que es objeto de la decisión empresarial de traslado y, sobre la acción que genera [...] no se refiere al supuesto de excedencia del que parte el asunto que ahora se ventila"; cosa distinta, finaliza, "es que, cuando cierre la empresa en dicha localidad, pueda plantearse la problemática de la reincorporación a otra localidad y, es lo cierto, que en el momento actual a la petición del actor se le ha contestado en la inexistencia de vacantes y, el ofrecimiento que se le hace posteriormente, no responde a pretensión de reingreso".

Apuntar, por último, que para cierta doctrina "existen determinados casos en que la negociación colectiva, apoyándose en el artículo 46.6 del Estatuto de los Trabajadores, completa el régimen jurídico de la excedencia voluntaria y posibilita, de manera expresa, que el reingreso se produzca en otra localidad diferente. En este caso concreto, el derecho preferente del trabajador se construye sobre una norma de carácter convencional y, por tanto, se produciría el decaimiento del derecho del empleado en el supuesto de que este rechazase el ofrecimiento de la empresa en una vacante de su misma o similar categoría en localidad distinta sin alegar o justificar mínimamente tal conducta"[372]. Se trata, sin embargo, de una conclusión que no compartimos por dos motivos fundamentales. En primer lugar, la habilitación normativa del art. 46.6 ET se refiere con exclusividad a la posibilidad de extender la situación de excedencia "a otros supuestos colectivamente acordados", no contemplando la opción de modificar el régimen jurídico de la excedencia voluntaria estatutaria; y, en segundo lugar, hay que prestar atención al carácter imperativo del régimen jurídico de la excedencia voluntaria –y, en consecuencia, a la interpretación de los tribunales laborales–, así como al hecho de que, en virtud del principio de jerarquía normativa consagrado en el art. 3 ET, la ley prevalece siempre sobre el convenio, pues el convenio colectivo ha de adecuarse a lo establecido en las normas de superior rango jerárquico.

370 "Es indudable que la doctrina que se acaba de exponer comporta básicamente acoger la pretensión actora, en tanto que resulta claro –a la vista de aquella– que la oferta hecha por la empresa comportaba cambio de residencia y era válidamente rechazable por el trabajador excedente, quien mantiene su derecho expectante a reingresar cuando se le oferte vacante adecuada en los términos arriba indicados. Es indudable, por lo mismo, que la consideración que la empresa hizo de la negativa del trabajador, calificándola como dimisión es por completo indebida, en igual forma que su «subsidiario y cautelar» despido por ausencias injustificadas tampoco se ajusta a derecho y ha de ser calificado como improcedente, conforme a las previsiones del art. 55.4 ET" [STS de 11 de octubre de 2017 (Rec. núm. 3142/2015)].

371 Rec. núm. 2144/2012. En este mismo sentido, véase STSJ Canarias (Las Palmas) de 22 de diciembre de 2008 (Rec. núm. 1274/2007).

372 Véase BENET ESCOLANO, J., *La figura jurídica de la excedencia voluntaria*, cit., pág. 322.

Todo ello lo confirma una STS de 3 de julio de 2017[373], donde lo que se discutía era precisamente si, con base en lo dispuesto colectivamente, la empresa puede ofrecer al trabajador excedente una vacante en distinta localidad a la de origen. En concreto, en el pleito la empresa, al rechazar el trabajador la oferta de reincorporación en distinta localidad a aquella en la que venía prestando servicios, entendió que "teniendo en cuenta lo establecido en el artículo 32.3 del xxii Convenio Colectivo de Banca la no reincorporación, tras serle ofrecida vacante de igual categoría —mismo nivel— el derecho expectante de la trabajadora se agota e implica la resolución del contrato por su propia voluntad". Pese a ello, el alto tribunal entendió que "el derecho del trabajador excedente voluntario a reincorporarse laboralmente se entiende referido al ámbito de la empresa, debiendo entenderse por tal, el marco geográfico concreto en el que el trabajador desempeña su trabajo y no en el sentido amplio de unidad de producción comprensiva de toda organización", de tal manera que "a la actora la empresa le ha ofrecido el reingreso, tras la excedencia voluntaria, en una localidad diferente —Peñarroya (Córdoba) o Baza (Granada)— de aquella en la que había venido desempeñando su trabajo —Sevilla—, lo que le obligaría, en caso de aceptar la oferta, al traslado de domicilio, por lo que la negativa de la trabajadora a reincorporarse en alguna de estas localidades no supone una dimisión o renuncia a su derecho al reingreso, sin que la negativa de la empresa a incorporar laboralmente a la trabajadora suponga un despido". En suma, "la negativa de la empresa a incorporar laboralmente a la recurrente en la misma plaza en la que prestaba sus servicios no supone un despido, pero tampoco supone una dimisión o renuncia de la trabajadora su negativa a reincorporarse en el puesto ofrecido, manteniendo el derecho expectante a reincorporarse en las condiciones previstas en el Convenio Colectivo".

Una última precisión: aquellas excedencias que contemplan la conservación o reserva del puesto de trabajo (forzosa, por cuidado de hijos, etc.) no participan de las consideraciones antes apuntadas. La razón no es otra que la respuesta judicial a la previsión normativa, habiendo concluido la doctrina desde hace lustros que es evidente que en estos casos el trabajador, "al tener derecho a la reserva de puesto de trabajo, no puede ser reincorporado a la empresa en un puesto de trabajo totalmente diferente siendo una situación que no origina dudas [...], [teniendo] derecho (y el empresario la obligación) a ser reincorporado en el mismo puesto de trabajo que ocupaba antes de iniciarse la excedencia [...] [sin que se puedan] admitir, en primer lugar, la posibilidad de alteraciones o modificaciones en las condiciones de reingreso en el puesto de trabajo [...]. En conclusión, el derecho a la reserva del puesto de trabajo debe relacionarse con el derecho del trabajador al reingreso de manera automática, sin tener que esperar a que haya o no vacante, junto con el derecho del trabajador a mantener los derechos consolidados antes y durante el período de excedencia. Quiere esto decir que cuando el Legislador usa la expresión reserva del puesto o conservación del puesto, no se refiere a un derecho a un concreto puesto de trabajo topográficamente hablando"[374].

Cuestión distinta aparece, no obstante, cuando hablamos de la excedencia por cuidado de hijos (o de familiares) del art. 46.3 ET, cuando el periodo en que el trabajador permanezca en situación de excedencia supere el año de duración, ya que "transcurrido dicho plazo, la

---

373 Rec. núm. 2779/2015.

374 Véase STSJ Andalucía (Sevilla) de 14 de marzo de 2013 (Rec. núm. 2404/2011).

reserva quedará referida a un puesto de trabajo del mismo grupo profesional o categoría equivalente". Porque, en tales ocasiones la doctrina en unificación viene concluyendo que "del precepto transcrito se desprende que teniendo el trabajador derecho a una excedencia de duración no superior a tres años para atender al cuidado de cada hijo, en cuanto a las condiciones de reingreso en la empresa, se diferencian nítidamente, dos casos, pero partiendo de una premisa común, la reserva, en ambos casos, del puesto de trabajo"[375]. Así, durante el primer año, el trabajador tiene derecho a la reserva de "su puesto de trabajo", pero si el período de excedencia se prolonga, la reserva queda referida "a un puesto de trabajo del mismo grupo profesional o categoría equivalente", y a juicio del alto tribunal, "existe pues siempre reserva del puesto de trabajo y, en su consecuencia, por imperativo legal, la empresa está obligado a reservarlo, si bien durante el primer año la reserva es del mismo puesto de trabajo que el trabajador venía desempeñando, y una vez superado el primer año, la reserva queda referida un puesto de trabajo del mismo grupo profesional o categoría equivalente, lo que, evidentemente, implica, que siendo incondicionado el reingreso en los dos casos, es decir, de manera automática, sin supeditación a la existencia de vacante, en el primer caso, durante el primer año de excedencia, el empresario deberá reservar el puesto de trabajo que ocupaba el trabajador en el momento de acceder a la excedencia y, en el segundo caso, si la excedencia se prolongase, al propio tiempo que el beneficio del trabajador es indudablemente menor, pues la reserva ya no es del puesto de trabajo que ocupaba, sino que la reserva es de un puesto de trabajo del mismo grupo profesional o equivalente, el empresario tiene una mayor capacidad de respuesta, ya que si bien está obligado al reingreso del trabajador cuando este lo solicita, puede ofrecer al trabajador, no necesariamente su puesto de trabajo, sino uno de los puestos de trabajo que conforman el grupo profesional al que estaba adscrito el trabajador en excedencia o de categoría equivalente"[376].

No se puede pretender, pues, en estas ocasiones "la aplicación a la excedencia por cuidado de hijo, del régimen aplicable a las excedencias voluntarias, cuyo reingreso si está condicionado a la existencia de vacante, puesto que conforme al apartado 5 del propio artículo 46, en ese caso el trabajador excedente conserva solo un derecho preferente en las vacantes de igual o similar categoría a la suya que hubieran o se produjeran en la empresa"[377]. En conclusión, "la excedencia por cuidado de hijo garantiza al trabajador el derecho a la reserva del puesto de trabajo en la empresa, no nos encontramos ante un derecho potencial o expectante que depende de la existencia de vacantes en la empresa, sino ante un derecho ejercitable en el momento en que el trabajador excedente solicita su reincorporación a la empresa, al tener esta la obligación de reservarle (conservarle) su puesto de trabajo durante el primer año o un puesto del mismo grupo profesional o categoría equivalente si la excedencia se prolonga transcurrido el año, de manera que la negativa empresarial al reingreso alegando la inexistencia de vacante, lleva como consecuencia que la decisión empresarial sea calificada como un despido, sin necesidad de considerar si existe o no puesto vacante, ya que el puesto de trabajo del excedente, en los términos ya indicados ha de existir por imperativo legal" [378].

---

[375] Véase STS de 21 de febrero de 2013 (Rec. núm. 740/2012).

[376] Ídem.

[377] Ídem.

[378] Ídem.

Ahora bien, que se garantice la reserva de puesto de trabajo del mismo grupo profesional o categoría equivalente no significa necesariamente (de nuevo) que deba tratarse de la misma localidad en la que se venían prestando servicios. En este sentido, debiera bastar con que el nuevo trabajo se sitúe en la misma localidad en la que se venían prestando servicios, tal y como sucede con la excedencia voluntaria. Y así lo acredita, por ejemplo, una STSJ Comunidad Valenciana de 15 de junio de 2021[379], para la cual en estas ocasiones "el reingreso debe producirse en un puesto de trabajo situado en la misma localidad en la que el trabajador prestaba servicios", ya que la doctrina del Tribunal Supremo al respecto de la excedencia voluntaria resulta "aplicable en los supuestos de excedencia por cuidado de familiar, donde la empresa tiene la obligación de reservar el mismo puesto de trabajo durante el primer año, o un puesto de trabajo del mismo grupo profesional o categoría equivalente transcurrido dicho plazo que, de no ser así, quiebra la protección dispensada a esa facultad, que debe conectarse con la especial protección del bien al que atiende, que no es, sino la posibilidad de conciliación de la vida laboral y familiar"[380].

VII. El mutuo acuerdo como causa de novación objetiva del contrato de trabajo

De acuerdo con la doctrina recaída en unificación de doctrina, "si el Ordenamiento a que la ley pertenece mantiene sus propias directrices o finalidades, divergentes de las que informan el Derecho Civil común, aquellas directrices son las que han de tenerse en cuenta en el ámbito aplicativo de la obligación legal de que se trate [...] y —con carácter general— se ha mantenido que cuando los principios rectores de la obligación legal son dispares a las del Derecho común, la primera solución supletoria ha de hallarse en el marco de la propia ley que la establece, y solo en defecto de esta puede acudirse a las disposiciones del Código Civil"[381]. El ET, por su parte, nada refiere en su art. 40 acerca de la posibilidad de acordar de mutuo acuerdo, empresario y trabajador, la movilidad geográfica de este último. El resultado más inmediato del silencio legislativo no es otro que el de admitir la aplicabilidad en estas ocasiones de lo prevenido en el art. 1255 CC[382], quedando así excluida la del art. 40 ET ("la movilidad geográfica derivada del mutuo acuerdo entre las partes, sea esta a consecuencia de una iniciativa empresarial o de una solicitud del trabajador"[383]).

Porque, como es bien sabido, el art. 1255 CC señala que "los contratantes pueden establecer los pactos, cláusulas y condiciones que tengan por conveniente, siempre que no sean contrarios a las leyes, a la moral ni al orden público"[384]. Y, precisamente por ello, lo que debe resolverse aquí y ahora es si la previsión legal habilita a las partes del contrato de trabajo para acordar de mutuo acuerdo la movilidad geográfica del trabajador de que se trate.

---

379 Rec. núm. 636/2021.

380 En este mismo sentido, véase STSJ Asturias de 19 de junio de 2015 (Rec. núm. 1062/2015).

381 Véase STS de 28 de enero de 2013 (Rec. núm. 149/2012).

382 Sobre la consideración como condición más beneficiosa de determinados acuerdos de movilidad, véase STSJ Andalucía (Sevilla) de 13 de diciembre de 2017 (Rec. núm. 3234/2016).

383 Véase STSJ Cataluña de 15 de marzo de 2017 (Rec. núm. 151/2017). En este mismo sentido, véase STSJ Andalucía (Sevilla) de 26 de septiembre de 2016 (Rec. núm. 2832/2015).

384 Al respecto, véanse SSTSJ Madrid de 4 de junio de 2021 (Rec. núm. 160/2021) y 20 de junio de 2018 (Rec. núm. 211/2018), y Cataluña de 21 de octubre de 2020 (Rec. núm. 2297/2020).

Pues bien, para la doctrina ninguna duda cabe acerca de que "la movilidad geográfica encuentra otra fuente reguladora en la voluntad negocial de las partes contratantes [...], [ya que] empresario y trabajador pueden estipular algún aspecto de las condiciones aferentes al lugar de trabajo a tenor de lo dispuesto en las normas generales (art. 1261 CC), estatutarias [art. 3.1.c) ET] y en base a su autonomía negociadora"[385]. Y así debe ser, por cuanto que esa libertad negocial debe permitir a las partes negociar en cualquier momento de su relación una novación objetiva del contrato[386], atinente al lugar de prestación de servicios, sin que pueda encontrar otros obstáculos más que la ley, la moral y el orden público[387].

Por lo tanto, si partimos de la inexistencia de vicios del consentimiento en el acuerdo de movilidad, el objeto del acuerdo "ha de ser lícito, posible y determinado [y] en el plano de la movilidad geográfica de mutuo acuerdo, el objeto sería el convenio de ambas partes en cambiar el lugar de prestación de servicios, debiendo quedar establecido de forma clara, tanto en lo atinente a la nueva ubicación, como al carácter temporal o indefinido de dicha variación locativa"[388]; y la causa "exigirá [...] que no se esté ante una simulación de un negocio, que sería aquel supuesto en que las partes suscriben un cambio locativo de mutuo acuerdo que en la práctica nunca se termina de llevar a cabo"[389].

Y es que, de lo contrario, podría suceder, por ejemplo, que la validez y cumplimiento de los contratos se dejase al arbitrio de una de las partes, lo que prohíbe el art. 1256 CC. Ese fue justo el caso registrado por una STSJ Canarias (Las Palmas) de 11 de noviembre de 2009[390], donde se constató que las partes habían suscrito un contrato de trabajo con la siguiente cláusula: "El trabajador al contratar con esta empresa [...] conoce y acepta que puede ser trasladado, respetando sus condiciones laborales, a cualquier establecimiento hostelero que el grupo posea dentro del Área-Canarias (incluye en la distribución empresarial además de en las Islas Canarias, Cabo Verde, Madeira y Marruecos)". Sin embargo, tal cláusula fue contundentemente desautorizada por el tribunal canario, al concluir que "la cláusula de movilidad geográfica es de tal amplitud que desborda los límites del «*ius variandi*» empresarial abarcando supuestos de desplazamiento y traslado sin sujeción al régimen jurídico especifico que para cada caso establece el artículo 40 ET, lo que vacía de contenido la exigencia legal de fijación del lugar de trabajo (artículos 8.5 ET y 2.2.C RD 1659/1998, 24 julio), quedando la concreción o determinación del lugar de trabajo al arbitrio de la empresa, razones estas que conducen a la ratificación de la conclusión alcanzada por la Juzgadora, pues indefectiblemente las cláusulas que dejan el cumplimiento del contrato al arbitrio de uno de los contratantes son nulas (artículo 1256 Código Civil)".

385 Véase ALEMÁN PÁEZ, F., *La movilidad geográfica. Problemática social y régimen jurídico*, cit., pág. 231. Al respecto, véase STSJ Cataluña de 30 de septiembre de 2019 (Rec. núm. 2972/2019).

386 Sobre un supuesto particular relativo a un contrato de trabajo, véase STSJ Galicia de 3 de mayo de 2001 (Rec. núm. 4264/1997).

387 Acerca de un supuesto particular de abuso de derecho, véase STSJ Asturias de 22 de enero de 2010 (Rec. núm. 3073/2009).

388 Véase ROSELLÓ SABORIT, I., *Movilidad geográfica de trabajadores en España*, cit., pág. 273.

389 Ibídem, pág. 278.

390 Rec. núm. 1169/2009.

Con todo, se trata esta de una posibilidad, la de pactar de mutuo acuerdo la movilidad geográfica, que ya viene recogiendo el Tribunal Supremo desde sus primeras resoluciones al respecto de la regulación contenida en el ET, por ejemplo, en una STS de 30 de septiembre de 1989[391], donde se llama la atención acerca de que en estas ocasiones no nos encontramos en puridad frente a "un traslado y desplazamiento a los que se refiere el artículo 40 del Estatuto de los Trabajadores"[392], de tal manera que si "de mutuo acuerdo, las partes convinieron en que la prestación de los servicios fuere en Cádiz y Jerez de la Frontera [...], falta el elemento básico del que parte el referido precepto estatutario laboral ya que falta el acto unilateral empresarial determinante del cambio de residencia o desplazamiento a lugar distinto de aquella, sin que el asentimiento prestado en el tipo de contrato realizado, suponga una disponibilidad de derecho o renuncia"[393].

Siendo así, no debe extrañar que en una anterior STS de 26 de noviembre de 1984 se concluyese que el acuerdo acerca de la obligación de "realizar el actor desplazamientos normalmente de lunes a viernes y excepcionalmente los fines de semana" no perjudica al trabajador "que viene ciertamente obligado a desplazarse en su nuevo puesto de trabajo", ya que "el art. 40 del Estatuto de los Trabajadores se refiere a traslados de lugar de trabajo y a la vez de residencia permanente y a desplazamientos que solo constituirán modificación sustancial cuando no impliquen obligación propia de trabajar en puesto itinerante a tenor del contrato y en el supuesto de autos es claro que de mutuo acuerdo convinieron las partes en desplazamientos constantes por lo que el puesto de trabajo del actor llevaba en sí mismo la exigencia de desplazamientos (art. 40.1 del Estatuto de los Trabajadores)", por lo que puede "afirmarse que la movilidad geográfica es inherente al mismo sin que quepa argüir que los desplazamientos efectuados en su desempeño comporten modificaciones sustanciales que, en base a los arts. 39, 40 y 41 del Estatuto de los Trabajadores".

VIII. El traslado o desplazamiento como sanción

El último de los supuestos extravagantes de movilidad tiene que ver con la habilitación contenida en el art. 58 ET, que permite a la "dirección de las empresas" sancionar a los trabajadores "en virtud de incumplimientos laborales, de acuerdo con la graduación de faltas y sanciones que se establezcan en las disposiciones legales o en el convenio colectivo que sea aplicable"[394]. ¿Es posible, por tanto, sancionar a los trabajadores con el traslado o desplazamiento forzoso? Pues aparentemente sí, y así lo viene manteniendo el Tribunal Supremo desde hace años, al señalar, por "una parte [que] el art. 58.3 del Estatuto previene expresamente aquellas sanciones que frecuentes en las normas laborales vigentes al tiempo de su promulgación, declara prohibidas y entre las que no se encuentra el traslado forzoso, por lo

---

[391] Al respecto, véase igualmente una STS de 26 de noviembre de 1984.

[392] En este mismo sentido, para una STSJ Asturias de 13 de septiembre de 2016 (Rec. núm. 1539/2016), "[e]l artículo 40 del Estatuto de los Trabajadores se ocupa de la movilidad geográfica regulando el procedimiento y requisitos de los traslados decididos unilateralmente por la empresa, supuesto absolutamente distinto y distante del ahora sometido a nuestra consideración en que el traslado se llevó a cabo en los concretos términos del acuerdo alcanzado por las partes".

[393] En este mismo sentido, véanse STS de 9 de febrero de 1987 y STSJ Madrid de 28 de noviembre de 2011 (Rec. núm. 787/2011).

[394] Apdo. 1 del precepto.

que «contrario sensu» debe considerarse aceptada por el Estatuto"[395]; y "por otra parte, [que] la prohibición de traslado de puesto de trabajo con exigencia de cambio de residencia del art. 40.1 no es absoluta, y evidentemente está concebida como exclusión de la facultad organizativa de la empresa, pero no como posible sanción"[396].

La doctrina que se puede deducir de esta resolución, siempre en consonancia con lo dispuesto en el art. 58 ET, no es otra más que estimar jurídicamente adecuada la opción empresarial por el traslado o desplazamiento del trabajador como sanción por determinados incumplimientos laborales, que deberán venir tipificados en la norma que resulte de aplicación, de manera principal el convenio colectivo bajo cuyo ámbito de aplicación se encuentren las partes[397]. El traslado o el desplazamiento forzoso de los trabajadores se convierte así en "una expresión del *ius puniendi* empresarial, en virtud del cual puede imponer al trabajador la obligación de trasladarse forzosamente a otro centro de trabajo de la Empresa cuando aquel haya realizado una conducta a la que se asocie expresamente esta medida punitiva"[398].

Es este un tema en el que, por lo tanto, las fuentes de conocimiento deben buscarse principalmente en la negociación colectiva, debiendo adecuarse el procedimiento de imposición a lo dispuesto en la norma paccionada de aplicación. La doctrina advierte, sin embargo, de un lado, que "nada puede ser más aconsejable que acompañar estas sanciones con algunos controles complementarios (v. gr., una comisión *ad hoc*)..., pero, desde un prisma técnico, no es demasiado sólido cuestionar su validez si nos ceñimos al actual marco normativo"[399]. Y, de otro lado, alguna autora considera que "la sanción de movilidad geográfica sustancial, en tanto supone una notable afectación al derecho a la vida privada y familiar del trabajador, solamente deberá adoptarse ante conductas infractoras muy graves, valoradas de conformidad con [determinados elementos objetivos y subjetivos]"[400]. De este modo, a juicio de esta última corriente doctrinal, y atendiendo al principio de proporcionalidad en la imposición de sanciones, "únicamente podrán corresponder medidas de movilidad geográfica sustancial a las infracciones muy graves potencialmente aptas para redundar en un negativo ambiente

---

[395] Véase STS de 14 de julio de 1989.

[396] Véase STS de 14 de julio de 1989. Y es que, "el poder de dirección del empresario se proyecta, ciertamente, sobre las personas de los operarios ligados con él por el contrato de trabajo, pero en función de circunstancias objetivas que afectan a la técnica, a la organización o a la propia producción en el proceso de esta naturaleza que constituye el objeto de la explotación empresarial, mientras que el poder sancionador o disciplinario, emanado del primero y necesario para que éste sea un verdadero poder jurídico y no un mero poder moral, incide directamente sobre la conducta del trabajador que se considera –de acuerdo con la normativa que regula la materia– digna o merecedora de un castigo, también previsto en la norma jurídica, facultad ésta sujeta a la revisión de la autoridad judicial; y así lo prevé y lo confirma el artículo 58 del Estatuto de los Trabajadores" (STS de 25 de mayo de 1987).

[397] Así, de acuerdo con lo dispuesto en el art. 58 ET, resulta que "no fijándose otra restricción que la prohibición de imponer sanciones que consistan en la reducción de la duración de las vacaciones u otra minoración de los derechos al descanso del trabajador o multa de haber ..., nada obsta, en principio, a que la negociación colectiva tipifique como sanciones disciplinarias las manifestaciones de otros poderes empresariales, en general, y del poder de movilidad geográfica, en particular ..., de este modo, la licitud del uso del desplazamiento y traslado de trabajadores con fines disciplinarios viene apoyada en el artículo" (SERRANO OLIVARES, R., *Lugar de trabajo, domicilio y movilidad geográfica*, cit., pág. 309). Al respecto, véase STSJ Andalucía (Sevilla) de 27 de enero de 2021 (Rec. núm. 2022/2019).

[398] Véase ROSELLÓ SABORIT, I., *Movilidad geográfica de trabajadores en España*, cit., pág. 486.

[399] Véase ALEMÁN PÁEZ, F., *La movilidad geográfica. Problemática social y régimen jurídico*, cit., pág. 248.

[400] Véase SERRANO OLIVARES, R., *Lugar de trabajo, domicilio y movilidad geográfica*, cit., pág. 312.

de trabajo por su efecto directo sobre la relación con los compañeros, superiores, subordinados o clientes"[401].

En cualquier caso, lo que si resulta claro es que "la imposición del traslado por motivos disciplinarios siempre está supeditado a su previsión expresa en el régimen convencional sancionador [...] [pese a que] no es muy frecuente la recepción de esta causa en el contenido material de los convenios"[402]. En definitiva, "deben seguirse las directrices procedimentales consignadas [legal y convencionalmente] [...], así, por ejemplo, la sanción ha de comunicarse por escrito al trabajador si fuese impuesta en grado grave y muy grave, haciendo constar los hechos que se imputan y la fecha en que comenzará a surtir sus efectos (art. 58.2 ET). De la misma manera, deberá informarse a los representantes legales si el traslado se impusiera como falta muy grave [art. 64.4.c) del ET], amén de evacuar un expediente contradictorio si se impusiese la sanción a un representante de los trabajadores"[403].

Sea como fuere, lo cierto es que ante "la imposición de un traslado disciplinario, la persona afectada dispone, básicamente, de tres alternativas: acatar la medida; impugnar la decisión –sin perjuicio de la ejecutividad de la sanción–; o causar baja voluntaria en la empresa, evitando así el traslado. Esta última posibilidad, además de no devengar indemnización alguna –a diferencia de la extinción prevista en el artículo 40 ET–, supondría la pérdida del derecho a percibir prestaciones por desempleo, aunque se hubiera generado el derecho a su disfrute" [404]. En caso, de "optar el trabajador por la primera opción, esto es, acatar la medida sin impugnar, en principio, aquel no ostentará el derecho a percibir una compensación por gastos, sin que tal situación esté censurada por la normativa legal [...], exceptuando supuestos en que así lo disponga el Convenio Colectivo, o aquellos en los que pactara expresamente, en atención a las circunstancias"[405].

---

[401] Ibídem, pág. 314.

[402] Véase ALEMÁN PÁEZ, F., *La movilidad geográfica. Problemática social y régimen jurídico*, cit., pág. 248.

[403] Ibídem, pág. 249.

[404] Véase ROSELLÓ SABORIT, I., *Movilidad geográfica de trabajadores en España*, cit., pág. 489.

[405] Ibídem, pág. 489.

El procedimiento de traslado

Al igual que sucede con otro tipo de "movilidades", el art. 40 regula el procedimiento de traslado individual de trabajadores en su apartado 1, bien que con escasa fortuna, todo sea dicho. Porque, a pesar de su aparente vocación de exhaustividad, la fórmula acogida por el Legislador no agota, ni mucho menos, todos los sucedidos que, en la práctica forense, recogen nuestros tribunales laborales. Esa es la razón por la cual mostraremos el aspecto dinámico de la pretensión empresarial de traslado, haciendo frente a los interrogantes que suscita el precepto mediante una sistemática que, de manera sumaria, revele las posibles manifestaciones que de modo natural se vienen sucediendo en el foro[406].

I. La opción por el traslado

La primera de esas situaciones procedimentales no es otra que aquella que se ajusta plenamente a la literalidad del precepto estatutario. De este modo, supuesta la concurrencia de alguna de las causas habilitantes para el traslado —"económicas, técnicas, organizativas o de producción que lo justifiquen"[407]—, el empresario debe notificar su decisión al trabajador, así como a sus representantes legales, siempre con una antelación mínima de treinta días anteriores a la fecha de su efectividad. Ya hemos indicado en su momento que puede bastar con informar —por escrito o, incluso, verbalmente— al trabajador del centro de destino, de la fecha del traslado y, ocasionalmente, del tiempo de duración del mismo. Sin embargo, razones de seguridad jurídica aconsejan hacerlo por escrito, señalando que se trata de un traslado, y haciendo referencia a las causas que lo justifican, al centro de trabajo de destino, a la fecha de su efectividad y, en su caso, al tiempo de duración del cambio de residencia[408].

Por eso, una vez notificada la decisión de traslado, la norma le ofrece al trabajador varias posibilidades, que una STSJ Andalucía (Sevilla) de 15 de febrero de 2017[409], sintetiza a la

[406] Adviértase, como presupuesto previo necesario, que "la Administración Pública empleadora ... puede trasladar a sus trabajadores a un centro de trabajo distinto de la misma empresa, que no exija cambios de residencia ni comporte cambio de categoría y/o grupo profesional, en los mismos supuestos y condiciones en que lo podría efectuar un empresario privado" [STS de 9 de febrero de 2010 (Rec. núm. 1605/2009)]. De este modo, "a falta de normativa legal, reglamentaria o convencional en la que pudieran mejorarse válidamente a favor de los trabajadores las condiciones contenidas en la normativa estatutaria [...] la Administración Pública empleadora [...] puede trasladar a sus trabajadores a un centro de trabajo distinto de la misma empresa, que no exija cambios de residencia ni comporte cambio de categoría y/o grupo profesional, en los mismos supuestos y condiciones en que lo podría efectuar un empresario privado [...], sin que sea necesario que por parte de la Administración empleadora, además de dictarse resolución administrativa motivada, se acrediten las circunstancias invocadas para efectuar el referido cambio; y siempre, como acontece con carácter general, que la actuación administrativa se ajuste estrictamente a la legalidad no incurra en abuso de derecho o fraude de ley ni vulnere derechos fundamentales" [STS de 9 de febrero de 2010 (Rec. núm. 1605/2009)].

[407] Art. 40.1, párrafo 1.º, ET.

[408] Según la doctrina, "asimismo es conveniente informar al trabajador de su derecho a rescindir el contrato de trabajo en caso de no querer trasladarse, con el consiguiente devengo en su favor de una indemnización de veinte días por año de servicio" (ROSELLÓ SABORIT, I., *Movilidad geográfica de trabajadores en España*, cit., pág. 419).

[409] Rec. núm. 804/2016.

perfección: "1. Someterse al traslado percibiendo una compensación por gastos, indemnización abonada por la empresa en concepto de traslado no sujeta al IRPF. 2. La extinción del contrato de trabajo con una indemnización de 20 días de salario por año de servicio, prorrateándose por meses los períodos de tiempo inferiores al año, con un máximo de 12 mensualidades, en el plazo general de un año [...] sin que el trabajador tenga que alegar ni probar la existencia de perjuicios, por lo que la resolución se produce de forma automática por su simple manifestación de voluntad comunicada al empresario. 3. Solicitar la extinción judicial del contrato de trabajo en caso de que la decisión empresarial suponga un menoscabo a su dignidad en unas condiciones, que aquí ni concurren ni se alegan. 4. Sin haber optado por la extinción y con independencia de la ejecutividad del traslado, impugnar la decisión empresarial ante la jurisdicción social cuando no esté conforme con ella; vía de impugnación que es la misma establecida para la impugnación de las modificaciones sustanciales del contrato de trabajo con lo que la sentencia ha de declarar el traslado justificado o injustificado y en este último caso, reconocer el derecho del trabajador a ser reincorporado al centro de trabajo de origen, resolviéndose el contrato ante la negativa del empresario con una indemnización mayor. 5. Desobedecer la orden lo que sería un supuesto de despido disciplinario del trabajador que no acató una orden empresarial".

De todas esas alternativas, nos interesan ahora dos de ellas: 1) la que supone trasladarse en la fecha señalada, percibiendo por ello una compensación por gastos; o 2) la que implica la extinción del contrato de trabajo, devengando una indemnización de veinte días de salario por año de servicio, prorrateándose por meses los periodos de tiempo inferiores a un año y con un máximo de doce mensualidades[410]. En el primer supuesto[411], el ET señala que dicha compensación "comprenderá tanto los gastos propios como los de los familiares a su cargo, en los términos que se convengan entre las partes, y nunca será inferior a los límites mínimos establecidos en los convenios colectivos"[412].

Hasta ahora, en esta primera posibilidad, la norma parece clara. Si el trabajador acepta el traslado sin más, deberá desplazarse en la fecha señalada por la comunicación empresarial, pudiendo percibir del empresario una compensación de gastos[413], que comprenderá

---

[410] "De modo que existe una opción para el trabajador, sin que el mismo pueda percibir la indemnización por el traslado y al mismo tiempo la indemnización de 20 días de salario por año de servicios, prorrateándose por meses los periodos inferiores a un año, siendo ambas indemnizaciones excluyentes e incompatibles, puesto que lo contrario supondría un enriquecimiento injusto para el trabajador" [STSJ Comunidad Valenciana de 31 de marzo de 2021 (Rec. núm. 1151/2020)].

[411] Sobre el cual la norma no dice nada, limitándose a señalar que el trabajador "tendrá derecho a optar", por lo que cabe que el trabajador notifique al empresario su decisión de manera verbal o por escrito, o incluso de manera tácita (cfr. STS de 12 de febrero de 1990, conforme a la cual "el propio trabajador asintió tácitamente el traslado de centro, al no oponerse al mismo en momento oportuno, por lo que [...], la decisión empresarial había quedado ya, en cualquier caso, legitimada por la aceptación del trabajador"), si bien, insistimos, razones de seguridad jurídica aconsejan una respuesta por escrito.

[412] Art. 40.1, párrafo 3.º, ET.

[413] Para algunos autores, "el empresario deberá de adelantar los gastos que el traslado ocasiona, pues en caso contrario el traslado ocasionará un perjuicio económico al trabajador" (GARCÍA VALVERDE, M. D., *La movilidad geográfica. Un análisis teórico jurisprudencial*, cit., pág. 82). Se trata, en cualquier caso, de una posibilidad esta no computable en caso de movilidad geográfica "débil", ya que desde "el momento en que no se trata de un traslado en el sentido precisado en el Estatuto de los Trabajadores y en el convenio, estamos ante un supuesto de *ius variandi* empresarial en cuanto a la determinación del lugar en que ha de ejecutarse la prestación de trabajo [...], [d]e ahí que el eventual coste que pudiera ocasionar el cambio de lugar de trabajo tendría que ser asumido por el trabajador, sin perjuicio de la

los propios y los de los familiares a su cargo[414], lo que resulta plenamente entendible si se tiene en cuenta que el traslado conlleva de manera necesaria el cambio de residencia familiar[415]; y ello, incluso aunque finalmente el trabajador decida no trasladar su domicilio, por cuanto que "el artículo 40.1 señala, con carácter imperativo, que la compensación comprenderá tanto los gastos propios como los de los familiares, sin discriminar a ningún tipo de gastos, por lo que lo que se prevé es la compensación por el hecho de que legalmente se le traslada de destino, y no por el hecho de que efectivamente se cambie de domicilio"[416]. Por lo tanto, "sostener que, pese a la existencia de un traslado forzoso, las trabajadoras no tienen derecho a compensación, por no haberse producido un efectivo cambio de domicilio, implica que con tal acto están renunciando tácitamente a una compensación fijada por ley, renuncia contraria a lo establecido en el artículo 3.5 del Estatuto de los Trabajadores" [417].

El único inconveniente que ofrece aquí la previsión legal es que la compensación de gastos siquiera aparece en la norma como una obligación del empresario[418], por lo que finalmente resultará de lo que "convengan entre las partes y nunca será inferior a los límites mínimos establecidos en los convenios colectivos"[419]. Por ello, a tenor de lo dispuesto en el art. 40.1 ET, parecen caber varias posibilidades. La primera de ellas es que esa "compensación de gastos" venga establecida de manera imperativa en el convenio colectivo que resulte de aplicación[420], debiendo estarse en este caso a lo dispuesto convencionalmente[421]. La segunda es que el convenio no diga

aplicación, en su caso, de las cantidades que pudieran acreditarse por la vía del artículo 26.2 del Estatuto de los Trabajadores, si estuvieran previstas, como sucedía con la regulación histórica del plus de distancia o del plus de transporte" [STS de 5 de diciembre de 2008 (Rec. núm. 1846/2007)].

414 "Tratándose generalmente de gastos de locomoción personal, trasporte del mobiliario, ropa y demás enseres del hogar" [STSJ Castilla-La Mancha de 27 de noviembre de 2013 (Rec. núm. 775/2013)].

415 Al respecto, véanse SSTSJ Navarra de 4 de marzo de 2016 (Rec. núm. 466/2015), Extremadura de 14 de diciembre de 2017 (Rec. núm. 685/2017), País Vasco de 17 de abril de 2018 (Rec. núm. 565/2018) y Andalucía (Sevilla) de 16 de mayo de 2019 (Rec. núm. 594/2018).

416 Véase STSJ Galicia de 16 de enero de 2018 (Rec. núm. 3121/2017).

417 Véase STSJ Galicia de 16 de enero de 2018 (Rec. núm. 3121/2017). Y es que, como sabemos, "el cambio del centro de trabajo debe exigir al trabajador un cambio de residencia [...] lo cual no quiere decir que la existencia de un traslado en su sentido legal dependa de la voluntad del trabajador decidiendo o no cambiar su lugar de residencia" [STSJ País Vasco de 2 de mayo de 2017 (Rec. núm. 889/2017)].

418 Que, si incumplida, no genera derecho alguno del trabajador para no trasladarse, a salvo la posibilidad de reclamar los gastos judicialmente, ya que de otro modo el empresario se encontraría legitimado para extinguir el contrato mediante despido disciplinario [cfr. STS de 16 de julio de 1985].

419 Al respecto, véase una STSJ Cataluña de 17 de octubre de 2017 (Rec. núm. 4023/2017), en la que la "disputa jurídica se centra en determinar sí el pacto de partes en el que se estableció el derecho y *quantum* de la indemnización compensatoria por el traslado de residencia, para complicar la exégesis de distinto momento temporal y tenor, recogía la obligación del reintegro total o parcial a cargo del trabajador también en supuestos como los que nos ocupan en que se produce la extinción del vínculo contractual o sí, por el contrario, solo es posible el reintegro en el que se dice supuesto de lista cerrada: la reversibilidad del traslado y el regreso al territorio de trabajo inicial".

420 Así, por ejemplo, el Convenio colectivo general de ámbito estatal para el sector de entidades de seguros, reaseguros y mutuas colaboradoras con la Seguridad Social de 2021, señala en su art. 31 como compensación de gastos una "Indemnización en metálico como compensación de gastos de cuatro mensualidades ordinarias de sueldo base, y demás conceptos del presente Convenio que se estuvieran percibiendo, excluida, en su caso, la prorrata de los complementos de compensación por primas".

421 Al respecto, véanse STS de 27 de diciembre de 1999 (Rec. núm. 2059/1999) y STSJ Cataluña de 31 de marzo de 2017 (Rec. núm. 5663/2016). Y, en particular, sobre: 1) El convenio colectivo aplicable por razones temporales, véase STS de 11 de marzo de 2002 (Rec. núm. 2412/2001); y 2) sucesión de contratas, véase STSJ Castilla-La Mancha de 20 de abril de 2017 (Rec. núm. 695/2016).

nada, y a su vez que las partes no recojan acuerdo alguno relativo a dicha compensación, en cuyo caso entendemos que la libertad negocial que el ET les otorga legitime incluso la inexistencia de pacto alguno, en cuyo caso el único remedio —supuesto que el empresario niegue al trabajador la propuesta que pueda haberle trasladado a tales efectos— que le quedará al trabajador será el recurso a los tribunales laborales. Pero puede suceder igualmente, en último lugar, que empresario y trabajador sí hayan llegado a una convención al respecto, debiendo por ello mismo estarse a sus términos, siempre a salvo de previsión colectiva alguna, ya que en tal caso la compensación pactada nunca podrá será inferior a los límites mínimos establecidos en aquella.

En cualquiera de tales supuestos, el trabajador que haya aceptado el traslado en cuestión, así como las condiciones anexas al mismo, deberá incorporarse a su nuevo puesto de trabajo[422]. Afirma así el art. 37.3 c) ET que "la persona trabajadora, previo aviso y justificación, podrá ausentarse del trabajo, con derecho a remuneración, por alguno de los motivos y por el tiempo siguiente: c) Un día por traslado del domicilio habitual", por lo que, a falta de acuerdo sobre el tiempo de traslado, parece que ese mínimo legal es el que deberá prevalecer en todo caso. Algunos autores sostienen, con buen criterio, que el plazo de preaviso de treinta días puede utilizarse "como plazo de incorporación al nuevo destino en caso que el trabajador acepte la propuesta (el [art. 40.1] ET habla de que «sin perjuicio de la ejecutividad del traslado en el plazo de incorporación citado»)"[423].

Ahora bien, que el trabajador deba trasladarse al lugar ordenado por el empresario y que aquel acoja la decisión empresarial, modificando su domicilio familiar y el lugar de prestación de servicios, no significa que no pueda atacarla judicialmente. A tenor de lo dispuesto en el propio ET, cabe el ejercicio de acciones judiciales cuando el trabajador "se muestre disconforme con la decisión empresarial"[424]. Así, sin perjuicio "de la ejecutividad del traslado en el plazo de incorporación"[425], el trabajador puede accionar judicialmente frente a la orden de traslado; y ello, aunque tenga que desplazarse necesariamente a su nuevo destino. Este extremo lo confirma la Sala de lo Social del Tribunal Supremo, cuando asegura que "el precepto estatutario concede al trabajador tres posibles modos de actuación ante la orden de traslado: a) aceptarla, en cuyo caso tiene derecho a compensación de gastos; b) extinguir el contrato de trabajo con el percibo de la correspondiente indemnización y c) impugnación del traslado"[426]; posibilidades estas que, por cierto, no resultan incompatibles entre sí, no al menos con relación a todas ellas, como veremos en su momento.

Es más, la jurisprudencia registra con total naturalidad la posibilidad de impugnación del traslado, cualquiera que sea la manifestación del trabajador al respecto de la orden empresarial. Obviamente, la primera opción es negar la operatividad de la medida, por lo que, aunque tenga que trasladarse (ya veremos si siempre tiene que ser así), podrá denunciar

[422] Y así, "una vez aceptado el traslado los posibles incumplimientos empresariales no permiten reabrir el plazo de opción que sigue a la decisión empresarial de traslado, sin perjuicio de las reclamaciones indemnizatorias inherentes a la declaración judicial de los citados incumplimientos" [STSJ Comunidad Valenciana de 18 de diciembre de 2018 (Rec. núm. 913/2018)].

[423] Cfr. ALEMÁN PÁEZ, F., *La movilidad geográfica. Problemática social y régimen jurídico*, cit., pág. 102.

[424] Art. 40.1, párrafo 4.º, ET.

[425] Art. 40.1, párrafo 4.º, ET.

[426] Véase STS de 2 de junio de 2008 (Rec. núm. 2552/2007).

al empresario frente a los tribunales. Pero puede suceder igualmente que el trabajador acepte el cambio de residencia, ya sea tácita, ya sea expresamente (incluso por escrito), en cuyo caso nada puede impedir que de la misma manera acuda a la jurisdicción social en defensa de sus derechos, al asegurar el art. 40.1 ET que "sin perjuicio de la ejecutividad del traslado en el plazo de incorporación citado, el trabajador que, no habiendo optado por la extinción de su contrato, se muestre disconforme con la decisión empresarial podrá impugnarla ante la jurisdicción social", tal y como se encarga de aclarar una STSJ Asturias de 28 de julio de 2020[427], en la que "la demandante [...] tuvo que escoger dentro del marco establecido por la empresa, como expresivamente lo refleja la trabajadora en la comunicación escrita, al añadir que se mostraba conforme con el traslado «porque la otra opción es poner fin a mi contrato»"; resolución esta para la cual "ninguno de los artículos invocados en el recurso sobre el régimen general de los contratos o la transacción, ni la jurisprudencia citada permite que un consentimiento prestado con estas limitaciones de origen constituya un acuerdo o transacción con eficacia liberatoria para la empresa, de modo que impida a la trabajador el ejercicio de su derecho a impugnar el traslado, reconocido específicamente en el art. 40.1 del Estatuto de los Trabajadores y protegido con carácter general en el art. 3.5 del Estatuto de los Trabajadores".

Aunque, como decimos, volveremos sobre todo ello cuando hablemos de la modalidad procesal de movilidad geográfica en la norma adjetiva laboral, sí que conviene indicar previamente dos cuestiones. La primera de ellas es el tiempo con el que cuenta el trabajador para discutir judicialmente la orden de traslado, que el art. 138.1 LJS estima de caducidad a todos los efectos y fija en "los veinte días hábiles siguientes a la notificación por escrito de la decisión a los trabajadores o a sus representantes, conforme a lo dispuesto en el apartado 4 del artículo 59 del Estatuto de los Trabajadores"[428]. Se trata, en cualquier caso, de un plazo que no comenzará a computarse hasta que tenga lugar la notificación, señalando así el art. 59.4 ET como *dies a quo* el "siguiente a la fecha de notificación de la decisión empresarial", mientras que el *dies ad quem* debe fijarse en las tres de la tarde del vigésimo primer día hábil, ya que según el art. 45.1 LJS "[c]uando la presentación de un escrito esté sujeta a plazo, podrá efectuarse hasta las quince horas del día hábil siguiente al del vencimiento del plazo en el servicio común procesal creado a tal efecto o, de no existir este, en la sede del órgano judicial".

Asegurábamos antes que la decisión de traslado resulta en todo caso ejecutable de manera inmediata, siempre dentro de los plazos que señala la norma estatutaria[429]. Y así debe ser en

---

[427] Rec. núm. 804/2020.

[428] Afirma dicho precepto que "lo previsto en el apartado anterior será de aplicación a las acciones contra las decisiones empresariales en materia de movilidad geográfica y modificación sustancial de condiciones de trabajo. El plazo se computará desde el día siguiente a la fecha de notificación de la decisión empresarial, tras la finalización, en su caso, del periodo de consultas". Y su apdo. 3 lo siguiente: "El ejercicio de la acción contra el despido o resolución de contratos temporales caducará a los veinte días siguientes de aquel en que se hubiera producido. Los días serán hábiles y el plazo de caducidad a todos los efectos. El plazo de caducidad quedará interrumpido por la presentación de la solicitud de conciliación ante el órgano público de mediación, arbitraje y conciliación competente".

[429] En efecto, si "la orden empresarial, no fue impugnada por los cauces que le son propios ni, en consecuencia, dejada sin efecto y desde dicho punto de partida la ejecutividad de dicha decisión de traslado, cumplido el plazo de preaviso y advertido el trabajador de las consecuencias de su inactividad,

todo caso[430]. El hecho de que el trabajador decida demandar a su empresa, porque se encuentra en desacuerdo con el traslado, no evita que el mismo deba procurarse; es lo que la jurisprudencia viene registrando desde hace años como el principio "primero cumple y luego reclama" (*solve et repete*). Debe aclararse, no obstante, que esta es la regla general, derivada de la obligación obrera de cumplir las órdenes emanadas del empleador (art. 20.2 del ET[431]), de tal forma que, ya las discuta, ya las cuestione o, simplemente, las considere indebidas, debe obedecerlas, por cuanto que, en caso contrario, cometería un ilícito laboral que podría sancionarse con el despido [art. 54.2 b) ET: "La indisciplina o desobediencia en el trabajo"] para los casos más graves; y ello, naturalmente, sin perjuicio de que la decisión que considere inadecuada la pueda impugnar judicialmente, pero habiendo obedecido antes. Sin embargo, como adelantamos, nos encontramos ante una regla general que admite excepciones, por ejemplo, cuando la orden recibida se refiera a un trabajo ajeno al contrato y no justificado por especiales circunstancias[432].

Puede suceder, no obstante, que el trabajador decida no contestar –por la razón que sea– al empresario tras la notificación de traslado. Pues bien, en tales ocasiones la jurisprudencia laboral se inclina por entender que el silencio no significa más que la opción por el traslado[433], sin que, además, el trabajador pueda actuar frente a ello una vez transcurrido el plazo legal procesal (veinte días hábiles) o extraprocesal (treinta días)[434]. Este es el criterio que maneja, por ejemplo, una STSJ Cataluña de 8 de febrero de 2011[435]. En ella, se recoge que: "a) que la empresa con fecha 25.11.2008 comunicó a la recurrente la decisión de trasladarla a otro centro de trabajo ubicado en Tarragona; b) que los efectos del traslado se producirían a partir del 27.11.2008; c) que la actora dentro del plazo concedido nada opuso; d) y, por último, que con fecha 14-01-2009, por escrito, la actora comunicó que optaba por rescindir el contrato con derecho a la indemnización legal". Y en atención a tales hechos, junto con la vista puesta en el art. 40.1 ET, resulta que "se ve con claridad que el Legislador con esta regulación lo que pretendía es que el trabajador afectado conociera la decisión del traslado así como las causas que lo motivaban, para que a la vista de las mismas, pudiere decidir, entre aceptarlas o rechazarlas". Y si bien para "aceptarlas no tenía que hacer nada, en cambio, para rechazarla, se las debía comunicar a su empresario,

comporta la legalidad de la medida contra la que se acciona" [STSJ Andalucía (Granada) de 13 de mayo de 2003 (Rec. núm. 3555/2002)].

[430] "La orden de traslado es ejecutiva pese a su impugnación judicial, y el trabajador debe incorporarse en el plazo establecido" [STSJ País Vasco de 23 de mayo de 2017 (Rec. núm. 1046/2017)].

[431] "En el cumplimiento de la obligación de trabajar asumida en el contrato, el trabajador debe al empresario la diligencia y la colaboración en el trabajo que marquen las disposiciones legales, los convenios colectivos y las órdenes o instrucciones adoptadas por aquel en el ejercicio regular de sus facultades de dirección y, en su defecto, por los usos y costumbres. En cualquier caso, el trabajador y el empresario se someterán en sus prestaciones recíprocas a las exigencias de la buena fe" (art. 20.2 ET).

[432] Véase la STS de 28 de diciembre de 1989 y, para un estudio más profundo de la obediencia, puede leerse la STSJ Galicia de 5 de mayo de 2022 (Rec. núm. 1627/2022).

[433] Tal y como viene entendiéndolo igualmente la doctrina, asegurando que "el trabajador puede proceder a la aceptación pura y simple de la medida, aquietándose ante la orden empresarial. Ese aquietamiento puede colegirse de forma tácita, pues la no impugnación por el trabajador de la medida empresarial [...] en tiempo y forma es indicio válido para dicha interpretación" (PURCALLA BONILLA, M. A., *Movilidad geográfica y modificación sustancial: impugnación procesal laboral*, cit. pág. 34).

[434] Véase, al respecto, STSJ Andalucía (Granada) de 21 de mayo de 2015 (Rec. núm. 533/2015).

[435] Rec. núm. 6196/2010.

no solo para que este conociera su posición, sino para poder ejercitar el derecho de opción por la extinción del contrato, o por, la impugnación judicial del mismo".

Pero todo ello, "claro está, en el bien entendido, que dicho derecho de oposición debería ejercitarse en un plazo determinado, así para la extinción indemnizada, dentro de los treinta días de preaviso, incluso aunque la empresa no los hubiere respetado, y para la impugnación judicial, de acuerdo con lo que señala el art. 138.1 TRLPL puesto en relación con el art. 59.4 TRET, de 20 días, todos ellos computados desde la notificación empresarial del traslado". De este modo, "superado dicho plazo, ninguna validez y eficacia puede tener la comunicación de extinción voluntaria y unilateral del contrato salvo la que contemplada el artículo 49.1.d) TRET, por dimisión". Y es que, el trabajador en estos casos debe "comunicar a la empresa antes de la efectividad de la medida, o en todo caso, dentro del plazo de preaviso, su deseo de optar por rescindir su contrato y percibir la indemnización, y si no lo hizo, y, además, tampoco impugnó la decisión de la empresa judicialmente, debe entenderse que aceptó el traslado, con los derechos que le son inherentes". Interpretar de otro modo la norma estatutaria "provocaría el absurdo, que por otra parte nunca quiso el Legislador, de premiar a aquellos los trabajadores que nada opusieron y nada impugnaron, frente a los que si manifestaron su opinión, ejercitando o no las posibilidades que ofrece la norma, con el derecho de resolver sus contratos *sine die*". Y "permitir esto sin duda alguna vulnera todo principio de seguridad jurídica a la vez que provocaría unos perjuicios al empresario que legalmente no está obligado a soportar".

Sea como fuere, bajo estas prevenciones, puede afirmarse sin duda que, cuando el trabajador haya optado por trasladarse, y así se lo notifique al empresario, deberá desplazarse necesariamente a su nueva localidad de residencia, incluso aunque luego se muestre en desacuerdo con la misma y decida impugnarla judicialmente[436], ya que, en caso contrario, el empresario se encuentra legitimado para despedir disciplinariamente por desobediencia punible[437], de acuerdo con lo dispuesto en el art. 54.2 b) ET –"indisciplina o desobediencia en el trabajo–[438], incluso por faltas repetidas e injustificadas de asistencia al trabajo[439],

[436] En efecto, "el trabajador que no haya optado por ejercer la acción de extinción de la relación, debe necesaria y obligatoriamente incorporarse a su nuevo puesto de trabajo, sin perjuicio de poder impugnar la decisión empresarial en el plazo de 20 días" [STSJ Castilla y León (Burgos) de 19 de febrero de 2014 (Rec. núm. 107/2014)].

[437] Cfr. SSTS de 23 de octubre de 1984 y 3 de enero de 1990, y SSTSJ Cataluña de 7 de marzo de 2014 (Rec. núm. 5254/2013), Murcia de 16 de abril de 2012 (Rec. núm. 954/2011), País Vasco de 14 de julio de 2011 (Rec. núm. 1337/2011), Murcia de 1 de diciembre de 2010 (Rec. núm. 680/2010), Baleares de 19 de marzo de 2021 (Rec. núm. 62/2021) y Andalucía (Málaga) de 2 de octubre de 2019 (Rec. núm. 838/2019).

[438] Y, ocasionalmente, amparándose en la letra a) del art. 54.2 ET. Como ejemplo de construcción doctrinal en la materia que nos ocupa, debe llamarse la atención acerca de una STSJ Castilla y León (Burgos) de 19 de febrero de 2014 (Rec. núm. 107/2014), en la que se pone de relieve que, aunque el ET "recoge la posibilidad de que el trabajador que no opte por la extinción, pueda recurrir la decisión empresarial, en el plazo de 20 días, que regula el Art. 59.4 ET", una "cosa es que el trabajador pueda recurrir dicha decisión en esos 20 días y otra distinta es la consecuencia que pretende la recurrente extraer de ello, cual es una posible justificación para no incorporarse a su nuevo puesto de trabajo, la cual no existe, pues, conforme el propio precepto antes citado, ello será sin perjuicio de la ejecutividad del traslado. Es decir, el trabajador que no haya optado por ejercer la acción de extinción de la relación, debe necesaria y obligatoriamente incorporarse a su nuevo puesto de trabajo, sin perjuicio de poder impugnar la decisión empresarial en el plazo de 20 días". Por ello, "caso de no incorporarse a dicho nuevo centro de trabajo, incurrirá en la causa de despido procedente, que contempla el Art. 54.2.a) y b) ET, como tal falta injustificada de asistencia al trabajo, previa desobediencia a una orden empresarial, en principio legítima".

[439] Cfr. Art. 54.2 a) ET y SSTSJ Andalucía (Sevilla) de 5 de diciembre de 2012 (Rec. núm. 2991/2011). Así, "caso de no incorporarse a dicho nuevo centro de trabajo, incurrirá en la causa de despido procedente,

o ambas[440]. En estas ocasiones, afirma la jurisprudencia recaída en unificación de doctrina, "el hecho enjuiciable se forma por una cadena que arranca de una decisión empresarial, que el trabajador debe, generalmente, acatar y cumplir. Impugnación judicial de la decisión del empresario, y, mientras no se produzca esa decisión obligación de seguir acatando la orden empresarial"[441]. Como se ve, se trata de una regla general y, como tal, la misma resulta excepcionable, proporcionando la LJS algunas herramientas al trabajador para hacer efectivo alguno de esos supuestos particulares, que legitimarían así su negativa a trasladarse.

La primera de tales herramientas se contiene en el art. 79 LJS, resultando ser ya un clásico en la literatura jurídico-procesal. Nos estamos refiriendo a las medidas cautelares, presentes en la totalidad (salvo error u omisión) de nuestro distinto ordenamiento adjetivo. De este modo, entendidas como instrumento procedimental preciso "para evitar que se frustre la efectividad de una futura sentencia"[442] —o necesario "para asegurar la efectividad de la tutela judicial que pudiera acordarse en sentencia"[443]—, y, si además, se repara en la fórmula abierta de la LJS, conforme a la cual "las medidas cautelares que resulten necesarias para asegurar la efectividad de la tutela judicial que pudiera acordarse en sentencia se regirán por lo dispuesto en los artículos 721 a 747 de la Ley de Enjuiciamiento Civil con la necesaria adaptación a las particularidades del proceso social"[444]. Si atendemos a todo ello —repetimos—, ninguna duda puede albergarse acerca de la posibilidad de que el trabajador a trasladar, a pesar de haber aceptado la orden empresarial, decida impugnarla y, al efecto de evitar temporalmente el traslado, solicite la adopción de medidas cautelares mientras se sustancia el pleito[445].

Esa es la conclusión a la que llega, por ejemplo, una STSJ Cataluña de 25 de septiembre de 2014[446], cuando asegura que "la trabajadora desde la entrada en vigor de la LRJS pudo hacer uso de su artículo 79.1, que prevé que la parte interesada solicite del Juzgado de lo Social, que en este caso es el núm. 7 de Barcelona el mismo que ha dictado la actual sentencia sin que figure en absoluto en las actuaciones, la adopción de las medidas cautelares que resulten necesarias para asegurar la efectividad de la tutela judicial efectiva que pudiera acordarse en sentencia", lo que quiere decir que "si la recurrente hubiera solicitado en ese procedimiento que su traslado fuera declarado nulo, podía haber pedido perfectamente que por el Juzgado se paralizase hasta que no se dictara sentencia, lo que hubiese impedido su despido y convertido en imposible el presente procedimiento". Y así, a pesar

---

que contempla el Art. 54.2.a) y b) ET, como tal falta injustificada de asistencia al trabajo, previa desobediencia a una orden empresarial, en principio legítima" [STSJ Castilla y León (Burgos) de 19 de febrero de 2014 (Rec. núm. 107/2014)].

440 Cfr. STSJ País Vasco de 23 de mayo de 2017 (Rec. núm. 1046/2017).

441 Véase STS de 2 de junio de 2008 (Rec. núm. 2552/2007).

442 Exposición de motivos, epígrafe XVIII, LEC.

443 Art. 79.1 LJS.

444 Art. 79.1 LJS.

445 Supuestos de aceptación de medidas cautelares pueden encontrarse, por ejemplo, en SSTSJ Andalucía (Sevilla) de 9 de julio de 20202 (Rec. núm. 173/2020) y Castilla-La Mancha de 21 de septiembre de 2021 (Rec. núm. 1034/2021). Y más en general, SSTS de 28 de octubre de 2015 (Rec. núm. 2621/2014), 3 de febrero de 2016 (Rec. núm. 3198/2014), 23 de febrero de 2016 (Rec. núm. 2654/2014), 24 de febrero de 2016 (Rec. núm. 2920/2014) y 15 de septiembre de 2016 (Rec. núm. 174/2015).

446 Rec. núm. 3441/2014.

de la ejecutividad de la medida empresarial, "ante una orden empresarial de traslado del artículo 40 del ET, que cumple los requisitos establecidos legal y convencionalmente, aunque vista desde fuera puede parecer desproporcionada", se puede acudir al amparo procesal que proporciona el art. 138 LJS, y "agotar en el mismo todas las posibilidades de tutela judicial efectiva".

En cuanto a la segunda de tales herramientas, la misma resulta del régimen jurídico aplicable al aforismo "primero cumple y luego reclama" (*solve et repete*). Así, conforme a una ya clásica doctrina judicial, el deber de obediencia del trabajador "implica [...] una presunción «iuris tantum» de que toda orden sobre el trabajo dictada por el empresario o sus delegados es legítima, debiendo por tanto cumplirlas el trabajador sin perjuicio de impugnarlas, si las cree lesivas o abusivas", por ello, aunque el trabajador deba "cumplir las órdenes de la empresa relativas al trabajo, sin perjuicio de poder reclamar contra las mismas en el procedimiento adecuado cuando las crea improcedentes", cabe "incumplirlas [...] si concurren circunstancias de peligrosidad, ilegalidad u otros análogos que razonablemente justifiquen la negativa"[447]. En consecuencia, "si la orden de desplazamiento o traslado es regular, el trabajador debe cumplirla, sin perjuicio de impugnarla (con posible solicitud de medida cautelar de suspensión de la orden) o de solicitar, en el caso del traslado, la extinción indemnizada del contrato de trabajo"[448].

A la vista de esta doctrina, no debiera extrañar que, de manera excepcionalísima, se pueda habilitar al trabajador para desobedecer la orden de traslado, siempre y cuando se acrediten esas evidentes circunstancias de, entre otras, peligrosidad o ilegalidad que legitimarían el incumplimiento obrero[449]. Buena prueba de ello la suministran nuestros tribunales laborales. En ocasiones mediante resoluciones ciertamente discutibles, como sucede con una STSJ Cataluña de 12 de marzo de 2018[450], mediante un concepto amplísimo (y, a nuestro entender, desechable) de ilegalidad, sosteniendo que, si bien es cierto que "en los casos en que la orden empresarial de desplazamiento no precisa el tiempo o, y de manera más genérica, las condiciones que afectan a los trabajadores (billetes de transporte, cantidades correspondientes a los gastos de viaje etc.), la misma ha de tenerse por ilegítima provocando que la negativa del trabajador a su cumplimiento pueda ser tachada como un supuesto o falta de desobediencia y susceptible de ser sancionada disciplinariamente con el despido", cuando "no consta que la orden empresarial incorporase ni la duración del desplazamiento ni las condiciones

---

447 Así, por ejemplo, para una STSJ Andalucía (Málaga) de 10 de marzo de 2016 (Rec. núm. 228/2016), "la orden de traslado desde Melilla a Málaga adoptada por la empresa demandada colocaba al demandante ante la disyuntiva de dejar abandonados a sus padres octogenarios y tener grandes dificultades para llevar a cabo el régimen de visitas de su hija menor de edad, o incumplir la orden de la empresa demandada [...], [por lo que debe] modularse el incumplimiento de la orden empresarial de trasladarse a Málaga, debiendo concluirse que dicho incumplimiento no tuvo la naturaleza de grave y culpable y, por tanto, que no fue merecedor de la sanción de despido".

448 Véase STSJ Galicia de 4 de mayo de 2021 (Rec. núm. 1198/2021). Y de igual manera, véase STSJ Andalucía (Sevilla) de 15 de enero de 2020 (Rec. núm. 3234/2018).

449 Se trata, básicamente, de una doctrina construida alrededor del art. 50 ET, relativo como se sabe a la extinción del contrato de trabajo por voluntad del trabajador [cfr. STS de 13 de julio de 2017 (Rec. núm. 2788/2015)]. Y así es, en efecto, ya que el alto tribunal viene desde hace años avalando la posibilidad que en el supuesto de reclamación por extinción de la relación contractual del artículo 50.1 del Estatuto de los Trabajadores, de que el trabajador solicite su baja en la empresa y al propio tiempo formule demanda de extinción contractual, por ejemplo, en STS de 15 de septiembre de 2016 (Rec. núm. 174/2015).

450 Rec. núm. 128/2018.

(dietas y gastos de viaje) que afectarían a los trabajadores desplazados [...] [debe] tener[se] por no acreditada la falta disciplinaria por la que se sanciona al trabajador con el despido y carente este, y en consecuencia, de causa, declararlo [...] como improcedente"[451].

Más cercana a las reales modalidades puras de oposición al traslado se presenta una STSJ Andalucía (Sevilla) de 9 de septiembre de 2021[452], donde se entendió que podría, en determinados supuestos, resultar ajustada a derecho la postura del trabajador negándose (con apoyo en su derecho a la integridad física) a ser ubicado en un centro de trabajo sin seguridad. La base doctrinal sobre la que el tribunal andaluz construye su razonamiento ya la conocemos: "no puede erigirse el trabajador en definidor de sus propias obligaciones, pues, ante una orden del empresario dentro del ámbito y organización del trabajo y sin perjuicio de ejercitar las acciones que pudieran corresponderle, lo que debe hacer es cumplirla, salvo que la misma pueda comportarle riesgos inminentes o devenga ilegal o atentatoria a su dignidad". De este modo, "cuando aquellas órdenes o instrucciones se enmarcan dentro del contrato de trabajo, existe la presunción iuris tantum de que son legítimas y de ahí la regla general que obliga a obedecerlas, sin perjuicio de impugnarlas cuando se estiman lesivas o abusivas", pero sin olvidar que pueden concurrir "determinadas circunstancias [...] de peligrosidad, ilegalidad, ofensa a la dignidad del trabajador u otras análogas que razonablemente justifiquen la negativa".

Así, por ejemplo, cabe atribuir la "condición de ilegal a la orden que adolece de una serie de carencias e imprecisiones o cuando es extraña al ejercicio regular de las facultades directivas [...] [debiendo] las órdenes e instrucciones que emita el empresario [...], encontrarse dentro del marco de sus de atribución del empresario y que su incumplimiento sea grave, culpable, trascendente o notoriamente relevante e injustificado". En este caso concreto, sin embargo, el trabajador no logró acreditar esos flagrantes incumplimientos en materia preventiva alegados para no desplazarse, por lo que "en estas circunstancias, el art. 40 del Estatuto de los Trabajadores ampara una orden de traslado que el trabajador no puede incumplir frontalmente, máxime cuando han sido ya desplazados numerosos trabajadores".

II. La opción por la extinción indemnizada

La segunda de las posibilidades con las que cuenta el trabajador frente a su traslado no es otra que la de extinguir el contrato de trabajo. El art. 49.1 ET, como sabemos, es el precepto que se ocupa de relacionar las múltiples causas de extinción del contrato de trabajo, pero entre ellas no se encuentra la que aquí nos ocupa, por lo que su régimen jurídico debe buscarse en otros rincones de la norma estatutaria. Aunque la yincana, tras un simple vistazo al ET, debiera reducirse a lo recogido en su art. 40.1, lo cierto es que de manera sorprendente encontramos una nueva referencia a la extinción en materia de movilidad geográfica en el art. 59 de la propia norma, relativo a la prescripción y caducidad, pero sobre esto último volveremos en un momento, ahora nos corresponde adentrarnos en la previsión contenida en el art. 40.1 ET.

---

[451] En este mismo sentido, véase STSJ Cataluña de 12 de marzo de 2018 (Rec. núm. 128/2018).

[452] Rec. núm. 102/2020.

Dicen así su párrafo 3.º: "Notificada la decisión de traslado, el trabajador tendrá derecho a optar entre el traslado, percibiendo una compensación por gastos, o la extinción de su contrato, percibiendo una indemnización de veinte días de salario por año de servicio, prorrateándose por meses los periodos de tiempo inferiores a un año y con un máximo de doce mensualidades. La compensación a que se refiere el primer supuesto comprenderá tanto los gastos propios como los de los familiares a su cargo, en los términos que se convengan entre las partes, y nunca será inferior a los límites mínimos establecidos en los convenios colectivos"[453].

A la vista de todo ello, el supuesto más habitual (cuando menos desde el punto de vista de estricta sujeción por las partes a lo normado en el ET) es aquel en el cual el empresario traslada al trabajador su voluntad de trasladarlo –preferentemente por escrito[454]–, y este, tras un período de reflexión, notifica a su empleador –de nuevo, lo conveniente sería que se hiciese por escrito, aunque la norma no diga nada al respecto– su decisión de extinguir el contrato, por las causas que considere conveniente. Porque, de acuerdo con el régimen legal estatuido en el art. 40.1 ET, y ante la ausencia de referencia alguna al respecto, ante un supuesto de movilidad geográfica "sustancial", tras la notificación de cambio de residencia al trabajador le bastará con transmitir al empresario su voluntad de resolver su relación laboral, sin necesidad de ir más allá justificando o disculpando la misma, simplemente participándole su opción por la extinción contractual.

De esta manera, recepcionada por el trabajador la decisión de traslado, la norma le concede hasta treinta días (los de preaviso) para decidir qué hacer al respecto[455]. Durante ese período de tiempo deberá posicionarse acerca de las distintas posibilidades que le concede la ley, y cuando decida que extinguir es la mejor de ellas así deberá comunicárselo al empresario[456]. Al hacerlo, la solución más ajustada es que se haga por escrito, aunque, ante el silencio de la norma, nada impide que se pueda trasladar la voluntad de extinguir verbalmente. Cabe igualmente, aunque se trate de una solución un poco extrema, la opción (¿podemos llamarla tácita?) de acudir a los tribunales laborales solicitando la extinción indemnizada del art. 40.1 ET[457]. Sin embargo, se trata de un supuesto problemático (que trataremos con profundidad un poco más adelante, cuando hablemos de los problemas derivados de la defectuosa construcción legal),

[453] De acuerdo con una STSJ Castilla y León (Valladolid) de 24 de junio de 2013 (Rec. núm. 480/2013), "si el Estatuto de los Trabajadores otorga al trabajador afectado por la medida del traslado la opción por la extinción indemnizada del contrato de trabajo (artículo 40.1, párrafo cuarto, de esa Ley), ese derecho de opción no tiene entonces otra justificación que el resarcimiento del perjuicio producido por una decisión empresarial que comporta cambio de residencia y de las condiciones existenciales a esa circunstancia vinculadas".

[454] En este caso, además, resultaría conveniente manifestar las opciones con las que cuenta el trabajador, y más en particular, la posibilidad de extinguir el contrato, como en el caso del que conoció una STSJ Galicia de 28 de febrero de 2019 (Rec. núm. 3992/2018).

[455] Para una STSJ Andalucía (Málaga) de 23 de mayo de 2018 (Rec. núm. 500/2018), la opción por la extinción indemnizada al amparo del art. 40.1 ET se debe ejercitar en "un plazo de veinte días" desde la notificación empresarial.

[456] De nuevo insistir en la necesidad de que se haga por escrito, aunque quepa igualmente la opción verbal.

[457] Alegando incluso posibles vicios del consentimiento en su declaración de voluntad, lo que resulta difícilmente estimable en el foro: "Por lo tanto, notificada la decisión de traslado, el actor optó por la extinción indemnizada y no habiéndose acreditado la concurrencia de vicio alguno en el consentimiento, hemos de partir de la validez del mismo y, por ende, carecería el trabajador de acción de despido, por no encontrarnos ante tal situación" [STSJ Andalucía (Granada) de 27 de mayo de 2021 (Rec. núm. 577/2021)].

ya que en estas ocasiones normalmente el trabajador deja de acudir a su puesto de trabajo[458], en el entendimiento de que su contrato se ha extinguido por mor de lo dispuesto en el art. 40.1 ET, pero la empresa no tiene por qué tener conocimiento de ello, por lo que puede proceder (con razón) a su despido disciplinario por ausencias injustificadas al trabajo[459].

Este fue justo el supuesto que tuvo que enjuiciar una STSJ Andalucía (Málaga) de 23 de mayo de 2018[460], según la cual, si la empresa tiene conocimiento de la decisión de extinguir (en esta ocasión por la recepción de la papeleta de conciliación extrajudicial) dentro del plazo legal de treinta días habilitado para ello, cabe "la opción del demandante por la extinción indemnizada de su contrato al amparo del artículo 40.1 del Estatuto de los Trabajadores"; y, en consecuencia, tiene el derecho automático a la indemnización 20 días de salario por año de antigüedad, con el máximo de una anualidad. Ello produce, a su vez, como consecuencia necesaria, que "si el demandante, como consecuencia del ejercicio de la opción por la indemnización ... tenía derecho a la extinción indemnizada de su contrato de trabajo, su decisión de ... haber faltado al trabajo ... no es constitutiva de infracción alguna ..., ya que su ausencia al trabajo se produjo por causa justificada, y ello, porque el ejercicio de la opción por la extinción indemnizada al amparo del artículo 40.1 del Estatuto de los Trabajadores priva de ejecutividad a la orden empresarial de traslado".

Y es que, en realidad (añadimos nosotros), el contrato ya se había extinguido en el mismo momento en que el trabajador muestra su voluntad de ponerle fin, en este caso, el día de presentación de la papeleta de conciliación. La opción que la norma otorga al trabajador no significa más que añadir otra causa de extinción del contrato de trabajo al listado del art. 49.1 ET, con la particularidad de que aquí la misma actúa *ope legis*, en el mismo momento en el que el trabajador traslada al empresario su voluntad de extinguir el contrato de trabajo por causa de traslado. Porque, si bien es cierto que el art. 64.1 LJS exceptúa del requisito del intento de conciliación los procesos que versen movilidad geográfica, aquí no nos encontramos frente a una demanda de tal clase, ya que el art. 138 LJS no se ocupa de esta clase de situaciones litigiosas, por lo que el procedimiento aquí deberá ser el ordinario de la LJS[461], que sí precisa el intento de conciliación ante el servicio administrativo correspondiente[462].

---

458 Aunque también quepa, sin duda, la posibilidad de efectuar la opción extintiva acudiendo a los tribunales, como en el que caso conocido por una STS de 12 de marzo de 2019 (Rec. núm. 1160/2017): "El 23-10-2015 el Actor formuló reclamación previa frente a dicho traslado interesando tener hecha la opción por la rescisión del contrato y que se dictara nueva resolución por la que tengan por hecho tal opción".

459 Y de igual manera, tampoco cabrá interponer demanda por despido tras haber optado expresamente por la extinción indemnizada: "el actor recibió una carta en la que se le notificaba la decisión de trasladarle al centro de trabajo de Madrid, ante lo cual el demandante comunicó a la empresa su decisión de optar por la indemnización y finalización de la relación laboral, por lo que la empresa procedió a darle de baja en Seguridad Social y el trabajador firmó la notificación de su baja y en otro documento reconoció haber percibido la correspondiente indemnización y liquidación; por lo tanto, no cabe duda de que estamos en presencia de la opción de extinción de la reacción laboral, efectuada por el trabajador en la forma establecida por el artículo 40.1 del Estatuto de los Trabajadores, opción que llevó a cabo de manera voluntaria y consciente... [por lo que] la relación laboral se ha extinguido" [STSJ Murcia de 29 de noviembre de 2004 (Rec. núm. 1132/2004)].

460 Rec. núm. 500/2018.

461 "El procedimiento ordinario que se ha seguido es el correcto, ya que el especial previsto en el artículo 138 de la LPL solo debe seguirse cuando el trabajador, que no habiendo optado por la extinción de su contrato, se muestre disconforme con la decisión empresarial sobre movilidad geográfica pretendiendo se declare injustificada, en cuyo caso la sentencia que se dicte debe reconocer el derecho del trabajador a ser repuesto en sus anteriores condiciones de trabajo" [STSJ Cataluña de 16 de abril de 2010 (Rec. núm. 1398/2009)].

462 Así lo confirma, por ejemplo, una STSJ Galicia de 28 de febrero de 2019 (Rec. núm. 3992/2018).

Lógicamente, la aceptación tácita de la decisión del empleado también cabrá en el caso del empresario, por ejemplo, dando de baja al trabajador en el régimen de Seguridad Social en el que se encuentre encuadrado el trabajador a desplazar[463], tras manifestar que prefiere extinguir el contrato antes que trasladarse, sin que por ello mismo sea necesaria comunicación alguna al respecto[464]. El problema puede plantearse cuando, pese a ello, el empresario no abona al trabajador la indemnización debida, ya que "habiendo aceptado la empresa la decisión comunicada al respecto ... [el trabajador no debe] ejercitar ante el Juzgado de lo Social la acción de «extinción de la relación laboral a instancia del trabajador derivada de la modificación sustancial de sus condiciones de trabajo», ni pedir que se tramitase por la modalidad procesal regulada en el art. 138 de la Ley Reguladora de la Jurisdicción Social ..., sino interponer una demanda en reclamación de la cantidad equivalente a la indemnización legal de 20 días de salario por año de servicio por el cauce del procedimiento ordinario"[465].

En cualquier caso, una vez notificada la decisión de extinguir al empresario, este, a su vez, se encontrará en la necesidad de abonar al trabajador la indemnización que establece el art. 40.1 ET, esto es, veinte días de salario por año de servicio, prorrateándose por meses los periodos de tiempo inferiores a un año y con un máximo de doce mensualidades[466], ya que "se produce una extinción contractual automática sin reclamación judicial"[467], o, como afirma una STSJ Andalucía (Málaga) de 23 de mayo de 2018[468], la opción legal por la extinción "no está condicionada a la aprobación de la empresa"[469].

No debe resultar, por lo tanto, controvertida la imposibilidad legal de retractación por parte de la empresa (no se puede dejar sin efecto el traslado una vez que se ha optado por la extinción), ya que el contrato se ha extinguido por voluntad del trabajador en el momento legalmente procedente[470]. Tal fue el caso registrado por una STSJ Madrid de 31 de octubre de 2012[471], para la cual "el traslado que acordó la empresa y fue aceptado por el trabajador no puede dejarse sin efecto una vez realizada esa aceptación". Así se desprende de lo

---

[463] Cfr. STSJ Andalucía (Sevilla) de 3 de febrero de 2021 (Rec. núm. 2347/2019).

[464] En efecto, "dado que no estamos ante un despido, sino ante la baja en Seguridad Social a instancias de la empresa como consecuencia de haber optado el trabajador por extinguir la relación laboral, en vez de aceptar su traslado, no sería necesaria la notificación del cese al trabajador que sí exigen los artículos 53 y 55 del Estatuto de los Trabajadores, respectivamente, para las extinciones por causas objetivas y los despidos disciplinarios" [STSJ Andalucía (Granada) de 27 de mayo de 2021 (Rec. núm. 577/2021)].

[465] STSJ Andalucía (Sevilla) de 3 de febrero de 2021 (Rec. núm. 2347/2019).

[466] Así, si el trabajador "tiene alguna discrepancia con la empresa en relación con el importe de la indemnización que le correspondería percibir como consecuencia de su decisión de resolver el contrato de trabajo, puede plantearla a través del procedimiento ordinario de reclamación de cantidad, pero lo que no es posible es impugnar como despido lo que es una extinción del contrato a su instancia" [STSJ Comunidad Valenciana de 21 de noviembre de 2017 (Rec. núm. 2605/2017)].

[467] Véase ALEMÁN PÁEZ, F., *La movilidad geográfica. Problemática social y régimen jurídico*, cit., pág. 118.

[468] Rec. núm. 500/2018.

[469] En estas ocasiones, afirma una STSJ País Vasco de 21 de marzo de 2019 (Rec. núm. 385/2019), "el trabajador [no tiene] que alegar ni probar la existencia de perjuicios, por lo que la resolución se produce de forma automática por su simple manifestación de voluntad comunicada al empresario".

[470] En este sentido, véanse una antigua STS de 5 de marzo de 1990 y una más reciente STSJ Galicia de 12 de julio de 2021 (Rec. núm. 2491/2021).

[471] Rec. núm. 3753/2012.

dispuesto en los arts. 40.1 ET y 1262 CC, lo que trae como consecuencia necesaria que la "revocación de la empresa de su decisión de traslado, cuando tenía conocimiento de que el trabajador ya ha optado por la extinción del contrato, es del todo punto inoperante". En consecuencia, "la decisión empresarial lleva implícito un mandato legal generador del derecho de opción que, como tal, traslada al trabajador la decisión de mantener o no vigente el contrato, de manera que si se ejercita este derecho de opción y llega a conocimiento del empresario, como declaración unilateral recepticia en que consiste el ejercicio del derecho de opción, se perfecciona la decisión del trabajador por la que se haya optado sin que esa opción requiera la aceptación de la empresa que decidió, en este caso, el traslado. Por tanto, cualquier acto de revocación de la empresa, adoptado con posterioridad a tener conocimiento de la opción efectuada por el trabajador, como aquí sucede, queda ineficaz"[472].

Este, en esencia, es el limitado régimen jurídico a propósito de la extinción del contrato de trabajo por voluntad del trabajador. Y decimos limitado, porque resulta más que evidente que el precepto legal no agota las posibles resultas de la decisión extintiva. Así, y a salvo de lo que se indicará en el epígrafe siguiente, de entrada, se plantea la duda acerca de si el trabajador puede resolver su contrato, aunque en un primer momento haya optado por el traslado, o, dicho de otro modo, si cabe variar la opción ejercitada cuando esta se ha decantado por acceder a la movilidad planteada por la empresa. Pues bien, a nuestro juicio ello solo será posible si se hace dentro de los treinta días de preaviso, pues en cualquier otro caso el derecho a extinguir habrá decaído por el transcurso del tiempo, a salvo, claro está, que sea el propio empresario el que acepte la retractación obrera. De este modo, pueden producirse dos situaciones. La primera es aquella en la cual el empresario niega la retractación al trabajador, por lo que este deberá acudir a los tribunales laborales, al efecto de extinguir su contrato, siempre dentro del plazo de caducidad que marca la norma, del que hablaremos después. La segunda es que cabe igualmente, como decimos, que el empresario acepte la modificación de la opción, resultando de ello la extinción del contrato, con los efectos que ordena el art. 40.1 ET.

Ahora bien, a tenor de lo dispuesto en el art. 40.1, párrafo 4.º, ET ("Sin perjuicio de la ejecutividad del traslado en el plazo de incorporación citado, el trabajador que, no habiendo optado por la extinción de su contrato, se muestre disconforme con la decisión empresarial podrá impugnarla ante la jurisdicción social"), parece que la única opción posible tras materializarse el traslado es la de discutirlo judicialmente, pero en modo alguno que sean los jueces los que decidan si cabe o no la extinción del contrato, al existir un plazo de caducidad de veinte días desde la notificación de la decisión empresarial. Así, aparentemente, si acudimos (ahora ya sí) a lo dispuesto en el art. 59.4 ET, podemos observar que señala plenamente aplicable en materia de movilidad geográfica lo previsto en su número

[472] Acerca de la posibilidad de apreciar vicios del consentimiento (con la consecuente posibilidad de impugnar la movilidad en base a los mismos) en estos casos, véase STSJ País Vasco de 26 de febrero de 2019 (Rec. núm. 250/2019). Y sobre la posibilidad de accionar por despido cuando, por ejemplo, "la empresa pretende mandarla a otro centro a 50 km de distancia y en otra provincia distinta (Murcia a Alicante) sin negociar con ella nada, ni ofrecerle compensación o dietas o abono de kilometraje alguno, limitándose a ponerlo en su conocimiento de forma verbal y tras obligarle a tomar vacaciones [y] la empresa de forma unilateral le da de baja en la Seguridad Social y envía a la demandante un correo electrónico extinguiendo el contrato de trabajo por el art. 40 ET con una indemnización de 20 días por año y también le manda un documento de nómina y finiquito" [STSJ Murcia de 6 de abril de 2020 (Rec. núm. 1065/2019)].

tres, donde se apunta que el ejercicio de la acción "caducará a los veinte días siguientes de aquel en que se hubiera producido", esto es, desde "el día siguiente a la fecha de notificación de la decisión empresarial". No es esta, sin embargo, la opinión mayoritaria en el seno de la jurisprudencia social, como veremos enseguida.

Obviamente, si el trabajador ha decidido extinguir el contrato, y así lo comunica al empresario dentro del plazo establecido al efecto, difícilmente puede aceptarse una acción extintiva, cuando la misma ya ha operado *ope legis*[473]. El contrato se encuentra fenecido desde la fecha en la que el trabajador toma la decisión, por lo que no se hace necesario (ya lo hemos anticipado) el recurso a los tribunales. Por ello mismo, lo único discutible sería, en su caso, el abono de la indemnización debida o la discrepancia sobre los conceptos incluibles, pero para tal clase de acciones el ET ya contempla el plazo de prescripción de un año en su art. 59.1[474]. No obstante, la previsión del apartado 4 del precepto –donde, como sabemos, se contempla un plazo de caducidad de veinte días hábiles– cobra sentido cuando (como veremos en un momento) la decisión empresarial se hace en virtud de la posibilidad de *ius variandi*, entendiendo que lo notificado al trabajador no es más que un supuesto de movilidad geográfica "débil", ya que en tal caso sí que se entendería el recurso a los tribunales laborales.

Y lo mismo cabe indicar cuando, tras haber optado por la extinción indemnizada, el trabajador decide demandar por despido improcedente, ya que nos encontraremos con la clásica excepción procesal de falta de acción, no pudiendo solicitarse la extinción del contrato por despido disciplinario (nulo o improcedente) cuando este ya ha muerto a la vida jurídica con anterioridad por decisión del trabajador[475]. Lo acredita cumplidamente una STSJ País

---

473 En efecto, "la impugnación de dicha situación no podría llevarse a cabo por los trámites de la acción por despido, ya que solo puede serlo de acuerdo con las normas del específico procedimiento de impugnación de la movilidad geográfica, solo en los supuestos en los que no se haya producido extinción indemnizada de la relación laboral, que en el caso estudiado se produjo sin embargo. En relación a esta, no consta sino la manifestación libremente emitida por el trabajador de dar por terminada su relación laboral, con pleno conocimiento y volición de dicho efecto, por lo que no puede hablarse en absoluto de despido alguno apreciable en las actuaciones" [STSJ Andalucía (Granada) de 4 de febrero de 2021 (Rec. núm. 1471/2020)].

474 Y es que, en estas ocasiones, "el trabajador no ha optado por impugnar la modificación, sino por la rescisión de su contrato y lo ha puesto en conocimiento de la empresa ... fijando incluso una fecha para la efectividad de la extinción sin que desde entonces haya vuelto a prestar servicios por lo que la extinción ya se ha producido y ... dicho derecho se le reconoce por ley, en cuyo caso, si la empresa no les hubiera abonado la indemnización, podrían presentar simple demanda en reclamación de cantidad... Por tanto, no estamos aquí ante una impugnación de la modificación acordada por la empresa, en cuyo caso no cabría el recurso por las razones expuestas en la impugnación, pero tampoco ante una solicitud de extinción del contrato ..., y no lo estamos porque la extinción ya se ha producido por la opción ejercitada por el trabajador que es lo que produce la extinción sin que se exija sentencia o resolución judicial alguna como sucede en el caso de la extinción prevista en el art. 50 ET" [STSJ Extremadura de 15 de marzo de 2021 (Rec. núm. 70/2021)].

475 En estas ocasiones, alguna jurisprudencia se decanta por la doctrina de los propios actos, estimando que si el trabajador optó en su momento por la extinción, y la empresa aceptó la resolución indemnizada del contrato de trabajo, y abonó al actor la correspondiente indemnización, "el recurrente infringe el principio de que nadie puede ir en contra de sus propios actos [...], y en el supuesto examinado el trabajador ha ejercitado, libre y voluntariamente, la opción de extinguir su contrato y percibir la indemnización que le correspondía, cuya cuantía no es objeto de discusión. La doctrina de la vinculación a los actos propios como límite al ejercicio de un derecho subjetivo o de una facultad se refiere a actos idóneos para revelar una vinculación jurídica que tiene su fundamento en la buena fe y en la protección de la confianza que la conducta produce [...], buena fe y confianza que en el supuesto examinado se infringiría de aceptar el cambio de posición del demandante, pues evidentemente el trabajador ejercitó una opción por la resolución

Vasco de 21 de marzo de 2019[476], en la que lo que se discutía era precisamente si, tras haber optado por la extinción en un supuesto de traslado[477], tendría una acción viva de despido. Para la sala vasca ni se "puede impugnar judicialmente el traslado al haber optado por la extinción [...], ni puede accionar por despido cuando hay una rescisión indemnizada del contrato *ex* art. 40 ET [...], la parte demandada solo dio una orden de traslado, jamás resolvió el contrato unilateralmente, único supuesto en que cabría la acción de despido ahora ejercitada". En suma, finaliza la resolución, en "este caso por tanto la trabajadora podía haber impugnado la orden de traslado (con posible solicitud de medida cautelar de suspensión de la orden) o de solicitar, en el caso del traslado, la extinción indemnizada del contrato de trabajo. No existe por tanto acción de despido, pues el mismo no ha existido, una vez la trabajadora ha optado por la extinción indemnizada de su relación laboral"[478].

Cuestión distinta es que el trabajador, a pesar de haber optado por la extinción, decida igualmente demandar acerca del carácter de la medida, si justificada o injustificada, mas no tendría ningún sentido, por cuanto que el perjudicado carece aquí de nuevo de acción; no puede impugnar una novación objetiva del contrato cuando este ya se ha extinguido precisamente por decisión voluntaria y consciente del propio interesado[479]. Así lo confirma, por ejemplo, una STSJ Galicia de 28 de enero de 2021[480], señalando que en tales ocasiones "hay una carencia sobrevenida del objeto porque si bien no ha habido una satisfacción extraprocesal, si ha habido una pérdida del interés de obtener la tutela judicial por cualquier otra causa [a la que se refiere el art. 22 de la LEC], puesto que ya no tiene sentido pronunciarse sobre la procedencia de un traslado cuando se ha optado, con base al mismo, por la resolución indemnizada del contrato. Una declaración como la pretendida por la recurrente, tiene consecuencias efectivas cuando la relación laboral está viva, pero desde el momento en el que el vínculo se rompe ya no existe un interés real y efectivo merecedor de protección"[481].

No obstante, a la vista tal conclusión, cabe preguntarse si sería factible por parte del trabajador –en la misma hipótesis, habiendo optado por el traslado– que este decidiese impugnar la decisión empresarial, al efecto de que se declare injustificada (o, incluso, nula) y, a la vez, la extinción de su contrato ante la posibilidad de que judicialmente el empresario

---

indemnizada de su contrato y la empresa la aceptó. En consecuencia [...], el actor carece de acción para reclamar por despido" [STSJ Galicia de 4 de mayo de 2021 (Rec. núm. 1198/2021)].

476 Rec. núm. 385/2019.

477 Los hechos "reflejan la existencia de una extinción voluntaria instada por la trabajadora que, por cierto, no tuvo un carácter inmediato, sino que fue precedida de un cierto lapso temporal a lo largo del cual pudo reflexionar sobre la decisión a adoptar".

478 En idéntico sentido, véanse SSTSJ Madrid de 21 de noviembre de 2014 (Rec. núm. 642/2014), Galicia de 16 de octubre de 2018 (Rec. núm. 1967/2018) y Andalucía (Sevilla) de 15 de marzo de 2018 (Rec. núm. 1362/2017). Y sobre la acumulación con la acción de despido, véase STSJ Castilla-León (Burgos), de 20 de abril de 2023 (ECLI:ES:TSJCL:2023:1727).

479 "Si el recurrente ante la orden de traslado para el 23-3-15 dijo «...optar por la extinción de mi contrato de trabajo en los términos que Vd. invoca en su última comunicación...» no puede impugnar judicialmente el traslado al haber optado por la extinción [...], pues estas dos cosas –impugnación y extinción simultáneas– son incompatibles, porque tienden a finalidades opuestas, ni puede accionar por despido cuando hay una rescisión indemnizada del contrato *ex* art. 40 ET" [STSJ Andalucía (Sevilla) de 15 de febrero de 2017 (Rec. núm. 804/2016)].

480 Rec. núm. 3899/2020.

481 En este mismo sentido, véase STSJ Andalucía (Sevilla) de 15 de marzo de 2018 (Rec. núm. 1362/2017).

encuentre amparo legal en su decisión de moverlo geográficamente. Y la respuesta entendemos que debería ser positiva. En ambos casos, la decisión de introducir en el juzgado la discusión acerca de la adecuación a derecho de la decisión del empresario cuenta con un plazo de caducidad de veinte días hábiles y de igual manera no consta que exista impedimento legal alguno para ello. Otra cosa es la posible acumulación de ambas acciones en un mismo procedimiento, frente a lo cual parece que se opone directamente lo dispuesto en el art. 26.1 LJS, donde se señala que "no podrán acumularse entre sí ni a otras distintas en un mismo juicio, ni siquiera por vía de reconvención, las acciones de [...] movilidad geográfica". Con todo, entendemos que, al tratarse en ambos casos de acciones de movilidad geográfica, y apoyarse en la literalidad del art. 40.1 ET, no debiera existir impedimento alguno para su acumulación. Ahora bien, en caso de que no pudiera ser así, parece que el único recurso procesal pertinente sería el de la excepción procesal dilatoria de litispendencia, que "impide el seguimiento del proceso (o su decisión) mientras tanto se esté desarrollando otro idéntico en el mismo Tribunal, o en otro, sin que en el últimamente aludido haya recaído sentencia firme"[482], esto es, "una excepción que tiende a impedir la simultánea tramitación de dos procesos con el mismo contenido, siendo una institución preventiva y tutelar de la cosa juzgada"[483]; y ello, siquiera aunque no se dé una plena identidad subjetiva y objetiva entre ambos procesos, ya que "la litispendencia limita su efecto al suspensivo, siquiera el mismo alcance no solo a los supuestos de plena identidad –propios de la cosa juzgada negativa– sino a los de hipotética vinculación por tratarse de «antecedente lógico»"[484], al que se refiere hoy el art. 222.4 LEC, y que "comienza desde la interposición de la demanda (art. 410 LEC) y concluye cuando termina por sentencia firme el proceso precedente (art. 222 LEC)" [485].

Decíamos antes que la jurisprudencia social no se muestra favorable a limitar las opciones de impugnación del trabajador cuando este se ha decantado por la opción del traslado, pero la discute judicialmente, habiendo transcurrido el plazo de caducidad para el ejercicio de la acción extintiva, pero lo que no hemos dicho aun es que también se muestra reticente a admitir la compatibilidad de ambas acciones. Ello es así, más en particular, para una ya añeja STS de 21 de diciembre de 1999[486]. En ella se admite como primera variante interpretativa que, notificada la decisión de traslado (con una antelación mínima de treinta días a la fecha de sus efectos), el trabajador tendrá derecho a optar entre el traslado, percibiendo una compensación por gastos, o la extinción del contrato, percibiendo una indemnización de veinte días de salario por año de servicios; y ello, sin perjuicio de la ejecutividad del traslado en el plazo de incorporación citado, por lo que el trabajador que no habiendo optado por la extinción de un contrato se muestre disconforme con la decisión empresarial podrá impugnarla ante la jurisdicción competente, "para lo que dispone de un plazo de veinte días hábiles (artículo 59.4); reacción individual que convive con una eventual impugnación mediante conflicto

[482] STS de 5 de julio de 2006 (Rec. núm. 1681/2005).

[483] STS de 5 de julio de 2006 (Rec. núm. 1681/2005).

[484] STS de 11 de julio de 2018 (Rec. núm. 77/2018). Al respecto, véase igualmente STS de 21 de diciembre de 2000 (Rec. núm. 27/2000).

[485] STS de 11 de julio de 2018 (Rec. núm. 77/2018).

[486] Rec. núm. 719/1999.

colectivo, si el traslado alcanza este carácter, bien que aquella quede por el momento paralizada (artículo 40.2, en relación con la Ley de Procedimiento Laboral, artículo 138.3)". Por lo tanto, a juicio del alto tribunal, "se advierte al trabajador que la orden empresarial es ejecutiva y se le avisa de que, no obstante, le cabe la posibilidad de su impugnación, a condición evidentemente de que no haya optado por la extinción, pues estas dos cosas: impugnación y extinción simultáneas sí son incompatibles, porque tienden a finalidades opuestas".

Sucede así, como anticipamos, que para la jurisprudencia de unificación ambas acciones (extinción e impugnación de traslado) resultan incompatibles entre sí. De esta manera, si se opta por la extinción, la ruptura contractual se consolida con la manifestación del trabajador[487]. En cambio, si decide impugnar la decisión de traslado, podrá hacerlo sin perjuicio de la efectividad del mismo, pero para la Sala de lo Social del Tribunal Supremo, ello no puede suponer en ningún caso que la posibilidad de extinguir el contrato, con amparo en el art. 40.1 ET, haya quedado arrumbada tras la decisión de los tribunales laborales sobre la justificación de la medida de traslado, antes al contrario, entiende que en tales casos la decisión judicial avalando la decisión empresarial (o, incluso, cuando esta se declare injustificada o nula) legitima al trabajador para instar judicialmente la extinción de su contrato. Es lo que podríamos calificar como un nuevo supuesto de "efecto Lázaro" constatado por la jurisprudencia social[488], aunque, para diferenciarlos (permítasenos una pequeña *boutade*), preferimos el término "efecto matrix"[489].

En efecto, para el Tribunal Supremo en su sentencia de 21 de diciembre de 1999, "el análisis literal de la norma pudiera dar la impresión, en una primera lectura, de que la impugnación del traslado excluye la alternativa de extinción". Se hace ver, en este sentido, "que el párrafo quinto del artículo 40.1 previene que «el trabajador que no habiendo optado por la extinción de un contrato se muestre disconforme con la decisión empresarial podrá impugnarla»". Sin embargo, para el alto tribunal "un tal razonamiento confunde lo que es consignación de una simple obviedad explicativa, con la imposición de un requisito ineludible"; y así "se constata con un examen más detenido y completo de la norma. El párrafo cuarto diseña una clara opción del trabajador: o bien acepta el traslado, con una compensación por gastos, o bien insta la extinción del contrato con

---

[487] Por lo que se le cierra la vía de la impugnación de la decisión de traslado, al haber optado por la extinción de su contrato [cfr. STSJ Andalucía (Sevilla) de 15 de febrero de 2017 (Rec. núm. 804/2016)].

[488] En la sucesión de empresa regulada en el art. 44 ET se recogen una serie de consecuencias jurídicas ineludibles por parte de las empresas involucradas en la misma, pero algunas veces, con el fin de eludir las previsiones estatutarias, el empresario saliente procura la trasmisión del negocio de manera fraudulenta, extinguiendo los contratos de sus trabajadores mediante una ficticia alusión a su inmediata jubilación, extinguiendo los contratos con amparo en el art. 49.1 g) ET, pero procediendo a la transmisión de empresa tiempo después, al efecto de que transcurra el plazo de caducidad para impugnar la decisión empresarial mediante la modalidad procesal de despido disciplinario. Ante ello, la jurisprudencia social viene respondiendo desde hace décadas la resurrección de las acciones de despido derivadas de tal comportamiento fraudulento, permitiendo así a los trabajadores que vieron sus contratos extinguidos demandar por despido a cedente y cesionario, es lo que se viene denominando "efecto Lázaro" [cfr. SSTSJ País Vasco de 25 de junio de 1993 (Rec. núm. 618/1992) y Galicia de 18 de diciembre de 2013 (Rec. núm. 1562/2010)].

[489] Al igual que en la magnífica película de las ahora hermanas Wachowski de 1999 (las secuelas posteriores son plenamente prescindibles), la realidad normativa nos presenta un apacible y clarificador escenario exegético, pero la jurisprudencia de unificación nos muestra que la interpretación de la norma en cuestión no es más que una mera apariencia, mostrándonos el alto tribunal la verdadera realidad que se esconde tras la letra de la ley.

una indemnización reducida. Pero en manera alguna se exige una reacción integral en casi unidad de acto, y menos se está confiriendo un plazo perentorio para inclinarse por la extinción". De ahí "que las expresiones que encontramos en el párrafo quinto no pasen de constituir una explicación adicional: se advierte al trabajador que la orden empresarial es ejecutiva y se le avisa de que, no obstante, le cabe la posibilidad de su impugnación, a condición evidentemente de que no haya optado por la extinción, pues estas dos cosas: impugnación y extinción simultáneas sí son incompatibles, porque tienden a finalidades opuestas. Se insiste: la locución «no habiendo optado por la extinción», no introduce secuencia temporal alguna, y menos la impone como exigencia inevitable; sino que queda en una mera manifestación de lo obvio: se puede impugnar porque, hasta el momento, no ha habido intento de extinción. Lo cual no significa en modo alguno que la facultad del trabajador precluya ni que en el futuro no pueda aparecer"[490].

En consecuencia, para el Tribunal Supremo "el entendimiento descrito es el único que ofrece una mínima razonabilidad. Mientras que el opuesto se presenta como solución exagerada e infundada. No existe argumento atendible, y menos una clara imposición legal, que autorice a pensar que la deducción de demanda impugnativa excluye una ulterior petición extintiva si la respuesta judicial fuere desfavorable", ya que "con este planteamiento se está condicionando una de las opciones: extinción indemnizada del contrato, nada menos que a la exclusión de un derecho fundamental, el de someter al juez social, «ex» artículo 24 de la Constitución, la viabilidad o la justicia de la orden empresarial, máxime cuando lo que se cuestiona es un traslado que ... influye seriamente en la vida del afectado, y empuja a una decisión nunca deseable, como es la ultimación del contrato y la pérdida del puesto de trabajo. Esta alternativa hermenéutica aboca a resultados tan lesivos y exagerados, desde el punto de vista de los valores básicos de nuestro ordenamiento que forzosamente ha de ser rechazada".

De todos modos, no nos convence la postura exegética mostrada por el Tribunal Supremo, manteniendo de nuevo nuestra oposición a la misma, habida cuenta la literalidad de la norma, que a nuestro modo de ver solo admitiría: 1) la (extravagante) opción judicial de extinción del contrato por causa de movilidad geográfica, siempre dentro de los veinte días hábiles siguientes a la notificación del traslado; y 2) la opción de carácter extrajudicial, tras la notificación del empresario, y siempre dentro de los treinta días de preaviso que marca el art. 40.1 ET[491]. Y es que, de querer el Legislador permitir al trabajador extinguir su contrato más allá de esos límites temporales, así lo hubiera debido expresar. No solo eso, como veremos en su momento, si el trabajador decide impugnar la decisión empresarial con arreglo a lo dispuesto en el art. 138 LJS, la propia norma adjetiva admite la opción extintiva en determinados supuestos, por ejemplo, si la sentencia declara justificada la decisión empresarial, en cuyo caso, "reconocerá el derecho del trabajador a extinguir el contrato de trabajo en los supuestos previstos en el apartado 1 del artículo 40 [...], concediéndole al efecto el plazo de quince días"[492].

---

490 En este mismo sentido, véase STSJ Cataluña de 9 de mayo de 2011 (Rec. núm. 2948/2010).

491 Así lo viene sosteniendo la doctrina desde hace años, concluyendo que "parece que la consideración del plazo de 30 días naturales de preaviso (o superior, si es el caso por pacto individual o previsión convencional) es, en línea de principio, la más adecuada como plazo de ejercicio de la acción extintiva extrajudicial" (PURCALLA BONILLA, M. A., *Movilidad geográfica y modificación sustancial: impugnación procesal laboral*, cit., pág. 47).

492 Art. 138.7 LJS.

Y es que, debe tenerse en cuenta que la doctrina de unificación es anterior a la reforma operada por la LJS en la modalidad procesal de su art. 138. Antes, la LPL no anudaba efecto alguno a la declaración como justificada de la medida empresarial[493], hoy día, en cambio, el art. 138.7 LJS señala que la "sentencia que declare justificada la decisión empresarial reconocerá el derecho del trabajador a extinguir el contrato de trabajo en los supuestos previstos en el apartado 1 del artículo 40 [...], concediéndole al efecto el plazo de quince días". Esto, creemos, lo único que hace es convalidar nuestra opinión al respecto de la opción extintiva por el trabajador, de tal manera que la misma queda limitada, en un primer momento, a los plazos que marca el art. 40.1 ET, esto es, veinte días hábiles para la demanda judicial o treinta días de reflexión para optar por la misma antes del traslado. De esta manera, pasado el tiempo y cumplido el plazo de preaviso sin accionar frente a la medida empresarial, debe presumirse la legalidad de la movilidad, sin que quepa posteriormente su discusión en sede judicial. La opción extintiva solo podrá abrirse, por lo tanto, si la orden de traslado se declara justificada por los tribunales, concediendo así al trabajador un plazo de quince días para ello.

Más allá de todo ello, podemos añadir que existen otras muchas (y variadas) razones que avalan nuestra postura doctrinal, y, entre ellas, creemos que las que mejor la evidencian son las siguientes: 1.ª) el art. 138.1 LJS es claro al respecto, y en esta materia de movilidad geográfica señala que el proceso se iniciará por demanda de los trabajadores afectados por la decisión empresarial, que "deberá presentarse en el plazo de caducidad de los veinte días hábiles siguientes a la notificación por escrito de la decisión a los trabajadores o a sus representantes"; 2.ª) ese mismo precepto indica que ese plazo de caducidad lo será "sin perjuicio de la prescripción en todo caso de las acciones derivadas por el transcurso del plazo previsto en el apartado 2 del artículo 59 del Estatuto de los Trabajadores", el cual las limita a aquellas que se ejerciten "para exigir percepciones económicas o para el cumplimiento de obligaciones de tracto único"[494], pero en ningún caso para la extinción del contrato, que encuentra su encaje en los apdos. 3 y 4 del precepto, que ya conocemos; 3.ª) de nuevo, ese art. 138 LJS en modo alguno está pensando en la posibilidad de solicitar a través de la modalidad procesal que regula la extinción del contrato, debiendo limitarse el fallo judicial a declarar justificada, injustificada o nula la decisión empresarial; 4.ª) el art. 59 ET, en sus apdos. 3 y 4, es meridianamente claro a este respecto, pues el ejercicio de "acciones contra las decisiones en materia de movilidad geográfica" (esto es, cualquier pleito relativo al art. 40 ET) el ejercicio de la acción "caducará a los veinte días siguientes de aquel en que se hubiera producido", por lo que (como ha llegado a afirmar el Tribunal Supremo en algún momento) nos encontramos ante un supuesto de aplicación de la ley encuadrable en el proverbio *in claris non fit interpretatio*, habida cuenta de que no se exige para la resolución de la cuestión controvertida ninguna operación intelectual o premisa interpretativa intermedia entre el texto legal y el caso enjuiciado, en cuanto que este constituye un supuesto típico de aplicación de aquel[495]; 5.ª) el derecho a la tutela judicial

[493] Cfr. STSJ Madrid de 22 de octubre de 2002 (Rec. núm. 2378/2002).

[494] Sobre un caso concreto de movilidad en el que sí resulta de aplicación el citado plazo, véase STSJ Cataluña de 26 de mayo de 2017 (Rec. núm. 1774/2017).

[495] Cfr. STS de 7 de febrero de 2000 (Rec. núm. 109/1999).

efectiva no resulta ser un derecho ilimitado, encontrando precisamente una cortapisa en la institución de la caducidad, por razones jurídicas más que evidentes; y 6.ª) de acuerdo con la doctrina del TJUE, "no cabe considerar que la extinción del contrato de trabajo en virtud de dicho art. 40 sea expresión de la voluntad del trabajador, puesto que es consecuencia del hecho de que el empresario pretende llevar a cabo una modificación tan sustancial de su contrato de trabajo como es el traslado del lugar de trabajo a una distancia que obliga al trabajador a cambiar de lugar de residencia, y que la Ley contempla el pago de una indemnización por parte del empresario cuando el trabajador no acepte ser trasladado y opte por la extinción del contrato de trabajo"[496].

Y es que, de entender la institución de la movilidad geográfica tal y como lo hace el Tribunal Supremo, nos abocaría a admitir una clara situación de inseguridad jurídica. Así, suponiendo que el empresario proceda al traslado del trabajador y que los tribunales del orden social encuentren su decisión ajustada a derecho –al acreditar la validez de las causas que justifican su decisión, esto es, la necesidad jurídica de incorporar al trabajador a otro centro de trabajo por una necesidad eminentemente empresarial–, este se encontraría con la posibilidad de que ese mismo trabajador, tras haber demandado la permanencia en su puesto de trabajo y encontrarse con la negativa a ello por razones legales, pueda verse abocado a la pérdida de un puesto de trabajo necesario y, además, con la obligación de indemnizar al trabajador, cuando ha dado cumplimiento a las exigencias legales para el traslado. Y ello, durante al menos un año (lo que agrava a nuestro entender la situación de inseguridad)[497], que es el plazo que, para la acción de extinción del contrato (si excluimos el de veinte días) por voluntad del trabajador, señala el art. 59.1 ET, al no tener señalado plazo especial, tal y como (en aplicación precisamente de su doctrina) entendió el Tribunal Supremo hace pocos años.

La resolución en cuestión resulta ser una STS de 29 de octubre de 2012[498], donde se discutía precisamente "si el plazo de caducidad de 20 días previsto en el artículo 59.4 ET y 138.1 LPL, resulta aplicable en los supuestos en los que el trabajador que ha sido objeto de una decisión empresarial de traslado prevista en el artículo 40.1 ET decide plantear la acción de resolución de contrato prevista en ese precepto", tras haber sido trasladado y tras haber sido "impugnada tal decisión de traslado ante los Juzgados de lo Social", siendo desestimada la demanda. Posteriormente, "el trabajador notificó a la empresa que al amparo de lo dispuesto en el art. 40.1 ET optaba por la extinción del contrato de trabajo, interesando el pago de la indemnización legal", no obstante "la empresa rechazó su pretensión de resolución del contrato indemnizada por carta [...] porque, a su juicio, la acción resolutoria derivada de la disconformidad con el traslado había caducado, dando por resuelta la relación de trabajo". La decisión de la Sala, sin embargo, no compartió los argumentos de la empresa. Comienza la sentencia afirmando que –a la vista de lo dispuesto en el art. 40.1 ET– "ante la decisión de traslado el trabajador tiene dos vías de impugnación de la decisión empresarial que no resultan incompatibles, salvo que, naturalmente, el trabajador opte únicamente

[496] STJUE de 28 de junio de 2018, Caso E. S. C. H. contra Fondo de Garantía Salarial, (ECLI:EU:C:2018:512).

[497] "La doctrina mayoritaria recoge como plazo generalizado para la extinción causal del contrato de trabajo, el de un año de prescripción" [LÓPEZ JIMÉNEZ, J. L., *La extinción del contrato de trabajo por voluntad del trabajador*, Universidad de Valencia (Valencia, 2015), pág. 576, en https://roderic.uv.es].

[498] Rec. núm. 3851/2011. Aplicando su doctrina, véanse SSTSJ Castilla-La Mancha de 16 de enero de 2020 (Rec. núm. 1955/2018) y Aragón de 15 de mayo de 2019 (Rec. núm. 242/2019).

por la resolución del contrato", pero "si decide impugnar la propia decisión de traslado, nada impide que en caso de que resulte desestimada su pretensión, se decida por la resolución del contrato prevista en los términos transcritos". Las razones que elige el Tribunal Supremo para aposentar su decisión son las siguientes: 1) a partir de lo dispuesto en el art. 59.3 ET "es evidente que no hay ninguna regulación de la incidencia de la caducidad en las acciones referidas a la resolución de los contratos de trabajo a instancia del trabajador"; y 2) "tampoco existe en el número 4 de ese artículo 59 ET ninguna previsión normativa sobre la caducidad para el ejercicio de las acciones de resolución del contrato de trabajo que se originen por discrepancias del trabajador con la decisión empresarial de traslado prevista en el artículo 40.1 ET". Y así, bajo ese endeble andamiaje jurídico, concluye la resolución que "cuando la pretensión que ejercite el trabajador frente a la decisión del empresario de traslado adoptada al amparo de lo previsto en el artículo 40 ET sea la de oponerse al traslado mismo, a la decisión de movilidad geográfica, del precepto se infiere que para ello tiene un plazo de caducidad de 20 días", lo que coincide con lo dispuesto en el art. 138.1 LJS, entendiendo, en definitiva, que "con absoluta evidencia esa regulación especial del proceso, y más concretamente el plazo de caducidad, se proyecta sobre la acción de impugnación de la movilidad geográfica, en absoluto sobre la otra posibilidad que tiene el trabajador, y a la que también se refiere el artículo 40.1 ET, de resolver el contrato de trabajo en caso de disconformidad", ya que "son acciones entonces distintas, pretensiones con objeto diferente y distintos tiempos de ejercicio. La primera, la que trata de impedir el traslado y cuya materialización es inmediata, es de naturaleza obviamente urgente, por eso ha de ejercitarse en el plazo de 20 días y, además, como dice el número 3 del artículo 138 de la LRJS, frente a la decisión del Juzgado de instancia no existe recurso", pero "la pretensión del trabajador consistente en el ejercicio de la acción de resolución del contrato prevista en el artículo 40.1 ET tiene una naturaleza, un objeto bien diferente, que realmente no se proyecta sobre la propia decisión empresarial de traslado para dejarla sin efecto, sino que, partiendo de ella, tiene por finalidad extinguir el contrato de trabajo, con una indemnización reducida de 20 días por año de antigüedad y un límite máximo de doce mensualidades, en relación con la prevista con carácter general en el artículo 50 ET". De todo ello deduce, en fin, el TS que "si esa acción de resolución del contrato, aunque traiga causa de una decisión del empleador de movilidad geográfica con la que el empleado muestra su disconformidad, tiene distinta naturaleza que la de la propia impugnación del traslado, su ejercicio no puede encuadrarse en la modalidad procesal específica prevista en el artículo 138.1 LPL y por ello en absoluto estará sujeta al plazo de caducidad de 20 días"[499].

Si atendemos, pues, a la doctrina de unificación, no pueden sorprendernos pleitos como el que tuvo que resolver una STSJ Galicia de 28 de febrero de 2019[500], donde la decisión de traslado se notificó en fecha 3 de marzo de 2017 a una trabajadora de la empresa —en la que

[499] En idéntico sentido, véanse SSTSJ Navarra de 12 de junio de 2014 (Rec. núm. 178/2014) y Madrid de 5 de octubre de 2020 (Rec. núm. 130/2020).

[500] Rec. núm. 3992/2018. Ni otros tribunales laborales, siendo una postura casi unánime aquella que asegura que, entre las opciones del trabajador frente al traslado, se encuentra "la extinción del contrato de trabajo con una indemnización de 20 días de salario por año de servicio, prorrateándose por meses los períodos de tiempo inferiores al año, con un máximo de 12 mensualidades, en el plazo general de un año (STS 29-10-12) sin que el trabajador tenga que alegar ni probar la existencia de perjuicios, por lo que

"se hacía constar que si no estaba de acuerdo con el traslado, podía rescindir voluntariamente la relación laboral conforme a lo establecido en el art. 40.1 del ET"–, y varios meses después (en fecha 11 de diciembre de 2017), ya en su nuevo destino, "comunicó a la empresa a través de mail que, tras la comunicación recibida el 3 de marzo anterior, solicitaba la rescisión de su contrato de trabajo al amparo de lo dispuesto en el art. 40.1 del Estatuto de los Trabajadores", a lo que la empresa se opuso "al haber ejercitado la opción extintiva de manera extemporánea y habiéndose entendido que se había decantado por aceptar el traslado al haber cambiado de centro como el resto de sus compañeros". Como decimos, no puede llamarnos la atención la conclusión que alcanza la sala gallega, al atender en estos casos a la doctrina jurisprudencial, y así resulta entendible que manifestase que, incluso meses después de haberse dado efectividad al traslado, el plazo de caducidad de veinte días "se proyecta sobre la acción de impugnación de la movilidad geográfica, en absoluto sobre la otra posibilidad que tiene el trabajador, y a la que también se refiere el artículo 40.1 ET, de resolver el contrato de trabajo en caso de disconformidad [...], [ya que] son acciones entonces distintas, pretensiones con objeto diferente y distintos tiempos de ejercicio. La primera, la que trata de impedir el traslado, cuya materialización es inmediata, es de naturaleza obviamente urgente, por eso ha de ejercitarse en el plazo de 20 días y además, como dice el número 3 del artículo 138 LPL, frente a la decisión del Juzgado de instancia no existe recurso. Pero la pretensión del trabajador consistente en el ejercicio de la acción de resolución del contrato prevista en el artículo 40.1 ET tiene una naturaleza, un objeto bien diferente, que realmente no se proyecta sobre la propia decisión empresarial de traslado para dejarla sin efecto, sino que, partiendo de ella, tiene por finalidad extinguir el contrato de trabajo, con una indemnización reducida de 20 días por año de antigüedad y un límite máximo de doce mensualidades, en relación con la prevista con carácter general en el artículo 50 ET". De ello se deduce para la sentencia "que si esa acción de resolución del contrato, aunque traiga causa de una decisión del empleador de movilidad geográfica con la que el empleado muestra su disconformidad, tiene distinta naturaleza que la de la propia impugnación del traslado, su ejercicio no puede encuadrarse en la modalidad procesal específica prevista en el artículo 138.1 LPL y por ello en absoluto estará sujeta al plazo de caducidad de 20 días"[501].

Sea como fuere, entendemos que no resulta sostenible jurídicamente que el empresario deba encontrarse pendiente durante el año posterior al traslado de la posible denuncia en pleito del trabajador trasladado, al efecto de extinguir su contrato de trabajo, tal y como hemos manifestado con anterioridad. Lógicamente, todo lo ya expresado no obsta a que el trabajador pueda acudir a los resortes que le ofrece el art. 50 ET[502], tal y como dejamos escrito con anterioridad. Para la primera opción, la que ofrece la letra a) del apdo. 1 del precepto ("Las modificaciones sustanciales en las condiciones de trabajo llevadas a cabo sin respetar lo previsto en el artículo 41 y que redunden en menoscabo de la dignidad del

la resolución se produce de forma automática por su simple manifestación de voluntad comunicada al empresario" [STSJ País Vasco de 21 de marzo de 2019 (Rec. núm. 385/2019)].

501 Utilizando distinta argumentación, aunque llegando a la misma solución final, véase STSJ País Vasco de 4 de octubre de 2011 (Rec. núm. 2041/2011).

502 Obviamente, nos estamos refiriendo a aquellos supuestos en los cuales lo único que se discute es el traslado del trabajador, sin movilidad funcional o cualquier otra modificación sustancial de sus condiciones de trabajo. Al respecto, véase STSJ Castilla-La Mancha de 13 de septiembre de 2021 (Rec. núm. 950/2021).

trabajador")[503]; la exigencia sería triple: uno, se necesita aceptar jurídicamente la simbiosis entre la movilidad geográfica y la modificación sustancial de condiciones de trabajo; dos, se precisa, además, que la decisión de movilidad geográfica se haya llevado a efecto contraviniendo lo dispuesto en el art. 40 ET; y, por último, debe acreditarse que la movilidad ha redundado en menoscabo del trabajador. La segunda posibilidad, en cambio, se sustenta en la letra c), y exige demostrar un incumplimiento grave de sus obligaciones por parte del empresario, cualquiera que sea este.

III. Algunos problemas derivados de la defectuosa construcción legal

1. La hipotética aplicabilidad del art. 50 ET

Como dijimos hace un momento, el art. 40.1 se muestra especialmente pertinaz a la hora de desvelarnos soluciones a los complejos problemas interpretativos que plantea su rácana regulación, y uno de esos problemas tiene que ver precisamente con la posibilidad de extinción contractual que acabamos de estudiar. No nos estamos refiriendo a la que contempla el art. 40.1 ET, que ya hemos analizado, sino a la general recogida en el art. 50 ET, que permite la extinción del contrato de trabajo por voluntad del trabajador. Sin embargo, aceptar que el trabajador pueda acudir a esta vía extintiva en los supuestos de traslado provoca serios problemas interpretativos.

Así, no es de extrañar que cierta doctrina, incluso sobre la base de la (incorrecta) aceptación de la movilidad geográfica como un supuesto particular de modificación sustancial de las condiciones de trabajo[504], admita las dificultades de encaje normativo. Y es que, siquiera sea así, aceptando que cualquier traslado por sí mismo ya constituye una modificación sustancial, lo cierto es que "el requisito genérico que se exige a toda modificación para dar lugar a la indemnización por despido improcedente del art. 50 ET [...], el menoscabo de la dignidad del trabajador [...], resulta complicado [...] concluir que un traslado del puesto de trabajo, por sí solo y siempre que se mantengan las anteriores condiciones de trabajo, pueda suponer tal perjuicio"[505]. Por ello mismo, los supuestos de hecho que podrían conducir a este extremo "suelen darse por conductas anómalas y culpables por parte del empresario"[506], en ocasiones, "la modificación sustancial responde a una conducta represiva del empresario que, al no conseguir algo del trabajador (ya sea una extinción pactada

---

[503] Que acepta, por ejemplo, una STSJ País Vasco de 21 de marzo de 2019 (Rec. núm. 385/2019), según la cual entre las opciones del trabajador frente al traslado se encuentra "[s]olicitar la extinción judicial del contrato de trabajo en caso de que la decisión empresarial suponga un menoscabo a su dignidad".

[504] Así, por ejemplo, algunos autores señalan que "el art. 41.7 ET considera como posible modificación sustancial de las condiciones de trabajo a la movilidad geográfica. Resulta curioso el hecho de que este motivo haya sido excluido del art. 41.1 ET, que ejemplifica algunas de las causas más reconocibles del supuesto, y sea nombrado de forma separada. Sin embargo, y al igual que ocurre con la movilidad funcional, lo cierto es que en ambos casos las modificaciones sufridas estarán a lo dispuesto en sus respectivos y específicos artículos y, en este caso, al art. 40 ET" (LÓPEZ JIMÉNEZ, J. L., *La extinción del contrato de trabajo por voluntad del trabajador*, cit., pág. 394).

[505] LÓPEZ JIMÉNEZ, J. L., *La extinción del contrato de trabajo por voluntad del trabajador*, cit., pág. 398. Al respecto, véanse STS de 26 de noviembre de 1984, y SSTSJ Galicia de 19 de febrero de 2020 (Rec. núm. 6166/2019) y Andalucía (Granada) de 3 de mayo de 2003 (Rec. núm. 3419/2002).

[506] Ibídem, pág. 398.

o algún tipo de prestación laboral no contenida en el contrato) utiliza su poder de dirección más allá de lo que permite la ley.., [pero pueden] encontrarse en este grupo supuestos de traslados sucesivos en cortos períodos de tiempo, aislamientos de los trabajadores, e incluso casos como el resuelto por STS de 11 de octubre de 1989 en que el trabajador invocó la extinción causal del 50 ET tras sufrir un traslado por parte de la empresa, «al no obtener la aquiescencia del actor para su cese en las condiciones que ofrecía»"[507].

Pero es que incluso en estas ocasiones, "ni siquiera existe unanimidad a la hora de determinar si la vía para accionar es el apartado a) o el c) del Estatuto de los trabajadores"[508]. Así, no es de extrañar que el trabajador, ante el traslado, decida solicitar judicialmente la extinción de su contrato con amparo en las letras a) y c) del art. 50.1 ET[509], tal y como sucedió en el caso del que tuvo que conocer una STSJ Galicia de 5 de diciembre de 2012[510], al solicitar el trabajador que se declarase "el contrato de trabajo que une al actor con la empresa demandada rescindido, en base a modificaciones sustanciales en las condiciones de trabajo y a incumplimientos graves empresariales [...] [por] infracción [...] del artículo 50.1 del Estatuto de los Trabajadores en sus apartados a) y c)". La sentencia, sin embargo, concluyó de manera jurídicamente irreprochable que: 1) "no ha habido una modificación sustancial de las condiciones de trabajo habida cuenta que el traslado de un centro a otro de trabajo solo puede ser calificado como una movilidad geográfica débil"; 2) "aun de haberse apreciado que el cambio de centro de trabajo de la actora implicaba un traslado de los regulados en el art. 40 del ET, en ningún caso llevaría añadido el plus de implicar un perjuicio en la formación profesional del trabajador o un menoscabo en su dignidad, ya que la nueva granja de destino se dedica a la misma actividad que la anterior y se mantiene categoría y salario"; y 3) "tampoco existe cualquier otro incumplimiento grave de sus obligaciones, ya que no hay obligación del empresario de notificación de cambio de puesto de trabajo, ya que la previsión contenida en el art. 40.1 del ET es para el traslado que implique cambio de residencia, lo que no ocurre en el caso de autos, al tratarse de una movilidad geográfica débil, la cual tampoco da derecho al trabajador a extinguir su contrato de trabajo a razón de 20 días por años de servicios con un máximo de doce mensualidades, ni a percibir la compensación por gastos", por lo que "tampoco existe incumplimiento empresarial grave encuadrable en el art. 50.1.c) del ET".

Entendemos, sin embargo, que movilidad geográfica y modificación sustancial de condiciones de trabajo no resultan asimilables a tales efectos, lo que excluye de manera radical la aplicabilidad de la letra a) del art. 50.1 ET[511]. Si partimos de que el art. 41.7 ET reconduce los traslados, aun reconociendo su carácter de modificación sustancial, a lo dispuesto en las normas específicas establecidas en el art. 40, y si prestamos atención igualmente a que el art. 50.1 a) ET se refiere con exclusividad a "las modificaciones sustanciales en las condiciones de trabajo llevadas a cabo sin respetar lo previsto en el artículo 41"; el único

---

[507] Ibídem, pág. 400.

[508] Ibídem, pág. 401.

[509] Al respecto, véanse SSTSJ País Vasco de 25 de septiembre de 2001 (Rec. núm. 1362/2001) y Castilla-La Mancha de 27 de marzo de 2019 (Rec. núm. 87/2019).

[510] Rec. núm. 4386/2012.

[511] Cfr. STSJ Asturias de 30 de octubre de 2018 (Rec. núm. 1980/2018).

argumento legal posible es aquel que sostiene la imposibilidad de extinguir el contrato de trabajo por traslado con amparo en dicha opción legal[512]. Así lo pone de relieve, por ejemplo, una STSJ Castilla-La Mancha de 21 de septiembre de 2021[513], asegurando, sobre la base de que "los perjuicios sufridos en la formación profesional o el menoscabo de la dignidad no se presumen [...], [recayendo] sobre el trabajador [...] la carga de su prueba", que la simple modificación de puesto de trabajo "no se acredita que [...] suponga un perjuicio en la formación profesional o en la dignidad de la trabajadora, que es lo que justifica la resolución contractual prevista en el art. 50.1 a) del ET"[514].

Y también lo viene manifestando el Tribunal Supremo desde hace décadas, al sostener con rotundidad (ya cuando menos desde los años 80 del siglo pasado) que "el art. 40 del Estatuto de los Trabajadores se refiere a traslados de lugar de trabajo y a la vez de residencia permanente y a desplazamientos que solo constituirán modificación sustancial cuando no impliquen obligación propia de trabajar en puesto itinerante a tenor del contrato [...] y en el supuesto de autos es claro que de mutuo acuerdo convinieron las partes en desplazamientos constantes por lo que el puesto de trabajo del actor llevaba en sí mismo la exigencia de desplazamientos (art. 40.1 del Estatuto de los Trabajadores) –sin que de hecho tuviera que realizar trabajo en la oficina de San Sebastián– y puede afirmarse que la movilidad geográfica es inherente al mismo sin que quepa argüir que los desplazamientos efectuados en su desempeño comporten modificaciones sustanciales"[515]. De este modo, "no cabe entender que el serle encomendadas al actor las tareas que le encargó la empresa –y que realizó– determine modificaciones sustanciales que redunden en perjuicio de su dignidad y formación profesional a que se refiere el art. 50.1 a) del Estatuto de los Trabajadores y es indudable actuó el empresario dentro del ámbito de potestad que le otorga el art. 20 del Estatuto de los Trabajadores sin que existiera al encomendarle la empresa los viajes de inspección, intención vejatoria cual pretende presumir el juzgador en base a declaración testifical del hecho que se le encomienden viajes, pues su categoría, y el puesto de trabajo que desempeñaba y al que accedió de acuerdo con la empresa lleva ínsito la necesidad de viajar, y las funciones encomendadas por la empresa no extravasan su potestad de mando no habiendo fundamento alguno para presumir con base en el art. 1249 del Código Civil intención vejatoria en las órdenes de viaje a cargo de la empresa, con abono de gastos adecuados a su categoría de técnico según refleja el hecho probado nuevo a que se refiere el tercer considerando de la presente Sentencia, ello ha de llevar a la estimación del motivo y del recurso con casación de la Sentencia dictando otra más ajustada a derecho acordando la devolución al recurrente de las consignaciones y depósitos realizados

[512] Véase, al respecto, STSJ Castilla-La Mancha de 13 de septiembre de 2021 (Rec. núm. 950/2021).

[513] Rec. núm. 1034/2021.

[514] Y ello, aunque el traslado al nuevo centro de trabajo provoque un aumento de gastos en el desplazamiento, ya que "no comporta modificación de la prestación de trabajo que pueda calificarse de «sustancial»; ello con independencia del régimen legal excluyente de la movilidad geográfica del ámbito aplicativo del art. 41 ET [...] Y no reviste aquella esencialidad, sino cualidad accesoria, porque manteniéndose en su integridad todas las condiciones de trabajo de los trabajadores afectados, a excepción del lugar de prestación de servicios, la posible mayor onerosidad que puede determinar el desplazamiento al nuevo centro ofrece una importancia escasa o muy relativa en la significación económica del contrato, sobre todo en el contexto de una realidad social en la que destacan la calidad de los servicios de transporte y de la red viaria" [STSJ Castilla y León (Burgos) de 27 de febrero de 2008 (Rec. núm. 834/2007)].

[515] STS de 26 de noviembre de 1984.

para recurrir"[516]. Por todo ello, "técnicamente, el apartado c) del artículo 50.1 del ET parece ofrecer una cobertura más ajustada a las pretensiones extintivas incoadas unilateralmente por el trabajador ante incumplimientos empresariales del régimen de movilidad geográfica"[517].

En cualquier caso, la dificultad de encaje se atenúa si el traslado, pese a todo, conlleva una modificación sustancial de las condiciones de trabajo, en cuyo caso el recurso extintivo resultará plenamente aceptable, por obvias razones[518]. Mas, para ello, como dijimos hace un momento, se hace preciso acreditar los extremos exigidos por el art. 50.1 ET. Y, lo que es más importante aún, en esta ocasión el plazo de prescripción sí que debería ser de un año, desde el momento en que se haya producido la modificación[519]. Un ejemplo de esta posibilidad normativa lo encontramos en una STSJ Madrid de 7 de mayo de 2012[520], en la que al trabajador, además del traslado de su centro de trabajo, se le encomendaron funciones distintas a las que venía realizando hasta el momento, y en la que se concluyó que "acreditada la escasa entidad de los nuevos cometidos encomendados al actor, así como lo prolongado de la situación, que se ha mantenido invariable durante casi siete meses, se ha de convenir, con la resolución de instancia, que existen causas suficientes para acceder a la extinción indemnizada del contrato con base a lo establecido en el art. 50.1 a) o c) del ET".

2. Posibles consecuencias jurídicas derivadas de la ausencia de las formalidades legales exigibles

Hasta este momento hemos estado observando el régimen jurídico del procedimiento de traslado de trabajadores como movilidad geográfica "sustancial" de acuerdo con lo dispuesto en el art. 40.1 ET, analizando patologías que derivan básicamente de las dificultades apreciables en la exégesis de la norma, incluso cuando la medida empresarial de traslado se adopta en el intento de guardar las formalidades exigidas normativamente; o, dicho de manera más sencilla, hemos estudiado aquellos problemas que, a nuestro entender, se provocan cuando no existe duda alguna acerca de la institución jurídica involucrada en la decisión patronal, que no es otra que la movilidad geográfica "sustancial" que recoge el art. 40.1 ET; o más claramente, cuando ambas partes no albergan dudas acerca de que el traslado configura un supuesto de movilidad geográfica "sustancial o intensa"[521], pero, pese a todo, nos encontramos con ciertos desacuerdos jurídicos que no tienen que ver con esa consideración legal, sobre la que las partes no albergan duda alguna.

Esa base conceptual nos ha servido de esquema básico para conformar el régimen jurídico de la institución, en lo que se refiere a su sistema procedimental. No nos hemos ocupado,

[516] Véase STS de 26 de noviembre de 1984. Así, si no se acredita "que el cambio de centro de trabajo suponga un perjuicio en la formación profesional o en la dignidad de la trabajadora, que es lo que justifica la resolución contractual prevista en el art. 50.1 a) del ET en que se ampara la parte recurrente ... por tal razón ha de desestimarse el recurso formulado, sin perjuicio del resultado de la impugnación judicial que la trabajadora ha realizado del cambio de centro de trabajo en otro proceso" [STSJ Castilla-La Mancha de 21 de septiembre de 2021 (Rec. núm. 1034/2021)].

[517] Véase ALEMÁN PÁEZ, F., *La movilidad geográfica. Problemática social y régimen jurídico*, cit., pág. 122.

[518] Cfr. STSJ Madrid de 7 de mayo de 2012 (Rec. núm. 366/2012).

[519] Cfr. STSJ Aragón de 6 de febrero de 2017 (Rec. núm. 23/2017).

[520] Rec. núm. 366/2012.

[521] STS de 27 de diciembre de 1999 (Rec. núm. 2059/1999).

sin embargo, de todas aquellas ocasiones en las cuales lo que se discute es justamente la base de nuestra argumentación, esto es, si nos encontramos o no frente a un supuesto de movilidad geográfica "sustancial". El supuesto de hecho aquí es sencillo: el empresario notifica al trabajador un traslado, mas, como entiende que se trata de un supuesto de movilidad geográfica "débil", en uso de su poder de *ius variandi*, simplemente notifica al trabajador su obligación de empezar a prestar servicios en otro centro de trabajo, sin más explicaciones. Como es fácil suponer, esto, en la práctica, genera distintos problemas jurídicos, siendo el más especial de ellos el que se deriva de la hipotética opción del trabajador de extinguir de manera indemnizada su contrato.

Y es que, el hecho de que el empresario, como manifestación de su poder de dirección, decida trasladar a uno de sus trabajadores en el entendimiento de que no se trata de un supuesto de movilidad geográfica "sustancial", conlleva importantes consecuencias jurídicas, en especial, cuando el operario entiende que sí nos encontramos frente a un supuesto de movilidad geográfica "intensa", y no frente a una movilidad geográfica de carácter "débil". De ahí que el propio art. 138.1 LJS afirme que la modalidad procesal que instaura "se iniciará por demanda de los trabajadores afectados por la decisión empresarial, aunque no se haya seguido el procedimiento de los artículos 40, 41 y 47 del Estatuto de los Trabajadores"[522].

En estas ocasiones la práctica de nuestros tribunales laborales nos muestra que suelen darse dos clases de escenarios, perfectamente diferenciables entre sí. En un primer momento, cabe que el trabajador acepte que, en efecto, no se trata de un traslado, y sí de un supuesto de movilidad geográfica "débil", y, actuando en consecuencia, se decante por el recurso a los arts. 39 o 41 ET, denunciando que se trata de un supuesto de movilidad funcional o de modificación sustancial de las condiciones de trabajo. Ya sabemos, empero, que la acción a ejercitar tendría pocos visos de prosperar judicialmente. Si el empresario se limita simplemente a trasladar al trabajador, novando el contrato de manera objetiva únicamente en lo referente a su aspecto locativo, no cabe acudir como recurso procesal a los supuesto de movilidad funcional o modificación sustancial de condiciones de trabajo, ya que ni existe una movilidad en la realización de funciones, ni cabe encajar los traslados en lo dispuesto en el art. 41 ET, al declarar su apartado 7 que "en materia de traslados se estará a lo dispuesto en las normas específicas establecidas en el artículo 40".

En un segundo escenario, cabe que el trabajador estime que, pese a todo, nos encontramos frente a un traslado de los que habla el art. 40.1 ET. Pues bien, en tales ocasiones la opción más factible es que se acuda al procedimiento del art. 138 LJS (recuérdese que, según su apdo. 1, "El proceso se iniciará por demanda de los trabajadores afectados por la decisión empresarial, aunque no se haya seguido el procedimiento de los artículos 40"), solicitando que se declare como injustificada o nula la decisión empresarial. O, siempre bajo ese entendimiento, cabe también que el trabajador llegue a la conclusión de que incluso puede extinguir su contrato de acuerdo con las opciones que le otorga la norma estatutaria. Y aquí es donde comienzan los problemas.

Como ya sabemos, las causas de extinción del contrato de trabajo se contienen en el art. 49 ET. Más en concreto, resulta ser su apdo. 1 el que, tras comenzar señalando que "el contrato de

522 Véanse, al respecto, STSJ Castilla-La Mancha de 11 de febrero de 2016 (Rec. núm. 644/2015).

trabajo se extinguirá...", relaciona los distintos supuestos que el Legislador ha entendido que suponen la extinción del contrato de trabajo, en una lista que llega hasta la letra m). Aparentemente se trata de un elenco de carácter cerrado, en el que se contienen todas las causas de extinción del contrato de trabajo, pero lo cierto es que no es así.

El primer ejemplo de que no es así lo proporciona el art. 41 ET. Tratándose de modificación sustancial de las condiciones de trabajo, el precepto permite al trabajador (tras serle notificada la medida empresarial) rescindir su contrato, siempre y cuando: uno, resulte perjudicado por la modificación sustancial; y, dos, se trate de una modificación que afecte a su jornada de trabajo, horario y distribución del tiempo de trabajo, régimen de trabajo a turnos, sistema de remuneración y cuantía salarial, o a sus funciones, cuando excedan de los límites que para la movilidad funcional prevé el art. 39. No obstante, esta no es la única opción extraordinaria de extinción, pues otra de esas manifestaciones extramuros del art. 49 ET sabemos que la proporciona el art. 40.1 del texto normativo.

Conviene recordar que, de acuerdo con el art. 40.1 ET, el empresario, siempre que existan razones económicas, técnicas, organizativas o de producción (o bien por contrataciones referidas a la actividad empresarial), puede trasladar a sus trabajadores. En este caso, la norma posibilita al trabajador optar "entre el traslado, percibiendo una compensación por gastos, o la extinción de su contrato, percibiendo una indemnización de veinte días de salario por año de servicio, prorrateándose por meses los periodos de tiempo inferiores a un año y con un máximo de doce mensualidades". Se trata, por lo tanto, de una posibilidad legal esta de extinguir el contrato de trabajo que no se contempla en el listado del art. 49.1 ET y que, además (ya lo hemos destacado en su momento), no puede identificarse ni con la que se recoge en el art. 41 ET, ni con la relacionada en su letra j), esto es, "por voluntad del trabajador, fundamentada en un incumplimiento contractual del empresario". En el primer caso, porque, a diferencia del mismo –que exige que exista una modificación sustancial y, también, que el trabajador resulte perjudicado por la misma en materia de jornada de trabajo, horario y distribución del tiempo de trabajo, régimen de trabajo a turnos, sistema de remuneración y cuantía salarial y funciones (cuando excedan de los límites que para la movilidad funcional prevé el art. 39)[523]–, la extinción por movilidad geográfica tiene carácter meramente objetivo, bastando con que el empresario la notifique al trabajador para que este pueda optar por la extinción. Y, en el segundo caso, aparte de idénticas razones, por el simple hecho de que la movilidad geográfica no se contempla como una de las causas justas para que el trabajador pueda solicitar la extinción del contrato que se contiene en el art. 50.1 ET.

Resulta así, en suma, que el art. 40.1 ET configura un supuesto particular de extinción contractual, que no ha encontrado acomodo en el específico precepto de la norma estatutaria destinado a ello y que presenta unas características que lo aproximan sin duda (aunque sin plena identificación) a las distintas causas de extinción del contrato de trabajo por causas objetivas a las que se refiere la letra l) del art. 49.1 ET, y que se regulan en sus arts. 52 y siguientes[524]. Porque,

---

523 Cfr. art. 41, apdos. 1 y 3, ET.

524 Ya dijimos en su momento que para el TJUE no cabe "negar el carácter comparable de las situaciones de los trabajadores que hayan optado por la extinción de sus contratos de trabajo de conformidad con el artículo 40 del Estatuto de los Trabajadores, por una parte, y de los trabajadores cuyos contratos

a la vista de la literalidad del art. 40.1 de la norma estatutaria, resulta que la extinción del contrato por movilidad geográfica no es más que un nuevo supuesto de extinción del contrato de trabajo por causas objetivas, aunque en esta ocasión, por decisión personal del trabajador, que decide así acogerse a la posibilidad que le ofrece la norma.

Y así debe ser por la sencilla razón de que, al igual que sucede con las distintas causas de extinción recogidas en el art. 52 ET, la movilidad geográfica, por sí misma, habilita al trabajador a extinguir su contrato de trabajo, aunque para ello deberá tratarse, lógicamente, de un verdadero supuesto de movilidad geográfica, de una movilidad geográfica "sustancial", porque no todo traslado se configura necesariamente como movilidad geográfica, en el sentido establecido por el art. 40.1 ET. De ahí que, para que podamos hablar propiamente de esta clase de movilidad, la norma impone de manera expresa que la medida empresarial "exija cambios de residencia", ya que, en caso contrario, no se tratará de una medida de movilidad geográfica de las que contempla el art. 40 ET, y sí del legítimo uso del *ius variandi* empresarial, que, de acuerdo con los arts. 5 c) y 20.1 ET, habilita al empresario para variar el lugar de prestación de servicios del trabajador.

Siendo así, no es de extrañar que la jurisprudencia venga concluyendo desde hace años que debe atribuirse "al regular ejercicio de las facultades directivas del empresario el tomar decisiones sobre movilidad geográfica que no determine necesaria variación del domicilio"[525]. Como quiera "que existe un espacio de movilidad sin regulación legal, ya que el art. 39 ET solo disciplina los supuestos de movilidad funcional y el art. 40 los de movilidad geográfica que exigen el cambio de residencia, algún sector de la doctrina científica, ha optado por incluir los cambios de puesto de trabajo desde un centro a otro sito en la misma localidad, como supuestos de movilidad funcional. Pues bien, tanto si se extiende dicha calificación de movilidad funcional [a los citados cambios de centro], como si califica a estos, más propiamente, como casos de movilidad geográfica lato sensu, débil, o no sustancial por no llevar aparejado el cambio de residencia, es lo cierto que, en cualquier caso, quedan excluidos del art. 40 ET y deben ser incardinados en la esfera del *ius variandi* del empresario»"[526].

Nos encontramos, así pues, con la necesidad de diferenciar un poder empresarial "que hemos de entender —con autorizada doctrina— como «*ius variandi*» común, en tanto que facultad de especificación de la prestación laboral y de introducir en ella modificaciones accidentales, frente al especial que supone acordar las modificaciones sustanciales a que se refiere el art. 41 ET. Es más, para tales supuestos la doctrina unificada incluso ha mantenido —aunque la cuestión no sea pacífica en doctrina— que los supuestos de movilidad geográfica «débil», sin cambio de residencia, ni tan siquiera pueden dan lugar a indemnización o compensación que no tenga origen en pacto colectivo o individual"[527]. Por lo tanto, determinar en cada caso si el traslado encaja o no en la disciplina del art. 40.1 ET resulta de especial trascendencia para el trabajador, habida cuenta del

---

de trabajo se hayan extinguido de conformidad con los artículos 50 a 52 de ese mismo Estatuto" (STJUE de 28 de junio de 2018, Caso E. S. C. H. contra Fondo de Garantía Salarial).

[525] Véase STS de 26 de abril de 2006 (Rec. núm. 2076/2005).

[526] Véase STS de 18 de junio de 2020 (Rec. núm. 124/2018). En este mismo sentido, véase STS de 27 de diciembre de 1999 (Rec. núm. 2059/1999).

[527] Véase STS de 26 de abril de 2006 (Rec. núm. 2076/2005). Y aplicando su doctrina véase, entre otros ejemplos, STSJ Cataluña de 21 de marzo de 2013 (Rec. núm. 1245/2012).

amplio abanico de posibilidades que se le abre, una vez que el empresario ha tomado la decisión de variar su centro de trabajo.

Ya hemos visto lo que sucede cuando el empresario notifica al trabajador el cambio de centro de trabajo asumiendo que se trata de un traslado conforme a lo dispuesto en el art. 40.1 ET. Mas puede suceder igualmente que la decisión empresarial se notifique bajo la apariencia del *ius variandi*, es decir, al trabajador se le traslada la necesidad de cambio de centro de trabajo en el entendimiento de que, debido a las circunstancias particulares del traslado, no cabe ser considerado como un supuesto de movilidad geográfica de los contemplados en el art. 40.1 ET, no guardando por eso mismo el empresario las prevenciones legales al respecto. En estas ocasiones podría parecer que el trabajador, en el entendimiento (acertado o no) de que la decisión empresarial enmascara un verdadero supuesto de movilidad geográfica "sustancial", cuenta con todas las herramientas legales que le proporciona el art. 40.1 ET. Sin embargo, en realidad no es así; o, incluso, aun siéndolo de manera hipotética, el trabajador se arriesga a ver su contrato extinguido por despido disciplinario.

La primera precisión al respecto tiene que ver con un precepto adjetivo conocido, el art. 138 LJS, donde se regula la modalidad procesal de movilidad geográfica. Dice su apartado 1, en lo que aquí interesa, que "el proceso se iniciará por demanda de los trabajadores afectados por la decisión empresarial, aunque no se haya seguido el procedimiento de los artículos 40 [...] del Estatuto de los Trabajadores", lo cual —y esto es importante resaltarlo— resulta una novedad introducida en nuestra legislación adjetiva laboral por la LJS, que no se contemplaba en la antigua LPL, que se limitaba a señalar (por ejemplo, en el texto publicado en 1995) que "el proceso se iniciará por demanda de los trabajadores afectados por la decisión empresarial, que deberá presentarse en el plazo de los veinte días hábiles siguientes a la notificación de la decisión". Este hecho llevó al Tribunal Supremo en su momento a distinguir entre dos posibilidades, según se hubieran seguido los postulados del art. 40.1 ET a la hora de proceder al traslado del trabajador, habida cuenta la problemática que suscitaba la escueta referencia normativa, donde no se aclaraba qué sucedía cuando el empresario hubiera procedido al traslado del trabajador con olvido de lo dispuesto en el precepto.

Señalaba así el Tribunal Supremo que "la resolución del problema está relacionada con la naturaleza de la medida adoptada por el empleador, de modo que si la misma se ha tomado en el ámbito de aplicación del artículo 40 del Estatuto de los Trabajadores (ET) no cabría recurso [...], en tanto que si aquel no tomó su decisión en tal esfera, siguiendo el procedimiento legalmente señalado, sí existe recurso"[528]. La razón no era otra que el hecho de que "el proceso especial regulado en el art. 138 LPL tiene como presupuesto la existencia real de modificaciones sustanciales de trabajo [o movilidades geográficas] [...], de modo que cuando no se cumplen por el empleador las exigencias formales del precepto [...], no puede entenderse que la medida se ajusta a lo establecido en el art. 41 [o 40] del ET, siendo entonces el proceso ordinario el adecuado para reclamar frente a la medida y no el especial del art. 138 LPL"[529]. Es decir, que la decisión patronal podrá considerarse como movilidad geográfica a efectos procesales y sustantivos, solo en la medida en que pueda ser reconocible o identificada como tal, por haberse

528 STS de 18 de diciembre de 2007 (Rec. núm. 148/2006).

529 STS de 18 de diciembre de 2007 (Rec. núm. 148/2006).

adoptado cumpliendo las exigencias de forma del art. 40 ET, ya que entonces "si será obligada su impugnación por la modalidad procesal del art. 138 LPL [...], [pero] en caso contrario la acción habrá de seguir el cauce del procedimiento ordinario"[530].

En definitiva, antes de la reforma operada por la LJS en la modalidad procesal de movilidad geográfica, "el proceso especial regulado en el art. 138 LPL tenía como presupuesto la existencia real de [...] movilidad geográfica [...], de modo que cuando no se cumplían por el empleador las exigencias formales [del art. 40.1 del ET, era] entonces el proceso ordinario el adecuado para reclamar frente a la medida"[531]. En cambio, la redacción actual de la LJS "opta por la solución de reconducir a la modalidad procesal especial la impugnación individual [...] de las mencionadas decisiones con independencia de si el empresario ha seguido o no el procedimiento previsto legalmente para ello"[532]. De este modo, "contra el criterio manifestado en su día por STS de 18 de diciembre de 2007 el Legislador ha preferido por llevar a esta modalidad procesal toda reclamación en materia de traslados, modificación de condiciones de trabajo, suspensión y reducción de jornada"[533].

Y así debería ser. Es muy sencillo, basta con un mero silogismo jurídico. Si el art. 138 LJS afirma ahora que el proceso se iniciará por demanda de los trabajadores afectados por la decisión empresarial, aunque no se haya seguido el procedimiento del art. 40 ET, y si la jurisprudencia, en aplicación de lo dispuesto en el art. 138 LPL (que no hacía mención alguna al procedimiento), bifurcaba el proceso adecuado, dependiendo de si el empresario había seguido o no las formalidades del precepto estatutario; si atendemos a todo ello –repetimos–, resulta evidente que la intención del Legislador no fue otra más que unificar el procedimiento, otorgándole al trabajador la posibilidad de acudir a la urgencia y preferencia de la modalidad procesal en cualquier caso, siempre que se produzca un cambio de centro de trabajo, precisamente por las consecuencias que de ello pueden derivar para el mismo trabajador, con independencia de que pueda ser considerado como traslado. El trabajador necesita saber con prontitud si su cambio de centro de trabajo resulta un supuesto de movilidad geográfica "sustancial" o no; y, de ahí, la modificación legal, que permite al trabajador acudir a esa modalidad especial, en todos los casos en los que el empresario haya decidido cambiarlo de centro de trabajo. Cuestión distinta es que luego en el pleito se descarte dicha posibilidad, pero precisamente para ello se establece la opción normativa.

La jurisprudencia de unificación, sin embargo, no parece asumir esa finalidad del precepto, por cuanto sigue utilizando el mismo criterio que venía aplicando antes de la

---

530 STS de 18 de diciembre de 2007 (Rec. núm. 148/2006). Y así lo venían entendiendo igualmente la jurisprudencia de suplicación, v. gr., STSJ Cataluña de 16 de abril de 2010 (Rec. núm. 1398/2009).

531 Véase DE LA PUEBLA PINILLA, A., "Comentario al art. 138 de la LRJS", en MERCADER UGUINA, J. R. (dir.), *Ley Reguladora de la Jurisdicción Social comentada y con jurisprudencia*, La Ley (Madrid, 2015), pág. 138. En consecuencia, "las acciones frente a los supuestos de movilidad geográfica no sustancial o débil no están sujetas al plazo de caducidad alguno y sí solo al general de prescripción de 1 año que establece el artículo 59.1 del Estatuto para todas las acciones derivadas del contrato de trabajo que no tengan señalado plazo especial»" [STS de 16 de abril de 2003 (Rec. núm. doctrina 2257/2002)].

532 Véase DE LA PUEBLA PINILLA, A., "Comentario al art. 138 de la LRJS", cit., pág. 138.

533 Véase LUJÁN ALCARAZ, J., "Judicialización de las medidas de flexibilidad interna", en *Revista de Derecho Social y Empresa*, núm. 9, 2018, pág. 13.

entrada en vigor de la LJS. Así sucede, por ejemplo, con una STS de 26 de febrero de 2014[534], en la que la cuestión litigiosa venía provocada por el cambio de trabajo de "una Técnico Superior en Educación Infantil, que venía prestando servicios en la localidad de Jaén, a la que se le comunica que tenía que incorporarse a su plaza titularizada [...] en el C.E.I.P. Nuestra Señora del Castillo de Vilches", y que fue tramitada como un proceso de movilidad geográfica de los regulados en el art. 138 LJS. Sin embargo, el Tribunal Supremo, siquiera admita que "conforme a la norma sustantiva, las órdenes empresariales de movilidad geográfica –traslados y desplazamientos– se impugnan ante la jurisdicción social a través del art. 138 LRJS", entiende que "los aspectos que abarca el proceso son los relativos a la movilidad geográfica del art. 40 ET". De esta manera, "en el presente caso, no obstante formularse demanda en reclamación por «traslado», lo cierto es que no estamos ante un supuesto de movilidad geográfica que haya de tramitarse por la modalidad especial", pues "la actora [...] ha venido prestando servicios [...] en virtud de las órdenes de desplazamiento temporales [... que, aunque sucesivas, ninguna de ellas supera el plazo de un año", por lo tanto, "la impugnación de la reincorporación a la plaza de la que es titular la actora, no tiene encaje en la modalidad procesal regulada en el art. 138 de la LRJS", debiendo estimarse "la excepción alegada por la demandada de inadecuación de procedimiento debiéndose seguir por los trámites de juicio ordinario".

En consecuencia, a día de hoy la movilidad geográfica "débil" debe transcurrir por las reglas del proceso ordinario y la movilidad geográfica "sustancial", por las de la modalidad procesal del art. 138 LJS, debiendo entenderse la mención del art. 138.1 LJS relativa a aquellos supuestos en que "no se haya seguido el procedimiento" del art. 40, como comprensiva de aquellos traslados o desplazamientos (esto es, de movilidad geográfica "sustancial" no discutida) en los que se hayan obviado cualquiera de sus requisitos de forma. Así lo entiende, por ejemplo, una STSJ Castilla-La Mancha de 11 de febrero de 2016[535], destacando que ante un supuesto de movilidad geográfica "sustancial", "aunque no consta que la decisión de traslado haya sido notificada a los representantes legales de la empresa ni que se haya respetado el plazo de antelación mínima de 30 días a la fecha de su efectividad, como establece el párrafo segundo del art. 41.1 del ET, la pretensión ha de tramitarse por la vía del art. 138 de la LRJS, no siendo susceptible de recurso de suplicación", siendo para tal conclusión "irrelevante que el demandante acumule en su demanda una pretensión de movilidad geográfica y otra de vulneración de derechos fundamentales..., pues ello no implica cambio alguno en las reglas reguladoras del acceso al recurso de suplicación".

Obviamente, no compartimos esa doctrina, pero sí la del voto particular que acompaña la STS de 26 de febrero de 2014, que hemos analizado anteriormente y que, de manera sucinta, finaliza del siguiente modo su oposición a la doctrina contenida en la sentencia frente a la que muestra su legítima discrepancia jurídica: "hay algo incuestionable: el lugar donde prestaba servicios la trabajadora ha cambiado como consecuencia de una orden del empleador, que, ajustada o no a Derecho, es una decisión de movilidad geográfica que se

[534] Rec. núm. 652/2013. Y con jurisprudencia posterior que mantiene casi sin fisuras dicha doctrina, v. gr., SSTS de 12 de marzo de 2019 (Rec. núm. 1160/2017), 21 de mayo de 2020 (Rec. núm. 326/2018) y 29 de abril de 2021 (Rec. núm. 299/2019).

[535] Rec. núm. 644/2015.

impugna por la vía del art. 138 LRJS". Y es que "el procedimiento aplicable viene determinado por el objeto de la pretensión ejercitada" y esta, en el presente caso, consiste en que "se declare injustificada la decisión de trasladarme al Colegio Público Ntra. Sra. del Castillo de Vilches con reconocimiento a ser repuesta en mis anteriores condiciones de trabajo, así como al abono de los gastos producidos por mi traslado diario desde Jaén donde resido a Vilches", por lo que "la demanda se ha formulado expresamente por el cauce del procedimiento de movilidad geográfica con expresa mención del art. 138 de la LRJS y alegando que se ha realizado un traslado con cambio de residencia". A la vista de todo ello, para el magistrado que formula el voto particular "no me parece dudoso que el procedimiento adecuado para sustanciar la pretensión ejercitada es el de movilidad geográfica que regula el art. 138 de la LRJS", ya que "el término movilidad geográfica es más amplio que el término traslado forzoso, pues comprende no solo este tipo de decisiones empresariales, sino también los desplazamientos temporales y, en principio, cualquier orden del empresario que implique un cambio relevante en el lugar de ejecución del contrato de trabajo".

Es más, si de acuerdo con el art. 80.1 a) LJS, en la demanda deben expresarse, entre otros extremos, "la modalidad procesal a través de la cual entienda que deba enjuiciarse su pretensión", y si, además, como señala la propia Sala de lo Social del Tribunal Supremo, "con relación a la concreción de la modalidad procesal idónea y, por ende, el cauce de recurribilidad correlativo, el punto de partida se ha venido situando en la propia pretensión ejercitada independientemente de la denominación que el actor le haya dado [...], siendo determinante a estos efectos el diseño efectuado por el Legislador en el art. 102 LJS al decir: Se dará al procedimiento la tramitación que resulte conforme a la modalidad procesal expresada en la demanda. No obstante, si en cualquier momento desde la presentación de la demanda se advirtiere la inadecuación del procedimiento seguido, se procederá a dar al asunto la tramitación que corresponda a la naturaleza de las pretensiones ejercitadas, sin vinculación necesaria a la modalidad elegida por las partes y completando, en su caso, los trámites que fueren procedentes según la modalidad procesal adecuada, con aplicación del régimen de recursos que corresponda a la misma"[536]. Si prestamos atención a todo ello, decimos, se puede producir una clara situación de indefensión, ya que, si el cambio de modalidad se produce en un momento anterior a la celebración del pleito, resulta que se estará prejuzgando el resultado del enjuiciamiento[537].

Sea como fuere, si atendemos al criterio judicial en unificación de doctrina, lo más conveniente, cuando se produzca un cambio de centro de trabajo, si queremos atacar la medida con el fin de que se declare injustificada o nula sería acudir a la modalidad procesal de movilidad geográfica. Por dos razones esenciales: la primera es que así podemos evitar una hipotética declaración de caducidad de la acción, que en estos casos se sitúa en los veinte días hábiles[538], si finalmente se entiende que la medida empresarial resulta incardinable

[536] STS de 21 de mayo de 2020 (Rec. núm. 326/2018).

[537] Supuesto que el pleito haya llegado a suplicación.

[538] "Desde ese plano procedimental, el soporte jurisprudencial para otorgar respuesta a la cuestión casacional deducida puede inferirse, entre otras, de la STS IV 3.04.2007, rcud. 4266/2005, al expresar que el trabajador no ha tenido que cambiar de residencia y percibe los pluses de desplazamiento y transporte. Se trata de un desplazamiento y no de un traslado, no siendo aplicable por tanto el art. 138 de la Ley de Procedimiento Laboral, ni el plazo de 20 días que en dicho precepto se establece. A esta conclusión se

en el art. 40.1 ET. Y la segunda es que, como hemos visto, en cualquier momento del proceso la demanda se puede reconducir al proceso ordinario, sin merma de, por lo tanto, posibilidad alguna de impugnación, al encontrarnos en todo caso dentro del plazo legal, bien de veinte días, bien de un año.

El problema se plantea, empero, cuando el trabajador decide que la medida empresarial lo legitima para extinguir el contrato de trabajo, al presumir que se trata de una movilidad geográfica "sustancial" que le exige cambio de residencia, aunque con defectos (por la razón que sea) de forma. Esta podría ser la secuencia temporal: el empresario notifica al trabajador su nuevo destino profesional, en distinto centro de trabajo, sin más, sin referirse en ningún momento a la posibilidad de que se trate de un supuesto de movilidad geográfica de los recogidos en el art. 40.1 ET, asumiendo el traslado como manifestación de su poder de *ius variandi*, pero el trabajador no lo entiende así y decide que sí, que es un traslado, y que, por ello mismo, tiene derecho a extinguir su contrato con la indemnización legal correspondiente, por lo que se lo comunica al empresario y deja su puesto de trabajo. Lógicamente, ante esta situación, el empresario decidirá despedir al trabajador, bien por desobediencia, bien por ausencias injustificadas al trabajo[539]. Por lo tanto, la cuestión a resolver ahora no es otra que el encaje de esa situación en la respuesta normativa —tanto material como adjetiva— a tales interrogantes, atendiendo para ello a la doctrina judicial recaída al respecto.

Y el panorama con el que se puede encontrar el confiado trabajador es que le ha sido notificada por el empresario una orden de cambio de centro de trabajo y aquel, creyendo legítimamente que se trata de un supuesto de movilidad geográfica "sustancial", opta por extinguir el contrato, pero el empresario, o bien le niega el derecho a ello, o bien lo despide disciplinariamente. En cualquiera de los dos casos, que se pueden producir alternativa, sucesiva o simultáneamente, la opción que le queda al trabajador no es otra que el recurso a los tribunales laborales. Porque, en definitiva, se trata, en esencia, de la misma situación en la que se encuentra aquel trabajador que quiere extinguir el contrato por causa de alguno de los incumplimientos contractuales a los que se refiere en el art. 50 ET, aunque con una diferencia sustancial: mientras que esta última extinción resulta ser meramente causal, la que acoge el art. 40.1 ET acontece *ope legis*, por el mero de hecho de haber trasladado al trabajador.

Recapitulemos. Frente a una orden de movilidad geográfica, en apariencia (o, cuando menos, en el entendimiento empresarial) "débil", al trabajador se le enfrentan las mismas opciones que si se tratase de un traslado. Ya sabemos que puede impugnar la decisión empresarial, solicitando que la medida se declare injustificada o nula, normalmente (según la jurisprudencia de unificación) mediante una demanda ordinaria, que cuenta con un plazo de prescripción de un año. Y, de igual manera, cabe que en el mismo proceso demande la extinción del contrato, tal y como expresamos con anterioridad, siendo factible (ahora quizá con mayor razón) compaginar las acciones de impugnación y extinción.

---

llegaba en la sentencia invocada al afirmar que «Si los artículos 59.4 del Estatuto y 138.1 LPL establecen el plazo de caducidad exclusivamente para los casos de movilidad geográfica del art. 40 ET y de modificaciones sustanciales de las condiciones de trabajo del art. 41, es claro que las acciones frente a los supuestos de movilidad geográfica no sustancial o débil no están sujetas a plazo de caducidad alguno y si solo al general de prescripción de un año que establece el art. 59.1 del Estatuto para todas las acciones derivadas del contrato de trabajo que no tengan señalado plazo especial»" [STS de 21 de mayo de 2020 (Rec. núm. 326/2018)].

[539] Al respecto, véase STSJ Cataluña de 12 de junio de 2023 (ECLI:ES:TSJCAT:2023:6293).

Es preciso poner de relieve, en cualquier caso, que el trabajador (como regla general) se encuentra obligado a desplazarse conforme a la orden dada por su empresario, sin perjuicio de iniciar el proceso judicial, para lo que, por cierto, contará, en principio —insistimos en ello—, con un plazo de prescripción de un año, si seguimos los postulados de la jurisprudencia de unificación, al tratarse (según esta jurisprudencia) de un pleito laboral ordinario, y sujeto a la regla del art. 59.1 ET. En cambio, según nuestro posicionamiento doctrinal, entendemos que los plazos procesales deben adaptarse a lo dispuesto en el art. 40.1 ET por las razones que ya avanzamos antes: cualquier modificación de centro de trabajo constituye un supuesto de movilidad geográfica, cuestión distinta es que posteriormente un juez o magistrado de lo social pueda decidir que se trata de un supuesto de movilidad geográfica "débil", y, por ello, no sujeto a las exigencias del art. 40.1 ET, al caer fuera de su ámbito de aplicación.

Volviendo a la opción del trabajador por la extinción *motu proprio*, la situación es la que ya indicamos: el trabajador, tras la notificación de traslado que el empresario entiende como "débil", decide que la norma le otorga capacidad extintiva y así se lo comunica al empresario, abandonando la empresa; o simplemente decide no volver a aparecer por su centro de trabajo y le solicita al empresario el abono de la indemnización debida. En estas ocasiones, el punto de inflexión lo marca la decisión empresarial, pudiendo aceptar la propuesta obrera y decidir que, en efecto, cabe la opción extintiva y le abona la indemnización que marca el art. 40.1 ET.

En cambio, en caso de negativa empresarial, al actor no le quedará más remedio que el recurso a los tribunales, solicitando la extinción de su contrato, con el fin de percibir la indemnización legal que le corresponda. La acción a ejercitar, empero, a la vista de la doctrina del Tribunal Supremo, no es otra que una ordinaria, no pudiendo acudir a la modalidad procesal de movilidad geográfica. Por lo tanto, siguiendo tal doctrina, el trabajador puede abandonar su puesto de trabajo y contará con el plazo de prescripción de un año para exigir judicialmente la extinción de su contrato[540]. A nuestro entender, sin embargo, al tratarse procesal (y materialmente) de una movilidad geográfica ("aunque no se haya seguido el procedimiento"), la acción extintiva cuenta con un plazo de caducidad de veinte días hábiles, ya que este plazo de caducidad se aplica a "las decisiones empresariales en materia de movilidad geográfica"[541] y empezará a contarse desde el momento en el que el empresario le notifica la decisión de traslado, de acuerdo con lo dispuesto en el art. 138.1 LJS.

Sea como fuere, lo cierto es que el supuesto más habitual aquí no es otro que aquel en el que el empresario no comparte la opinión obrera y, ante su ausencia en el trabajo, decide despedirlo disciplinariamente, porque, sin duda, el empresario puede decidir que el contrato se ha extinguido por dimisión o abandono o, incluso, que se trata de un supuesto de despido disciplinario. En este último caso, el empresario puede optar por dos clases de incumplimientos

---

[540] Así lo viene entendiendo el Tribunal Supremo desde hace décadas, concluyendo que no es "preciso que en la carta de despido se incluya la calificación jurídica de la falta laboral que se imputa —tal como pretende la parte actora en su recurso—, exigencia no contemplada en el Estatuto de los Trabajadores, ni tampoco en el Convenio Colectivo del sector, pues el requisito fundamental y básico en que se concreten suficientemente los hechos que se imputan, dado que la tipificación es de naturaleza jurídica y el órgano judicial ha de aplicar la que corresponda en función de los hechos probados". Cfr. SSTS de 13 de marzo de 1986 y 30 de enero de 1989. Son manifestaciones de este criterio, entre otras, las SSTSJ Galicia de 17 de noviembre de 2021, Rec. núm. 3834/2021, y 10 de octubre de 2022, Rec. núm. 4160/2022.

[541] Art. 59.4 ET.

contractuales. El que se tipifica en la letra a) del art. 54.2 ET ("faltas repetidas e injustificadas de asistencia o puntualidad al trabajo") o el que se encuentra ubicado en la siguiente letra del precepto ("indisciplina o desobediencia en el trabajo"). Téngase en cuenta, no obstante, que a la hora de despedir al trabajador el empresario únicamente debe incluir en la carta de despido los hechos que motivan su decisión y la fecha de efectos de la misma, ya que la calificación jurídica que merezcan los hechos que han motivado el despido debe efectuarla el juzgador de instancia, con independencia de la que se haya efectuado en la carta de despido[542], de tal manera que el trabajador pueda así conocer las razones del despido y pueda defenderse de los cargos que se le imputan de una manera eficaz[543]; por esto, los hechos que motivan el despido deben aparecer de una forma concreta, clara y precisa, pero sin que sea necesario el encaje de los mismos en alguna de las causas que se tipifican en el art. 54.2 ET[544].

Siendo así, el trabajador debería, de manera inmediata, en cuanto llegue a su conocimiento la decisión empresarial de despedir, impugnar el despido y solicitar judicialmente la extinción de su contrato de trabajo. Para esto último, como decimos, en principio cuenta con el plazo de caducidad de un año[545] –aunque a nuestro entender debiera ser de veinte días de caducidad desde la decisión empresarial de traslado–, no así, en cambio, con la acción de despido, que cuenta con un plazo indisponible de caducidad de veinte días hábiles[546]; por eso, entendemos conveniente anticipar la acción de extinción contractual al efecto de acumular ambas acciones en un mismo proceso. Porque, ahora ya sí, el art. 26.3 ET permite acumular en una misma demanda las acciones de despido y extinción del contrato[547]. Otra

---

[542] Y es que, "cuando se trata del ejercicio de la acción de despido la calificación del mismo no depende de lo que la parte diga o pida sino de lo que con arreglo a derecho proceda decir [...], correspondiendo esa calificación al órgano jurisdiccional y no a la parte [...] En relación con esta cuestión esta Sala del Tribunal Supremo tiene dicho desde antiguo, así en STS de 20 de diciembre de 1989 que «por despido se entiende la extinción del contrato de trabajo por decisión unilateral del empresario» y que la «posible diversidad de efectos o resultados no tiene otra causa o razón que la distinta calificación jurídica que corresponde aplicar a esa única extinción contractual, calificación que ha de efectuarse necesariamente en la sentencia que recaiga en ese proceso después del examen, valoración y enjuiciamiento de todas las alegaciones, pruebas y datos que obren en autos». En este mismo sentido la STS de 28 de octubre de 1987 ya había dicho que «la calificación jurídica correspondiente al despido del trabajador es misión exclusiva del Magistrado de Trabajo quien a la vista del resultado de las pruebas verificadas en el acto del juicio procederá a calificarlo en Derecho" [STS de 23 de marzo de 2005 (Rec. núm. 25/2004)].

[543] Lógicamente, en estos casos se debe "rechazar de plano que en el proceso de despido no pueda entrar a valorarse judicialmente el alcance de las comunicaciones remitidas al trabajador para determinar, en atención su contenido, si las mismas incorporan una orden o instrucción imperativa, o, por el contrario, no contienen un mandato, pues ello constituye presupuesto indispensable para poder dilucidar si se dan los elementos del tipo infractor por el que ha sido sancionado con el despido, habida cuenta que [...] el primer elemento imprescindible para poder hablar de desobediencia es la existencia de una instrucción u orden empresarial clara y concreta" [STSJ Canarias (Las Palmas) de 30 de abril de 2015 (Rec. núm. 558/2014)].

[544] Tal y como viene manifestando desde hace lustros el Tribunal Supremo, afirmando que el requisito formal del art. 55.1 ET no exige la calificación jurídica que merezcan los hechos que han motivado el despido [cfr. STS de 27 de febrero de 1986].

[545] "Si los artículos 59.4 del Estatuto y 138.1 LPL establecen el plazo de caducidad exclusivamente para los casos de movilidad geográfica del art. 40 ET y de modificaciones sustanciales de las condiciones de trabajo del art. 41, es claro que las acciones frente a los supuestos de movilidad geográfica no sustancial o débil no están sujetas a plazo de caducidad alguno y sí solo al general de prescripción de un año que establece el art. 59.1 del Estatuto para todas las acciones derivadas del contrato de trabajo que no tengan señalado plazo especial" [STS de 27 de diciembre de 1999 (Rec. núm. 2059/1999)].

[546] Cfr. art. 59.3 ET.

[547] Sobre la doctrina al respecto, véase STS de 19 de diciembre de 2018 (Rec. núm. 1054/2017).

opción, a la vista del distinto plazo procesal, es que el trabajador espere a la decisión del pleito por despido, pero creemos que no sería lo más aconsejable.

Y decimos que se trata de un riesgo innecesario, porque en dicho pleito se discutirá únicamente la adecuación de la decisión empresarial a lo dispuesto en el art. 54.2 ET, es decir, si los hechos imputados en la carta de despido alcanzan cotas de culpabilidad y gravedad suficiente que justifiquen la decisión empresarial, y entendemos que casi siempre será así, por una sencilla razón: el principio *solve et repete*. Aquí el trabajador es el que ha decido que puede dejar de ir a trabajar, porque su contrato ya se ha extinguido por su propia voluntad; mas no puede erigirse en definidor de sus propios derechos en referencia a la determinación de si nos encontramos frente a un supuesto de movilidad geográfica por su sola y simple decisión unilateral, por lo que tal conducta debiera entenderse incluida en el incumplimiento contractual grave y culpable previsto en el art. 54.2 a) y b) ET.

Se trata –insistimos de nuevo– de un riesgo innecesario. Lo mejor para el trabajador es que, sin abandonar su puesto de trabajo y cumpliendo la exigencia empresarial de cambio de centro de trabajo, en el plazo de veinte días hábiles desde la notificación empresarial interponga una demanda de extinción en proceso ordinario (la modalidad procesal del art. 138 la excluye la doctrina de unificación), solicitando la aplicación del art. 40.1 ET, con la consiguiente condena al empresario al abono de la indemnización legal correspondiente[548]. Porque, de otro modo, si decide abandonar la empresa –como hemos destacado–, corre el cierto riesgo de que se le extinga el contrato por despido disciplinario, de tal manera que solo le quedará el recurso a los tribunales para impugnarlo, siendo conveniente acumular a la acción de despido la de extinción contractual.

De este modo, puede suceder que el juzgador de que se trate decida que, en efecto, se trata de un supuesto de movilidad geográfica "sustancial" y que el trabajador tiene razón, que puede extinguir su contrato de trabajo, por lo que así deberá declararlo en su resolución, siempre de acuerdo con la doctrina en unificación acerca de esta concreta modalidad de acumulación de acciones, según la cual la estimación de la demanda de extinción, producirá como consecuencia la extinción del contrato de trabajo con efectos *ex nunc*, sin que deba "aplicarse el criterio cronológico procesal no excluyente [...], sino que a la hora de resolver que acción debe decidirse antes, hay que seguir un criterio cronológico sustantivo no excluyente, que dé prioridad al análisis y resolución de la acción que haya nacido antes, atendiendo

[548] Según una STSJ Galicia de 13 de abril de 2021 (Rec. núm. 381/2021), "[e]l invocado artículo 40 del Estatuto de los Trabajadores, ante un supuesto de movilidad geográfica, contempla la opción para el trabajador de extinguir su contrato, que en el supuesto de autos ha ejercitado. Y ante el ejercicio de esta opción lo que ha hecho la empresa es negar tal posibilidad, al entender que no se trataba de un traslado amparado en el art. 40 ET, reiterando al trabajador que debía incorporarse al nuevo centro de trabajo el 1 de julio de 2020. Tal modo de proceder supondría dejar al arbitrio de la empresa la consideración de si el traslado en cuestión implica o no movilidad geográfica, lo que no resulta admisible, y sin perjuicio de que la empresa pueda mantener su negativa a considerar la existencia de movilidad geográfica, lo que no puede hacer es impedir que el trabajador pueda ejercitar un derecho y dirimir ante los Tribunales su pretensión. De ahí que no podamos compartir la decisión adoptada por la sentencia de instancia al acoger la falta de acción para la extinción indemnizada. Pues si bien el demandante, que ha optado por la extinción de su relación laboral, no puede solicitar –como petición principal en su demanda– el derecho a seguir desempeñando sus funciones en su puesto de trabajo con las mismas condiciones que mantenía a la fecha de 30 de junio de 2020, al quedar dicha relación extinguida a petición del propio accionante, sin embargo mantiene su derecho a solicitar la indemnización por la extinción, a la que, expresamente, optó el mismo, al amparo del repetido artículo 40 del ET".

al hecho constitutivo de la misma, si bien su éxito no impedirá el examen, y decisión en su caso, de la otra acción [...] Con ello se evitan decisiones procesales de la parte demandante tendentes, mediante el simple mecanismo de dilatar breves días la reacción frente al despido, a dar prioridad a la acción de extinción por el mero hecho de ejercitarla antes"[549]. Por lo tanto, la "norma que permite acumular las dos acciones obliga no solo a acumular, sino también a debatir las dos demandas y a resolverlas, para evitar tener que reproducir un nuevo pleito que chocaría con la previsión de acumulación del precepto, si se resolviera solo la primera y el signo del recurso fuera contrario a la decisión de instancia"[550]; y, puesto que el precepto procesal deja sin concretar cuál de las dos acciones ejercitadas, la resolutoria o la de despido, debe resolverse antes, así como la incidencia que sobre la segunda acción produzca lo resuelto sobre la primera, es necesario establecer pautas o criterios generales de carácter orientativo, que serán "diferentes, distinguiendo los supuestos en que las causas de las dos acciones sean las mismas de aquellos otros en que el incumplimiento empresarial alegado para fundar la voluntad resolutoria del trabajador nada tenga que ver con la falta que se impute a este en la carta de despido, es decir, cuando las causas de una y otra acción sean independientes"[551].

En definitiva, cuando "las dos acciones que se ejercitan están fundadas en las mismas causas o en una misma situación de conflicto, la sentencia de instancia debe analizar conjuntamente ambas acciones y las conductas subyacentes; pero ello no excluye, que deban quedar indemnes las garantías que, respecto a alegaciones, prueba y conclusiones, se hallan establecidas para el proceso de despido; ni quiere decir que haya de decidirse las dos acciones a la vez, sino que la sentencia debe dar repuesta en primer lugar a la que acción que considere que está en la base de la situación del conflicto y luego habrá de pronunciarse también sobre la segunda acción y emitir el pronunciamiento correspondiente para determinar las indemnizaciones, en caso de que éstas procedan" [552]. Por el contrario, "cuando las causas de una y otra acción son independientes, es posible el análisis autónomo de una y otra conducta y, por tanto, la fijación del orden a seguir en la respuesta a las indicadas acciones. Normalmente, ello conduciría a resolver en primer término la acción resolutoria, en tanto que ejercida con anterioridad a que se hubiera producido el despido, y luego la acción de despido, produciendo consecuencias el eventual éxito de la primera, en la condena que se impusiera de ser también acogida la segunda. A la hora de resolver qué acción debe decidirse antes, hay que seguir un criterio cronológico sustantivo no excluyente, priorizando al análisis y resolución de la acción que haya nacido antes, atendiendo al hecho constitutivo de la misma, si bien su éxito no impedirá el examen, y decisión en su caso, de la otra acción. Con ello se evitan decisiones procesales de la parte demandante tendentes, mediante el simple mecanismo de dilatar breves días la reacción frente al despido, a dar prioridad a la acción de extinción por el mero hecho de ejercitarla antes" [553]. Y como quiera "que la acción de extinción produce efectos *ex nunc* (es decir, es declarativa y produce efectos solo desde la fecha de la sentencia que la estima) los demandantes

[549] Véase STS de 23 de junio de 2021 (Rec. núm. 2229/2018).

[550] Ídem.

[551] Ídem.

[552] Ídem.

[553] Ídem.

además del derecho a percibir la indemnización prevista en la Ley, y dado el perjuicio sufrido por culpa del empresario que les había impedido continuar trabajando como consecuencia del despido declarado en la sentencia improcedente, tenían derecho también a que se les reparase aquel perjuicio, mediante la condena al pago de salarios de tramitación, desde la fecha del despido hasta la de la sentencia de instancia [...], sin que a ello obste que en dicho período no haya existido prestación de servicios por una decisión empresarial calificada como no ajustada a Derecho [...], y, en segundo lugar, la declaración de extinción del contrato por tal causa impone que la calificación del despido como improcedente no permita el ejercicio del derecho de opción por parte de la empresa"[554].

Esta solución "no entra en contradicción con el art. 56.2 ET que circunscribe la obligación de pago de los salarios de tramitación derivados de la declaración de improcedencia del despido al supuesto en que el empresario opte por la readmisión, pues en este caso no cabe esa alternativa y la decisión adoptada no encuentra fundamento en el citado precepto, pensado para la hipótesis de que el trabajador haya ejercitado únicamente la acción de despido, sino en los efectos derivados de la estimación de las demandas acumuladas de extinción del contrato por incumplimiento empresarial y de despido y a su necesaria acomodación. Entenderlo de manera distinta significaría privar prácticamente de eficacia jurídica al pronunciamiento estimatorio de la pretensión resolutoria deducida por el trabajador, de cuyas consecuencias quedaría exonerada la empresa en razón de una actuación unilateral e injustificada, lo que no resulta admisible"[555]. Pero sí con el art. 40.1 ET, de tal manera que, a nuestro entender, la única diferencia con respecto a la doctrina sostenida por el Tribunal Supremo (relativa a la extinción causal del art. 50 ET) se refiere únicamente a la cuantía de la indemnización debida, que deberá adecuarse a los postulados del art. 40.1 ET, por lo que al prosperar la acción resolutoria, el trabajador tiene derecho a la indemnización propia de la movilidad geográfica, y al resultar improcedente el posterior despido, como el trabajador vio impedida su continuidad en la prestación de servicios (hasta que el juzgado hubiera apreciado la existencia de causa extintiva), hay que resarcir el perjuicio que ello comporta, siempre y cuando el trabajador haya continuado prestando servicios tras la decisión empresarial, lo que no sucederá en el caso que nos ocupa, en el que el trabajador ya decidió en su momento abandonar la empresa.

Esta, en esencia, debería ser el acontecer normal de una decisión empresarial de lo que entiende como movilidad geográfica "débil", frente a la que se opone el trabajador, que proclama como "sustancial". La realidad judicial nos muestra, sin embargo, que la mejor decisión que puede adoptar el trabajador quizá no sea abandonar su puesto de trabajo. Cuando el trabajador deja la empresa, al entender que le asiste el derecho a extinguir su contrato por movilidad geográfica y decide posteriormente, ante la negativa o pasividad empresarial, que se le abone la indemnización legal correspondiente, lo más normal es que ejercite la acción extintiva cuando ya ha dejado de prestar servicios en la empresa, bien de manera expresa (lo que se puede interpretar perfectamente como una dimisión), bien de manera tácita (se trataría así de un abandono); es decir, que sea cual sea la opción el contrato, en el momento de interponer la demanda se encontraría extinguido. En tales circunstancias, como se sabe,

554 Ídem.

555 Ídem.

los tribunales vienen entendiendo, por regla general, que no cabe ejercitar acción alguna al no existir ya el contrato, por lo que el trabajador carecería de opción.

Así venía siendo aceptado por la jurisprudencia desde hace décadas, en particular, en relación con las extinciones basadas en el art. 50 ET. En este sentido, para una STS de 22 de mayo de 2000[556], "el éxito de la acción basada en el artículo 50 del Estatuto de los Trabajadores exige que el contrato esté vivo en el momento de dictarse la sentencia [...]. Ha de tenerse en cuenta el carácter constitutivo que la sentencia tiene en estos supuestos en los que, de prosperar la acción, se declara extinguido el contrato en la misma fecha en la que se dicta. Y este principio no se ve alterado por el hecho de que el trabajador haya sido despedido, después de presentada la papeleta de conciliación y antes de celebrarse el juicio [...]. Durante el período que media entre la presentación de la demanda de extinción y la fecha del juicio el trabajador puede ser despedido si ha realizado actos que merezcan tan grave sanción".

Pero con relación a la movilidad geográfica ya sabemos que "notificada la decisión de traslado, el trabajador tendrá derecho a optar entre el traslado, percibiendo una compensación por gastos, o la extinción de su contrato", lo que viene a significar que la norma "no condiciona dicho derecho a la previa impugnación de la decisión empresarial ante la jurisdicción competente, sino que habilita al trabajador a rescindir directamente su contrato sin necesidad de esperar la confirmación judicial de que la medida adoptada es correcta"[557]. Sin embargo, aquí no existe a priori una decisión de movilidad geográfica, simplemente (siempre en apariencia) una orden empresarial de cambio de centro de trabajo, por lo que cabría entender que nos encontramos en presencia de una falta de acción, ya que en el momento de la presentación de la demanda extintiva el contrato puede no encontrarse ya vigente por decisión empresarial de despido.

En cualquier caso, la jurisprudencia reciente del Tribunal Supremo sostiene que, si bien "la vigencia de la relación laboral, en el momento en que el órgano judicial se pronuncia sobre la concurrencia de la causa alegada como justificativa de la extinción que se pretende, constituye, con carácter general, un presupuesto imprescindible para la viabilidad de la acción resolutoria, dado que dicha extinción del contrato se produce a virtud de la sentencia firme que declara que el empresario ha incurrido en la causa invocada [...], esa regla general no ha impedido que admitiéramos de manera excepcional la posibilidad de que la persona trabajadora afectada cese voluntariamente en la prestación de servicios al tiempo que formula demanda de extinción contractual cuando el mantenimiento de la relación laboral pudiera ocasionarle un grave perjuicio"[558]. Pero ello siempre y cuando el trabajador hubiera impugnado la decisión empresarial de despedirlo, ya que "si bien el acreditado incumplimiento retributivo de autos hubiese justificado la decisión del trabajador de instar la interrupción de la prestación de servicios [medida cautelar: art. 79.7, en relación con el 180.4 LJS] o poner fin a la propia relación laboral [doctrina de la Sala, ya referida], en tanto que la ausencia de salario «habría de afectar no solo a la propia dignidad del empleado, sino además a su propia subsistencia y a la de las personas que de él dependieran [...]» [frase reiterada por todas las

556 Rec. núm. 2180/1999.

557 Véase STS de 18 de septiembre de 2008 (Rec. núm. 1875/2007).

558 Véase STS de 14 de mayo de 2020 (Rec. núm. 4282/2017). Eventualidad esta que, como afirma la propia sentencia, puede quedar "plenamente cubierta en el presente caso a través de la adopción de medidas cautelares".

sentencias acabadas de citar y tomada de la STS 17/01/11 –rcud. 4023/09–], sin embargo de lo que aquí se trata es una cuestión por completo diferente, la de si cabe ejercitar la acción rescisoria y hacer el correspondiente pronunciamiento laboral «*ex tunc*» respecto de una relación laboral ya extinguida por un despido previo al ejercicio de la acción y consentido. Y nuestra conclusión no puede sino ser contraria a tal posibilidad, porque nuestra excepción a la necesidad general de que el éxito de la acción rescisoria se condicione –entre otros presupuestos– a que vaya dirigida a relaciones vigentes en la fecha de la declaración judicial, solo actúa protegiendo la decisión extintiva previa adoptada por el trabajador en situaciones para él insostenibles y razonablemente imposibilitadoras de la continuidad en la prestación de servicios, pero en manera alguna alcanza –ni lo pretende– a amparar la negligencia del trabajador no reaccionando judicialmente ante decisiones empresariales extintivas, se hallen o no razonablemente justificadas"[559].

Así, en estas ocasiones hace falta necesariamente que se haya demandado por despido, tal y como acredita una STS de 14 de mayo de 2020[560], en la que la demanda extintiva se sustanció tras el despido de una trabajadora, que no había reaccionado frente al mismo, lo que llevó al alto tribunal a concluir que "solo esa impugnación del despido hubiera permitido un eventual análisis de ambas causas de finalización de la relación en los términos que esta Sala ha venido perfilando. La acumulación de las dos acciones, además, hubiera supuesto la posibilidad de debatir y resolver las dos cuestiones, incorporando, para ello, el examen sobre la eventual conexión entre las causas últimas de la extinción y del despido. Hemos sostenido, al respecto, que cuando las dos acciones que se ejercitan están fundadas en las mismas causas o en una misma situación de conflicto, la sentencia de instancia debe analizar conjuntamente ambas acciones y las conductas subyacentes; dando repuesta en primer lugar a la acción que considere que está en la base de la situación del conflicto y pronunciándose también sobre la segunda acción con el pronunciamiento correspondiente para determinar las indemnizaciones, en caso de que éstas procedan. Por el contrario, cuando las causas de una y otra acción sean independientes, cabrá el análisis autónomo de una y otra conducta y, por tanto, la fijación del orden a seguir en la respuesta a las indicadas acciones con un criterio cronológico sustantivo no excluyente, priorizando el análisis y resolución de la acción que haya nacido antes, atendiendo al hecho constitutivo de la misma, si bien su éxito no impedirá el examen, y decisión en su caso, de la otra acción [...], pero, como hemos señalado, nada de esto sucede en este caso en el que la trabajadora es despedida sin reacción alguna por su parte. La relación laboral quedó definitivamente extinguida en la fecha del despido y, por ello, coincidimos con el criterio de la sentencia recurrida ya que no era posible declarar la extinción de un contrato que ya no estaba en vigor. Resulta irrelevante, al respecto, la circunstancia de que se mantuviera vigente la medida cautelar, puesto que la suspensión de la prestación efectiva de servicios que con ella se había decretado no es un obstáculo para sostener que la relación estuvo viva hasta la fecha del despido".

Esto es lo que debe suceder, pues, en caso de que se despida al trabajador. En cambio, si el empresario no decide actuar de esta manera, sino que simplemente da de baja al trabajador

---

[559] STS de 10 de octubre de 2017 (Rec. núm. 3684/2015).

[560] Rec. núm. 4282/2017.

en la Seguridad Social, al entender que ha dimitido o abandonado la empresa, el Tribunal Supremo entiende perfectamente viable en ocasiones la posterior demanda extintiva del trabajador. Así se deduce de lo declarado por una STS de 20 de julio de 2012[561], donde se destaca que la tradicional doctrina venía "sosteniendo que... no cabe que el trabajador resuelva extrajudicialmente el contrato de trabajo, sino que lo procedente es que solicite la rescisión del contrato laboral, sin abandonar la actividad laboral que desempeña en la empresa, dado que la extinción del contrato se origina por la sentencia constitutiva de carácter firme, que estime que la empresa ha incurrido en alguna de las causas que dan lugar a la resolución, pero no antes de hacerse este pronunciamiento". Y ello debe hacer "salvo [...] que la continuidad laboral atente a la dignidad, a la integridad personal o, en general, a aquellos derechos fundamentales que corresponden al hombre por el solo hecho de su nacimiento".

Por otra parte, continúa la sentencia, "partiendo de que el art. 50 del ET cumple al igual que el art. 54 del mismo texto legal una función análoga al art. 1124 del Código Civil debe tenerse en cuenta que la doctrina de la Sala Primera de este Tribunal viene señalando que la facultad resolutoria puede ejercitarse en nuestro ordenamiento no solo por la vía judicial, sino también mediante declaración, no sujeta a forma, dirigida a la otra parte, pero a reserva –claro está– de que sean los Tribunales quienes examinen y sancionen su procedencia cuando es impugnada (negando el incumplimiento o rechazando la oportunidad de extinguir el contrato), determinando, en definitiva, si la resolución ha sido bien hecha o si ha de tenerse por indebidamente utilizada [...], más recientemente la sentencia de la misma Sala [...] recuerda que la resolución se produce extrajudicialmente por acuerdo de las partes, pero si no hay acuerdo y tanto más si hay oposición, se precisa la declaración judicial [...] de que está bien hecha [...] y los efectos de la resolución serían *ex tunc* [...] para lo cual hace falta el ejercicio de la acción, en demanda o en reconvención". Por ello, "no cabe desconocer la existencia de poderes que permiten al sujeto en una situación singular prevista en la norma legal o establecida por los contratantes en lícito ejercicio del principio de autonomía negocial, ocasionar por su exclusiva voluntad un determinado efecto jurídico, sea constitutivo, modificativo o cancelatorio de la relación, poniendo término a la misma en este último caso; derechos o facultades que se actúan normalmente no por medio de una acción sino a través de una declaración de voluntad recepticia, como tal dirigida a la otra parte, que genera el efecto deseado una vez producida la notificación del destinatario, de suerte que la intervención de los organismos jurisdiccionales solo es menester cuando el afectado discuta la eficacia de la declaración potestativa [...], en estos casos la decisión pronunciada en vía judicial no causa la resolución sino que se limita a proclamar la procedencia de la ya operada, con lo que no será necesario que se ejercite una acción constitutiva con miras al futuro –es decir, con eficacia *ex nunc*–, ni que se dicte una sentencia de esta clase. La sentencia será declarativa o constitutiva, pero con una eficacia *ex tunc*"[562].

Precisamente por todo ello, la sentencia finaliza señalando que "en el ámbito laboral la exigencia, salvo excepciones, de la declaración judicial ha operado en la práctica como un

[561] Rec. núm. 1601/2011.

[562] Un estudio completo de las acciones constitutivas, su eficacia y régimen puede obtenerse en DE CASTRO MEJUTO, L. F., *La acción constitutiva en los procesos laborales*, Netbiblo (A Coruña, 2009).

mecanismo de seguridad para evitar que en los casos en que el trabajador da por extinguido el contrato, instando el reconocimiento de la indemnización, y la sentencia no le fuese favorable, no se produzca la pérdida del empleo como consecuencia del abandono del puesto de trabajo. De ahí la exigencia de una resolución judicial que al mismo tiempo se acompaña de un régimen de excepciones". Más "la propia doctrina de la Sala ha señalado en ocasiones que esta puede ser una solución demasiado rígida para la protección de los intereses del trabajador que el art. 50 ET tutela. En este sentido tiene especial interés "la sentencia de 3 de junio de 1988. En ella se resuelve sobre un caso en el que en un pleito previo sobre la resolución del contrato la sentencia favorable a la resolución había sido recurrida por la empresa, dejando el trabajador de prestar servicios, por lo que fue despedido, pese a que la sentencia final en el proceso de resolución del contrato confirmó el fallo de instancia favorable al trabajador. El despido se deja sin efecto y la sentencia razona que la falta de prestación de servicios durante la sustanciación del recurso contra la sentencia que, estimando la pretensión del trabajador, declarara la resolución indemnizada de su contrato de trabajo, solo podría ser eventualmente ponderada en el supuesto de estimación del recurso, correspondiendo a la esfera de decisión del trabajador la asunción de tal posible riesgo". Y esta "solución con determinadas correcciones se recoge hoy en el art. 303.3 de la Ley Reguladora de la Jurisdicción Social, que reconoce al trabajador que ha obtenido sentencia favorable en un pleito de resolución del contrato la posibilidad de optar entre continuar prestando servicios o dejar de hacerlo con las consecuencias que el precepto establece". Pues bien, finaliza la sentencia, "esta norma no es aplicable aquí tanto por razones de vigencia temporal, como por las diferencias en el supuesto de hecho; precepto que se completa con la previsión que contiene el art. 79.7 en materia de medidas cautelares. Todo ello confirma la necesidad de introducir una mayor flexibilidad en estos supuestos..., de forma que no se obligue al trabajador a mantener unas condiciones de trabajo que, aunque no sean contrarias a su dignidad o a su integridad, pueden implicar un grave perjuicio patrimonial o una pérdida de opciones profesionales. De ahí que haya de concederse al trabajador la posibilidad en estos casos de optar entre ejercitar la acción resolutoria y continuar prestando servicios en cuyo caso se estará en el marco de la resolución judicial o dejar de prestar servicios al tiempo que se ejercita la acción, asumiendo en este caso el riesgo del resultado del proceso en los términos a que se ha hecho referencia"[563].

A nuestro entender esta doctrina se encuentra con dos obstáculos aparentemente insalvables. El primero es que construye su doctrina con amparo en la facultad que el art. 50 ET otorga al trabajador para resolver su contrato, pero en materia de movilidad geográfica, como ya dejamos escrito en su momento, el TJUE entiende que "no cabe considerar que la extinción del contrato de trabajo en virtud de dicho artículo 40 sea expresión de la voluntad del trabajador, puesto que es consecuencia del hecho de que el empresario pretende llevar a cabo una modificación tan sustancial de su contrato de trabajo como es el traslado del lugar de trabajo a una distancia que obliga al trabajador a cambiar de lugar de residencia, y que la Ley contempla el pago de una indemnización por parte del empresario cuando el trabajador no acepte ser trasladado y opte por la extinción del contrato de trabajo"[564].

---

[563] En este mismo sentido, véase STSJ Madrid de 21 de noviembre de 2014 (Rec. núm. 642/2014).

[564] Cfr. STJUE de 28 de junio de 2018, Caso E. S. C. H. contra Fondo de Garantía Salarial.

El segundo de esos obstáculos viene propiciado por el hecho de que la citada sentencia se acompaña de un voto particular, formulado por seis magistrados de la sala, para los cuales no cabe que el trabajador pueda, mediando las causas descritas en el art. 50.1 ET, poner fin indemnizado al contrato de trabajo por su exclusiva voluntad y sin necesidad de resolución judicial, asumiendo como contrapartida el correspondiente riesgo de que finalmente su decisión no tenga confirmación judicial. Y ello, con base en cuatro argumentos: 1) la "doctrina tradicional —y unánime— de la jurisprudencia es la que se ajusta a la literalidad normativa"; 2) una interpretación diversa "supone una indebida trasposición de criterios civiles a un ordenamiento —el laboral— regido por principios diversos y que desprotege al trabajador de forma innecesaria"; 3) los excesos "a los que pudiera llevar la doctrina tradicional en algunos supuestos —como el de autos—, tendrían fácil remedio en la aplicación extensiva de los supuestos en los que —por excepción— la jurisprudencia ha venido entendiendo que el trabajador queda exento de su obligación de continuar prestando servicios"; y 4) "la cuestión ya está legalmente resuelta —en forma diversa a la aceptada por la mayoría obtenida en el Pleno— por el art. 79.7 LRJS".

Coincidimos, pues, con el parecer minoritario de la Sala de lo Social del Tribunal Supremo, en el sentido de que, salvo situaciones excepcionalísimas (que no se suelen dar en un supuesto de traslado), no cabe que el trabajador pueda, aun mediando las causas descritas en el art. 40.1 ET, abandonar la empresa y poner fin indemnizado al contrato de trabajo por su exclusiva voluntad y sin necesidad de resolución judicial. Por eso mismo, salvo casos excepcionales, no cabe que este resuelva extrajudicialmente el contrato de trabajo, sino que lo procedente es que el trabajador solicite la rescisión del contrato laboral, sin abandonar la actividad laboral que desempeña en la empresa, debiendo desplazarse además a su nuevo centro de trabajo, dado que la extinción del contrato se origina por la sentencia constitutiva de carácter firme, que estima que la empresa ha incurrido en alguna de las causas que dan lugar a la resolución, pero no antes de hacerse este pronunciamiento, excepto que la continuidad laboral atente a la dignidad, a la integridad personal o, en general, a aquellos derechos fundamentales que corresponden a la persona humana por el solo hecho de su nacimiento.

Pese a ello, lo cierto es que la doctrina de suplicación acepta con total naturalidad que el trabajador pueda abandonar la empresa si entiende que se le ha trasladado, aunque esa no haya sido la intención empresarial, sin que por ello exista cortapisa procesal alguna a la hora de demandar judicialmente la convalidación de la decisión extintiva obrera; de ello, resulta buena muestra una STSJ Galicia de 25 de febrero de 2021[565]. El supuesto de hecho era sencillo: 1) la empresa le comunica al trabajador mediante carta un nuevo destino para la prestación de servicios situado en una localidad a poco más de 50 km de su puesto de trabajo actual, sin más precisiones; 2) pocos días después el trabajador, de nuevo epistolarmente, "comunicó por escrito a la empresa demandada su decisión de optar por rescindir la relación laboral con la demandada acogiéndose a la indemnización establecida en el artículo 40 del Estatuto de los Trabajadores"; 3) posteriormente la empresa, "también por escrito [...], se mantiene en su consideración de inexistencia de movilidad geográfica así como le reitera al demandante la incorporación al nuevo centro de trabajo"; 4) "finalmente,

565 Rec. núm. 4617/2020.

ante la referida negativa empresarial a aceptar la rescisión indemnizada de su relación laboral, y teniendo oferta de trabajo con otra empresa [...], el demandante firmó documento en el que se refería que comunicaba su intención de causar baja voluntaria en la empresa"; y 5) el trabajador más adelante solicitó judicialmente "que se declarase que la decisión empresarial era un traslado, y en consecuencia se produjeran los efectos del art. 40.1 párrafo tercero ET, esto es la obligación de indemnizar en los términos recogidos en tal precepto al trabajador que optó por la extinción de la relación laboral".

Sobre esta base fáctica, con buen criterio (el trabajador no puede erigirse como definidor de sus propios derechos), la sentencia de instancia resolvió los términos del debate estimando "la excepción de falta de legitimación activa por falta de acción", absolviendo a la empresa. La Sala de lo Social del TSJ Galicia, sin embargo, decidió aceptar la argumentación del trabajador, concluyendo que la "baja voluntaria en la empresa no le impide accionar"[566], entendiendo que "tiene derecho a la indemnización por extinción de la relación laboral al tratarse de un traslado". Razona así la sala gallega, en primer término, que "nos encontramos ante un procedimiento ordinario y no ante un procedimiento del art. 138 LRJS, cuyo objeto sería declarar justificada, injustificada o nula la decisión empresarial de movilidad geográfica", lo cual, en una interpretación ajustada a la literalidad de la norma resulta correcto, ya que "la parte pretende, sin discutir ni alegar que la decisión no esté justificada, hacer valer la posibilidad del art. 40.1 párrafo tercero ET"[567]. En segundo término, entiende igualmente que la decisión extintiva "corresponde exclusivamente al trabajador y no se exige tampoco en el precepto, en el caso de opción por la extinción, una declaración judicial previa sobre tal derecho", por lo que cabe que "una vez ejercitada la facultad extintiva por el trabajador, el empresario incumpla total o parcialmente la obligación de indemnizarlo", es decir, "habida cuenta del carácter extrajudicial de la facultad extintiva, cabe la posibilidad de que el trabajador afectado cese en la prestación laboral sin necesidad de que el empresario este conforme o reconozca la concurrencia de los requisitos exigidos legalmente para la valida extinción de la relación laboral por perjuicios genéricos y, en tal caso, corresponderá al trabajador accionar judicialmente por el procedimiento ordinario en reclamación de la cantidad que por tal

[566] Así lo considera igualmente en estas ocasiones, por ejemplo, una STSJ Castilla y León (Valladolid) de 26 de enero de 2011 (Rec. núm. 2167/2010), según la cual: "Los hechos probados son indiscutidos y consisten en que ante la decisión de traslado empresarial el operario optó por la extinción laboral no reincorporándose a los nuevos centros de prestación de servicios. En este contexto la parte recurrente alega la improcedencia de la acción extintiva, pues la misma para ser ejercida implica que la relación esté viva. Podríamos discutir si habiendo optado el trabajador por la extinción laboral y cesado en la prestación de servicios la acción resolutoria es la procedente o por el contrario impuesta la extinción por actuación unilateral del trabajador lo procedente sería una reclamación de cantidad que habría de prosperar o no en función de que el actor efectivamente tuviese derecho a la extinción, pues la misma ya se ha producido. Ahora bien nada de esto se cuestiona y lo que se plantea es que en el momento de ejercerse la acción y dictarse sentencia la relación laboral no estaba viva y esta alegación debe rechazarse pues como bien argumenta el juez *a quo* debe distinguirse la resolución derivada del artículo 50 de la derivada de la movilidad geográfica, pues mientras la primera es una acción constitutiva que exige en su ejercicio la pervivencia de la relación laboral como norma general; en la segunda la extinción se produce propio imperio por la voluntad del trabajador y será a posteriori de no estar conforme la empresa ante la reclamación de la indemnización por parte del trabajador este habrá de justificar el derecho a la indemnización por concurrir todos los requisitos que dan lugar a la extinción indemnizada".

[567] Acertadamente afirma que "tal opción –que exige que la decisión empresarial sea un traslado, lo que luego analizaremos– comporta una opción para el trabajador entre la extinción indemnizada de la relación laboral o el traslado con una compensación de gastos [...] En tal sentido, solo en el caso de que la empresa discuta el derecho del trabajador, será preciso que este acuda a la vía judicial para hacer valer su derecho a la indemnización fruto de la opción por la extinción".

concepto le es adeudada, para lo que dispondrá del plazo de un año previsto en el Art. 59.2 del ET para la prescripción de las acciones de reclamación de cantidad".

Hasta aquí todo correcto: el trabajador extingue el contrato por propia voluntad, el empresario no lo acepta, y se ve obligado a acudir a los tribunales laborales para que se le abone la indemnización legal que le corresponda de acuerdo con lo dispuesto en el art. 40.1 ET. Sí, correcto, decimos, si se tratase de una movilidad geográfica "sustancial", pero lo que se discute es precisamente eso, al haber negado la empresa en varias ocasiones lo gravoso de la medida; no solo eso, sino que, frente a la negativa empresarial, el trabajador decide darse de baja en la empresa, al haber encontrado otro trabajo, y, sin embargo, la sentencia que nos ocupa acepta que incluso en estas ocasiones el trabajador pueda accionar en demanda de la extinción, a pesar de haber firmado un "documento en el que se refería que comunicaba su intención de causar baja voluntaria en la empresa". Razona en este sentido la sentencia gallega que "la decisión del trabajador que opta por la extinción indemnizada ante un traslado (art. 40.1 párrafo tercero, ET) tiene virtualidad extintiva por sí misma, pues el precepto no prevé un previo pronunciamiento judicial, ni supedita el derecho del trabajador a su aceptación por la empresa". De esta manera, si "el trabajador comunicó [...] que optaba por rescindir su relación laboral, acogiéndose a la indemnización establecida en el art. 40 ET [...] tal decisión del trabajador produce por sí misma efectos, y [...] no exige de un previo pronunciamiento judicial ni la aceptación por la empresa", añadiendo además que "el que el trabajador firmase su baja voluntaria el propio 30 de junio [...] es plenamente coherente con la opción que realizó el trabajador".

En definitiva, "siendo esto así, la decisión del recurrente por la extinción indemnizada no le priva de acción bajo el argumento de que tuvo lugar una baja voluntaria; pues la baja voluntaria, por decirlo con otras palabras, es justamente uno de los efectos de esa opción del art. 40.1 párrafo tercero ET que ejercitó. El otro efecto, claro está, es el derecho a la indemnización prevista legalmente". Por lo tanto, "el actor y ahora recurrente no deja de tener acción porque la decisión empresarial de movilidad no llegue a tener ejecutividad [...], pues justamente uno de los efectos de la opción del art. 40.1 párrafo tercero por la extinción indemnizada ante un traslado es el de que la decisión empresarial no llegue a tener efecto. Sin que, por lo demás y como ya expusimos, esa opción del trabajador por la extinción indemnizada del art. 40.1 párrafo tercero ET exija previo pronunciamiento judicial". Cuestión distinta, finaliza, "es que el trabajador haya de acudir a la vía judicial si la empresa le niega el derecho a la indemnización, por ejemplo por entender la misma que no existe movilidad geográfica [...], [ya que] el trabajador tiene entonces un interés real y actual: que la extinción de la relación laboral por la que ha optado sea indemnizada en los términos del art. 40.1 párrafo tercero ET".

Yendo un poco más allá, existe jurisprudencia de suplicación que, en base a la mera apariencia de la notificación, acepta directamente la opción del trabajador por la extinción del contrato, sin que pueda existir obstáculo procesal alguno frente a la demanda reclamando la ejecutividad de la decisión obrera, entendiendo así que una mera decisión de cambio de centro de trabajo en distinta localidad legitima al trabajador para utilizar los resortes legales que le ofrece el art. 40.1 ET. Esta es la doctrina que se desprende de una STSJ Galicia de 18 de diciembre de 2019[568], para la cual el hecho de que la empresa notifique al trabajador "una reorganización de la empresa por razones económicas, lo que implicaba que pasaría a realizar su trabajo de forma habitual en el centro de trabajo que la empresa tenía en A Coruña", cuando venía trabajando en Ferrol, incluso aunque el empresario insista (frente a la opción del trabajador por la extinción del contrato) en que "no operaba el derecho de opción que señalaba [...], [ya que] era un cambio de centro de trabajo en el domicilio que constaba en su contrato de trabajo sin que implicase un cambio de residencia", evidencia "en la comunicación remitida por la empresa a la trabajadora no se hizo expresa mención de que se le indemnizase o compensase por los gastos y costes que necesariamente habrían de producirse por mor de los desplazamientos que comportaría el traslado diario al nuevo centro de trabajo, de manera que la comunicación efectuada por la mercantil, que no contiene mención alguna a normativa de aplicación, es suficientemente explícita para considerar que incorpora una decisión de traslado", lo que permite "que la trabajadora afectada haga uso, como así hizo, de los derechos y facultades que le asiste".

No obstante, en cualquiera de esos casos, todo ello supone una grave contrapartida, supuesto que el empresario decida despedir al trabajador, ya que en estas ocasiones la jurisprudencia de suplicación sí que admite la falta de acción cuando este decide demandar por despido. Lo ejemplifica a la perfección una STSJ Extremadura de 16 de mayo de 2017[569], en la que, sobre hechos similares a los acontecidos en el supuesto de hecho conocido por la sentencia del TSJ Galicia de 2021 que acabamos de analizar, el trabajador fue despedido por dejar de asistir "de manera injustificada al trabajo durante los días 10, 14, 15, 16, 17, 20, 21, 22, 23, 24, 27 y 28 de Octubre de 2014", discutiéndose en el pleito precisamente si el trabajador ostenta acción para demandar por despido tras haber optado por la extinción de manera previa.

Pues bien, para la sala extremeña, tratándose de movilidad geográfica "en casos de desobediencia a una orden de traslado o desplazamiento legítimamente adoptada por la empresa, se ha entendido por los tribunales que el trabajador incurre en conducta sancionable con el despido", pero también "que no se da la desobediencia sancionable cuando en la orden empresarial no se cumplen los requisitos legales para el traslado o el desplazamiento"; por ello, "como se desprende de la doctrina antes citada, el incumplimiento de la orden por el trabajador no justifica su despido". No obstante, "la consideración como un traslado del cambio de puesto de trabajo que la empresa pretendía imponer al demandante conlleva otra consecuencia", pues según el art. 40.1 del ET, "comunicada la decisión de la empresa, el trabajador tendrá derecho a optar entre el traslado o la extinción de su contrato percibiendo la indemnización correspondiente y eso es lo que, según consta en el tercero de los hechos probados de la sentencia recurrida, comunicó a la empresa tras recibir la orden de desplazamiento, que, en realidad era de traslado, que optaba por la extinción de su relación laboral y esa opción produce tal efecto sin necesidad de ningún otro requisito, a diferencia de la que se determina en el art. 50 del ET".

De acuerdo con el precepto estatutario, "queda perfectamente claro que el mero y simple ejercicio de esa opción por parte del trabajador produce automáticamente la extinción del

568 Rec. núm. 4575/2019.

569 Rec. núm. 197/2017.

contrato de trabajo, a la que no puede oponerse el empresario, y no necesita ser judicialmente convalidada para que produzca esos efectos legalmente previstos"[570]. Así, en estos supuestos, "la unilateral manifestación de voluntad del trabajador debidamente notificada al empresario es suficiente para considerar extinguida la relación laboral y tiene por ello carácter constitutivo a tal efecto, al tratarse de un derecho cuyo ejercicio corresponde exclusivamente al propio trabajador, de la misma forma, por ejemplo, que lo tiene la opción empresarial entre la readmisión y la extinción indemnizada del contrato de trabajo en los casos de despido improcedente". La opción por la extinción de la relación laboral del art. 40.1 ET "opera automáticamente cuando el trabajador prefiere no acogerse al traslado de puesto de trabajo ordenado por el empresario, con lo que debe entenderse extinguido el contrato desde el momento en que llega a conocimiento del empresario, sin que sea necesario que el trabajador haya de solicitarlo judicialmente antes de hacerlo valer frente a la empresa".

Con todo, esa "consecuencia de la opción del trabajador, que no es otra sino la extinción del contrato de trabajo, determina que cuando la empresa le despidió ya no existía relación entre ambos, por lo que el despido no se podía producir por la sencilla razón de que, siendo el despido una forma de extinción del contrato de trabajo (art. 49.1.k ET), no puede existir si no existe contrato sobre el que operar, con lo que tampoco puede declararse ni procedente, como se ha hecho en la sentencia, ni nulo ni improcedente como se pretende en el recurso". Lo expuesto determina que, en realidad, "el trabajador carecía de acción para impugnar un despido que no existió por estar ya extinguido el contrato de trabajo cuando se produjo y ello puede apreciarse de oficio al ser una cuestión de orden público".

Por todo ello, entendemos que lo más adecuado para el trabajador es trasladarse y demandar la extinción de su contrato, evitando así mayores perjuicios. Este es el caso, por ejemplo, que tuvo que conocer una STSJ Madrid de 21 de diciembre de 2020[571], donde el empleado, con buen criterio, ante la notificación de cambio de centro de trabajo en distinta localidad de aquella en la que venía prestando servicios, reclamó (sin abandonar la empresa) "la resolución indemnizada del contrato, ante el cambio de centro de trabajo", siendo la respuesta judicial contraria a sus intereses, analizando para ello previamente "si, en el caso del actor, este cambio de centro de trabajo ha de calificarse como traslado o no, según que precise o no cambio de residencia", ya que en el primer caso "el actor tendría el derecho de optar por la resolución indemnizada del contrato". En esta ocasión, sin embargo, "ha de tenerse en cuenta que el trabajador prestaba servicios en Getafe y que el nuevo centro de trabajo se encuentra en Pinto. Entre Getafe y Pinto existe una distancia de 11,9 km, por la M-506. Por consiguiente, el cambio de centro de trabajo no es el que exige el cambio de residencia, sino la libre elección del domicilio del actor, lo que permite colegir que no estamos ante un supuesto de movilidad geográfica, no siendo de aplicación el artículo 40 del Estatuto de los Trabajadores, en cuanto al derecho de opción por la resolución indemnizada del contrato", de tal manera que "carece el actor del derecho a la resolución indemnizada del contrato reclamada".

Por último, sobre la base de todo lo que se acaba de indicar, es necesario señalar que no resulta descartable que bajo el paraguas del art. 59 ET, el trabajador pueda acudir a estos

---

[570] En este mismo sentido, véase STSJ Cataluña de 27 de mayo de 2011 (Rec. núm. 1850/2010).

[571] Rec. núm. 358/2020.

resortes legales que le proporciona el art. 50 ET, a la hora de solicitar la extinción de su contrato de trabajo, en los términos que ya avanzamos en su momento. Resulta ser esta, por lo demás, una doctrina ya añeja que viene sosteniendo el Tribunal Supremo desde hace lustros, concluyendo, por ejemplo, que la "decisión firme de traslado no autorizado, a la vez que una modificación unilateral de las condiciones contractuales al margen de la legalidad, supone un grave incumplimiento de la obligación contractual de mantener pacíficamente al trabajador, en el desarrollo del contrato, en la residencia habitual, encuadrable en el art. 50.1.c) del Estatuto"[572]; o que "este traslado o desplazamiento definitivo, no autorizado en forma, constituye en la terminología de los artículos 40.1 y 50.1.c) del Estatuto de los Trabajadores un incumplimiento grave por parte del empresario de sus obligaciones contractuales que faculta al trabajador para solicitar la resolución del contrato, particularmente cuando a ello se suma una modificación de las condiciones sustanciales del contrato, encomendando al trabajador tareas impropias de su categoría"[573].

Conviene recordar de nuevo, de todos modos, que los supuestos movilidad geográfica "débil" o "no sustancial" por sí solos no habilitan al trabajador para extinguir el contrato mediante el recurso a lo dispuesto en el art. 50 ET. Es cierto que en los inicios de nuestro actual sistema de relaciones laborales el Tribunal Supremo venía admitiendo de manera contundente que "un traslado de puesto de trabajo ubicado en población distinta de la residencia del actor, sin justificación al respecto [...] [viene] a vulnerar por parte del empresario la buena fe y respeto a la dignidad del trabajador en cuanto hombre, que le impone el artículo 20 n.º 3 ET, y siendo ello así es claro su conducta es subsumible en el ap. a) y c) del artículo 50 ET y que el juzgador al acordar la rescisión contractual con derecho a indemnización no incurrió en indebida aplicación del artículo 50 ET"[574]. No es esta, con todo, la postura actual en unificación de doctrina.

Porque, evidentemente se trata de declaraciones apodípticas que no encuentran respaldo normativo ni judicial a día de hoy, por las razones que ya expusimos anteriormente; y así lo confirma una STS de 15 de junio de 2021[575], en la que, sobre la base de que "un cambio de centro de trabajo sin incidencia en la residencia constituye una modificación accidental de las condiciones de trabajo que se encuadra dentro de la potestad organizativa del empresario [...], tales cambios quedan amparados por el ordinario poder de dirección del empresario [...], de lo que se extrae, por tanto, que no se hallan sujetos a procedimiento o justificación algunos", se concluye que "a falta de una específica regulación en el convenio colectivo que impusiera mayores exigencias, el marco legal no permite sostener que estemos ante un supuesto de modificación sustancial de las condiciones del contrato [...], [ya que] la norma legal no impone a las manifestaciones del poder de dirección ninguna exigencia de motivación causal ni otorga tampoco al trabajador afectado el derecho extintivo que sí le atribuye en las modificaciones sustanciales".

---

[572] Véase STS de 26 de septiembre de 1983.

[573] Véase STS de 5 de marzo de 1990.

[574] Véase STS de 11 de octubre de 1989. En consecuencia, afirmaba esta jurisprudencia iniciática, "la acción de extinción del contrato de trabajo [...] no está sujeta en modo alguno, al plazo de caducidad del art. 59 n.º 3 de este Estatuto, que se refiere únicamente a las acciones de despido, es decir, a las acciones derivadas de la rescisión o resolución de dicho contrato producidas por decisión unilateral del empresario" [STS de 5 de febrero de 1990].

[575] Rec. núm. 3696/2018.

El procedimiento de desplazamiento

La manera de proceder al desplazamiento individual de trabajadores se recoge, como sabemos, en apdo. 6 del art. 40 ET, donde se exige –siempre que concurran la causa o causas habilitantes para ello[576]– que el trabajador sea informado del mismo con una antelación suficiente a la fecha de su efectividad, que no podrá ser inferior a cinco días laborables en el caso de desplazamientos de duración superior a tres meses; en este último supuesto, el trabajador tendrá derecho a un permiso de cuatro días laborables en su domicilio de origen por cada tres meses de desplazamiento, sin computar como tales los de viaje, cuyos gastos correrán a cargo del empresario.

I. La inexistencia de opción extintiva

Ya conocemos, y hemos analizado anteriormente, el régimen jurídico material del desplazamiento individual de trabajadores, mezclando sus notas caracterizadoras con las obligaciones del empresario, más lo que no hemos visto aún son las posibles reacciones del trabajador, cuando menos, no con la profundidad que requiere la institución. Aseguramos así en su momento que el art. 40.6 únicamente permite al trabajador "contra la orden de desplazamiento, sin perjuicio de su ejecutividad [...] recurrir [...] en los mismos términos previstos en el apartado 1 para los traslados"[577], mostrándose aquí doctrina y jurisprudencia unánimes a la hora de concluir que el trabajador desplazado solo puede atacar la orden de desplazamiento judicialmente, no cabiendo la opción por la extinción contractual[578]; doctrina interpretativa esta que sigue, por ejemplo, una STSJ Castilla y León (Valladolid) de 6 de marzo de 2013[579], avalando que "en los supuestos de desplazamiento el trabajador según dicho artículo sin perjuicio de la ejecutividad de la orden podrá impugnarla en los términos del número 1 [...] [pero] en el presente caso el actor no cumplió la orden ni la impugnó careciendo de derecho para la extinción unilateral de la relación laboral"[580].

La utilización del término "recurrir" en el párrafo 3.º del art. 40.6 ET, junto con la exigencia de plena ejecutividad de la orden de desplazamiento, llevan a concluir necesariamente que

[576] Que tendrá en todo caso que acreditar en pleito [cfr. STSJ Madrid de 8 de octubre de 2021 (Rec. núm. 627/2021)].

[577] Art. 40.6, párrafo 4.º, ET.

[578] De ahí que se afirme que "en un desplazamiento, que por definición es temporal, solo cabría fundar la extinción judicial del contrato de trabajo caso de que ese desplazamiento suponga un menoscabo a su dignidad o un perjuicio a su formación profesional" [STSJ Andalucía (Sevilla) de 18 de mayo de 2021 (Rec. núm. 3455/2019)].

[579] Rec. núm. 265/2013.

[580] En este mismo sentido, véanse STSJ Castilla y León (Burgos) de 13 de abril de 2010 (Rec. núm. 421/2010) y País Vasco de 25 de septiembre de 2001 (Rec. núm. 1362/2001).

"los desplazamientos no permiten la posibilidad de extinguir el contrato de trabajo [...], esta diferencia obedece también a un principio lógico, en la medida que el traslado es una modificación temporal del contrato de trabajo que deberá quedar sin efectos dentro de un plazo máximo establecido legalmente, retornando el trabajador al centro de trabajo de origen, mientras que el traslado, al tener vocación de permanencia, es racional que venga acompañado de esta posibilidad resolutoria, para el caso de que el trabajador se muestre contrario a cambiar de residencia"[581]. La hermenéutica que siguen aquí los tribunales resulta, pues, de lo dispuesto en los arts. 40, apdos. 1 y 6, ET, y 138.7 LJS y consiste en su simple silogismo jurídico: primero, el art. 40.6 ET señala que "contra la orden de desplazamiento, sin perjuicio de su ejecutividad, podrá recurrir el trabajador en los mismos términos previstos en el apartado 1 para los traslados"; segundo, por su parte, ese mismo art. 40 ET en su apdo. 1 indica que "el trabajador que, no habiendo optado por la extinción de su contrato, se muestre disconforme con la decisión empresarial podrá impugnarla ante la jurisdicción social", así como que la "sentencia declarará el traslado justificado o injustificado y, en este último caso, reconocerá el derecho del trabajador a ser reincorporado al centro de trabajo de origen"; y, por último, el art. 138.7 LJS admite la posibilidad de declarar "justificada la decisión empresarial", en cuyo caso se "reconocerá el derecho del trabajador a extinguir el contrato de trabajo en los supuestos previstos en el apartado 1 del artículo 40". Por lo tanto, habida cuenta que el traslado no se recoge en el apdo. 6, sino en el 1 del art. 40 ET, resulta que la opción extintiva solo cabe en los traslados, pero nunca en los desplazamientos de trabajadores.

A la vista de esta previsión normativa, ante la orden de desplazamiento al trabajador solo le quedará el recurso a los tribunales con el fin de discutir si la decisión empresarial se ajusta a derecho –sin que en ningún caso, insistimos, quepa la opción extintiva–; o lo que es igual, el objeto del pleito no podrá ser otro que el de "revisión judicial de la medida en aras de la reintegración del trabajador a su anterior destino"[582], pudiendo "reaccionar contra el desplazamiento en sí, ya sea sobre la existencia de sus requisitos causales o la omisión de los trámites formales, contra la alteración del régimen de preferencia, y, colateralmente, contra los efectos económicos (salarios, gastos de viaje, dietas) o sustantivos (retorno de cuatro días)"[583].

II. De nuevo sobre la modalidad procesal en la que sustanciar el pleito de movilidad

Ahora bien, que resulte relativamente claro el objeto del pleito en los desplazamientos, ello no significa que la modalidad procesal apropiada sea de sencilla determinación, al igual que sucedía con los traslados. De nuevo, nos encontramos con que, de coincidir las partes en considerar como desplazamiento el cambio de centro acordado por la empresa, la modalidad procesal adecuada será la que contempla el art. 138 LJS, debiendo limitarse el objeto del pleito a discernir si la decisión empresarial resulta ajustada a derecho o no, esto es, justificada, injustificada o nula, con la opción de añadir a la petición principal una

[581] Cfr. ROSELLÓ SABORIT, I., *Movilidad geográfica de trabajadores en España*, cit., pág. 225.

[582] Cfr. ALEMÁN PÁEZ, F., *La movilidad geográfica. Problemática social y régimen jurídico*, cit., pág. 182.

[583] Ibídem, pág. 183.

indemnización de daños y perjuicios. Por el contrario, si la empresa ha entendido que se trata de un supuesto de movilidad geográfica "débil", nos encontraremos por segunda vez con que los tribunales laborales, de manera mayoritaria, obligan al trabajador a acudir al proceso social ordinario para solventar las discrepancias que puedan surgir tras la orden empresarial de desplazamiento. Y lo mismo puede decirse cuando, aun en el entendimiento (no discutido) de que nos hallamos frente a un desplazamiento, lo que se solicita no se ajusta a las previsiones del art. 138 LJS, algo que puede suceder, por ejemplo, cuando lo que se proclama en pleito no es más que el derecho a dietas.

III. Las opciones para evitar tener que desplazarse

Pese a que el trabajador solo pueda, ante la orden de desplazamiento (siquiera se trate a primera vista de una movilidad geográfica "débil"), discutir la decisión empresarial en sus aspectos económicos o sustantivos –nunca extintivos–, no significa necesariamente que el trabajador no pueda evitar desplazarse mientras se sustancia el pleito. Aquí la regla general sigue siendo la de "primero cumple y luego reclama" (*solve et repete*), tal y como manifiesta el propio art. 40.6 ET ("Contra la orden de desplazamiento, sin perjuicio de su ejecutividad, podrá recurrir el trabajador en los mismos términos previstos en el apdo. 1 para los traslados"); mas, como tal regla general, cuenta con excepciones, que serán las mismas que las referidas con relación a los traslados, en particular, la adopción de medidas cautelares que hoy admite expresamente en el proceso laboral el art. 79 LJS.

Conviene indicar, empero, que la viabilidad de tal principio cuenta, en la doctrina de nuestros tribunales laborales en suplicación, con un apoyo judicial cada vez más débil. Valga aquí como ejemplo una STSJ Madrid de 18 de diciembre de 2019[584], referente a la negativa de un trabajador a desplazarse temporalmente a otro centro de trabajo tras la notificación empresarial de desplazamiento, en la que se entendió que "el histórico principio *solve et repete* [...] propio del Derecho Administrativo [...] [no] tiene carácter absoluto en el Derecho Administrativo de un Estado democrático, [y] no puede importarse sin más al Derecho del Trabajo [...], puesto que ello significaría asumir la desigualdad jurídica (y no meramente fáctica) entre las partes del contrato". De este modo, "si dicho principio puede aplicarse al Derecho del Trabajo para regir las relaciones entre dos partes jurídicamente iguales, como sujetos de Derecho Privado de un contrato, simplemente es como reflejo de la potestad organizativa del empresario a la que se somete el trabajador, dado que el contrato de trabajo implica no solamente prestar servicios retribuidos, sino hacerlo dentro del marco de una organización ajena y por tanto obliga a sujetarse a unos principios organizacionales básicos para hacer viable la misma".

En consecuencia, dicho principio solamente es aplicable, en un correcto entendimiento desde el marco de nuestra Carta Magna, de una forma muy limitada, esto es: "a) En la medida en que la desobediencia del trabajador a la orden empresarial pueda producir un perjuicio real y efectivo a la organización productiva; b) En la medida en que el perjuicio producido a la organización productiva, puesto en correlación con el perjuicio que pueda sufrir el trabajador

---

584 Rec. núm. 1097/2019.

por una orden contraria a Derecho (tanto en el orden de su vida, seguridad o salud, como en otro orden relativo a su vida familiar y personal), permita dar prioridad al primero, según una valoración casuística atenta a las circunstancias concretas y que permita comparar los valores en juego; c) En la medida en que los mecanismos judiciales o administrativos para dilucidar la legalidad de la orden no permitan al trabajador una decisión en el plazo necesario para evitar los perjuicios que de la misma se derivan. d) Y en la medida en que la apariencia prima facie de legalidad de la orden pueda ser dudosa, especialmente en aquellos casos en que tenga la apariencia externa de que pudiera ser constitutiva de delito o ilícito administrativo". De esta valoración, sin duda compleja, que es la que se acomoda a nuestro orden de derechos y valores constitucionales, puede resultar: "a) Que la desobediencia estuviera justificada en base a la ponderación de los valores y derechos en juego y a la apariencia externa de legalidad de la orden, en cuyo caso el despido será improcedente y la conducta no será sancionable; b) Que la desobediencia no estuviera en modo alguno justificada, en cuyo caso el despido será procedente; c) Que la desobediencia tuviera una justificación incompleta, en cuyo caso el despido será improcedente, pero la conducta será sancionable con una consecuencia de menor gravedad, de acuerdo con la teoría gradualista"[585].

Siendo así, no es de extrañar que, para una STSJ Cataluña de 12 de marzo de 2018[586], en la que inicialmente se acepta que "el trabajador deberá obedecer la instrucción empresarial de desplazamiento temporal independientemente de su intención de impugnar o, y en definitiva, de oponerse a aquella decisión", este deber de obediencia deba ser matizado, pudiendo ser ignorado cuando "la orden empresarial de desplazamiento no precisa el tiempo o, y de manera más genérica, las condiciones que afectan a los trabajadores (billetes de transporte, cantidades correspondientes a los gastos de viaje etc.)", por lo que "la misma ha de tenerse por ilegítima provocando que la negativa del trabajador a su cumplimiento [no] pueda ser tachada como un supuesto o falta de desobediencia y susceptible de ser sancionada disciplinariamente con el despido". Por ello, si, como en "el caso contemplado [...] no consta que la orden empresarial incorporase ni la duración del desplazamiento ni las condiciones (dietas y gastos de viaje) que afectarían a los trabajadores desplazados [...] la decisión del Juzgado [...] no podía ser otra y distinta a la adoptada, esto es, tener por no acreditada la falta disciplinaria por la que se sanciona al trabajador con el despido y carente este, y en consecuencia, de causa, declararlo [...] como improcedente".

Con todo, esa "debilidad" aplicativa no significa que el trabajador pueda en cualquier caso dejar de acatar la orden empresarial de desplazamiento. Ya hemos visto que cuenta con distintos y variados resortes legales para ello, así como con una doctrina judicial propensa

585 De todos modos, para esta misma resolución, "[l]a discrepancia del trabajador con el traslado o desplazamiento puede venir justificada por razón de las condiciones contractuales impuestas por la empresa en el lugar de destino, incluyendo la compensación de los gastos, interpretada como indemnidad económica o también lo relativo a los tiempos de permiso y viajes al domicilio familiar. Cuando el artículo 40.6 del Estatuto de los Trabajadores obliga a la empresa a abonar gastos de desplazamiento y dietas debe entenderse una compensación económica suficiente para cubrir todos los gastos que suponga para el trabajador en lo relativo a viajes y alojamiento personal y familiar. Pero para que una discrepancia en estas materias pueda justificar una desobediencia de la orden de desplazamiento la diferencia debe ser sustancialmente perjudicial para el trabajador, su pretensión debe tener una apariencia de *fumus boni iuris* y además no ha de existir ningún mecanismo jurídico para la solución de la discrepancia en tiempo útil, tomando en consideración las fechas del desplazamiento impuesto".

586 Rec. núm. 128/2018.

a una laxa interpretación del referido principio, lo que no significa que "ante una orden empresarial de desplazamiento del art. 40.6 ET, que cumple los requisitos establecidos legalmente, [el trabajador puede oponerse, ya que] la negativa a ello constituye un incumplimiento muy grave pues no estamos ante una decisión arbitraria de la empresa"[587], siendo la jurisprudencia "clara al establecer que las órdenes en el ámbito laboral dadas por personas competentes gozan de presunción de legitimidad y han de ser cumplidas por el trabajador, en relación con lo establecido en el art. 20.2 ET"[588]. Como es lógico, si en estas situaciones se despide al trabajador por no desplazarse, y se acredita que "se han cumplido todos y cada uno de los requisitos necesarios para llevar a cabo la orden de desplazamiento [...] [siendo] la orden, por tanto [...], perfectamente lícita [...], el hecho de que el desplazado, se vea sometido a una serie de cambios, no implica que se esté novando su contrato de trabajo sino que dichos cambios obedecen a una situación temporal propia e inherente al desplazamiento [...], [por lo que la negativa a desplazarse constituirá un] muy grave incumplimiento de la obligación del trabajador, debiendo [declarar] el despido como procedente"[589].

Sea como fuere, lo cierto es que si nos encontramos con un desplazamiento no discutido (inicialmente) por ninguna de las partes, y acudimos a la modalidad procesal del art. 138 LJS, el juzgador *a quo* encontrará cercenado legalmente el posible pronunciamiento, debiendo limitarlo a alguna de las opciones que contempla el precepto, es decir, que en la parte dispositiva de su resolución lo único que podrá declarar es que la medida empresarial resulta justificada, injustificada o nula.

IV. La posible conversión del desplazamiento en traslado

¿Significa eso que en ningún caso el trabajador desplazado puede optar por la extinción indemnizada de su contrato? Creemos que no, y así lo entendemos por causa de lo dispuesto en el párrafo 4.º del art. 40.6 ET: "Los desplazamientos cuya duración en un periodo de tres años exceda de doce meses tendrán, a todos los efectos, el tratamiento previsto en esta ley para los traslados". Tal y como destacó la doctrina en su momento, el eje axial de los traslados y desplazamientos radica en la permanencia o temporalidad del cambio de centro de trabajo[590], y lo único que pretende la norma no es más que establecer un límite temporal al efecto de diferenciar entre una y otra figura[591], operando sobre tres premisas básicas, a saber: 1) debe existir un modificación locativa del centro de trabajo de carácter transitorio[592]; 2) la operatividad

587 Véase STSJ Madrid de 11 de marzo de 2015 (Rec. núm. 590/2014).

588 Véase STSJ Madrid de 5 de noviembre de 2008 (Rec. núm. 3502/2008).

589 Cfr. STSJ Madrid de 5 de noviembre de 2008 (Rec. núm. 3502/2008). En este mismo sentido, véase STSJ Madrid de 17 de septiembre de 2007 (Rec. núm. 989/2007).

590 Cfr. ALEMÁN PÁEZ, F., *La movilidad geográfica. Problemática social y régimen jurídico*, cit., pág. 185.

591 "Es indiscutible que el establecimiento de este límite de un año en la duración de los desplazamientos se impuso como medida de protección de los trabajadores y como limitación del poder de disposición del empresario, impidiendo así que este pudiera ordenar tales desplazamientos (que producen perjuicios, quebrantos, e incomodidades a los empleados desplazados, al tener que desarrollar su trabajo fuera de su propio centro de trabajo y en población distinta de la de su residencia habitual) por el tiempo que a este empresario le pareciese oportuno, y que, por ello, el desplazamiento, cuya aplicación siempre requiere el cumplimiento de unos requisitos y exigencias de mucho menos rigor que el traslado, no podía superar el año de duración" [STS de 14 de octubre de 2004 (Rec. núm. 2464/2003)].

592 Acerca de la aplicabilidad del precepto cuando el desplazamiento se produce a lo largo del tiempo en varios centros de trabajo, véase STSJ Madrid de 8 de abril de 2019 (Rec. núm. 1168/2018).

del precepto se delimita mediante un baremo temporal de meses y años; y 3) el incumplimiento por el empresario, otorgando permanencia a lo meramente transitorio, se sanciona con la conversión *ex lege* del desplazamiento en traslado[593].

De igual manera, doctrina y jurisprudencia ya señalaron en su momento que la fórmula escogida por el Legislador "origina abundantes interrogantes teóricos y problemas prácticos aplicativos [...], [ya que] nos encontramos con una mezcolanza de criterios en los que se combinan elementos referentes a la duración o la frecuencia de estos cambios geográficos junto a un juego final de presunciones"[594], llegando incluso a asegurar la Sala de lo Social del Tribunal Supremo que "es cierto que el texto de este concreto precepto encierra un alto nivel de oscuridad, no siendo nada fácil una adecuada comprensión del mismo"[595]. Es indudable, pues, que la receta normativa utilizada no es un prodigio de precisión, pero por lo menos sienta un criterio delimitador relativamente coherente: "desplazamientos cuya duración en un periodo de tres años exceda de doce meses". Obviamente, esta previsión legislativa puede dar lugar a situaciones de "picaresca" empresarial, jugando (en el sentido jurídico del término) con los plazos –y, consecuentemente, con el trabajador–, salteando los desplazamientos con la finalidad de eludir la previsión normativa[596].

Se trata, en cualquier caso, de una situación que en cada caso concreto deberán solventar los tribunales laborales, los cuales, por cierto, no recogen una excesiva litigiosidad al respecto, aunque la poca que hay resulta especialmente significativa. En especial, una STS de 14 de octubre de 2004[597], respecto de la cual mostramos nuestra discrepancia en relación con algunas de sus conclusiones; en particular, aquella que impide al empresario, una vez superado el límite legal, proceder a la conversión del desplazamiento de trabajadores en traslado. A nuestro entender, la conversión actúa *ope legis*, produciendo efectos para ambas partes, de tal manera que, a partir de un determinado momento, los trabajadores deben considerarse trasladados, con las consecuencias inherentes a ello, como, por ejemplo –siempre según la sentencia que nos ocupa–, las dietas correspondientes a desplazamientos, que el empresario puede dejar de abonar; o, lo que es lo mismo, "cualquier adscripción a un lugar de trabajo que exceda de tal límite temporal (doce meses en un periodo de tres años) supone la adscripción con fijeza a dicho lugar a efectos de aplicar la normativa que regula la movilidad geográfica"[598].

---

593 Cfr. ALEMÁN PÁEZ, F., *La movilidad geográfica. Problemática social y régimen jurídico*, cit., pág. 185.

594 Ibídem, pág. 186.

595 Véase STS de 14 de octubre de 2004 (Rec. núm. 2464/2003).

596 Y ello a pesar de que "la redacción inicial del art. 40-3 del Estatuto, en su mera literalidad, dejaba abierta la posibilidad de que el empresario, de hecho eludiese el referido límite temporal, mediante el sencillo sistema de desplazar a un trabajador por once o doce meses, y al concluir este primer período disponer su regreso al centro de trabajo de origen y a su domicilio habitual, manteniéndolo en él los dos o tres meses siguientes, para luego volverle a imponer un segundo desplazamiento de once o doce meses, repitiendo todas las veces que le pareciese oportuno estas operaciones. Y precisamente, para salir al paso e impedir esa torticera y fraudulenta conducta empresarial, es por lo que se incluyó en el art. 40 del Estatuto de los Trabajadores el actual último párrafo de su número 4, por mandato explícito del art. 5.2 de la referida Ley 11/1994; párrafo que dispone que «los desplazamientos cuya duración en un período de tres años exceda de doce meses tendrán, a todos los efectos, el tratamiento previsto por la Ley para los traslados»" [STS de 14 de octubre de 2004 (Rec. núm. 2464/2003)].

597 Rec. núm. 2464/2003.

598 Cfr. STSJ Madrid de 18 de diciembre de 2019 (Rec. núm. 1097/2019).

Pese a ello, para esa sentencia, una "interpretación teleológica e histórica de este precepto [...] hace lucir con nitidez que dicha empresa ni puede convertir en traslado lo que, en la hipótesis de que partimos, sería un mero desplazamiento, ni esta disposición legal permite que por su exclusiva y propia voluntad deje tal entidad de abonar las dietas que los actores venían percibiendo hasta la fecha antedicha". Por ello, nuestra opinión se aproxima más a la del voto particular que acompaña esa resolución, en el que se reflexiona acerca de que la expresión "tendrán, a todos los efectos, el tratamiento previsto en esta ley para los traslados" es "lo suficientemente clara como para no permitir abrigar dudas acerca de cuál fue la intención del productor de la norma, intención que no fue otra que establecer un mandato concreto acerca de cuándo puede el empleador disponer que el desplazamiento de un trabajador se convierta en traslado, sin tratar con ello de proteger, en exclusiva, el interés de los trabajadores, sino de equilibrar los derechos e intereses de éstos y de los empresarios"; y "si al amparo de esta norma el patrono decide convertir el desplazamiento en traslado, contra esta decisión se confiere al trabajador la acción de impugnación que se recoge en el ya repetido párrafo quinto del art. 40.1 del ET", porque, en definitiva, "cuando el desplazamiento, siempre de carácter temporal y, por ende, provisional, se convierte en traslado ... queda sometido al régimen legal de este"[599].

Y es que, entenderlo de otro modo, supondría una diferencia de trato que contradice abiertamente lo establecido en el art. 40.6 ET, que impone sin matizaciones la conversión. Según determinada jurisprudencia de suplicación, que sigue en este concreto punto de conflicto la doctrina del Tribunal Supremo, una vez que se supere el tiempo límite del desplazamiento, "la empresa deberá acreditar la concurrencia de las causas objetivas que justifican el traslado definitivo si quiere novar el desplazamiento originario"[600]; en cambio, tratándose del trabajador, nada impide que pueda accionar solicitando la extinción indemnizada de su contrato. Sin embargo, entender así el precepto revela una manifiesta *contradictio in terminis*. Si el desplazamiento solo se puede considerar traslado si el empresario acredita la concurrencia de las causas legales a las que se refiere el art. 40.1 ET, el trabajador no podrá accionar solicitando la extinción indemnizada, de un lado, porque no ha quedado acreditado aun que concurran tales causas; y, de otro lado, al empresario le bastará (en el pleito por extinción) simplemente con no realizar actividad probatoria alguna al respecto.

A pesar de ello, esa escasa producción judicial no impide que aparezca un nuevo problema con relación al precepto que regula esa "conversión" material. Ese problema tiene que ver con la expresión que utiliza la norma cuando establece los efectos del incumplimiento empresarial. Afirma en este sentido el art. 40.6 ET que, si los desplazamientos superan en un periodo de tres años la duración de doce meses, "tendrán, a todos los efectos, el tratamiento previsto en esta ley para los traslados". Por lo tanto, la pregunta que cabe hacerse ahora parece evidente:

599 Cfr. STSJ Madrid de 4 de febrero de 2011 (Rec. núm. 2957/2010). Sin embargo, continúa diciendo esta resolución, de ninguna manera el mandato del párrafo 4.º del art. 40.6 ET "significa que si se acuerda un traslado que implique cambio de residencia, y el mismo, por el motivo que fuere, no llega a alcanzar el año de duración como consecuencia de los avatares por los que atraviese la relación laboral (en este caso, debido al despido del demandante), estemos entonces ante la figura del desplazamiento, y no ante lo que en realidad es, o sea, un traslado, que en este caso mal cabe reputar de producido de consuno, desde el mismo momento que obedeció a decisión unilateral del empleador, bien que exteriorizada verbalmente".

600 Véase STSJ Castilla-La Mancha de 14 de enero de 2021 (Rec. núm. 1359/2020).

¿A qué se refiere la norma cuando afirma que esos desplazamientos "tendrán a todos los efectos" el tratamiento previsto para los traslados?

La pregunta, de todas formas, no encuentra una respuesta sencilla. La facilita, sin embargo, el hecho de que la casuística aquí resulte numerosa. La norma asegura que "los desplazamientos cuya duración en un periodo de tres años exceda de doce meses tendrán, a todos los efectos, el tratamiento previsto en esta ley para los traslados". Y, supuesto que se haya superado el límite legal, la voluntad del trabajador afectado juega un papel relevante en la decisión a tomar, en la cual influirán otros factores y, muy especialmente, el momento temporal de conversión. Dejando al margen otras consideraciones preliminares, la cuestión mollar se reduce, pues, a concretar las opciones con las que cuenta el trabajador para hacer efectivo su derecho a "convertir" el desplazamiento en traslado[601].

Con todo, en primer lugar, resulta preciso poner de relieve la necesidad de especificar esos "efectos" (y del "tratamiento") de los que habla la norma. Téngase en cuenta que aquí partimos de una situación de desplazamiento que *ope legis* se transforma en traslado al superar los umbrales temporales de art. 40.6 ET[602]. Es lo que podríamos denominar –con cierta ironía y empleando una terminología cinéfila– "efecto McFly", ya que aquí, al igual que la famosa película de los años ochenta del siglo pasado *Regreso al futuro*[603], por obra del Legislador se vuelve al pasado para cambiar el futuro, y lo que era un desplazamiento ahora se convierte en traslado; o, dicho de otro modo, la decisión del empresario provoca una vuelta al inicio, para, ahora ya en el futuro, modificar el régimen jurídico de la movilidad geográfica que el mismo había suscitado. Por tal motivo, entendemos que esa referencia a "todos los efectos" no puede significar más que eso mismo, volvemos al principio.

En consecuencia, el momento en que se traspasa el límite legal, el desplazamiento se transforma automáticamente en traslado[604] y su régimen jurídico pasa a ser ahora el contemplado en el art. 40.1 ET, como si no hubiera pasado nada, pudiendo el trabajador exigir lo que

[601] Siempre y cuando, claro está, no se trate de un trabajador contratado para prestar sus servicios en empresas con centros móviles o itinerantes, ya que en tal caso "empresa y trabajador están incluidos en la excepción del artículo 40.1, que deja fuera de esas reglas a los trabajadores específicamente contratados para prestar servicios en empresas con centros de trabajo itinerantes o móviles" [STSJ Asturias de 18 de junio de 2019 (Rec. núm. 1040/2019)].

[602] No opina así la Sala de lo Social del Tribunal Supremo, que descarta la conversión automática, sentenciando de manera críptica que el art. 40.6 ET "no dispone que el desplazamiento que supere el límite temporal que en ella se señala, queda automáticamente convertido en traslado; lo que tal disposición ordena es que ese desplazamiento tendrá el tratamiento previsto por Ley para los traslados" [STS de 14 de octubre de 2004 (Rec. núm. 2464/2003)].

[603] En el original, *Back to the future*. Es una película dirigida en el año 1985 por Robert Zemeckis, y que cuenta con dos secuelas *Back to the Future II* y *Back to the future III*, estrenadas, respectivamente, en 1989 y 1990.

[604] No es lo que opina una STS de 14 de octubre de 2004 (Rec. núm. 2464/2003), que, mediante una interpretación excesivamente restrictiva, señala que "esto significa, que esta disposición legal lo que viene a establecer, para que el empresario pueda seguir manteniendo el desplazamiento de un trabajador, a pesar de haberse sobrepasado doce meses en un período de tres años, es la exigencia de que ese empresario cumpla con toda exactitud los requisitos materiales y formales que, para llevar a cabo un traslado, impone el art. 40-1 del Estatuto de los Trabajadores; de ahí que, si el empresario no ha cumplido esa fundamental exigencia, el desplazamiento no podrá extenderse más allá de los doce meses iniciales, pudiendo el trabajador oponerse a tal extensión temporal del desplazamiento, o incluso negarse a seguir llevándolo a cabo, una vez que han transcurrido esos doce primeros meses". En este mismo sentido, véase STSJ Andalucía (Sevilla) de 29 de febrero de 2012 (Rec. núm. 1495/2010).

considere conveniente a la vista de la previsión legal[605]: "este tratamiento [del que habla el art. 40.6 del ET] no es otro que el del apartado primero de ese precepto, que es el de atribuir al trabajador la opción entre el traslado percibiendo una indemnización por gastos, o la extinción de su contrato percibiendo una indemnización de 20 días por año de servicio, o a impugnarla caso de desacuerdo, a fin de ser reincorporado al centro de trabajo de origen"[606]. Y es que los "efectos" de que habla la norma significa ni más ni menos que lo que era temporal se convierte ahora en definitivo, el tratamiento que se le debe dar a la situación contractual del trabajador no es otra que la de considerarse trasladado[607], por ello, "dado que la residencia en [el lugar inicial de desplazamiento] superó con mucho ese límite de doce meses, adquirió la condición de destino de la trabajadora, de manera que para imponer a la misma un cambio de residencia desde la misma, incluso para volver a su anterior residencia [...], sería preciso legalmente aplicar el régimen de los traslados"[608].

V. Las opciones extintivas tras la "conversión" del desplazamiento en traslado

Puede ocurrir, entonces, que el trabajador desplazado haga uso de la opción que le proporciona el art. 40.1 ET, notificando al empresario su decisión de extinguir el contrato, con similares consecuencias a las que hemos visto en su momento, ya que "tal derecho de opción con derecho a percibir la citada indemnización [...] está prevista para el supuesto de traslados [...] y para aquellos desplazamientos cuya duración en un periodo de tres años excedan de doce meses, en cuyo caso y según el párrafo cuarto del art. [40.6] del Estatuto de los Trabajadores, deba recibir el tratamiento previsto en esta Ley para los traslados [...], [y] solo entendiéndolo así cobra plena virtualidad el último párrafo del repetido artículo"[609]. Recuerda así una STSJ Madrid de 18 de diciembre de 2019[610] que con "relación con los mecanismos de recurso [...] el artículo 40.6 del Estatuto de los Trabajadores nos dice que contra la orden de desplazamiento, sin perjuicio de su ejecutividad, podrá recurrir el trabajador en los mismos términos previstos en el apartado 1 para los traslados", lo que "nos remite al procedimiento del artículo 138 de la Ley de la Jurisdicción Social, que no requiere de conciliación previa (artículo 64.1 de la ley procesal), tiene una acción con un plazo de caducidad de veinte días y es de tramitación urgente y preferente, no debiendo olvidarse también la posibilidad, en caso necesario, de solicitar medidas cautelares del órgano judicial al amparo del artículo 79 de la misma Ley", pudiendo desplazarse y presentar demanda

[605] No compartimos, pues, de la opinión manifestada por el Tribunal Supremo en Sentencia de 14 de octubre de 2004 (Rec. núm. 2464/2003), allí donde afirma que, a pesar del "significado tajante y maximalista que esta frase encierra, un adecuado entendimiento de esta norma obliga tomarla en un sentido más tamizado, atemperado y flexible, pues así lo imponen los antecedentes históricos de la misma, así como una exégesis racional y teleológica de tal norma".

[606] Véase STSJ Andalucía (Sevilla) de 4 de octubre de 2018 (Rec. núm. 3044/2017).

[607] De ahí que los tribunales laborales en suplicación afirmen, como veremos más adelante, que la conversión supone "la pertinente posibilidad de opción [por la extinción] por parte del trabajador" [STSJ Andalucía (Sevilla) de 30 de septiembre de 2004 (Rec. núm. 2519/2003)]. En este mismo sentido, véase STSJ Galicia de 12 de julio de 2021 (Rec. núm. 2491/2021).

[608] Véase STSJ Castilla y León (Valladolid) de 26 de noviembre de 2016 (Rec. núm. 1939/2016).

[609] Véase STSJ Castilla y León (Burgos) de 13 de julio de 2010 (Rec. núm. 421/2010).

[610] Rec. núm. 1097/2019.

"para que se paralizase la medida hasta que no se dictara sentencia, lo que hubiese supuesto el desplazamiento por tiempo breve"[611].

Esta posibilidad extintiva la explica, con relativa claridad, una STSJ Galicia de 12 de julio de 2021[612], en la que inicialmente "se argumenta, en apretada síntesis, que la suma de los días desplazado en los años 2018, 2019, y 2020, más los nueves meses de desplazamiento que se le comunicaron suman más de un año, y por ello, con el art. 40.6 [...] han de ser considerados como traslado"[613], y en consecuencia "con derecho a la extinción indemnizada de la relación laboral". Dice más la sentencia. El magistrado ponente entiende que el transcurso del plazo legal, tras el cual el actor optó por la extinción expresamente, siendo notificada su decisión a la empresa, impide que la empresa exprese más adelante "una alternativa con un desplazamiento distinto [...], [ya que] la opción por la extinción del trabajador ya se había producido". Y es que, el nuevo desplazamiento "de nueve meses, sumado a los días ya desplazado de 2020 (45 días) y a los 132 días de 2019 ya superaría sobradamente los doce meses indicados en un período de tres años", y "siendo esto así, el efecto normativamente previsto es que tales desplazamientos tendrán, a todos los efectos, el tratamiento previsto en esta ley para los traslados [...], y para los traslados, la posibilidad de optar por la extinción se prevé en el art. 40.1 [...], por tanto, en el caso presente el recurrente podía optar, como así hizo, por la extinción indemnizada"[614].

De igual manera, esa misma doctrina judicial no señala que el trabajador no precisa desplazarse para solicitar la extinción de su contrato; o, dicho de otro modo, una mera orden de desplazamiento que suponga (porque el trabajador ya se ha desplazado anteriormente) la superación del límite legal de doce meses en tres años resulta aval suficiente para que el implicado pueda extinguir su contrato de trabajo de acuerdo con el art. 40.1 ET, sin necesidad de esperar al transcurso efectivo del mismo. Este es el parecer doctrinal expresado en una STSJ Galicia de 8 de julio de 2021[615], para la cual no cabe "que solo se compute los periodos de desplazamiento que finamente tuvo lugar [...], por la naturaleza de las ordenes empresariales dadas, cuya ejecutividad es inmediata [...] y han de acatarse sin perjuicio de que las distintas opciones que le asisten al trabajador y que puede ejercitar desde la notificación de la decisión de movilidad geográfica, por lo tanto cuando

[611] Véase STSJ Madrid de 11 de marzo de 2015 (Rec. núm. 590/2014).

[612] Rec. núm. 2491/2021.

[613] Y es que, normalmente el presupuesto de base en estos casos es el cómputo del tiempo de desplazamiento, el verdadero problema que late en estos procedimientos "es el relativo a como han de computarse los desplazamientos que excedan de doce meses en un período de tres años, o sea, si ha de ser independientemente o si se acumulan los sucesivos desplazamientos, aunque sea a lugares distintos; la sentencia llega al fallo desestimatorio en la circunstancia de que el convenio basa tal potestad del empresario en el carácter motivo de las obras, como consecuencia de la temporalidad en la ejecución de las mismas, no pudiendo por ello computarse acumulativamente los distintos períodos en que el actor ha sido desplazado, aunque se superen los doce meses en tres años, conforme a la excepción prevista en el artículo 40.1 del Estatuto; criterio erróneo [...], ya que la excepción citada se refiere de forma clara al trabajador que no haya sido contratado específicamente para prestar sus servicios en empresas con centros de trabajo itinerantes, o sea, que haya sido contratado específicamente para tal circunstancia [...] [por lo que sí pueden] computarse acumulativamente los distintos períodos en que el trabajador haya sido desplazado" [STSJ Madrid de 8 de mayo de 2001 (Rec. núm. 2922/2000)].

[614] Sobre el procedimiento para hacer efectiva la opción por la extinción contractual, véase STSJ Asturias de 17 de diciembre de 2019 (Rec. núm. 2132/2019).

[615] Rec. núm. 2490/2021.

se delimita temporalmente la duración de los periodos en que se acuerda una movilidad geográfica a efectos de diferenciar si estamos ante un desplazamiento o un traslado en la forma establecida en el art. 40.6 ET ha de estarse al periodo fijado en la orden de desplazamiento, sin necesidad de esperar al transcurso de los mismo". Por lo tanto, en estas ocasiones el trabajador "no tenía que esperar, para ejercitar su opción a que, transcurriesen los días que le faltaban para llegar a los 12 meses, puesto que [...] no se pueden tener en consideración hechos que se materializan con posterioridad al momento en el que el actor manifiesta de forma expresa su opción por la resolución indemnizada –y mucho menos cuando la acción ya ha sido ejercitada judicialmente– ya que de admitirse tal posibilidad el derecho de rescisión indemnizada del contrato que el Estatuto de los Trabajadores le reconoce al trabajador quedaría sin efecto por la decisión empresarial de rebajar la duración del desplazamiento inicialmente prevista".

Las acciones ejercitables, con especial atención a la modalidad procesal del art. 138 LJS

Hemos de confesar, como presupuesto previo de todo lo que se expresará de ahora en adelante, que escogimos la rúbrica de este apartado por una sencilla razón: tal y como hemos estado avanzando en este modesto trabajo, la regulación de la modalidad procesal de movilidad geográfica que se contiene en el art. 138 LJS no agota las posibles respuestas judiciales del trabajador trasladado o desplazado que decida impugnar la decisión empresarial. Repárese incluso en que esta última matización resulta huérfana en la redacción de la norma adjetiva laboral, que obvia referencia alguna a ambos tipos de situaciones, limitándose a hablar en todo momento –simplemente– de "movilidad geográfica". No solo eso, insistimos, tal y como veremos seguidamente, las opciones que la LJS otorga al juzgador de instancia no agotan, ni mucho menos, las posibles demandas que el trabajador "movilizado" puede interponer frente a los tribunales del orden social de la jurisdicción. Veamos esto de manera separada a continuación.

I. La modalidad procesal del art. 138 LJS

Como juristas clásicos, nuestra primera mirada debe dirigirse al texto de la norma procesal laboral, que dedica la Sección 4.ª del Capítulo V, de su Título II, incluido en su Libro Segundo, a las modalidades procesales de movilidad geográfica, modificaciones sustanciales de condiciones de trabajo, trabajo a distancia, suspensión del contrato y reducción de jornada por causas económicas, técnicas, organizativas o de producción o derivadas de fuerza mayor; es decir, que la norma procesal ubica todo un complejo régimen procedimental en un único precepto (a excepción del trabajo a distancia, del que se ocupa el novedoso art. 138 bis), que ya conocemos, su art. 138. Se ocupa ahí no solo de la movilidad geográfica (individual y colectiva), sino que también del proceso de modificaciones sustanciales de condiciones de trabajo (individuales y colectivas), suspensión de contrato y reducción de jornada. Igualmente, hemos afirmado con anterioridad –o, cuando menos, lo hemos sugerido– que su regulación es escasa, fragmentaria y asincrónica, mediando una absoluta falta de coordinación con relación al precepto material que la sustenta, en ocasiones alejada de la realidad sustantiva de una institución de tremenda relevancia práctica, como es la movilidad geográfica de trabajadores. Con todo, razones de espacio nos aconsejan –ya solo el estudio de esta concreta modalidad procesal exigiría una monografía en exclusiva– acometer el análisis de los aspectos más relevantes de la norma procesal.

1. La innecesariedad de conciliación (o mediación) previa

Lo primero será concretar el objeto del proceso de movilidad geográfica, que, como sabemos, no resulta nítido, sobre todo, teniendo en cuenta la jurisprudencia de unificación recaída al respecto. En cualquier caso, sobre lo que no cabe duda es acerca de la innecesariedad de agotar la vía previa administrativa a la judicial en esta concreta modalidad procesal. El art. 64.1 LJS es meridianamente claro al respecto: "Se exceptúan del requisito del intento de conciliación o, en su caso, de mediación los procesos [...] relativos a [...] movilidad geográfica"[616]. Insiste en ello, por ejemplo, una STS de 3 de diciembre de 2019[617], al asegurar que "si bien es cierto que el artículo 63 LRJS establece una regla general como requisito previo al proceso de exigir la conciliación previa, sin embargo en el artículo siguiente, el 64.1 LRJS y con absoluta claridad se establecen una serie de excepciones a esa exigencia preprocesal, entre las que se encuentra la modificación sustancial de las condiciones de trabajo". Además, continúa, "en las reclamaciones referidas a la modificación sustancial de las condiciones de trabajo la idea de celeridad impulsa evidentemente la ordenación procesal que se hace del cauce para impugnarla en un breve plazo de tiempo, lo que además redunda en beneficio de la seguridad jurídica, razones de la regulación del proceso y de la decisión que adoptó la sentencia recurrida que excluyen cualquier planteamiento de vulneración del artículo 24 CE", concluyendo que "así es de ver en el breve plazo de veinte días para la caducidad de la acción que contempla con carácter general el art. 59.4 ET [...], aún incluso cuando la empresa no hubiere seguido el procedimiento de negociación y consultas [...], lo que da idea de hasta qué punto ha querido el Legislador agilizar los procesos judiciales de esta singular naturaleza"[618].

Las dudas nos surgen, sin embargo, al atender a la literalidad de ese art. 64.1 LJS, que excluye de la conciliación extrajudicial todos aquellos "procesos que versen sobre movilidad geográfica". Como se ve, la norma no refiere la exclusión a la "modalidad procesal de movilidad geográfica", sino a los procesos que "versen sobre movilidad geográfica". Por eso, si prestamos atención no solo al concepto amplio de "movilidad geográfica" que venimos utilizando hasta ahora, como simple cambio de centro de trabajo, sino también al más estricto que diferencia entre movilidad geográfica "débil" (sin cambio de residencia) y "sustancial" (con cambio de residencia), la conclusión es la misma: cualquier pleito en el que se discuta esa decisión empresarial locativa deberá sustanciarse por la modalidad procesal del art. 138 LJS, sin necesidad de intento de conciliación. Este sería el remedio sencillo a la hermenéutica del precepto, evitando así problemas de interpretación que pueden llevar a complejos problemas jurídicos, enmarañando innecesariamente la labor profesional en el foro.

Aparte de que podríamos recordar que el propio Legislador procesal, advirtiendo precisamente los inconvenientes que provocaba en la práctica de nuestros tribunales laborales la deficiente regulación de las distintas leyes de procedimiento laboral, decidió añadir al apdo. 1 del art. 138 LJS –en la anterior LPL de 1995 era inexistente– un inciso en el que se señala que los procesos

---

616 "Tras la Ley 13/2009, esta necesidad es inexistente al haberse incluido la modalidad procesal del art. 138 LJS en las excepciones que no necesitan formalizar actos destinados a la evitación del proceso, como son la conciliación y la mediación. Así, la Ley 13/2009 suprimió esas exigencias, de modo que a partir de su promulgación la demanda del proceso especial de movilidad geográfica o modificación sustancial de condiciones de trabajo puede interponerse directamente en el Juzgado de lo Social correspondiente, desde la notificación de la decisión empresarial" (SÁNCHEZ LINDE, M., "Apuntes sobre el proceso especial de impugnación de movilidad geográfica y modificación sustancial de condiciones de trabajo", en *Revista Jurídica de Castilla y León*, núm. 48, 2019, pág. 166).

617 Rec. núm. 141/2018.

618 Al respecto de la aplicación del plazo de caducidad, véase STS de 9 de diciembre de 2013 (Rec. núm. 85/2013).

de la modalidad geográfica se iniciarán por demanda de los trabajadores afectados por la decisión empresarial, "aunque no se haya seguido el procedimiento" del art. 40 ET, lo cual, insistimos, a nuestro entender, no significa otra cosa que la reconducción a dicha modalidad procesal de todas las decisiones de cambio de centro de trabajo del empresario.

2. Modalidad procesal *versus* proceso ordinario

Este no es, pese a todo, el parecer de la Sala de lo Social del Tribunal Supremo. Y es que, como sabemos, la misma sigue entendiendo (a pesar de los actuales términos de la LJS) que, en los supuestos de movilidad geográfica "débil", el proceso ordinario es el adecuado, lo que traerá como necesaria consecuencia que el trabajador cuente con un amplio plazo de prescripción de un año para la interposición de la demanda, que es justo al que se refiere el art. 59.1 ET. Para el alto tribunal, entonces, solo cuando se trate de una movilidad geográfica "sustantiva" en la que el empresario haya dejado de cumplir alguna de las obligaciones legales que sustentan el régimen legal del art. 40.1 ET, podrá entenderse concurrente la previsión del art. 138.1 LJS: "El proceso se iniciará por demanda de los trabajadores afectados por la decisión empresarial, aunque no se haya seguido el procedimiento de los artículos 40 [...]".

Obviamente, esto puede plantear graves problemas en la práctica judicial. Supongamos por un momento que el trabajador, o su representante legal (abogado o graduado social colegiado), conoce la doctrina del Tribunal Supremo y, a la vista de la orden empresarial de cambio de centro, entiende que no se trata de un supuesto de movilidad geográfica *per se* y sí de *ius variandi* empresarial o de movilidad geográfica "débil"; y actúa en consecuencia, interponiendo una demanda ordinaria, con intento de conciliación, convencido de que cuenta con un plazo de prescripción de un año. Pues bien, conforme a la doctrina de unificación, puede suceder que el juzgador no lo entienda así y decida que se trata de un supuesto de movilidad geográfica "sustancial", en cuyo caso, no resulta descartable que la acción haya caducado por el transcurso de los veinte días hábiles desde la notificación que marca la norma procesal[619], que es justo el supuesto del que tuvo que conocer una STSJ Madrid de 19 de octubre de 2020[620], en el que, lógicamente, ante lo que finalmente era una movilidad "sustancial", se concluyó que "no siendo preceptiva la presentación de papeleta de conciliación en el procedimiento que tratamos, ningún efecto desplegará esta en orden a interrumpir la caducidad de la acción; y habiendo transcurrido cuarenta y tres días hábiles entre la notificación de la medida y el formal entablamiento de la acción ante los tribunales ha de tenerse la acción por caducada"[621].

Por esa razón (además de otras de carácter procedimental que ya hemos mencionado anteriormente), lo más aconsejable es que el trabajador, ante una notificación de cambio de centro de trabajo, se ajuste al plazo de caducidad de veinte días que establece la norma

[619] Dice así el art. 138.1 LJS que la "demanda deberá presentarse en el plazo de caducidad de los veinte días hábiles siguientes a la notificación por escrito de la decisión a los trabajadores o a sus representantes".

[620] Rec. núm. 141/2020.

[621] En este mismo sentido, véase STSJ Extremadura de 21 de febrero de 2017 (Rec. núm. 708/2016). E igualmente, sobre la caducidad de la acción, entendiendo que "han transcurrido los indicados los veinte días para el ejercicio de la acción, sin que pueda excluirse de tal cómputo, los días dedicados a la presentación de la papeleta de conciliación y a la celebración del correspondiente acto", véase STSJ Galicia de 25 de junio de 2019 (Rec. núm. 1651/2019).

procesal y que presente demanda de movilidad geográfica de acuerdo con el art. 138.1 LJS, sin necesidad de haber intentado la conciliación. De este modo se evita que la acción pueda encontrase caducada, y supuesto que finalmente el proceso correcto sea el ordinario, el trabajador debe contar, de un lado, con que el 81.3 LJS permite subsanar el defecto procedimental[622]; y, de otro lado, con que el art. 102.2 LJS indica que "si en cualquier momento desde la presentación de la demanda se advirtiere la inadecuación del procedimiento seguido, se procederá a dar al asunto la tramitación que corresponda a la naturaleza de las pretensiones ejercitadas, sin vinculación necesaria a la modalidad elegida por las partes y completando, en su caso, los trámites que fueren procedentes según la modalidad procesal adecuada".

Es más, en caso de que el pleito llegue a suplicación, "la tramitación seguida al amparo del artículo 138 de la Ley de la Jurisdicción Social no produce la omisión de ningún trámite, ni indefensión alguna a las partes, por lo que, aun cuando se detectase la inadecuación del procedimiento en el acto del juicio resultaba totalmente innecesaria la declaración de nulidad de actuaciones, siendo perfectamente posible celebrar la vista y posteriormente dictar sentencia sobre el fondo. Por tanto la eventual inadecuación solamente tendría efectos posteriores (contenido del fallo, recursos, ejecución...), independientemente de los efectos materiales sobre el fondo del asunto que pudiera tener la calificación de la medida empresarial como traslado geográfico o no, puesto que si excede del ámbito del *ius variandi* empresarial la misma debe quedar justificada en motivos de los previstos en el artículo 40 del Estatuto de los Trabajadores, mientras que en otro caso no es precisa tal justificación, bastando con que no quede acreditado que la misma se adopta de forma discriminatoria, como represalia o de cualquier otra forma ilícita. Por ello la decisión sobre si la medida constituye o no un traslado geográfico es materia pertinente al fondo laboral del asunto, que delimita el alcance de los poderes empresariales. Era posible por tanto dictar sentencia resolviendo sobre el fondo del asunto, en lugar de dejar el mismo imprejuzgado, puesto que la declaración de inadecuación de procedimiento abocaría a un segundo proceso para volver a discutir el fondo laboral, lo que resulta una interpretación excesivamente formal de las normas procesales, que además duplica los procesos y causa retrasos innecesarios una vez que se ha llegado al acto de la vista cumplidos todos los trámites previos y la misma se ha celebrado, exponiendo todas las partes su posición y las pruebas que presentan en defensa de la misma, lo que permite ya dictar sentencia sobre el fondo"[623].

Esto es lo que debería ser, sin embargo, si nos fijamos en la jurisprudencia recaída en unificación de doctrina, la situación es distinta, porque, a pesar del intento del Legislador de 2011 de –según confesó en la exposición de motivos de la LJS– "dotar a los órganos judiciales de instrumentos que agilicen los procesos de resolución de controversias [...], proporcionen mayor seguridad jurídica al mercado laboral [...] y [ofrezcan] una respuesta más eficaz y ágil a los litigios que se puedan suscitar en las relaciones de trabajo", la

---

622 "Si a la demanda no se acompañara certificación del acto de conciliación o mediación previa, o de la papeleta de conciliación o de la solicitud de mediación, de no haberse celebrado en plazo legal, el secretario judicial, sin perjuicio de resolver sobre la admisión y proceder al señalamiento, advertirá al demandante que ha de acreditar la celebración o el intento del expresado acto en el plazo de quince días, contados a partir del día siguiente a la recepción de la notificación, con apercibimiento de archivo de las actuaciones en caso contrario, quedando sin efecto el señalamiento efectuado".

623 Véase STSJ Castilla y León (Valladolid) de 1 de abril de 2019 (Rec. núm. 355/2019).

modalidad procesal que aquí nos ocupa sigue presentando graves deficiencias –la mayor y más trascendente quizá sea la utilización del art. 138 como cajón de sastre–, que el Tribunal Supremo, con discutida fortuna, intenta desde hace años solucionar.

A día de hoy, nos encontramos con el problema de la identificación del objeto del proceso de movilidad geográfica. En realidad, se trata de una polémica artificiosa, ya que (tal y como venimos reiterando) la solución que se puede ofrecer es sencilla: el cambio de centro de trabajo, cualquiera que sea este, debe transcurrir por esta concreta modalidad procesal de movilidad geográfica. No es esta, sin embargo, la opinión exegética del Tribunal Supremo. Y lo curioso del caso es que la doctrina que emana de sus resoluciones no suele prestar atención a la nueva redacción del art. 138.1 LJS, encontrando apoyo en resoluciones de la propia Sala de lo Social del Tribunal Supremo anteriores a su entrada en vigor, tal y como sucede, por ejemplo, con una STS de 21 de mayo de 2020[624], en la que la controversia versaba sobre el cauce procedimental a seguir en supuestos de cambio de centro de trabajo, y en la que se entendió, entre otras cosas, que "el soporte jurisprudencial para otorgar respuesta a la cuestión casacional deducida puede inferirse, entre otras, de la STS IV 3.04.2007, rcud 4266/2005, al expresar que el trabajador no ha tenido que cambiar de residencia y percibe los pluses de desplazamiento y transporte. Se trata de un desplazamiento y no de un traslado, no siendo aplicable por tanto el art. 138 de la Ley de Procedimiento Laboral, ni el plazo de 20 días que en dicho precepto se establece", llegando así a la misma conclusión que la sentencia de 2007: "si los artículos 59.4 del Estatuto y 138.1 LPL establecen el plazo de caducidad exclusivamente para los casos de movilidad geográfica del art. 40 ET y de modificaciones sustanciales de las condiciones de trabajo del art. 41, es claro que las acciones frente a los supuestos de movilidad geográfica no sustancial o débil no están sujetas a plazo de caducidad alguno y si solo al general de prescripción de un año que establece el art. 59.1 del Estatuto para todas las acciones derivadas del contrato de trabajo que no tengan señalado plazo especial"[625].

En este mismo sentido y con sujeción a lo expresado por una "STS IV 27.11.2007, rcud. 4684/2006", se afirma que "si la decisión cuestionada en autos no tiene cabida en la «movilidad» geográfica de que trata el art. 40 ET, es claro que tampoco le resulta aplicable la singularidad procedimental que regula el art. 138 LPL y su previsión [apartado 4] de que la sentencia que en tal materia se dice no tendrá recurso y será inmediatamente ejecutiva". Lo más llamativo, sin duda, es que la propia sentencia de 2020 concluye, de manera que puede sorprender, que: 1) "podrá sostenerse de «*lege ferenda*» la incoherencia –aparente– que supone el hecho de que la movilidad geográfica propiamente dicha no tenga acceso al recurso de Suplicación y que –contrariamente– sí lo tengan las manifestaciones del poder de dirección que comporten variación de destino sin cambio de residencia, pero sin perjuicio de que son perfectamente imaginables razones –contrapartidas y garantías– que justifican la diferenciación de tratamiento procesal [posibilidad de extinción indemnizada

624 Rec. núm. 326/2018.

625 En efecto, para la Sala de lo Social del Tribunal Supremo, "el plazo de caducidad de los artículos 59.4 del Estatuto y 138 de la Ley de Procedimiento Laboral está establecido exclusivamente para los casos de movilidad geográfica del artículo 40 y de modificaciones sustanciales de las condiciones del contrato de trabajo del artículo 41 por lo que «es claro que las acciones frente a los supuestos de movilidad geográfica no sustancial o débil no están sujetas al plazo de caducidad alguno y sí solo al general de prescripción de 1 año que establece el artículo 59.1 del Estatuto para todas las acciones derivadas del contrato de trabajo que no tengan señalado plazo especial»" [STS de 18 de marzo de 2003 (Rec. núm. 1708/2002)].

y necesarias consultas con los representantes de los trabajadores], lo cierto es que la falta de expreso mandato al respecto obliga de «lex data» a que haya de regir la norma general de recurribilidad"[626]; y 2) "ciertamente el texto normativo procesal aplicado por las anteriores era el precedente al actual, más a los efectos ahora concernidos –viabilidad o no del recurso de suplicación, según se trate de un proceso ordinario o de la modalidad procesal especial preceptuada en dicho art. 138–, ofrece las necesarias semejanzas".

En suma, el Tribunal Supremo en la actualidad entiende, con relación al objeto de la modalidad procesal que nos ocupa, que "estos supuestos de movilidad geográfica no sustancial o débil no resultan subsumibles en el ámbito del art. 40 ET –no concurre un cambio de residencia, elemento característico del supuesto de hecho que regula el precepto– ni por ende en esa modalidad especial que veda el acceso a los recursos de aquella clase". En otras palabras, salvo que se trate una movilidad geográfica "sustancial", incardinable en el dictado del art. 40 ET, "el procedimiento ordinario seguido por la sentencia del juzgado de lo social [será] el adecuado para encauzar la demanda formulada, que, aunque articulada por traslado, no resultaba incardinable en un supuesto de movilidad geográfica que hubiera de tramitarse por la modalidad especial"; en cambio, si se trata efectivamente de una movilidad geográfica *ex* art. 40 ET, el proceso a seguir sí que será en esta ocasión el que regula el art. 138 LJS[627].

Así lo confirma, por ejemplo, una STS de 15 de junio de 2021[628], en la que "con la demanda rectora del proceso se [estaba] impugnando la decisión unilateral de la empresa de trasladar al actor a un centro de trabajo sito a 56 km de distancia del lugar en que venía prestando servicios", pero, "pese a que se indicaba que se trataba de una acción de movilidad geográfica –a la que se anudaba la invocación de lesión de derechos fundamentales–, es innegable que no existía cambio de residencia y, por ello, de acuerdo con nuestra consolidada doctrina, el procedimiento a seguir era el ordinario y no la modalidad especial del art. 138 LRJS".

3. Los plazos procesales

Los plazos procesales vienen determinados, de una parte, por la previsión normativa al efecto, y, de otra, por la doctrina recaída en unificación de doctrina. Así, según la Sala de lo Social del Tribunal Supremo, concretar la modalidad procesal que corresponda en cada caso condicionará la aplicación de un plazo u otro. De esta manera, si entendemos el pleito como especial, tramitable a través de la modalidad procesal del art. 138 LJS, los plazos no pueden ser otros que los que recoge la propia norma. La demanda así deberá "presentarse

626 Y así es, en efecto, si "nos encontramos ante una movilidad geográfica débil no sustancial, no [tiene] ningún sentido que si contra una modificación sustancial de carácter individual, a la que no se acumula otra acción susceptible de recurso, no cabe recurso de suplicación, pueda en el caso presente interponerlo" [STSJ Madrid de 11 de julio de 2016 (Rec. núm. 400/2016)].

627 No resulta ser esta, sin embargo, una doctrina acogida de manera indubitada por los tribunales de suplicación. Y así lo acredita, por ejemplo, una STSJ Andalucía (Sevilla) de 5 de febrero de 2019 (Rec. núm. 4184/2018), que considera que, si ejercitada por el trabajador "una acción de impugnación de lo que considera un traslado constitutivo de movilidad geográfica, por razones principalmente formales, aunque también de fondo en cuanto a la falta de justificación del traslado..., [se entiende que] fue correctamente vehiculada mediante el proceso especial establecido al efecto, que es el regulado en el art. 138 LRJS, y a la que se debió dar respuesta, incluso para apreciar que no existía tal movilidad geográfica".

628 Rec. núm. 3696/2018.

en el plazo de caducidad de los veinte días hábiles siguientes a la notificación por escrito de la decisión a los trabajadores o a sus representantes, conforme a lo dispuesto en el apartado 4 del artículo 59 del Estatuto de los Trabajadores, plazo que no comenzará a computarse hasta que tenga lugar dicha notificación"[629]. Lo que aboca a un nuevo problema, resultado de una más que evidente asincronía entre la norma procesal y la sustantiva.

Ya dijimos en su momento que el art. 40 ET no exige en modo alguno la expresión escrita de la decisión empresarial, limitándose a señalar su apdo. 1, con relación a los traslados, que basta con la notificación de la medida ("deberá ser notificada por el empresario"); es más, con relación a los desplazamientos ni siquiera eso, siendo suficiente con informar al trabajador del desplazamiento ("el trabajador deberá ser informado del desplazamiento"). El Legislador procesal, sin embargo, entiende —seguro que pensando no en movilidades geográficas y sí en la modificación sustancial de condiciones de trabajo— que el *dies a quo* del plazo de presentación de la demanda debe comenzar a computarse a partir de la notificación por escrito de la decisión empresarial de cambio de centro de trabajo. ¿Significa eso que debemos rectificar y considerar la necesidad de notificación por escrito de traslados y desplazamientos? Pues nuestro criterio es que no; y no porque lo digamos nosotros, sino porque así lo viene entendiendo incluso el Tribunal Supremo con relación a los supuestos de modificación sustancial de condiciones de trabajo, al darse cuenta de las dificultades de encaje práctico que presenta la referencia normativa.

Lo explica, con relativa claridad, una STS de 18 de mayo de 2021[630], en la que lo que se discutía era si "la demanda interpuesta en día por el trabajador, parte recurrida en el presente recurso de casación para la unificación de doctrina, estaba o no caducada, de conformidad con lo previsto en el artículo 138.1 de la Ley reguladora de la jurisdicción social", ante la inexistencia de notificación formal de la medida empresarial por escrito. Y en la que se concluyó que "el plazo de caducidad para que el trabajador impugne la modificación empieza a computarse desde la notificación de la decisión empresarial al trabajador, aunque la empresa no haya seguido el procedimiento del artículo 41 ET [o 40 del ET] ni la notificación se realice conforme a lo establecido en este precepto". Porque, en efecto, "el precepto no establece que haya de seguirse el procedimiento del artículo 41 ET, sino que dispone expresamente lo contrario: «aunque no se haya seguido el procedimiento del artículo 41 ET»", de ahí que deba bastar con que "una notificación de la decisión empresarial al trabajador". De este modo, "la cuestión reside por lo tanto en determinar, en cada singular supuesto, si la actuación de la empresa constituye una verdadera notificación fehaciente de su decisión a los trabajadores que pueda considerarse suficiente para dar inicio al plazo de caducidad de la acción", debiendo bastar con que se notifique al trabajador "la decisión modificativa empresarial".

Al tratarse de una declaración recepticia, el plazo de veinte días de caducidad empezará su cómputo al día siguiente a aquel en el cual el trabajador tenga conocimiento fehaciente de la medida empresarial. De este modo, "si la notificación no es fehaciente, «no cabe

---

[629] Al respecto, véanse SSTSJ Extremadura de 21 de febrero de 2017 (Rec. núm. 708/2016) y Madrid de 16 de marzo de 2016 (Rec. núm. 64/2016).

[630] Rec. núm. 3325/2018.

aplicar un plazo perentorio de caducidad tan breve e impeditivo del ejercicio de la acción»; o, con otras palabras, «sin previa notificación» –en un sentido estricto del concepto–, el plazo no comienza a discurrir[631]. Es más, adoptando una postura realmente ecléctica, el Tribunal Supremo concluye igualmente que "omitir esa comunicación escrita no va a provocar la pendencia indefinida del asunto [...] [y] determinará [...] la entrada en escena del período de prescripción de un año indicado en el artículo 59.2 del ET, que echará a andar a partir de la fecha en la cual la medida empresarial sea adoptada" [632]. Ciertamente –asegura una STS de 9 de diciembre de 2015[633]–, "el cómputo del plazo de prescripción deberá tener en cuenta como el «momento» *a quo*, pues carece de fecha exacta [...] [por lo que en] modo alguno cabría plantearse la caducidad de la acción ya que para la aplicación del artículo 138-1.º de la LJS en relación con el artículo 59-4.º del Estatuto de los Trabajadores sería necesario que hubiera existido notificación a los representantes legales de los trabajadores, momento a partir del cual el precepto establece el *dies a quo* para el cómputo de la caducidad. En consecuencia, solamente la alegación relativa a la prescripción del artículo 59-2 puede ser examinada".

De esta doctrina de unificación debemos extraer tres conclusiones: la primera es que resulta obvio que el tribunal está pensando en los supuestos de modificación sustancial de condiciones de trabajo, que pueden producirse sin necesidad de notificación al trabajador afectado, lo cual difícilmente puede extrapolarse a los supuestos de movilidad geográfica, resultando complicado imaginar un cambio de centro de trabajo sin que el trabajador tenga constancia del mismo. La segunda es consecuencia de la anterior, "de esta manera, un mismo procedimiento especial tendrá dos plazos: uno, de caducidad, de 20 días, si se ha seguido el procedimiento establecido en los arts. 40, 41 y 47 del ET; y otro, de prescripción, de un año, si no se ha seguido el procedimiento de los arts. 40, 41 y 47 del ET"[634]. En este último caso, la jurisprudencia de unificación viene concluyendo desde hace años (por ejemplo, en STS de 16 de abril de 2003[635]), que el tema de "si esta movilidad débil está o no sujeta al plazo de caducidad que establece el párrafo 4.º del artículo 59 del Estatuto de los Trabajadores [...] ya ha sido resuelto por esta Sala en su [...] Sentencia de 27 de diciembre de 1999"[636], donde se decía que "el plazo de caducidad de los artículos 59.4 del Estatuto y 138 de la Ley de Procedimiento Laboral está establecido exclusivamente para

---

631 Véase MEGINO FERNÁNDEZ, D., "Comentario al artículo 138", en BARRIOS BAUDOR, G. L. (dir.), *Comentarios a la Ley Reguladora de la Jurisdicción Social*, Aranzadi (Pamplona, 2020), pág. 868.

632 Ibídem, pág. 869.

633 Rec. núm. 102/2015.

634 Cfr. OLARTE MADERO, F., y SALA FRANCO, T., "Modalidad procesal de movilidad geográfica, modificaciones sustanciales de condiciones de trabajo, suspensión del contrato y reducción de jornada por causas económicas, técnicas, organizativas o de producción o derivadas de fuerza mayor", en BLASCO PELLICER, A. (dir.), *El proceso laboral*, 1.ª ed., Tirant lo Blanch (Valencia, 2013), pág. 965.

635 Rec. núm. 2257/2002.

636 Y es que, en efecto, en esa STS de 27 de diciembre de 1999 (Rec. núm. 2059/1999) ya se aseguraba que si "los artículos 59.4 del Estatuto y 138.1 LPL establecen el plazo de caducidad exclusivamente para los casos de movilidad geográfica del art. 40 ET y de modificaciones sustanciales de las condiciones de trabajo del art. 41, es claro que las acciones frente a los supuestos de movilidad geográfica no sustancial o débil no están sujetas a plazo de caducidad alguno y sí solo al general de prescripción de un año que establece el art. 59.1 del Estatuto para todas las acciones derivadas del contrato de trabajo que no tengan señalado plazo especial".

los casos de movilidad geográfica del artículo 40 y de modificaciones sustanciales de las condiciones del contrato de trabajo del artículo 41 por lo que «es claro que las acciones frente a los supuestos de movilidad geográfica no sustancial o débil no están sujetas al plazo de caducidad alguno y sí solo al general de prescripción de 1 año que establece el artículo 59.1 del Estatuto para todas las acciones derivadas del contrato de trabajo que no tengan señalado plazo especial»"[637]. A tal conclusión habría que llegar, en todo caso, "teniendo en cuenta que la decisión se adoptó por la empresa sin cumplir ninguna de las previsiones del artículo 40 ET [...], de modo que cuando no se cumplen por el empleador las exigencias formales del precepto [...] no puede entenderse que la medida se ajusta a lo establecido en el art. 41 del ET, siendo entonces el proceso ordinario el adecuado para reclamar frente a la medida y no el especial del art. 138 LPL». Doctrina igualmente extensible a la movilidad geográfica acordada sin cumplir las exigencias del art. 40, dada la similitud de regulación sustantiva de ambos supuestos". Y la tercera de las conclusiones es la utilización indebida del art. 59.2 ET. El precepto se refiere exclusivamente a la acción que se ejercita para exigir percepciones económicas o para el cumplimiento de obligaciones de tracto único, que no puedan tener lugar después de extinguido el contrato ("Si la acción se ejercita para exigir percepciones económicas o para el cumplimiento de obligaciones de tracto único, que no puedan tener lugar después de extinguido el contrato, el plazo de un año se computará desde el día en que la acción pudiera ejercitarse"), y lógicamente la impugnación de la decisión empresarial ni tiene por objeto la exigencia de percepciones económica, ni el cumplimiento de obligaciones de tracto único que no puedan tener lugar después de extinguido el contrato, ya que "si se interpretara ampliamente esta regla, se destruiría la regla general de que los plazos empiezan a correr desde la terminación del contrato"[638]. Pero es que incluso mediante una interpretación laxa del precepto[639], el resultado sería el mismo, ya que en ningún caso una decisión de cambio de centro de trabajo puede tener encaje en el precepto adjetivo[640].

Es cierto, no obstante, que el propio art. 138.1 LJS se refiere expresamente a ese plazo, señalando que esos días se establecen "sin perjuicio de la prescripción en todo caso de las acciones derivadas por el transcurso del plazo previsto en el apartado 2 del artículo 59 del Estatuto de los Trabajadores". Pero la previsión legal encuentra sentido atendiendo a los posibles pronunciamientos de la parte dispositiva de la sentencia sobre movilidad geográfica que pueda promover el trabajador afectado por la misma. La LJS limita los pronunciamientos a tres, pudiendo declararse la medida justificada, injustificada o nula. A tales efectos, la norma permite peticionar conjuntamente (cuando se pida que la medida se declare como injustificada) una indemnización "de los daños de los daños y perjuicios que la decisión empresarial hubiera podido ocasionar durante el tiempo en que ha producido efectos"[641], así como (cuando

[637] Así se expresa igualmente una STS de 3 de abril de 2007 (Rec. núm. 4266/2005).

[638] Véase SAGARDOY BENGOECHEA, J. A., y GIL Y GIL, J. L., "Prescripción y caducidad", en GOERLICH PESET, J. A. (coord.), *Comentarios al Estatuto de los Trabajadores Libro Homenaje a Tomás Sala Franco*, Tirant lo Blanch (Valencia, 2016), pág. 1034.

[639] Porque la estricta "parece que solo puede aplicarse a los supuestos de vacaciones". Cfr. SAGARDOY BENGOECHEA, J. A., y GIL Y GIL, J. L., "Prescripción y caducidad", cit., pág. 1034.

[640] Sobre los supuestos admitidos por la jurisprudencia, véase SAGARDOY BENGOECHEA, J. A., y GIL Y GIL, J. L., "Prescripción y caducidad", cit., págs. 1034 y ss.

[641] Art. 138.7, párrafo 3.º, LJS.

lo que se exige es declarar nula la decisión de movilidad) pretensiones de tutela de derechos fundamentales y libertades públicas, de acuerdo con lo establecido en el art. 184 LJS[642].

De esta manera, cualquier otra reclamación relativa a la movilidad geográfica, como pueden ser las de carácter económico, deberá sustanciarse a través del proceso ordinario, con el plazo de prescripción (ahora ya sí) de un año. La manualística laboral, por su parte, entendió en su momento, por lo que a nosotros interesa, que "las decisiones empresariales que pueden ser impugnadas mediante el procedimiento del art. 138 de la [LRJS] son las siguientes: [...] los traslados y desplazamientos temporales a que se refiere el art. 40 del ET"[643], por lo que "la pretensión de la demanda en este tipo de procedimientos puede fundamentarse, alternativa o acumulativamente, en lo siguiente: 1.ª La existencia de una de las causas de discriminación previstas en la Constitución o en la Ley o la violación de los derechos fundamentales y libertades públicas del trabajador. 2.ª La inexistencia o idoneidad de la causa económica, técnica, organizativa o productiva alegada por el empresario para justificar su decisión. 3.ª La inaplicación por el empresario de las preferencias legal o convencionalmente establecidas. 4.ª La existencia de un fraude de ley en los supuestos de traslados o modificaciones sustanciales de condiciones de trabajo realizados en periodos sucesivos de noventa días en número inferior a los umbrales señalados en los arts. 40 y 41 del ET para los traslados y modificaciones de carácter colectivo. 5.ª El incumplimiento de las exigencias procedimentales legal o convencionalmente establecidas: periodo de preaviso, notificación escrita a los trabajadores, notificación sin especificar las causas justificativas, falta de buena fe en la negociación del periodo de consultas, tomas de acuerdos incumpliendo el régimen de mayorías, etc."[644].

En consecuencia, de acuerdo nuevamente con la doctrina científica, en "la medida en que el procedimiento especial del art. 138 de la LJS se refiere a la impugnación judicial, de carácter individual, de las decisiones empresariales basadas en las causas económicas, técnicas, organizativas o de producción a que se refieren los arts. 40. 41 y 47 del ET, quedarán fuera del objeto de esta modalidad procesal: [...] las acciones individuales de impugnación de decisiones empresariales de movilidad geográfica [...] fundadas en causas distintas a las económicas, técnicas, organizativas o de producción [...] las decisiones empresariales fundadas en pactos individuales o colectivos de reserva al empresario de facultades modificativas [...], las decisiones empresariales disciplinarias [...] [y] el traslado de trabajadores contratados para prestar sus servicios en empresas con centros de trabajo móviles o itinerantes, supuesto expresamente excluido en el art. 40.1 del ET"[645]. En todos estos casos, "el trabajador deberá acudir al proceso laboral ordinario y en el caso de haber seguido la modalidad procesal del art. 138 de

642 El cual, como es sabido, señala que "no obstante lo dispuesto en los artículos anteriores y sin perjuicio de lo dispuesto en el apartado 2 del artículo 178, las demandas por... movilidad geográfica... en que se invoque lesión de derechos fundamentales y libertades públicas se tramitarán inexcusablemente, con arreglo a la modalidad procesal correspondiente a cada una de ellas, dando carácter preferente a dichos procesos y acumulando en ellos, según lo dispuesto en el apartado 2 del artículo 26, las pretensiones de tutela de derechos fundamentales y libertades públicas con las propias de la modalidad procesal respectiva".

643 Véase OLARTE MADERO, F., y SALA FRANCO, T., "Modalidad procesal de movilidad geográfica, modificaciones sustanciales de condiciones de trabajo, suspensión del contrato y reducción de jornada por causas económicas, técnicas, organizativas o de producción o derivadas de fuerza mayor", cit., pág. 961.

644 Ibídem, pág. 963.

645 Ibídem, pág. 961.

la LJS, el Juez deberá decretar la inadecuación del procedimiento y darle la tramitación que corresponda (art. 102.2 de la LJS)"[646].

4. Demanda y tramitación procesal

Nada dice el art. 138 acerca de los requisitos de la demanda de movilidad geográfica, por lo que, de acuerdo con lo dispuesto en el art. 102.1 LJS, "regirán las disposiciones establecidas para el proceso ordinario". La misma deberá ser presentada por el trabajador afectado por la movilidad[647] y el procedimiento tendrá carácter urgente y tramitación preferente, debiendo señalarse "el acto de la vista [...] dentro de los cinco días siguientes al de la admisión de la demanda, de no haberse recabado el informe previsto en el apartado 3 de este artículo"[648]. Ese informe al que se refiere la norma es el contemplado en el apdo. 3 del precepto, que habilita al juzgador de instancia para "recabar informe urgente de la Inspección de Trabajo y Seguridad Social [...], [que] versará sobre los hechos invocados como justificativos de la decisión empresarial en relación con la modificación acordada y demás circunstancias concurrentes"[649]. Sea como fuere, esa urgencia provoca que los días del mes de agosto sean hábiles[650].

Una especialidad llamativa de este procedimiento es que, según dispone el art. 138.4 LJS, "si una vez iniciado el proceso se plantease demanda de conflicto colectivo contra la decisión empresarial, aquel proceso se suspenderá hasta la resolución de la demanda de conflicto colectivo, que una vez firme tendrá eficacia de cosa juzgada sobre el proceso individual en los términos del apartado 3 del artículo 160", lo que no es más que la repetición de lo dispuesto en el art. 40.2 ET, conforme al cual, contra las decisiones colectivas de traslado se puede "reclamar en conflicto colectivo, sin perjuicio de la acción individual", y, en ese caso, "la interposición del conflicto paralizará la tramitación de las acciones individuales iniciadas, hasta su resolución", de acuerdo con lo dispuesto en el art. 160.5 LJS[651].

Así, afirma este último precepto que "la sentencia firme producirá efectos de cosa juzgada sobre los procesos individuales pendientes de resolución o que puedan plantearse, que versen sobre idéntico objeto o en relación de directa conexidad con aquel, tanto en el orden social como en el contencioso-administrativo, que quedarán en suspenso durante la tramitación del conflicto colectivo. La suspensión se acordará, aunque hubiere recaído sentencia de instancia y estuviere pendiente el recurso de suplicación y de casación, vinculando al tribunal correspondiente la sentencia firme recaída en el proceso de conflicto colectivo, incluso aunque en el recurso de casación unificadora no se hubiere invocado aquella como sentencia contradictoria". A tales efectos, el último apartado del art. 160 LJS señala que "la iniciación del proceso de

646 Ibídem, pág. 961.

647 Cfr. art. 138.1 LJS.

648 Art. 138.5 LJS.

649 Al respecto del mismo, véase SÁNCHEZ LINDE, M., "Apuntes sobre el proceso especial de impugnación de movilidad geográfica y modificación sustancial de condiciones de trabajo", cit., págs. 174 y ss.

650 Cfr. art. 43.4 LJS.

651 El art. 138 LJS contiene un evidente *lapsus calami*, ya que la referencia debe hacerse al art. 160.5 LJS.

conflicto colectivo interrumpirá la prescripción de las acciones individuales en igual relación con el objeto del referido conflicto"[652].

Esta previsión legal no es más que un intento del Legislador procesal por alcanzar alguno de los objetivos marcados en su exposición de motivos: el "ajuste íntegro de la normativa procesal social a [...] la interpretación efectuada de la normativa procesal social por la jurisprudencia social". Este ajuste lo hace, por ejemplo, su art. 160.6, trasladando a la norma adjetiva la jurisprudencia del Tribunal Supremo recaída a propósito del instituto de la prescripción en esta concreta clase de acciones, de la que resulta una buena muestra su sentencia de fecha 20 de septiembre de 2010[653], en la que la cuestión que se planteaba era "determinar el alcance concreto de los efectos interruptivos del instituto de la prescripción que, sobre una reclamación individual de determinadas cantidades, ha de tener la sentencia firme" recaída en un proceso de conflicto convenio colectivo y en la que se acabó concluyendo que "la tramitación de un proceso de conflicto colectivo no solo paraliza el trámite de los individuales ya iniciados sobre el mismo objeto [...] sino que sirve para interrumpir la prescripción de las acciones pendientes de ejercitar".

El apdo. 5 del art. 160 LJS plantea, sin embargo, otro tipo de consideraciones. Hasta la entrada en vigor de la LJS, el art. 158.3 LPL (que ahora resulta ser el art. 160.5 LJS) establecía lo que sigue: "La sentencia firme producirá efectos de cosa juzgada sobre los procesos individuales pendientes de resolución o que puedan plantearse, que versen sobre idéntico objeto"[654]. Tal y como se deduce de la lectura del precepto, este en principio lo único que hacía era imponer el efecto de cosa juzgada sobre los procesos individuales pendientes de resolución o que pudieran plantearse, que versasen sobre idéntico objeto al del conflicto colectivo objeto de pleito. Sin embargo y pese a lo aparentemente diáfano de la previsión legal, doctrina y jurisprudencia no acababan de ponerse de acuerdo sobre el contenido de la misma. Así, mientras que la jurisprudencia de la Sala de lo Social del Tribunal Supremo concluía —en Sala General— que "está fuera de dudas que el mencionado artículo [...] se refiere al efecto positivo o prejudicial de la cosa juzgada, no al negativo"[655], llegando a afirmar incluso que nos encontrábamos frente a "una prejudicialidad que presenta unas connotaciones tan específicas que muy bien podría calificarse de prejudicialidad normativa, en tanto en cuanto la sentencia que se dicta en el proceso de conflicto colectivo define el sentido en que se ha de interpretar la norma discutida o el modo en que esta ha de ser aplicada, y por ello participa de alguna manera del alcance y efectos que son propios de las normas"[656]; la doctrina científica, por su parte, afirmaba que la excepción de litispendencia se consideraba igualmente incardinable en el tenor literal del art. 158.3 LPL, ya que "la jurisprudencia laboral viene registrando con toda naturalidad la

[652] Y suspenderá, añadimos, la caducidad de las acciones de movilidad geográfica.

[653] Rec. núm. 4584/2009.

[654] No hubiera estado mal, por cierto, que se hubiera aclarado si tales efectos resultan ser *ex tunc* o *ex nunc*. El Tribunal Supremo concluye, por cierto, que son *ex tunc* [STS de 16 de febrero de 2010 (Rec. núm. 1734/2009)].

[655] Véase STS de 30 de junio de 1994 (Rec. núm. 1657/1993).

[656] Ídem.

posibilidad de oponerla frente a pretensiones de carácter declarativo"[657], y suele utilizar la denominación de "prejudicialidad suspensiva"[658].

No se debe confundir, sin embargo, la institución del art. 160.5 LJS con otras figuras jurídicas procesales, tales como las excepciones de cosa juzgada de los arts. 207, 222 y 400 LEC o la litispendencia, que "posee una gran similitud con la de cosa juzgada [...], con la [...] diferencia de que el proceso declarativo antecedente es un proceso todavía pendiente"[659]; y es que, al igual que la cosa juzgada negativa, la litispendencia exige tres identidades; a saber, subjetiva, objetiva y causal, siendo una institución preventiva y tutelar de la cosa juzgada[660], que exige las mismas identidades que esta última excepción perentoria (*exceptione rei iuidate affinis ad modum est exceptio litis pendendis*)[661]. La prejudicialidad, por su parte, se "relaciona más bien con el efecto positivo de la cosa juzgada y además, encuentra su razón de ser en el reparto que de la función jurisdiccional por razón de materia se realiza entre los distintos órdenes jurisdiccionales"[662]. No obstante, su configuración legal depende "en gran medida de la concepción que el propio ordenamiento mantenga de la cosa juzgada"[663] y su concepto en sentido estricto, "tal y como ha venido entendiéndose tradicionalmente [...] implica un juicio previo a la resolución que se pretende, constituyendo presupuesto determinante para dictar sentencia en el asunto objeto del debate"[664]. Así, la cuestión prejudicial es determinante para resolver en el asunto principal "pero cada una de dichas cuestiones (la prejudicial y la principal) está atribuida a un orden jurisdiccional distinto"[665].

En la LPL, con todo, nunca ha existido un precepto como el art. 43 LEC, que permite la suspensión del procedimiento civil cuando haya de decidirse acerca de una cuestión prejudicial pendiente de resolución en otro proceso en ese mismo orden jurisdiccional, sin que, pese a lo dispuesto en su momento en la disposición adicional 1.ª.1 LPL, pudiera permitirse la aplicación subsidiaria de esta norma de la ley procesal civil al procedimiento laboral, ya que solo puede acudirse subsidiariamente a los preceptos de la LEC, cuando se trate de cuestiones no previstas en la laboral. Este, sin embargo, no es el caso en este tipo de materia, desde el momento en el que el art. 4 LPL lo resolvía de manera expresa, al establecer específicamente, de un lado, que "la competencia de los órganos jurisdiccionales del orden social se extenderá al conocimiento y decisión de las cuestiones previas y prejudiciales no pertenecientes a dicho orden, que estén directamente relacionadas con las atribuidas al mismo,

---

657 Véase BOTANA LÓPEZ, J. M., *La acción declarativa. En especial en los procesos de trabajo y Seguridad Social*, Civitas (Madrid, 1995), pág. 170.

658 Véase OLARTE MADERO, F., y SALA FRANCO, T., "Modalidad procesal de movilidad geográfica, modificaciones sustanciales de condiciones de trabajo, suspensión del contrato y reducción de jornada por causas económicas, técnicas, organizativas o de producción o derivadas de fuerza mayor", cit., pág. 971.

659 Véase BOTANA LÓPEZ, J. M., *La acción declarativa. En especial en los procesos de trabajo y Seguridad Social*, cit., pág. 171.

660 Cfr. STS (Sala de lo Civil) de 24 de enero de 1978.

661 Al respecto de todo ello, véase RON LATAS, R. P., "El proceso de conflictos colectivos en la nueva Ley Reguladora de la Jurisdicción Social", en *Actualidad Laboral*, núm. 12, 2012, págs. 1404 y ss.

662 Véase VICENTE PALACIO, A., *El efecto positivo de la cosa juzgada en el proceso laboral*, Aranzadi (Pamplona, 2007), pág. 33.

663 Ibídem, pág. 34.

664 Ibídem, pág. 32.

665 Ibídem, pág. 30.

salvo lo previsto en el apartado 3 de este artículo y en la Ley Concursal"; y, de otro lado, que "las cuestiones previas y prejudiciales serán decididas en la resolución judicial que ponga fin al proceso. La decisión que se pronuncie no producirá efecto fuera del proceso en que se dicte". De esta manera, si tales preceptos se ponían en conexión con el art. 86 LPL, resultaba que solo las cuestiones prejudiciales penales suspendían la tramitación del proceso laboral. La LEC, por su parte, regula de manera distinta esta materia, al permitir en algún caso la suspensión del procedimiento civil por la existencia de prejudicialidad en ese mismo orden jurisdiccional, pero la LPL no contemplaba esta posibilidad y obligaba al juzgador a pronunciarse en la resolución final que pusiera fin al proceso sobre todas las cuestiones previas y prejudiciales que pudieran plantearse, excepto las penales.

De todo ello se desprende que, si se trataba de una cuestión prejudicial no penal, los magistrados de lo social eran competentes para resolverla a los solos efectos del proceso, y sin tener que acordar su suspensión o la inadmisión de la demanda. De la misma forma sucedería cuando se trataba de una cuestión previa que fuese competencia del orden social de la jurisdicción. Y es que, en estas situaciones, entraba en juego la regla del art. 4.2 LPL, que obligaba a resolver esa cuestión previa o prejudicial que no produciría efecto fuera del proceso en que se dictase, sin que hubiese ningún cauce legal que permitiera la paralización del proceso laboral a la espera de aquella otra sentencia, o la inadmisión de la demanda, cuando no había litispendencia entre ambos asuntos. Con lo que, estuviéramos ante una cuestión previa o antecedente de prejudicialidad competencia del orden social de la jurisdicción, no podía suspenderse la tramitación del proceso y debía dictarse sentencia resolviendo el fondo del asunto, y todas aquellas otras cuestiones previas o prejudiciales que fueran necesarias para ello.

Siendo esto así, no es de extrañar que la doctrina científica llegase a afirmar que "el efecto de la cosa juzgada de la sentencia colectiva no solo actúa sobre los procesos individuales que puedan plantearse a posteriori de dictarse sino también sobre los pendientes de resolución que se plantearon con anterioridad a instarse el proceso de conflicto colectivo, entendiéndose que en estos casos no existe litispendencia sino prejudicialidad, por lo que «el efecto que produce el proceso de conflicto colectivo, una vez que se interpone e inicia, sobre los procesos individuales, es de suspender el trámite de los mismos hasta que adquiera firmeza la sentencia que ponga fin a aquel; efecto suspensivo que generalmente se produce en las situaciones de prejudicialidad»"[666].

Pero el art. 160.5 LJS vino a modificar todo lo anterior, con la intención de recoger (aunque solo en parte, es cierto) la doctrina jurisprudencial. Así, de una parte, introduce la prejudicialidad administrativa, al afirmar que "la sentencia firme producirá efectos de cosa juzgada sobre los procesos individuales pendientes de resolución o que puedan plantearse, que versen sobre idéntico objeto o en relación de directa conexidad [...], tanto en el orden social como en el contencioso-administrativo, que quedarán en suspenso durante la tramitación del conflicto colectivo". Y, de otra parte, confirma la doctrina del Tribunal Supremo, acerca del perfecto encaje de la excepción de "prejudicialidad normativa" en el contenido del precepto, otorgando a la sentencia de

[666] Véase BEJARANO HERNÁNDEZ, D., "El proceso de Conflictos Colectivos", en *Aranzadi Social*, núm. 9, 2009, pág. 34.

conflicto colectivo la capacidad de suspender "los procesos individuales pendientes de resolución... plantearse, que versen sobre idéntico objeto o en relación de directa conexidad... en el orden social".

Se trata, no obstante, de una previsión normativa ciertamente deficiente, sobre todo porque el art. 160.5 LJS utiliza un lenguaje jurídico inédito en nuestra normativa procesal. Y es que el Legislador, en lugar de acudir a la LEC, ha decidido acuñar la expresión "relación de directa conexidad", que se manifiesta, desde luego, totalmente ajena a nuestra tradición jurídico-procedimental. La LEC, en este sentido, utiliza los términos "objeto idéntico"[667], "antecedente lógico de lo que sea su objeto"[668] u "objeto principal"[669] a la hora de referirse a la vinculación entre pleitos; y ello, lógicamente, porque de manera tradicional el objeto del proceso venía siendo entendido como el elemento delimitador del pleito, concretado en la satisfacción de las pretensiones de las partes, identificadas por el *petitum* y la *causa petendi*, que junto con los sujetos delimitan así la concreta acción formulada en demanda.

En consecuencia, hasta la entrada en vigor de la LJS eran la *causa petendi* y el *petitum* los elementos que conformaban el objeto del proceso, siendo este a su vez el elemento del pleito que se utilizaba para extender los efectos de la cosa juzgada, la litispendencia y la prejudicialidad a otros procesos. A día de hoy, por contra, la alegación de cualquiera de esas tres excepciones procesales puede venir motivada por la presencia de una "relación de directa conexidad" entre los pleitos, o, dicho de otro modo, la "prejudicialidad normativa" del art. 160.5 LJS se dará tanto si los procesos "individuales pendientes de resolución o que puedan plantearse" versan "sobre idéntico objeto" (lo que, ya hemos visto, resulta extremadamente difícil[670]) o presentan "relación de directa conexidad" con el objeto del conflicto. A nuestro entender, la única interpretación plausible es aquella que identifica la novedad legal con lo dispuesto en el art. 222.4 de la Ley de Enjuiciamiento Civil, allí donde se afirma que "la sentencia firme que haya puesto fin a un proceso vinculará al tribunal de un proceso posterior cuando en este aparezca como antecedente lógico de lo que sea su objeto, siempre que los litigantes de ambos procesos sean los mismos".

La razón para ello se encuentra en la añeja doctrina del Tribunal Supremo, que (constituido en Sala General) declaró que "está fuera de dudas que el mencionado artículo 157.3 de la Ley de Procedimiento Laboral se refiere al efecto positivo o prejudicial de la cosa juzgada, no al negativo; dado que es indiscutible que la sentencia firme de conflicto colectivo no constituye impedimento alguno para que se dicten con posterioridad a ella Sentencias que pongan fin a los conflictos individuales «que versen sobre idéntico objeto»; lo que este

---

[667] Art. 421.1 LEC.

[668] Art. 222.4 LEC.

[669] Art. 43 LEC.

[670] Para el Tribunal Supremo, en efecto, "no es posible entender que entre el proceso de conflicto colectivo y los individuales que tratan sobre la misma cuestión, concurran, con la necesaria intensidad y exactitud, las tres identidades que exige el artículo 1252 del Código Civil (de personas, cosas y acciones o causa de pedir), toda vez que entre aquel y estos existen claras diferencias tanto subjetivas como en lo que se refiere a las acciones ejercitadas, pues la de conflicto colectivo es esencialmente una acción declarativa tendente a interpretar o aplicar con carácter genérico una norma, y en cambio en los individuales se trata de acciones de condena o de reconocimiento concreto y específico de derechos" [STS de 30 de junio de 1994 (Rec. núm. 1657/1993)].

precepto ordena es que estas sentencias resolutorias de los procesos individuales tienen que aplicar obligatoriamente los mandatos y criterios decisorios establecidos por la sentencia de conflicto colectivo. Por consiguiente, de este artículo 157.3 no se deduce necesariamente la existencia de litispendencia entre el proceso de conflicto colectivo y los conflictos individuales relacionados con aquel. Por otro lado, no es posible entender que entre el proceso de conflicto colectivo y los individuales que tratan sobre la misma cuestión, concurran, con la necesaria intensidad y exactitud, las tres identidades que exige el artículo 1252 del Código Civil (de personas, cosas y acciones o causa de pedir), toda vez que entre aquel y estos existen claras diferencias tanto subjetivas como en lo que se refiere a las acciones ejercitadas, pues la de conflicto colectivo es esencialmente una acción declarativa tendente a interpretar o aplicar con carácter genérico una norma, y en cambio en los individuales se trata de acciones de condena o de reconocimiento concreto y específico de derechos. Así pues, no se cumplen, en los supuestos estudiados, los requisitos necesarios para poder apreciar la litispendencia"[671].

Parece, en fin, que la finalidad de la novedad legislativa es dejar fuera de toda duda que el mencionado artículo 160.5 LJS se refiere, como concluyó el Tribunal Supremo en su momento, únicamente al efecto positivo o prejudicial de la cosa juzgada, "dado que es indiscutible que la sentencia firme de conflicto colectivo no constituye impedimento alguno para que se dicten con posterioridad a ella Sentencias que pongan fin a los conflictos individuales «que versen sobre idéntico objeto»"[672], incluyendo ahora además una específica prejudicialidad administrativa; parece que todo ello con la finalidad de evitar sentencias contradictorias en materia de conflicto colectivo, intentando así eliminar en la medida de lo posible cualquier clase de situaciones conflictivas que se puedan plantear tras una sentencia de conflicto colectivo, entre esta y todas aquellas resoluciones con la que guarde una "relación de directa conexidad".

Por último, el art. 160.5 LJS indica que "la suspensión se acordará aunque hubiere recaído sentencia de instancia y estuviere pendiente el recurso de suplicación y de casación, vinculando al tribunal correspondiente la sentencia firme recaída en el proceso de conflicto colectivo, incluso aunque en el recurso de casación unificadora no se hubiere invocado aquella como sentencia contradictoria". Con ello, lo único que viene a hacer la norma es, mediante circunloquios, concretar los efectos de cualquiera de las tres excepciones procesales que regula, con la finalidad de evitar sentencias contradictorias.

5. La sentencia. Posibles pronunciamientos

A pesar de que la norma refiere el proceso de movilidad geográfica como urgente y preferente, el plazo para dictar sentencia no difiere del establecido en el art. 97.1 LJS con relación al proceso ordinario, esto es, cinco días[673], aunque sin duda lo más relevante al respecto

[671] Véase STS de 30 de junio de 1994 (Rec. núm. 1657/1993).

[672] Ídem.

[673] "El Juez de lo Social podrá dictar oralmente la sentencia en el momento de terminar el juicio oral, ya que el art. 50 de la LJS no incluye el proceso en materia de movilidad geográfica [...] entre los procesos para lo que está prohibido que se pronuncien sentencias en viva voz" (OLARTE MADERO, F., y SALA FRANCO, T., "Modalidad procesal de movilidad geográfica, modificaciones sustanciales de condiciones de

es el posible contenido de su parte dispositiva, al cual dedica el art. 138 LJS su apartado siete; apartado este que es mejorable desde el punto de vista de la técnica jurídica, ya que, entre otras cuestiones, ni agota la casuística posible, ni aclara suficientemente el contenido del fallo de las sentencias que recaigan en esta materia de movilidad geográfica.

A) Medida justificada

Sea como fuere, la primera de las distintas opciones que la norma procesal ofrece al juzgador de instancia es la de declarar "justificada [...] la decisión empresarial"[674], pero para ello deben haber quedado acreditadas "las razones invocadas por la empresa"[675]. Un entendimiento racional de la previsión normativa de carácter simple lleva a concluir que si el empresario acredita la concurrencia (ya se trate de un traslado, ya de un desplazamiento) de las razones (económicas, técnicas, organizativas, o de producción o, incluso, por contrataciones referidas a la actividad empresarial) que le han llevado a adoptar la medida de movilidad, deberá avalarse judicialmente su decisión. Que la norma nada exprese a propósito de los derechos económicos del trabajador resulta entendible, ya que (como hemos visto) todo lo relativo a gastos deberá solventarse en proceso ordinario, por cuanto que su déficit en el procedimiento no afecta a la validez causal de la decisión empresarial[676]. Lo que ya no resulta comprensible es que se omita referencia alguna a los requisitos formales requeridos en caso de movilidad geográfica.

No debe olvidarse que el art. 40 ET exige que las decisiones de traslado y desplazamiento deben ser notificadas al trabajador –en el caso de traslados, también a sus representantes legales–, y, aunque la norma no exprese nada al respecto, no resulta extraordinario que la jurisprudencia entienda la necesidad no solo de que la notificación se haga por escrito, sino de que incluso deba precisar determinados extremos relativos a la decisión empresarial. En principio y a la vista de lo dispuesto en la norma adjetiva laboral, una interpretación estricta de la misma llevaría a entender que el defecto o ausencia de tales exigencias no debiera producir un resultado enervante de la orden de movilidad, de tal manera que la misma se encontraría justificada si se acredita de su viabilidad causal, sin perjuicio por parte del trabajador de solicitar una indemnización por daños y perjuicios. Existe, no obstante, una corriente judicial y doctrinal que no lo entiende así.

Y es que, en efecto, para cierta doctrina de suplicación los defectos formales (por ejemplo, ausencia de notificación a los representantes o del preaviso de treinta días) en la decisión de movilidad deben tramitarse con arreglo a la modalidad procesal del art. 138 LJS. No solo

trabajo, suspensión del contrato y reducción de jornada por causas económicas, técnicas, organizativas o de producción o derivadas de fuerza mayor", cit., pág. 975).

674 Art. 138.7, párrafo 1.º, LJS.

675 Art. 138.7, párrafo 1.º, LJS.

676 Cierta doctrina entiende que "sería posible una sentencia que declarase la justificación de la medida [...] y a la vez impusiera [...] una condena [...] en el supuesto de que a la acción regulada en el art. 138 de la LJS se hubiera acumulado otra u otras derivadas de la propia decisión empresarial impugnada, como podría ser el caso de la reclamación de gastos, dietas o indemnizaciones" (OLARTE MADERO, F., y SALA FRANCO, T., "Modalidad procesal de movilidad geográfica, modificaciones sustanciales de condiciones de trabajo, suspensión del contrato y reducción de jornada por causas económicas, técnicas, organizativas o de producción o derivadas de fuerza mayor", cit., pág. 983). Criterio este que sigue, por ejemplo, STSJ Canarias (las Palmas) de 10 de mayo de 2016 (Rec. núm. 218/2016).

eso, sino que, constatada esa clase de incumplimiento empresarial (a pesar incluso de haber acreditado la justificación de la medida), el resultado judicial no puede ser otro más que la declaración como injustificada de la medida locativa. En este sentido puede citarse una STSJ Andalucía (Sevilla) de 18 de julio de 2016[677], donde se concluye que "el traslado de la actora en primer lugar es irregular por defectos formales al incumplir el plazo de treinta días que el artículo 40 del Estatuto de los Trabajadores prevé como plazo mínimo para proceder al traslado de un trabajador a otra ciudad con cambio de domicilio [...], por lo que nos encontramos ante una decisión empresarial injustificada".

No obstante, ante esa diversidad de criterios, compartimos cierto posicionamiento doctrinal según el cual no caben aquí posturas de carácter dogmático, que solo admiten, en caso de cumplimiento de los requisitos formales, la reclamación de daños y perjuicios, y viceversa (el entendimiento como injustificada la movilidad en caso de cualquier incorrección en el procedimiento). Así, para algunos autores la solución no puede ser la misma en todos los casos que puedan plantearse, debiendo depender del requisito incumplido en cada caso por el empresario, así como de la presencia de determinadas circunstancias concurrentes. De este modo, los meros defectos de procedimiento, tales como incumplimiento del plazo de preaviso o la falta de notificación a los representantes legales de los trabajadores, que no afecten a la validez de la medida empresarial de movilidad, no impedirán que la misma se califique como justificada; en cambio, cuando las fallas en el procedimiento sean de calado (por ejemplo, notificación del traslado verbalmente y el mismo día de su efectividad) la decisión empresarial no podrá ser declarada en ningún caso como justificada[678].

Valga aquí como ejemplo de ello una STSJ País Vasco de 16 de octubre de 2018[679], en la que el trabajador demandante fue trasladado mientras se encontraba "en una situación de IT con un diagnóstico de pericarditis aguda", y las comunicaciones de decisión empresarial de los traslados "no fueron [recibidas] por el trabajador hasta en fechas posteriores, no pudiendo haber este optado por vacantes con formulación de opción de destinos", esto es, la "comunicación de la decisión del traslado, permanente [...], se efectúa de manera postergada y sin la formalidad de envío recepticio, que impide la oportunidad de formular una contradicción u opción de destino y se produce en un proceso y situación de incapacidad temporal". Y todo ello, a juicio de la sala, "demostrado el ingreso hospitalario y el proceso de incapacidad temporal por pericarditis aguda, con la baja médica correspondiente, notificaciones tardías, existencia de comunicaciones del traslado forzoso, y sus justificaciones de postergamiento, y el proceso de incapacidad temporal, suponen a todas luces un detalle de irregularidades que la juzgadora de instancia reconvierte en el carácter injustificado de la movilidad geográfica, que como hemos anunciado debemos confirmar".

En cualquier caso, supuesto que el juzgador de instancia declare la medida justificada, deberá igualmente disponer el reconocimiento del "derecho del trabajador a extinguir el contrato de trabajo en los supuestos previstos en el apartado 1 del artículo 40 [...],

[677] Rec. núm. 1300/2016.

[678] Cfr. OLARTE MADERO, F., y SALA FRANCO, T., "Modalidad procesal de movilidad geográfica, modificaciones sustanciales de condiciones de trabajo, suspensión del contrato y reducción de jornada por causas económicas, técnicas, organizativas o de producción o derivadas de fuerza mayor", cit., págs. 979 y ss.

[679] Rec. núm. 1862/2018.

concediéndole al efecto el plazo de quince días"[680]. Y otra vez nos encontramos con un alarmante déficit estructural y material de la norma. De acuerdo con su exiguo contenido, parece desprenderse del mismo que el trabajador puede, en caso de traslado, optar por la indemnización a la que se refiere el art. 40.1 ET, contando para ello con un plazo de quince días, del cual deberán quedar excluidos los inhábiles, al tratarse aparentemente de un plazo procesal[681], pero todo ello en apariencia, habida cuenta de la remisión en bloque al art. 40.1 ET, que, como sabemos, no presenta una exégesis clara y precisa. La norma, en suma, omite cualquier referencia a los hipotéticos requisitos materiales y formales de la posible opción extintiva del trabajador (por no hablar de que ni siquiera se hace referencia a la posible fecha de efectos de la opción), por lo que lo más conveniente en estas ocasiones será formular la opción por escrito, mediante comunicación expresa al órgano de instancia, señalando la preferencia obrera por la finalización de la relación laboral, cuya fecha de efectos deberá señalarse en la de notificación de la sentencia en cuestión[682].

B) Medida injustificada

En segundo término, el magistrado de lo social puede considerar la movilidad del trabajador como "injustificada" en caso de que no hayan quedado acreditadas las razones invocadas por la empresa. Pues bien, haciendo abstracción de aquellas posibles ocasiones en las cuales el juzgador pueda entender como igualmente injustificada (lo acabamos de ver) la decisión de movilidad por irregularidades no afectantes a las causas de movilidad tasadas[683], tal declaración conllevará necesariamente, según lo dispuesto en el art. 138.7 LJS, el reconocimiento del "derecho del trabajador a ser repuesto en sus anteriores condiciones de trabajo, así como al abono de los daños y perjuicios que la decisión empresarial hubiera podido ocasionar durante el tiempo en que ha producido efectos". Dos, pues, resultan ser los efectos inmediatos de la respuesta judicial a la impugnación de la decisión empresarial cuando esta se entienda como injustificada, y de igual manera dos son los déficits de la norma procesal que impiden dar una respuesta sencilla a la hermenéutica del precepto.

Porque, ya no es solo lo lacónico de la previsión normativa, sino que a ello se une la ausencia en el Libro Cuarto de la LJS (relativo a la ejecución de sentencias) de especificidad alguna relativa a la modalidad procesal que aquí nos ocupa. Debe reconocerse, en cualquier caso, la buena voluntad del Legislador, que, en un intento de aclarar los efectos que ordena en el apdo. 7 del art. 138 LJS, señala en el inmediatamente siguiente que "[c]uando el empresario no procediere a reintegrar al trabajador en sus anteriores condiciones de trabajo o lo hiciere de modo irregular, el trabajador podrá solicitar la ejecución del fallo ante el Juzgado de lo Social y la extinción del contrato por causa de lo previsto en la letra c) del apartado 1 del artículo 50 del Estatuto de los Trabajadores, conforme a lo establecido en los artículos 279, 280 y 281".

---

680 Art. 138.7, párrafo 2.º, LJS. Sobre la situación anterior a la actual norma adjetiva laboral, véase SSTSJ Cataluña de 9 de mayo de 2011 (Rec. núm. 2948/2010) y 24 de marzo de 2011 (Rec. núm. 1882/2010).

681 En efecto, por mor de lo dispuesto en el art. 185.1 LOPJ, deben quedar excluidos los inhábiles, al tratarse de un plazo procesal.

682 En este sentido, el art. 303.3 LJS, bien que referido a supuestos distintos, señala que "La opción deberá ejercitarse mediante escrito o comparecencia ante la oficina judicial".

683 Cfr. STSJ Galicia de 20 de abril de 2011 (Rec. núm. 3913/2010).

La secuencia de acontecimientos en relación con el derecho del trabajador "a ser repuesto en sus anteriores condiciones de trabajo", por lo tanto, debería ser la siguiente: en primer lugar, el magistrado de instancia señalará en la parte dispositiva de su sentencia el carácter injustificado de la movilidad geográfica acontecida, reconociendo además el derecho del trabajador a ser repuesto en sus anteriores condiciones de trabajo, condenando al empresario demandado a estar y pasar por dicha declaración; en segundo lugar, el empresario puede acatar la sentencia en sus propios términos[684] y ordenar al trabajador volver a su antiguo puesto de trabajo con recuperación de las condiciones que disfrutaba antes del traslado[685]; y, finalmente, puede suceder que el empresario no haga nada al respecto o bien que, solicitada la ejecución del fallo de instancia, este no se ajuste a los términos del mismo, ya que "el precepto es claro: solo el trabajador puede –«podrá»– pedir la extinción del contrato en caso de falta de reintegro en sus anteriores condiciones de trabajo o reintegro irregular"[686].

En este último caso, si el empresario simplemente obvia acatar el pronunciamiento judicial, ya de manera absoluta, ya de modo relativo, "en todo caso, el resultado final es el mismo, pues la resistencia contumaz del empresario a restituir al trabajador a la situación de origen aboca siempre en la extinción indemnizada"[687], por lo que este deberá solicitar la ejecución de la sentencia tan pronto esta haya ganado firmeza[688]. Entendemos, empero, que, de acuerdo con lo dispuesto en el art. 278 LJS, el empresario debe comunicar por escrito al trabajador, dentro de los diez días siguientes a aquel en que se le notifique la sentencia, la fecha de su reincorporación al trabajo, para poder efectuarla en un plazo no inferior a los tres días siguientes al de la recepción del escrito. En otro caso, el trabajador deberá instar la ejecución: 1) dentro de los veinte días siguientes a aquel en el que expire el de los diez días anterior[689]; o 2) dentro de los veinte días siguientes a la fecha en la que se haya incorporado el trabajador

[684] Ahora bien, según cierta jurisprudencia, "si tras la readmisión existió como afirma la recurrente un traslado a otra localidad, las cuestiones que se susciten en ese traslado exceden y son posteriores a las resueltas en esta ejecutoria, teniendo su propio proceso para ser resueltas, en el de movilidad geográfica, art. 138 LRJS" [STSJ Andalucía (Sevilla) de 11 de enero de 2018 (Rec. núm. 389/2017)].

[685] Sin que quepa entender como ajustada a derecho la readmisión en distinto centro de trabajo, y ello a pesar de que alguna jurisprudencia entienda (en los supuestos de despido disciplinario) que "La readmisión en las mismas condiciones que las existentes al momento del despido, que es lo que exige el precepto, se cumple en este caso por cuanto que la asignación de distinto centro de trabajo que no constituye movilidad geográfica mantiene la regularidad de la readmisión, cuando ese cambio es la única circunstancia que se ha variado en la relación de servicios, manteniéndose las mismas funciones y jornada como horario" [STSJ Madrid de 24 de febrero de 2012 (Rec. núm. 10/2012)]. En contra, utilizando la doctrina correcta, véase STSJ Madrid de 29 de noviembre de 2017 (Rec. núm. 1048/2017). Y sobre las excepciones a la regla general (que existen), admitiendo en ciertas ocasiones particulares el cambio de centro de trabajo, véase STSJ Cantabria de 29 de abril de 2019 (Rec. núm. 69/2019).

[686] Véase STSJ Asturias de 25 de abril de 2019 (Rec. núm. 796/2019). En efecto, "si la medida empresarial se califica como injustificada, no hay opción alguna para el empresario como en los casos de despido improcedente, sino que el trabajador debe «ser repuesto en sus anteriores condiciones de trabajo», con derecho, además, al abono de los «daños y perjuicios que la decisión empresarial –que es ejecutiva (arts. 40.1 y 41.3 ET)– hubiera podido ocasionar durante el tiempo en que ha producido efectos»" (art. 138.7 LJS)" (LUJÁN ALCARAZ, J., "Judicialización de las medidas de flexibilidad interna", cit., pág. 14).

[687] Véase LUJÁN ALCARAZ, J., "Judicialización de las medidas de flexibilidad interna", cit., pág. 14.

[688] En este sentido, el art. 138.6 LJS dispone que la sentencia será dictada, como sabemos, en el plazo de cinco días, y que esta "será inmediatamente ejecutiva", lo que sitúa el *dies a quo* en el momento de la notificación de la sentencia al trabajador.

[689] Cfr. art. 279.1 b) LJS.

a su inicial centro de trabajo, cuando se considerase irregular[690]. Ambos plazos resultan ser de prescripción[691], pero el hecho de que el afectado no inste la ejecución en plazo no significa que precluya su derecho. Si por la razón que sea el trabajador decide dejar transcurrir cualquiera de esos dos plazos, la norma le da la posibilidad de acogerse al que señala el art. 279.2 LJS, que es de "los tres meses siguientes a la firmeza de la sentencia", pero con la pérdida de los salarios que se puedan devengar entre "los días transcurridos entre el último de cada uno de los plazos señalados en las letras a), b) y c) del apartado anterior y aquel en el que se solicite la ejecución del fallo"[692].

Estas diferentes posibilidades las resume a la perfección una STSJ Galicia de 18 de octubre de 2019[693]: "El artículo 279 de la Ley reguladora de la Jurisdicción Social establece hasta cuatro plazos para el ejercicio de la acción ejecutiva: tres de ellos –los establecidos en el apartado 1– son de 20 días, pero varía el *dies a quo* según si la empresa ha fijado fecha para la readmisión dentro de los diez días siguientes a aquel en que se le haya notificado la sentencia –supuesto de la letra a)–, no la ha fijado –supuesto de la letra b)–, o la ha fijado y se ha readmitido, pero la readmisión se considera irregular –supuesto de la letra c)–; y el cuarto plazo es el de tres meses desde la fecha de la firmeza de la sentencia, con la peculiaridad de que, si se usa este plazo, se pierden los salarios devengados entre la finalización del plazo de veinte días a que se refiere el apartado 1 y la solicitud de readmisión dentro de este plazo de tres meses". De esta manera, "la Sala considera que no estamos ante tres plazos cortos –apartado 1– y un plazo largo –apartado 2– que necesariamente sobrepasa a aquellos –como parece presuponer el argumentario de la recurrente–, sino ante tres plazos cortos y un plazo largo que operan de una manera diferenciada, de manera que –aun reconociendo no será lo más habitual– nada debiera impedir que aquellos puedan sobrepasar a este en determinadas circunstancias"[694].

Instada, pues, la ejecución del fallo ante el incumplimiento empresarial, el "juez competente [...] dictará auto despachando la ejecución por la vía de incidente de no readmisión y seguidamente, el secretario señalará la vista del incidente dentro de los cinco días siguientes, citando de comparecencia a los interesados"[695]. En ella, "la parte o partes que concurran serán examinadas por el juez sobre los hechos de la no readmisión o de la readmisión irregular alegada, aportándose únicamente aquellas pruebas que, pudiéndose practicar en el momento, el juez estime pertinentes"[696]. Posteriormente, y dentro de los tres días siguientes, el juez dictará auto en que, salvo que no resulte acreditado el incumplimiento empresarial, declarará extinguida la relación laboral en la fecha de dicha resolución, con derecho al abono de las indemnizaciones señaladas

690 Cfr. art. 279.1 c) LJS.

691 Cfr. art. 279.3 LJS.

692 Somos conscientes, pese a todo, de que esa pérdida de salarios resultará excepcional en los supuestos de movilidad geográfica, ya que, al contrario de lo que sucede con el despido disciplinario, aquí el contrato no se ha extinguido. Por ello, en la práctica, el plazo de prescripción en orden a solicitar la ejecución del fallo se situará en los tres meses, contados desde que la sentencia haya ganado firmeza.

693 Rec. núm. 3777/2019.

694 Como, por ejemplo, "donde se insta un incidente de no readmisión o de readmisión irregular tras la efectiva reincorporación de la trabajadora después de incapacidad temporal".

695 Art. 280 LJS.

696 Art. 281.1 LJS.

para el despido improcedente, por cuanto que "la ejecución *in natura* queda limitada a los supuestos en que la modificación sea declarada nula, en el resto de los casos, si no se produce la readmisión o se produce de forma irregular, el trabajador podrá pedir la extinción del contrato de trabajo por la cusa prevista en el artículo 50.1 c) ET, conforme a lo establecido en los artículos 279, 280 y 281 LJS. La resolución del contrato es el único cauce de ejecución"[697].

Finalmente, existe la posibilidad (según decida el juzgador) de "fijar una indemnización adicional de hasta quince días de salario por año de servicio y un máximo de doce mensualidades"[698]; así como, en su caso, del abono de los salarios dejados de percibir desde la fecha de la notificación de la sentencia que por primera vez declare la medida injustificada[699]. Y es que, en cualquier caso, la declaración como injustificada de la medida habilita al trabajador para solicitar una indemnización de daños y perjuicios derivada de la decisión empresarial[700], limitándose la misma a aquellos que se le hubieran podido causar durante el tiempo de traslado o desplazamiento, lo que nos remite necesariamente a los arts. 1101 y ss. CC[701], así como a la necesidad de acreditación en pleito de esos daños[702]. Y así venía siendo, aun antes de la aprobación de la LJS, pese a que la LPL simplemente anudaba a la declaración como injustificada la medida el reconocimiento del "derecho del trabajador a ser repuesto en sus anteriores condiciones de trabajo"[703], siquiera en proceso distinto ordinario, tal y como lo demuestra el pronunciamiento de una STS de 2 de junio de 2008[704], donde se deja claro que a pesar de que "en los supuestos de impugnación de la decisión de traslado, el texto estatutario no señala cuales sean las consecuencias, aparte la normal de reintegro del trabajador a su puesto originario de trabajo, si la decisión judicial le es favorable [...], en proceso ordinario posterior, pueden ventilarse las responsabilidades por los perjuicios sufridos por el trabajador, a consecuencia de su forzoso cumplimiento de la orden empresarial cuya ilegalidad ha sido declarada. Y en este caso entra el juego del mandato del art. 1101 del Código civil que ordena indemnizar los daños y perjuicios a los que, en el cumplimiento de sus obligaciones incurrieran en

---

697 STSJ Asturias de 25 de abril de 2019 (Rec. núm. 796/2019). La reposición en las mismas condiciones de trabajo, se afirma en ella, "resulta imposible y tal circunstancia debe conllevar la extinción del contrato de trabajo sin que ello implique una vulneración del derecho a la tutela judicial efectiva de acuerdo con la doctrina del Tribunal Constitucional".

698 Art. 281.1 b) LJS.

699 Cfr. art. 281.1 c) LJS.

700 "En relación con el abono de los daños y perjuicios que se reclaman, ello forma parte de la pretensión típica del proceso del artículo 138 de la Ley de la Jurisdicción Social, como establece el número 7 de dicho artículo [...] por lo que no estamos ante una acumulación de acciones" [STSJ Asturias de 17 de julio de 2018 (Rec. núm. 1205/2018)].

701 Obviamente, tratándose de movilidad geográfica "débil", también podrán reclamarse daños y perjuicios, siempre a través del proceso ordinario, y siempre, claro está, que concurran los requisitos necesarios para poder apreciar la concurrencia de los elementos que configura la responsabilidad contractual del empresario, pudiendo verse al respecto una STSJ Asturias de 27 de abril de 2012 (Rec. núm. 580/2012).

702 En efecto, "dicha pretensión ha de respetar los requisitos que con carácter general la jurisprudencia viene exigiendo para toda petición de resarcimiento de daños y perjuicios" [STSJ Andalucía (Granada) de 27 de septiembre de 2018 (Rec. núm. 177/2018)].

703 Art. 138.5 de Real Decreto Legislativo 2/1995, de 7 de abril, por el que se aprueba el Texto Refundido de la Ley de Procedimiento Laboral. Al respecto, véase STSJ Canarias (Las Palmas) de 2 de noviembre de 2010 (Rec. núm. 828/2008).

704 Rec. núm. 2552/2007.

dolo, negligencia o morosidad, y los que de cualquier manera contravinieran el tenor de aquellas"[705].

Hoy en día, en relación con los daños y perjuicios a los que se refiere el art. 138.7 LJS sigue entrando en juego el mandato del art. 1101[706]; y así lo ha entendido, por ejemplo, una STSJ Andalucía (Granada) de 27 de septiembre de 2018[707], que reconoce que, cuando se ejercita la reclamación prevista en el precepto adjetivo, esta "ha de respetar los requisitos que con carácter general la jurisprudencia viene exigiendo para toda petición de resarcimiento de daños y perjuicios", sin que sea "admisible una responsabilidad objetiva en el ámbito de la jurisdicción social como fundamento de dicha reclamación, ya que la misma solo puede tener su basamento en lo dispuesto en el Art. 1101 CC, en relación con los artículos 4.2.d) y 19 del Estatuto de los Trabajadores", incluso tratándose de daños de carácter moral, habida cuenta la inexistencia de vulneración de derecho fundamental alguno. Al tratarse de "una responsabilidad civil culposa [...], no es responsabilidad civil objetiva, ni derivada de la creación del riesgo, ni es culpa extracontractual o aquiliana (del art. 1902 Código Civil), sino pura responsabilidad civil culposa contractual, por incumplimiento de obligaciones nacidas del contrato laboral; y aunque pudiera darse en teoría una culpa extracontractual, no puede esta responsabilidad derivarse a la vez de culpa contractual y extracontractual, no cabe una duplicidad indemnizatoria". Por lo tanto, "el fundamento de la pretensión sobre una responsabilidad objetiva de la empresa, para reclamar sin más la indemnización, no es bastante, eludiendo con ello, el tener que probar: A) Producción de un daño; B) Negligencia, dolo o morosidad en la conducta de quien lo causó por incumplimiento o cumplimiento defectuoso de la normativa de riesgos laborales; C) Nexo de causalidad entre la conducta del agente y del daño causado que ha de ser consecuencia natural, adecuada y suficiente de la determinación de la voluntad del causante".

C) La declaración de nulidad

Por último, tratándose de movilidad geográfica individual, el art. 138.7, párrafo 4.º, LJS insiste en que la misma sea declarada nula "cuando tenga como móvil alguna de las causas de discriminación previstas en la Constitución y en la Ley, o se produzca con violación de derechos fundamentales y libertades públicas del trabajador, incluidos, en su caso, los demás supuestos que comportan la declaración de nulidad del despido en el apartado 2 del artículo 108"[708]. O, dicho de otro modo, el traslado o desplazamiento de trabajadores puede ser

[705] Algunas resoluciones recaídas en suplicación admiten incluso la posibilidad de solicitar en ejecución una condena por vulneración de derechos fundamentales, señalando que "la posibilidad de imponer una indemnización de daños y perjuicios por vulneración de un derecho fundamental sí está dentro del ámbito de la ejecución de una sentencia con condena a la reincorporación de la persona trabajadora, pues esta, en caso de incumplimiento empresarial, se reconvierte en una indemnización por equivalente de dicha obligación de hacer que comprende, además de la indemnización tasada legalmente establecida, la indemnización adicional derivada de la vulneración de derechos fundamentales" [STSJ Galicia de 18 de octubre de 2019 (Rec. núm. 3777/2019)].

[706] Sobre la situación anterior a la entrada en vigor de la LJS, ya que la LPL no incluía tal posibilidad, véase STS de 2 de junio de 2008 (Rec. núm. 2552/2007).

[707] Rec. núm. 177/2018.

[708] Conforme al art. 108.2 LJS, "Será también nulo el despido en los siguientes supuestos:
a) El de los trabajadores durante el período de suspensión del contrato de trabajo por maternidad, riesgo durante el embarazo, riesgo durante la lactancia natural, enfermedades causadas por embarazo, parto o lactancia natural, adopción o acogimiento o paternidad al que se refiere la letra d) del apartado

declarado nulo por idénticas causas que las contempladas con relación al despido disciplinario, por lo que poco más se puede añadir al respecto, salvo el hecho de que nuestros tribunales laborales recogen con total naturalidad supuestos de movilidad geográfica nula por vulneración de lo dispuesto en este art. 138.7 LJS.

Y es que, en estas ocasiones, debe tenerse presente que "la movilidad geográfica que conlleva cambio de residencia constituye una innovación sobre una condición de trabajo sumamente importante para la vida profesional, pero sobre todo familiar del trabajador, en cuanto entra en juego la dimensión constitucional del derecho a la conciliación entre la vida familiar y laboral, cuya decisión corresponde al empresario con un posterior control judicial de causa y justificación"[709]; es decir, que los derechos fundamentales con tal dimensión suelen ser los más atacados cuando se discute la adecuación de la decisión empresarial a las previsiones de los arts. 14 y ss. de nuestra Carta Magna[710]. Por eso, no resulta extraordinario encontrarse resoluciones judiciales declarando la nulidad de la medida de movilidad por el ataque frontal que supone a derechos reconocidos constitucionalmente[711], tales como libertad sindical[712],

---

1 del artículo 45 del Texto Refundido de la Ley del Estatuto de los Trabajadores, o el notificado en una fecha tal que el plazo de preaviso concedido finalice dentro de dicho período.

b) El de las trabajadoras embarazadas, desde la fecha de inicio del embarazo hasta el comienzo del período de suspensión a que se refiere la letra a), y el de los trabajadores que hayan solicitado uno de los permisos a los que se refieren los apartados 4, 4 bis y 5 del artículo 37 del Texto Refundido de la Ley del Estatuto de los Trabajadores, o estén disfrutando de ellos, o hayan solicitado o estén disfrutando la excedencia prevista en el apartado 3 del artículo 46 de la misma Ley; y el de las trabajadoras víctimas de violencia de género por el ejercicio de los derechos de reducción o reordenación de su tiempo de trabajo, de movilidad geográfica, de cambio de centro de trabajo o de suspensión de la relación laboral en los términos y condiciones reconocidos en el Estatuto de los Trabajadores.

c) El de los trabajadores después de haberse reintegrado al trabajo al finalizar los períodos de suspensión del contrato por maternidad, adopción o acogimiento o paternidad, siempre que no hubieran transcurrido más de nueve meses desde la fecha de nacimiento, adopción o acogimiento del hijo".

[709] STSJ Madrid de 14 de junio de 2019 (Rec. núm. 27/2019).

[710] Cfr. SSTSJ Madrid de 28 de junio de 2021 (Rec. núm. 189/2021), Castilla-La Mancha de 20 de diciembre de 2016 (Rec. núm. 1309/2016), Madrid de 12 de febrero de 2018 (Rec. núm. 200/2015), Andalucía (Sevilla) de 20 de septiembre de 2017 (Rec. núm. 2632/2017), Andalucía (Málaga) de 5 de noviembre de 2015 (Rec. núm. 1912/2015), Cataluña de 21 de julio de 2017 (Rec. núm. 2713/2017) y Andalucía (Málaga) de 3 de mayo de 2017 (Rec. núm. 44372017).

[711] Cfr. SSTSJ Aragón de 15 de octubre de 2008 (Rec. núm. 708/2008), País Vasco de 23 de octubre de 2018 (Rec. núm. 1879/2018), y Madrid de 11 de junio de 2008 (Rec. núm. 2350/2008). En contra, denegando amparo judicial, véanse SSTSJ Castilla y León (Valladolid) de 22 de marzo de 2019 (Rec. núm. 630/2018), Canarias (Las Palmas) de 28 de julio de 2011 (Rec. núm. 1896/2010), Galicia de 7 de marzo de 2016 (Rec. núm. 4986/2015), Canarias (Las Palmas) de 30 de abril de 2012 (Rec. núm. 1718/2011), Navarra de 14 de febrero de 2008 (Rec. núm. 24/2008), Andalucía (Sevilla) de 9 de enero de 2019 (Rec. núm. 3751/2018), Navarra de 16 de diciembre de 2019 (Rec. núm. 373/2019), Madrid de 21 de noviembre de 2018 (Rec. núm. 858/2018), Castilla y León (Valladolid) de 9 de marzo de 2004 (Rec. núm. 271/2004), Madrid de 18 de abril de 2018 (Rec. núm. 703/2017), Cataluña de 21 de julio de 2017 (Rec. núm. 2713/2017), Cantabria de 30 de mayo de 2014 (Rec. núm. 242/2014), Canarias (Las Palmas) de 28 de julio de 2011 (Rec. núm. 1896/2010), Cataluña de 29 de octubre de 2008 (Rec. núm. 5452/2008) y Castilla y León (Burgos) de 20 de octubre de 2005 (Rec. núm. 875/2005).

[712] Cfr. STS de 22 de diciembre de 2014 (Rec. núm. 3059/2012), y SSTSJ Cataluña de 23 de febrero de 2011 (Rec. núm. 6728/2010), Madrid de 2 de julio de 2014 (Rec. núm. 158/2014), Andalucía (Sevilla) de 20 de septiembre de 2017 (Rec. núm. 2632/2017), Cataluña de 22 de febrero de 2012 (Rec. núm. 6934/2011), Valencia de 17 de diciembre de 2016 (Rec. núm. 2771/2015), Andalucía (Granada) de 19 de noviembre de 2015 (Rec. núm. 2261/2015) y Madrid de 16 de julio de 2021 (Rec. núm. 443/2021). O incluso una: 1) STSJ Castilla-La Mancha de 5 de julio de 2012 (Rec. núm. 673/2012), relativa a la declaración de nulidad de la decisión de trasladar a un trabajador que había concurrido como elegible en las elecciones sindicales de la empresa; y 2) STSJ Madrid de 14 de mayo de 2021 (Rec. núm. 146/2021), calificando como nulo el traslado, ya que el mismo es "a un centro de trabajo distinto, que cuenta, sin duda, con su propia representación unitaria de los trabajadores [lo que] implicaría con toda probabilidad la pérdida de su condición representativa y, por ende, del mandato que ostenta, cuestión que se anuda a su derecho a la actividad

género[713], integridad física y moral[714] (acoso laboral[715]), indemnidad[716], intimidad[717] o libertad de expresión[718]; pudiendo incluso reconocerse el carácter nulo de la medida mediando discriminación por razón de edad[719] o "circunstancias personales o familiares"[720], como en el supuesto recogido por una STSJ Andalucía (Granada) de 13 de septiembre de 2017[721], que declaró nulo el traslado de un trabajador en situación de reducción de jornada por guarda legal, al haber sufrido "un trato discriminatorio por razón de su situación familiar, que se ha visto por tanto trasladado a localidad mucho más distante de su domicilio familiar como consecuencia de no haber aceptado las condiciones que le imponía la demandada extra muros [...] del Acuerdo Colectivo y ello pese a tener disponibilidad de centro de trabajo más cercano".

En realidad, lo realmente trascedente aparece cuando en la movilidad entran en juego (en pleito) la discriminación o la vulneración de algún derecho fundamental catalogado como tal[722]. En tales ocasiones, el art. 183.1 LJS ordena que el juez se pronuncie "sobre la cuantía de la indemnización que, en su caso, le corresponda a la parte demandante por haber sufrido discriminación u otra lesión de sus derechos fundamentales y libertades públicas, en función tanto del daño moral unido a la vulneración del derecho fundamental, como de los daños y perjuicios adicionales derivados"[723]. Pues bien, con relación a la indemnización por daños y perjuicios, sigue resultando precisa "la simultaneidad de determinados requisitos, que pueden resumirse así: 1. La existencia real de una situación generadora de daños y perjuicios. 2. Su cabal acreditamiento en el proceso que se inicie instando su resarcimiento. 3. Un probado incumplimiento de la contraparte, determinante de aquella situación. 4. La relación causal y directa entre este incumplimiento y aquel daño [...], se exige de forma inexcusable la concurrencia de una conducta empresarial, de un ilícito o incumplimiento laboral, relacionado directamente, por tanto, con el haz de derechos y obligaciones que derivan del contrato de trabajo que une a las partes [...] la producción de un daño y, finalmente, el enlace causal entre este y el actuar

---

sindical [...], a lo que se añade el menoscabo del derecho que también le asiste a conciliar la vida personal, familiar y laboral, teniendo en cuenta que es padre de dos hijos menores".

[713] Cfr. SSTSJ Cataluña de 30 de marzo de 2010 (Rec. núm. 6919/2009) y 15 de septiembre de 2011 (Rec. núm. 2843/2011). Y sobre discriminación indirecta por razón del ejercicio del derecho a la conciliación de la vida familiar (así como sobre el cálculo de la indemnización por daños morales), véase STSJ Madrid de 5 de octubre de 2020 (Rec. núm. 260/2020).

[714] Cfr. STSJ Cataluña de 23 de abril de 2021 (Rec. núm. 278/2021).

[715] Cfr. STSJ Cataluña de 14 de noviembre de 2013 (Rec. núm. 3194/2013).

[716] Cfr. STSJ Murcia de 17 de junio de 2016 (Rec. núm. 1159/2015).

[717] Cfr. STSJ Canarias (Las Palmas) de 31 de enero de 2008 (Rec. núm. 1810/2003).

[718] Cfr. STSJ Murcia de 5 de octubre de 2009 (Rec. núm. 772/2009).

[719] Por ejemplo, por no aceptar la propuesta empresarial de jubilación anticipada: "el hecho de haberse exigido al actor que se jubilara voluntariamente, anunciándole que en caso de negativa sería trasladado a la oficina principal de Dos Hermanas" [STSJ Andalucía (Sevilla) de 11 de junio de 2015 (Rec. núm. 559/2015)].

[720] Cfr. STC 153/2021, de 13 septiembre, y SSTSJ Cataluña de 15 de noviembre de 2011 (Rec. núm. 2843/2011) y 6 de julio de 2011 (Rec. núm. 4698/2010).

[721] Rec. núm. 189/2017.

[722] Téngase en cuenta que la jurisprudencia viene concluyendo últimamente que "los derechos de conciliación son derechos fundamentales dada su vinculación con la prohibición de discriminación sexista y con el derecho a la intimidad familiar (artículos 14 y 18 de la Constitución)" [STSJ Galicia de 5 de diciembre de 2019 (Rec. núm. 5209/2019)].

[723] Al respecto, véase SSTSJ Murcia de 17 de junio de 2016 (Rec. núm. 1159/2015) y Andalucía (Sevilla) de 5 de noviembre de 2015 (Rec. núm. 1912/2015).

empresarial contraventor de una obligación [...]; relación que jurisprudencialmente se construye bajo el principio de la «causa adecuada», por la que se impone la exigencia de valorar, en cada caso concreto, si el antecedente se presenta como causa necesaria del efecto lesivo producido, de tal manera que «el cómo y el por qué» se produjo este constituyen elementos definitorios del contenido de aquella relación causal"[724]. No sucede lo mismo, en cambio, cuando la indemnización pretendida resulte de los daños morales unidos a la vulneración de un derecho fundamental.

Y es que, tratándose de indemnización por daño moral, el Tribunal Supremo pasó en su momento "de una inicial fase de concesión automática en la que se entendió procedente la condena al pago de la indemnización por los daños morales causados, sin necesidad de que se acredite un específico perjuicio, dado que este se presume... a una posterior exigencia de bases y elementos clave de la indemnización reclamada que justifiquen suficientemente la misma y que estén acreditados indicios o puntos de apoyo suficientes en los que se pueda asentar la condena"[725]. Mas "en los últimos tiempos esta doctrina de la Sala también ha sido modificada [...] sobre todo, en atención a la nueva regulación que se ha producido en la materia tras el art. 179.3 LRJS, precepto para el que la exigible identificación de «circunstancias relevantes para la determinación de la indemnización solicitada» ha de excepcionarse –este es el caso de autos– «en el caso de los daños morales unidos a la vulneración del derecho fundamental cuando resulte difícil su estimación detallada»"[726], por lo que puede afirmarse que "dada la índole del daño moral, existen algunos daños de este carácter cuya existencia se pone de manifiesto a través de la mera acreditación de la lesión [...], lo que suele suceder, por ejemplo, con las lesiones del derecho al honor o con determinadas conductas antisindicales"[727].

El problema, empero, se plantea a la hora de fijar el *quantum* indemnizatorio. En estas ocasiones, la doctrina jurisprudencial apunta lo siguiente: "El tribunal se pronunciará sobre la cuantía del daño, determinándolo prudencialmente cuando la prueba de su importe exacto resulte demasiado difícil o costosa, para resarcir suficientemente a la víctima y restablecer a esta, en la medida de lo posible, en la integridad de su situación anterior a la lesión, así como para contribuir a la finalidad de prevenir el daño [...], deduciéndose que respecto al daño, sobre cuyo importe debe pronunciarse necesariamente el Tribunal, se atribuye a este, tratándose especialmente de daños morales [...], la facultad de determinándolo prudencialmente, así como, con respecto a cualquier tipo de daños derivados de vulneraciones de derechos fundamentales o libertades públicas [...] [debiendo] ser suficiente no solo para la reparación íntegra, sino, además para contribuir a la finalidad de prevenir el daño, es decir, fijando expresamente los principios de suficiencia y de prevención"[728].

---

[724] STSJ Galicia de 24 de octubre de 2003 (Rec. núm. 60/2001). En este mismo sentido, véase STSJ Galicia de 3 de marzo de 2015 (Rec. núm. 4391/2014).

[725] STS de 5 de febrero de 2015 (Rec. núm. 77/2014).

[726] Ídem.

[727] Ídem.

[728] STS de 5 de octubre de 2017 (Rec. núm. 2497/2015)

Por lo tanto, probada la discriminación o la violación de derechos fundamentales en un traslado o un desplazamiento, debe acordarse el restablecimiento del trabajador afectado en la integridad de su derecho. Tal integridad comporta, entre otros extremos, la reparación de las consecuencias derivadas de la acción u omisión del sujeto responsable, incluida la indemnización que procediera, que puede hacerse de manera prudencial por el juzgador de que se trate, siempre y cuando la indemnización fijada resulte suficiente para resarcir a la víctima y para restablecer a esta, en la medida de lo posible, en la integridad de su situación anterior a la lesión, así como para contribuir a la finalidad de prevenir el daño. En cualquier caso, el importe del resarcimiento fijado prudencialmente únicamente debe ser corregido o suprimido cuando se presente desorbitado, injusto, desproporcionado o irrazonable.

No obstante, habida cuenta de que la jurisprudencia se ha ido decantando por entender que, dada la índole del daño moral, existen algunos daños de este carácter cuya existencia se pone de manifiesto a través de la mera acreditación de la lesión, se ha añadido que, "si bien es exigible identificación de circunstancias relevantes para la determinación de la indemnización solicitada, se contempla la excepción en el caso de los daños morales unidos a la vulneración del derecho fundamental cuando resulte difícil su estimación detallada"[729], debiendo tenerse en cuenta aquí "que el art. 183.2 LJS viene a atribuir a la indemnización no solo una función resarcitoria (la utópica *restitutio in integrum*), sino también la de prevención general"[730]. Por todo ello, y al efecto de facilitar las resultas del pleito, se viene utilizando "el criterio orientador de las sanciones pecuniarias de la Ley de Infracciones y Sanciones del Orden Social (LISOS)"[731], aunque sin hacer "una aplicación sistemática y directa de la misma, sino que nos ceñimos a la razonabilidad que algunas de esas cifras ofrecen para la solución del caso, atendida a la gravedad de la vulneración del derecho fundamental"[732].

En suma, el daño moral resulta ser aquel que está representado por el impacto o sufrimiento psíquico o espiritual que en la persona pueden desencadenar ciertas conductas, actividades o, incluso, resultados, tanto si implican una agresión directa a bienes materiales, como al acervo extrapatrimonial de la personalidad. En orden a la indemnización derivada del daño moral provocado al trabajador, hemos visto que la jurisprudencia ha flexibilizado la exigencia de bases y elementos clave de la indemnización, existiendo algunos daños de carácter moral cuya existencia se pone de manifiesto a través de la mera acreditación de la lesión, lo que suele suceder, por ejemplo, con las lesiones del derecho al honor o con determinadas conductas antisindicales. Por su parte, la fijación del importe de la indemnización por daños morales corresponde al órgano judicial que conoce del procedimiento en instancia y solo debe ser corregido cuando resulte manifiestamente irrazonable, desproporcionado e injustificado, lo que significa que su cuantía ha de ajustarse a parámetros de razonabilidad que no resulten excesivos y desorbitados en función de las circunstancias del caso, considerando que el empleo a efectos orientadores de las cuantías de las multas pecuniarias previstas en la LISOS en principio es un parámetro de cálculo razonable y avalado tanto por el

[729] STS de 6 de septiembre de 2021 (Rec. núm. 65/2020).

[730] Ídem.

[731] Ídem.

[732] Ídem.

Tribunal Constitucional como por el Tribunal Supremo[733], sin que tal uso orientativo signifique que haya que examinarse el asunto desde la misma óptica que cuando se está imponiendo una sanción administrativa (legalidad, tipicidad, non bis in ídem, etc.), sino que hay que partir de una vulneración de derechos fundamentales y de que se debe fijar la indemnización asociada a ello.

La jurisprudencia de suplicación, sin embargo, destaca que ni de los arts. 179.3 o 183 LJS, ni de la jurisprudencia del Tribunal Supremo se desprende que, para condenar al pago de una indemnización adicional por daño moral, baste con la mera invocación de que el mismo se ha producido y que haya en todo caso de acogerse el importe indemnizatorio que la parte demandante haya calculado a su libre arbitrio. Lo que se atenúa es el requisito de fijar las bases de la cuantificación del daño cuando el mismo es moral, pero no la de describir con cierto detalle cuáles son los daños morales que se consideran producidos o los hechos concretos de los que se deduce ese daño moral, principalmente cómo se ha producido la vulneración del derecho fundamental y qué incidencia ha tenido la vulneración en la persona del trabajador.

Así se desprende de que el art. 179.3 LJS hable primero, en general y para toda clase de daños, de "la adecuada especificación de los diversos daños y perjuicios", es decir, una descripción de los hechos o circunstancias concretas, susceptible de ser acreditadas o, sobre todo, desvirtuadas por los medios de prueba admitidos en derecho[734] (porque que un daño moral sea muy difícil de probar no significa que sea, por el contrario, relativamente fácil por la parte demandada probar hechos que desvirtúen la existencia de tal daño o su entidad) de los que se pueda deducir de forma razonada por un observador imparcial que se ha producido o podido producir un daño o perjuicio, sea material o moral, y hacer un juicio, siquiera indiciario, de la mayor o menor gravedad del mismo. Mientras que, por otro lado, la ley habla de "las circunstancias relevantes para la determinación de la indemnización", lo cual viene referido a la traducción económica del perjuicio. Es solo esta exposición de las "circunstancias relevantes para la determinación de la indemnización", o parámetros de cuantificación económica, que el art. 179.3 LJS permite excepcionar o relativizar para los daños morales, y ello además solo "cuando resulte difícil su estimación detallada".

Incluso, cuando se habla por el Tribunal Supremo de daños de carácter moral cuya existencia se pone de manifiesto a través de la mera acreditación de la lesión, exige al propio tiempo una implicación directa entre conducta lesiva del derecho fundamental y daño moral, y para apreciar la existencia de daño moral, el Tribunal Supremo suele atender a las concretas circunstancias acreditadas en las que se produjo la vulneración del derecho fundamental y la incidencia de la vulneración para el titular del derecho; o todo lo más, atiende a máxima de experiencia como "las normales consecuencias" de la vulneración de un concreto derecho fundamental en unas determinadas circunstancias. Así pues, sobre esta base, lo natural en estas ocasiones es anudar a la discriminación o vulneración de un

733 Utilizando dicho parámetro de cálculo, véase STSJ Murcia de 17 de junio de 2016 (Rec. núm. 1159/2015).

734 Sobre los tipos de prueba, puede consultarse la exposición realizada de manera brillante por MELLA MÉNDEZ, L., "Sobre la prueba digital en el derecho español: puntos críticos", en MELLA MÉNDEZ [dir.], *La revolución tecnológica y sus efectos en el mercado*, Wolters Kluwer (Madrid, 2018), págs. 571 y ss.

derecho fundamental derivado del carácter nulo de la medida de movilidad geográfica una solicitud de indemnización por daños morales, utilizando para ello los parámetros que la LISOS utiliza en materia de infracciones y sanciones laborales[735].

Pese a lo trillado del planteamiento (la jurisprudencia asume con total naturalidad la nulidad de la movilidad por vulneración de derechos fundamentales), la doctrina recoge dos interrogantes relativos a la declaración de nulidad. En primer lugar, se plantea la duda acerca de la posible declaración de nulidad, cuando el empresario no haya respectado el derecho de permanencia o prioridad de los representantes de los trabajadores, de acuerdo con lo dispuesto en el art. 40.7 ET, según el cual "los representantes legales de los trabajadores tendrán prioridad de permanencia en los puestos de trabajo a que se refiere este artículo". Lógicamente, la duda surge a la hora de discernir si en tales casos entraría o no en juego el derecho fundamental de libertad sindical, consagrado en el art. 28.1 CE.

Pues bien, a pesar de que doctrina autorizada entiende que lo procedente es declarar injustificado el traslado o el desplazamiento, habida cuenta de que el art. 138.7 LJS "se trataría de un supuesto en que la declaración procedente es la de injustificación [...] que no afectará a la decisión en sí misma, sino a su alcance individual [...], [ya que] el propio art. 138.7 de la LJS condiciona la declaración de justificación de la decisión empresarial, no solo a que queden acreditadas las razones invocadas por la empresa, sino a que tal acreditación se produzca «*respecto de los trabajadores afectados*»; y que, a falta de tal acreditación, la sentencia declarará injustificada la decisión empresarial"[736]. A pesar de ello, lo cierto es que la jurisprudencia laboral viene concluyendo de manera mayoritaria la nulidad de la movilidad geográfica que no respete el derecho de prioridad de los representantes legales de los trabajadores.

Este es el parecer, por ejemplo, de una STSJ Asturias de 14 de febrero de 2017[737], que entiende que en estos casos la actuación empresarial debe ser considerada nula de pleno de derecho, por vulneración del "principio de indemnidad sindical". Según dicho principio, "para el eficaz ejercicio de sus funciones, los representantes sindicales necesitan disfrutar de una serie de garantías y facilidades frente a todo acto de injerencia, impeditivo u obstativo del ejercicio de esa libertad"; y, en consecuencia, "dentro del contenido del derecho de libertad sindical reconocido en el artículo 28.1 de la Constitución se encuadra el derecho del trabajador a no sufrir, por razón de su afiliación o actividad sindical, menoscabo alguno en su situación profesional o económica en la empresa". Se levanta así el mismo sobre la idea "de que la afiliación sindical y el desarrollo de la actividad sindical en la empresa no pueden menoscabar la situación económica o profesional de los trabajadores, [y] prohíbe cualquier diferencia de trato por razón de la afiliación sindical o actividad sindical de los trabajadores y sus representantes en relación con el resto de los trabajadores".

Por eso, trasladar al trabajador sindicado sin respetar su derecho de prioridad de permanencia supone "alejarle de facto de los trabajadores a los que representa, a los que atiende

735 Al respecto, véase STSJ Cataluña de 21 de octubre de 2019 (Rec. núm. 2539/2019).

736 Cf. OLARTE MADERO, F., y SALA FRANCO, T., "Modalidad procesal de movilidad geográfica, modificaciones sustanciales de condiciones de trabajo, suspensión del contrato y reducción de jornada por causas económicas, técnicas, organizativas o de producción o derivadas de fuerza mayor", cit., págs. 982.

737 Rec. núm. 2934/2016.

y escucha de forma cotidiana en sus necesidades, problemas y reclamaciones, constituye sin duda una traba para el normal ejercicio de su actividad sindical", lo que "crea una fuerte presunción de que la decisión empresarial constituyó una sanción encubierta, una represalia o reacción frente al legítimo y regular ejercicio del derecho fundamental invocado". Y ello, incluso aunque "la decisión cuestionada encuentr[e] formal cobijo en el ejercicio del *ius variandi* empresarial" o queden acreditadas las causas de movilidad, ya que "el empleador no puede utilizar arbitrariamente sus facultades relativas a la movilidad [...] contra el legítimo ejercicio de los derechos fundamentales por parte del trabajador, perjudicando la dignidad o la formación y promoción profesional del mismo, pues el precepto estatutario y convencional antecitados deben examinarse en el marco del ordenamiento jurídico, en el que ocupan un lugar prevalente los derechos fundamentales recogidos en la Sección 1.ª del capítulo 11 del título 1 de la Carta Magna, debiendo examinarse si el cambio en las funciones desempeñadas por el demandante y su traslado de centro de trabajo supusieran una represalia ilícita contra el ejercicio por el mismo de esta clase de derechos". Y aquí debe tenerse en cuenta que "cuando se trata de traslados, las garantías de quienes asumen funciones representativas constituyen uno de los núcleos de mayor solidez y tradición de la doctrina española", lo que consagra el art. 40.7 ET, y la "ausencia de razones para justificar la selección del trabajador afectado por el traslado de centro de trabajo, a pesar de haber otros trabajadores en la misma situación, determina que las esgrimidas por la empresa no solo no resulten suficientes para despejar las dudas racionalmente generadas por el panorama indiciario, sino que vienen a confirmar la existencia de indicios discriminatorios al no aportar la recurrida una justificación suficiente de la causa real que le llevó a adoptar la medida recurrida, esto es, el traslado del trabajador a un centro de trabajo distinto de aquel en el que venía prestando sus servicios y en el que había resultado elegido como representante legal por sus compañeros de trabajo"[738].

Y lo mismo, entendemos, se puede afirmar con relación a la otra clase de personal que menciona la norma, siquiera haga falta que así venga establecido en la norma colectiva de aplicación. Porque, al contrario de lo que sucede con los representantes legales de los trabajadores, para hacer posible esa prioridad de permanencia de la que habla el art. 40.7 ET, se hace preciso que, "mediante convenio colectivo o acuerdo alcanzado durante el periodo de consultas", se hayan establecido "prioridades de permanencia a favor de trabajadores de otros colectivos, tales como trabajadores con cargas familiares, mayores de determinada edad o personas con discapacidad". En tal caso, la decisión empresarial de movilidad que no respete la prioridad de permanencia convencional podrá igualmente ser tachada de nula, habida cuenta la protección constitucional de ese colectivo. Los trabajadores con cargas familiares por lo establecido en el art. 39.1 CE[739], los de una determinada edad porque el art. 14 de la

[738] Con similar parecer, véase STSJ Madrid de 12 de mayo de 2008 (Rec. núm. 1255/2008).

[739] Así, el Tribunal Constitucional "ha confirmado la dimensión constitucional de las medidas normativas tendentes a facilitar la compatibilidad de la vida laboral y familiar desde la perspectiva del derecho a la no discriminación por razón de las «circunstancias familiares» [...], precisando que «[l]a prohibición de discriminación entre mujeres y hombres (art. 14 CE), que postula como fin y generalmente como medio la parificación, impone erradicar de nuestro ordenamiento normas o interpretaciones de las normas que puedan suponer la consolidación de una división sexista de papeles en las responsabilidades familiares» y que «la dimensión constitucional de todas aquellas medidas normativas tendentes a facilitar la compatibilidad de la vida laboral y familiar de los trabajadores, tanto desde la perspectiva del derecho a la no discriminación por razón de sexo o por razón de las circunstancias personales (art. 14 CE) como desde

Carta Magna proscribe la discriminación por razón de edad y, finalmente, los discapacitados o personas con necesidades especiales, porque, además de la cobertura que le ofrece este mismo art. 14 CE, encuentran en el marco jurídico de nuestro Derecho Social un ámbito de protección especialmente amplio, que las resguarda frente a cualquier tipo de discriminación, tanto directa como indirecta, así en el ámbito nacional como internacional[740].

En segundo lugar, se plantea el interrogante relativo a la declaración de nulidad tiene que ver con la posible declaración de oficio, aunque no se haya planteado en demanda, con el riesgo de que la resolución que recaiga en el proceso pueda ser tachada de incongruente. En particular, la denominada incongruencia *extra petitum*, que se produce en aquellos casos en los que el pronunciamiento judicial o decisión final recae sobre una cuestión que no había sido planteada dentro de las pretensiones actuadas por las partes, lo que determina que el órgano judicial introduce, por sí y ante sí, un tema radicalmente lejano y distinto del que ha hecho que las partes acudan a él para lograr una solución[741]. Ahora bien, este tipo de incongruencia admite, sin embargo, una clara excepción a su positiva existencia, que se da en aquellos supuestos en los que el órgano debe introducir *ex officio* una cuestión, porque así se lo exige la ley (por ejemplo, las materias referentes a jurisdicción, competencia, apreciación

---

la del mandato de protección a la familia y a la infancia (art. 39 CE), ha de prevalecer y servir de orientación para la solución de cualquier duda interpretativa en cada caso concreto, habida cuenta de que el efectivo logro de la conciliación laboral y familiar constituye una finalidad de relevancia constitucional fomentada en nuestro ordenamiento» [...], Las medidas de conciliación están, en definitiva, vinculadas al mandato de protección de la familia, de los hijos y de la infancia, conforme al art. 39 CE, que son los primeros beneficiarios de las mismas. Su reconocimiento y ejercicio, tanto por mujeres como por hombres, es además esencial para erradicar la discriminación por razón de sexo que aún sufren las mujeres (art. 14 CE), debido a los estereotipos de género y estigmas que en el ámbito laboral han estado tradicionalmente asociados a la maternidad y a las tareas de cuidado familiar, en detrimento de su acceso, permanencia y promoción en el empleo" (STC 153/2021, de 23 de septiembre).

[740] En primer lugar, el Estatuto de los Trabajadores establece: 1.º) el derecho de los trabajadores "a no ser discriminados directa o indirectamente para el empleo, o una vez empleados, por [...] razón de discapacidad, siempre que se hallasen en condiciones de aptitud para desempeñar el trabajo o empleo de que se trate" (art. 4.2.c]); 2.º) el derecho de los trabajadores "al respeto de su intimidad y a la consideración debida a su dignidad, comprendida la protección frente al acoso por razón de [...] discapacidad" (art. 4.2.e]); y 3.º) que "se entenderán nulos y sin efecto los preceptos reglamentarios, las cláusulas de los convenios colectivos, los pactos individuales y las decisiones unilaterales del empresario que den lugar en el empleo, así como en materia de retribuciones, jornada y demás condiciones de trabajo, a situaciones de discriminación directa o indirecta desfavorables por razón de... discapacidad" (art. 17.1). En ese mismo sentido se expresa el Real Decreto Legislativo 1/2013, de 29 de noviembre, por el que se aprueba la Ley General de Derechos de las Personas con Discapacidad y de su Inclusión Social de 2013, que establece entre sus principios el de la "no discriminación" [art. 3 c)], garantizando a las personas con discapacidad el "derecho al trabajo, en condiciones que garanticen la aplicación de los principios de igualdad de trato y no discriminación" (art. 35.1). En segundo término, por lo que se refiere a la normativa internacional: 1) la Convención sobre los derechos de las personas con discapacidad, hecho en Nueva York el 13 de diciembre de 2006, ratificado por España en fecha 23 de noviembre de 2007, indica en su art. 5.2 que "los Estados Partes prohibirán toda discriminación por motivos de discapacidad y garantizarán a todas las personas con discapacidad protección legal igual y efectiva contra la discriminación por cualquier motivo", debiendo entender por tales a "las personas con discapacidad incluyen a aquellas que tengan deficiencias físicas, mentales, intelectuales o sensoriales a largo plazo que, al interactuar con diversas barreras, puedan impedir su participación plena y efectiva en la sociedad, en igualdad de condiciones con las demás" (art. 1); y 2) la Directiva 2000/78/CE del Consejo de 27 de noviembre de 2000, relativa al establecimiento de un marco general para la igualdad de trato en el empleo y la ocupación, establece "un marco general para luchar contra la discriminación por motivos de religión o convicciones, de discapacidad, de edad o de orientación sexual en el ámbito del empleo y la ocupación, con el fin de que en los Estados miembros se aplique el principio de igualdad de trato" (art. 1), y "se entenderá por principio de igualdad de trato la ausencia de toda discriminación directa o indirecta basada en cualquiera de los motivos mencionados".

[741] Sobre los distintos tipos de incongruencia, véase STSJ Galicia de 31 de mayo de 2021 (Rec. núm. 2201/2020).

de la caducidad y otras); como sucede en el caso que nos ocupa, al advertir el art. 138.7 LJS que "se declarará nula la decisión [que] tenga como móvil alguna de las causas de discriminación previstas en la Constitución y en la Ley, o se produzca con violación de derechos fundamentales y libertades públicas del trabajador, incluidos, en su caso, los demás supuestos que comportan la declaración de nulidad del despido en el apartado 2 del artículo 108".

Por último, el art. 138.9 LJS señala, con relación a los efectos de la declaración de nulidad, que "si la sentencia declarara la nulidad de la medida empresarial, su ejecución se efectuará en sus propios términos, salvo que el trabajador inste la ejecución prevista en el apartado anterior. En todo caso serán de aplicación los plazos establecidos en el mismo". Podría parecer, a simple vista, que la declaración de nulidad o "injustificación" de la medida de movilidad presentan similares características ejecutivas. Sin embargo, no es así.

Aunque la norma guarde silencio al respecto, aparentemente la declaración judicial de nulidad de la medida de traslado o desplazamiento no puede producir otro efecto más que la reposición del trabajador a sus anteriores condiciones locativas de trabajo, que es justo lo que sucede cuando la movilidad se reconozca como injustificada. La diferencia, no obstante, estriba en la diferente sintaxis utilizada por el Legislador para referirse a las posibilidades con las que cuenta el trabajador ante el incumplimiento empresarial, por cuanto que, mientras que el art. 138.8 LJS indica que, cuando el empresario no procediere a reintegrar al trabajador en sus anteriores condiciones de trabajo, ese "podrá solicitar la ejecución del fallo [...] y la extinción del contrato"; su apdo. 9 exige efectuar la declaración judicial "en sus propios términos, salvo que el trabajador inste la ejecución prevista en el apartado anterior".

De este modo, si la movilidad geográfica resultase injustificada, "el trabajador favorecido por la sentencia únicamente puede instar la ejecución por equivalente de la misma para que se sustituya la obligación incumplida por el empresario por la extinción indemnizada del vínculo laboral"[742]. Por el contrario, cuando la sentencia declare la nulidad de la decisión judicial impugnada, el trabajador ostenta "el derecho a optar por la ejecución transformativa [del art. 138.8], pero asimismo le faculta para instar la ejecución específica de la sentencia"[743]. Todo ello, en suma, supone que el trabajador, ante la ausencia de cumplimiento empresarial del fallo judicial que haya declarado nula la movilidad, puede elegir entre extinguir el contrato, conforme a lo dispuesto en los arts. 279 y ss. LJS, o solicitar en ejecución que la sentencia se cumpla en sus propios términos, lo que exigirá prestar atención a los arts. 282 y ss. LJS, que se ocupan precisamente de la ejecución de sentencias en las que se haya declarado la nulidad del despido.

Y así es, en efecto, en primer término, el trabajador puede decantarse por la extinción indemnizada de su contrato de trabajo, a modo y manera del art. 138.8 LJS[744]. Lo reconoce

[742] Véase OLARTE MADERO, F., y SALA FRANCO, T., "Modalidad procesal de movilidad geográfica, modificaciones sustanciales de condiciones de trabajo, suspensión del contrato y reducción de jornada por causas económicas, técnicas, organizativas o de producción o derivadas de fuerza mayor", cit., pág. 984.

[743] Ibídem, pág. 984.

[744] Sobre el cálculo de los distintos conceptos indemnizatorios, véase STSJ Murcia de 7 de junio de 2017 (Rec. núm. 1020/2016).

con toda naturalidad una STSJ Murcia de 7 de junio de 2017[745], en la que se constata que el trabajador, ante la declaración judicial de nulidad de su traslado (y consiguiente deber de reingreso) y la ausencia de cumplimiento voluntario de la empresa, solicitó la ejecución de dicha resolución, en concreto, la extinción de su contrato de trabajo, siendo condenada aquella, declarándose por el juzgador *a quo* "extinguida la relación laboral que unía a las partes... y al abono al ejecutante de una indemnización"; fallo este que fue finalmente convalidado por la sala murciana[746].

En el caso de que se inste la ejecución en los propios términos de la sentencia, movilidad geográfica nula y despido nulo resultan, a efectos de ejecución, dos caras de la misma moneda, ya que la cuestión se reduce, en todo caso, al necesario reingreso del trabajador a sus condiciones de trabajo anteriores la decisión extintiva o modificativa empresarial. Así, una vez solicitada la ejecución, "el juez competente dictará auto conteniendo la orden general de ejecución y despachando la misma, y acordará requerir al empresario para que reponga al trabajador en su puesto en el plazo de tres días, sin perjuicio de que adopte, a instancia de parte, las medidas que dispone el artículo 284"[747]. En caso contrario, si el empresario no procediera a la reubicación o lo hiciera en condiciones distintas a las que regían antes de producirse el traslado o desplazamiento, "el trabajador podrá acudir ante el Juzgado de lo Social, solicitando la ejecución regular del fallo, dentro de los veinte días siguientes al tercero que, como plazo máximo para la reincorporación, dispone el artículo precedente"[748], en cuyo caso el "juez oirá a las partes en comparecencia, que se ajustará a lo dispuesto en el artículo 280 y en el apartado 1 del artículo 281, y dictará auto sobre si la readmisión se ha efectuado o no y, en su caso, si lo fue en debida forma"[749].

En el supuesto de que se "estimara que la readmisión no tuvo lugar o no lo fue en forma regular, ordenará reponer al trabajador a su puesto dentro de los cinco días siguientes a la fecha de dicha resolución, apercibiendo al empresario que, de no proceder a la reposición o de no hacerlo en debida forma, se adoptarán [...] medidas"[750], que deberán se acordadas por el letrado judicial, y que el art. 284 LJS concreta en las siguiente: "a) Que el trabajador continúe percibiendo su salario con la misma periodicidad y cuantía que la declarada en la sentencia, con los incrementos que por vía de convenio colectivo o mediante norma estatal se produzcan hasta la fecha de la readmisión en debida forma. A tal fin, cumplimentará la autorización contenida en el auto despachando ejecución en tantas ocasiones como fuese necesario, por una cantidad equivalente a seis meses de salario, haciéndose efectivas al trabajador con cargo a la misma las retribuciones que fueran venciendo, hasta que, una vez efectuada la readmisión en forma regular, acuerde la devolución al empresario del saldo existente en esa fecha. b) Que el trabajador continúe en alta y con cotización en la Seguridad Social, lo que pondrá en conocimiento de la entidad gestora o servicio común a los efectos procedentes. c) Que el delegado de personal, miembro del comité de empresa o delegado sindical continúe desarrollando, en el seno de la

745 Rec. núm. 1020/2016.

746 Que además se pronuncia sobre la "indemnización adicional" a la que se refiere el art. 281.2 b) LJS.

747 Art. 282.2 LJS.

748 Art. 283.1 LJS.

749 Art. 283.2 LJS.

750 Art. 283.2 LJS.

empresa, las funciones y actividades propias de su cargo, advirtiendo al empresario que, de impedir u oponer algún obstáculo a dicho ejercicio, se pondrán los hechos en conocimiento de la autoridad laboral a los efectos de sancionar su conducta de acuerdo con lo que dispone el Texto Refundido de la Ley sobre infracciones y sanciones en el orden social, aprobada por el Real Decreto Legislativo 5/2000, de 4 de agosto".

Con todo, puede suceder, por la razón que sea, que la reubicación del trabajador en su antiguo centro de trabajo resulte de imposible cumplimiento, por cierre de la empresa. Pues bien, en tales ocasiones el empresario debe acreditar de manera fehaciente (por lo general, en la comparecencia que hemos visto) tal imposibilidad "por cese o cierre de la empresa obligada o cualquier otra causa de imposibilidad material o legal"[751]. Si lo hace, "el juez dictará auto en el que declarará extinguida la relación laboral en la fecha de dicha resolución y acordará se abonen al trabajador las indemnizaciones y los salarios dejados de percibir que señala el apartado 2 del artículo 281", que ya conocemos. En los supuestos de declaración de nulidad por acoso laboral, sexual o por razón de sexo o de violencia de género en el trabajo, "la víctima del acoso podrá optar por extinguir la relación laboral con el correspondiente abono de la indemnización procedente y de los salarios de tramitación, en su caso, conforme al apartado 2 del artículo 281"[752].

También puede suceder que la imposibilidad de cumplimiento se dé por causa únicamente del cierre del centro de trabajo original, ubicando el empresario, en ejecución del fallo declarando la nulidad de la medida, al trabajador en otro distinto[753]. Se trata, empero, de un problema jurídico que el Tribunal Supremo ha solventado en su Sentencia de sala general de fecha 18 de junio de 2020[754], en la que la *quaestio litis* se reducía a decidir si "la reubicación de los trabajadores en el centro de trabajo de Bilbao [...] es causa de readmisión irregular, y solicitar por este motivo su readmisión en el centro de Mungia", sin que existiese discusión acerca de que "este último centro de trabajo fue definitivamente cerrado en fecha 25 de octubre de 2016; que se encuentra a una distancia de 20 kilómetros del centro de trabajo de Bilbao; ni tampoco se cuestiona la correcta adecuación a su grupo profesional de las funciones que desempeñan en ese nuevo centro"[755].

La sentencia, sin embargo, confirmó la validez de la decisión empresarial. Y lo hizo utilizando los siguientes criterios: 1) el art. 241.1 LJS establece el principio general de la ejecución de la sentencia en sus propios términos, "pero ese mismo precepto ya «advierte de la eventual imposibilidad de llevar a cabo el cumplimiento estricto del pronunciamiento del título ejecutivo, previendo —al igual que el art. 18.2 LOPJ— la posibilidad de que el cumplimiento específico resulte imposible material o jurídicamente»"; 2) "la imposibilidad de dar cumplimiento a las sentencias en sus propios términos no implica la ausencia de toda otra medida ejecutiva, de modo que baste la mera constatación de la imposibilidad de acordar el cumplimiento

[751] Art. 286.1 LJS.

[752] Art. 286.2 LJS.

[753] Cfr. SSTSJ Galicia de 24 de junio de 2011 (Rec. núm. 2070/2011).

[754] Rec. núm. 124/2018.

[755] En este mismo sentido, véanse SSTSJ Castilla y León (Valladolid) de 8 de febrero de 2012 (Rec. núm. 2132/2011) y Valencia de 20 de julio de 2021 (Rec. núm. 1131/2021).

estricto de los mandatos que ella contiene para entender satisfecha la tutela judicial efectiva"; 3) "es la propia norma la que establece la sustitución en la ejecución de la obligación específica establecida en el fallo de la sentencia por su equivalente pecuniario [...], así ocurre, entre otros, en los supuestos, como el presente, en que la readmisión en sus propios términos se revela materialmente imposible", por lo que "hay que concluir que tan constitucional es una ejecución en que se cumple el principio de la identidad total entre lo ejecutado y lo estatuido en el fallo, como una ejecución en que, por razones atendibles, la condena es sustituida por su equivalente económico, o por otro tipo de prestación"; 4) en ese mismo contexto, "el artículo 286 LRJS contempla un supuesto específico de la genérica previsión del artículo 18.2 de la LOPJ de imposibilidad de cumplimiento en sus propios términos de la sentencia: el cese, cierre de la empresa obligada o cualquier otra causa de imposibilidad material o legal, lo que comprende cualquier situación de hecho de cierre de la empresa o cese de la actividad que imposibiliten el cumplimiento de la obligación de readmitir, incluso cuando el cierre afecte, no a toda la empresa, sino a aquella parte de la misma, centro, instalación o actividad cuyo cese o paralización hace imposible la readmisión en las mismas condiciones"; 5) "se trata de una solución legal dispuesta frente a la ejecución fallida, por estricta imposibilidad de cumplimiento de la obligación, y como tal, se proyecta sobre todos los casos de despido, cuando deba tener lugar la readmisión"; 6) una vez constatada "la imposibilidad material de readmisión de los trabajadores pertenecientes a los centros de trabajo de Siero, Palma de Mallorca y Alicante, la sala de instancia –ante la realidad de una readmisión irregular que obligaba a un traslado de los trabajadores a centros muy alejados de sus domicilios– aplicó la solicitud de la ejecutada extinguiendo los contratos de conformidad con lo dispuesto en el artículo 286 LRJS"; y 7) la ejecución de la sentencia firme de despido "tiene como principal objetivo conseguir acomodar la situación fáctica actual a la existente antes de producirse el hecho extintivo pero, por ministerio de la ley –en este caso del artículo 286 LRJS–, cuando esa adaptación se revele materialmente imposible por no resultar realmente factible o porque jurídicamente pudieran derivarse muchos más perjuicios que ventajas, el órgano judicial –una vez constatada la referida imposibilidad material o jurídica– puede acordar la extinción contractual con abono de las correspondientes indemnizaciones con independencia de la causa que hubiera sustentado la nulidad del despido".

Sobre esta base, pues, esta STS entiende que, cuando "los trabajadores no interesan la resolución indemnizada de la relación laboral por imposibilidad de que la readmisión se produzca en las mismas condiciones anteriores al despido colectivo, sino que insisten en que deben ser readmitidos en el centro de trabajo de Mungia"[756], esa modificación del centro de trabajo "no supone una alteración de las condiciones de trabajo que pueda valorarse como una readmisión irregular". Además, "la escasa distancia existente entre uno y otro centro de trabajo impide considerar que se trate de un supuesto de movilidad geográfica, que conforme a lo dispuesto en el art. 40 ET pueda valorarse como un traslado que exija el cambio de residencia de los trabajadores". Admite, eso sí, el alto tribunal la posibilidad de que se hubiera invocado "la existencia de algún tipo de dificultad que pudiere hacer más gravosa la prestación laboral en el nuevo centro de trabajo, y que por ese motivo tuviere entidad suficiente para constituir una readmisión irregular contraria

[756] Acerca de los supuestos de extinción indemnizada, véase STS de 27 de diciembre de 2013 (Rec. núm. 3034/2012).

a lo dispuesto en el art. 283 LRJS". De este modo, en los casos de movilidad geográfica "débil", si "el empresario puede utilizar legítimamente la facultad de destinar al trabajador a otro centro de trabajo que no exige cambio de residencia, sin que ello suponga una modificación sustancial de condiciones de trabajo, también podrá hacerlo cuando se trata de la readmisión en ejecución de la sentencia que declara la nulidad del despido, si el centro de trabajo de origen se encuentra ya cerrado definitivamente y resulta imposible la readmisión en el mismo".

No se le escapa, finaliza diciendo el Tribunal Supremo, "la posibilidad de que la empresa pudiera pretender burlar de esta forma la ejecución en sus propios términos de la sentencia firme que declaró la nulidad del despido". En ese caso, "debería calificarse como torticera y contraria a derecho la actuación de la empresa que resulte ilícita por abusiva, con la que pretenda perjudicar dolosamente a los trabajadores, o entorpecer y represaliar de alguna forma el legítimo ejercicio de sus derechos —con finalidad de defraudar el cumplimiento de la sentencia judicial—[...], para obstaculizar injustificadamente con ánimo defraudatorio la obligada ejecución de la sentencia en sus propios términos y en las mismas condiciones anteriores al despido, como impone el art. 282 1 b) LRJS cuando la sentencia ha declarado su nulidad". Por otra parte, "la imposibilidad de readmitir en el mismo centro de trabajo podría autorizar al trabajador a solicitar en ciertos casos la extinción indemnizada de la relación laboral, al amparo de lo dispuesto en el art. 286.1 LRJS". Y así, en esa misma línea argumental, afirma que "el art. 286.1 LRJS, cuando se refiere a la imposibilidad de readmitir al trabajador, alude literalmente al «cese o cierre de la Empresa obligada», sin mencionar en forma alguna la posibilidad de que ello afecte únicamente al centro de trabajo en el que el trabajador estuviera destinado"; sin embargo, "a nuestro entender, la imposibilidad «material», quizá no la «legal», se puede producir también cuando el cierre afecta a un número significativo de centros preexistentes"; pero "en el caso de autos no se ha solicitado la extinción por este motivo de la relación laboral, sino que los ejecutantes insisten en reclamar la readmisión en el anterior centro de trabajo, con las consecuencias legales previstas en el art. 284 LRJS y en tanto la empresa no cumpla con la orden de reposición"; pretensión "que acertadamente desestima la Sala de instancia al calificar como regular la readmisión de los trabajadores en el centro de trabajo de Bilbao, una vez que ya ha cerrado el de Mungia, en un supuesto en el que no hay dato alguno que permita sospechar que la decisión de cerrar ese centro obedezca a la ilegítima intención de entorpecer la ejecución en sus términos de la sentencia que declara la nulidad".

II. El anómalo ejercicio del derecho a la tutela judicial efectiva de los trabajadores trasladados y desplazados

A lo largo del presente trabajo hemos manifestado en repetidas ocasiones que, a nuestro entender, todo cambio de centro de trabajo por decisión del empresario es constitutivo de un supuesto de movilidad geográfica. Otra cosa muy distinta es su posible calificación jurídica a los únicos efectos de la posible aplicabilidad del art. 40 ET en pleito, donde se limita el poder de dirección del empresario, cuando el mismo provoca al trabajador la necesidad de cambio de residencia. Por eso, cuando el empleador decide "movilizar" a alguno de sus trabajadores, la interpretación que se le pueda otorgar al cambio locativo decidido por la dirección de su empresa puede resultar multívoca. Habrá ocasiones en las cuales no exista duda racional alguna acerca de la consideración del cambio de centro de trabajo como traslado o desplazamiento, pero existirán otras muchas situaciones en las cuales el trabajador no pueda llegar a saber si está siendo sometido a un proceso de movilidad geográfica de los que recoge el art. 40 ET o si, simplemente, se trata de una manifestación del poder de *ius variandi* empresarial.

Así las cosas, lo más sensato sería reconducir toda decisión de cambio de centro de trabajo a la modalidad procesal que reconoce el art. 138 LJS. A pesar incluso de lo limitado del precepto, que se ocupa solo de determinados efectos de la movilidad, entendemos que razones de seguridad jurídica lo más aconsejable es unificar todos los pleitos sobre movilidad en un único procedimiento. No solo eso, obligar al trabajador a decidir, con el riesgo cierto de caducidad de la acción, qué tipo de demanda debe plantear cuando una decisión empresarial le obliga a cambiar de centro de trabajo, con todo lo que ello implica, tanto laboral como personal y familiarmente, supone una clara limitación de su derecho a la tutela judicial efectiva. No debe olvidarse, en cualquier caso, que para el TEDH "un «excesivo formalismo» puede ser contrario a la exigencia de garantizar un derecho práctico y efectivo de acceso a un tribunal [...], [e]sto suele ocurrir en casos que implican una interpretación particularmente estricta de una norma procesal, que impide que la acción de un demandante sea examinada en cuanto al fondo, con el consiguiente riesgo de que se infrinja su derecho a la tutela judicial efectiva". La "apreciación de una queja de formalismo excesivo en las resoluciones de los tribunales nacionales será, por lo general, el resultado de un examen del caso en su conjunto, teniendo en cuenta las circunstancias particulares de dicho caso [...] [y al] realizar dicha valoración, el Tribunal ha subrayado a menudo las cuestiones de «seguridad jurídica» y «correcta administración de justicia» como dos elementos centrales para establecer una distinción entre un formalismo excesivo y una aplicación aceptable de las formalidades procesales. En concreto, ha declarado que el derecho de acceso a un tribunal se ve menoscabado cuando las normas dejan de servir a los objetivos de seguridad jurídica y buena administración de justicia y constituyen una especie de barrera que impide al litigante que el tribunal competente se pronuncie sobre el fondo del asunto"[757].

Y es que, el pleito laboral es, sin duda, el más "puro" que existe. Ya no se trata solo de que en su configuración procedimental se busca ante todo que prevalezca la verdad material frente a la formal que pretendan imponer las partes, sino que, incluso, se permite al trabajador comparecer por sí mismo en defensa de sus intereses. Así era en la primera de nuestras normas procesales laborales de 1908[758], que ya señalaba a las partes la necesidad de acudir a pleito "con todos los medios de prueba de que intenten valerse"[759], así como

[757] STEDH de 14 de septiembre de 2021, Caso Inmobilizados y Gestiones S. L. contra España (ECLI:CE:ECHR:2021:0914JUD007953017).

[758] Las leyes de Tribunales Industriales de 19 de mayo de 1908 (Gaceta de Madrid de 20 de mayo de 1908) y de 22 de julio de 1912 (Gaceta de Madrid de 23 de julio de 1912) crearon la primera jurisdicción social en España, y venían a dar respuesta al problema de la inadecuación de la regulación procesal común a los conflictos de trabajo, creando lo que denominaba como "procedimiento contencioso" (arts. 17 y ss. de la Ley de 1908), otorgando a los tribunales industriales el conocimiento de asuntos relativos a "las reclamaciones civiles que surjan entre patronos y obreros, o entre obreros del mismo patrono, sobre incumplimiento o rescisión de los contratos de arrendamiento de servicios, de los contratos de trabajo o de los de aprendizaje" (art. 5.1.º), y "los pleitos que surjan en la aplicación de la ley de Accidentes del trabajo" (art. 5.2.º).

[759] Art. 20.

que "los jurados podrán hacer, tanto a las partes como a los testigos, las preguntas que estimen necesarias para el esclarecimiento de los hechos"[760] –todo ello sin necesidad de acudir asistidos por abogado o procurador–, y así siguió siendo en nuestra primera Ley de Procedimiento Laboral de 1958[761], que permitía a los litigantes "comparecer por sí o debidamente representados"[762], sin que siguiera siendo "necesaria la intervención de Abogado ni Procurador, pero podrá utilizarlos cualquiera de los litigantes, siendo entonces de su cuenta el pago de los honorarios"[763].

Y como todo ello sigue siendo así[764], lo razonable –a pesar incluso de las facilidades con las que cuentan los trabajadores cuando deciden pleitear en lo social, que cuentan ahora con formularios y procedimientos en la oficina judicial[765]– sería unificar todo pleito de movilidad geográfica, o mejor, todo pleito relativo a cambio de centro de trabajo, en la modalidad procesal del art. 138 LJS. Pero, como no es así, nos corresponde ahora señalar cuáles son esas acciones derivadas del cambio de centro de trabajo que puede ejercitar el trabajador afectado. Obviamente, dejamos de lado las relativas a tutela de derecho fundamentales y libertades públicas que pueden acompañar la demanda de movilidad geográfica, a las que ya nos hemos referido. Fuera de ellas, la jurisprudencia recaída en unificación de doctrina obliga, en un primer momento (ya nos hemos referido a ello anteriormente), a determinar si el traslado o el desplazamiento encajan o no en la denominación legal de movilidad geográfica que se contiene en el art. 40 ET.

De entrada, todas aquellas acciones relativas a la modificación del centro de trabajo que no provoquen en el trabajador la necesidad de residir en localidad distinta de la de su domicilio habitual o que no exijan cambio de residencia, esto es, todas aquellas que no supongan una movilidad geográfica "sustancial", deberán residenciarse en el proceso ordinario. Cuando la movilidad geográfica pueda ser tachada de "débil", o "no sustancial", por no llevar aparejado el cambio de residencia –quedando así excluida del art. 40 ET–, debe ser incardinada en la esfera del *ius variandi* del empresario y, por ende, excluida de la modalidad procesal de movilidad geográfica.

Es cierto que los problemas de diferenciación se vienen planteando con relación al acceso al recurso de suplicación, que se encuentra vetado (ya lo veremos más adelante con más profundidad) en el art. 191.2 e) LJS, pero eso no ha impedido al Tribunal Supremo construir una doctrina que rechaza de plano el acceso a la modalidad procesal de movilidad geográfica a todos aquellos pleitos en los cuales, aun estando presente un cambio de centro de trabajo, lo acreditado en él no permite sostener la aplicabilidad del art. 40 ET[766]. Se asegura así en una STS de 21 de mayo

---

[760] Art. 23.

[761] Aprobada por Decreto de 4 de julio de 1958 (BOE de 7 de agosto de 1958).

[762] Art. 10.

[763] Art. 10.

[764] "La defensa por abogado y la representación técnica por graduado social colegiado tendrá carácter facultativo en la instancia" (art. 21.1 LJS).

[765] Según el art. 80.1 LJS, la "demanda se formulará por escrito, pudiendo utilizar los formularios y procedimientos facilitados al efecto en la oficina judicial donde deba presentarse".

[766] En este sentido, véase STSJ Cataluña de 22 de mayo de 2013 (Rec. núm. 3584/2012): "En el supuesto que nos ocupa, pese a que la acción ejercitada por la actora ha seguido los trámites previstos

de 2020[767], que si "el trabajador no ha tenido que cambiar de residencia [...] no [resulta] aplicable por tanto el art. 138 de la [LRJS] [...], si la decisión cuestionada en autos no tiene cabida en la «movilidad» geográfica de que trata el art. 40 ET, es claro que tampoco le resulta aplicable la singularidad procedimental que regula el art. 138 [LRJS]". Lo más llamativo de esta resolución es que reconoce —en realidad afirma que podrá "sostenerse de *lege ferenda*"— "la incoherencia aparente que supone el hecho de que la movilidad geográfica propiamente dicha no tenga acceso al recurso de Suplicación y que —contrariamente— sí lo tengan las manifestaciones del poder de dirección que comporten variación de destino sin cambio de residencia", pero pese a ello sigue sosteniendo que "son perfectamente imaginables razones —contrapartidas y garantías— que justifican la diferenciación de tratamiento procesal [posibilidad de extinción indemnizada y necesarias consultas con los representantes de los trabajadores]".

En definitiva, en los casos de movilidad geográfica "débil", el pleito deberá encauzarse en todo caso a través del proceso ordinario. Por eso mismo, tal y como señalamos en su momento, lo aconsejable sigue siendo formular la demanda atendiendo a la modalidad procesal del art. 138 LJS, porque ya habrá tiempo para que el juzgado que conozca de la medida empresarial reconduzca el pleito a la modalidad procesal correspondiente. Y lo mismo podemos decir cuando, a pesar de tratarse de un supuesto de movilidad geográfica "sustancial", encajable en la literalidad del art. 40 ET, lo que pedimos poco tiene que ver con el objeto del pleito que regula el art. 138 LJS.

Porque, recordemos ahora que, en una concepción estricta de la modalidad procesal que recoge el art. 138 LJS, el suplico de la demanda debe limitarse a solicitar la declaración de nulidad o "injustificación" del traslado o desplazamiento llevado a cabo por el empresario, pudiendo anudar a la misma una indemnización de daños y perjuicios o cualquiera de los extremos que recogen los arts. 182 y 183 LJS. El resto de posibles amparos judiciales deberán procurarse acudiendo al proceso ordinario laboral, no siendo siquiera posible la acumulación de acciones. Puede suceder así que el trabajador que ha sido trasladado tenga que demandar a su empresario diversificando demandas, si lo que pretende es, por ejemplo, solicitar la nulidad de la medida y que se le abonen los gastos derivados del cambio de residencia. Ello, por causa de lo dispuesto en el art. 26.1 LJS, que impide acumular "entre sí ni a otras distintas en un mismo juicio, ni siquiera por vía de reconvención, las acciones de movilidad geográfica".

III. El acceso a la suplicación

Este podría ser un apartado ciertamente ridículo (por escaso) en su contenido. La razón no es otra que la que acabamos de expresar hace un momento: las sentencias de movilidad

para el procedimiento de modificación sustancial de condiciones de trabajo, artículo 138 de la Ley Reguladora de la Jurisdicción Social [...], lo cierto es que la decisión empresarial no se adoptó al amparo de los artículos 40 o 41 del Estatuto de los Trabajadores, buena prueba de ello es que la empresa cuestiona que estemos ante una modificación sustancial [...] Así las cosas, concluimos que frente a la sentencia que puso fin al procedimiento sí cabe recurso de suplicación, pues al margen de lo resuelto en la misma, lo que se debatió es si estábamos ante una modificación sustancial de condiciones de trabajo y, por ende, si se ha seguido el procedimiento adecuado o debía haberse seguido el procedimiento ordinario". Y en idéntico sentido, véase STSJ Cataluña de 8 de febrero de 2011 (Rec. núm. 6976/2009).

767 Rec. núm. 326/2018.

geográfica individual "sustancial" no tienen acceso al recurso de suplicación ni, lógicamente, al de casación para la unificación de doctrina. La LJS es insistente en este punto, tanto es así que no solo el art. 191.2 e) LJS se preocupa por acercarnos la imposibilidad de acceso al recurso[768], sino que incluso el propio art. 138 LJS nos recuerda de manera redundante que contra la sentencia "no procederá ulterior recurso, salvo en los supuestos de movilidad geográfica previstos en el apartado 2 del artículo 40 del Estatuto de los Trabajadores". Caben, no obstante, ciertas excepciones a esta regla general, debiendo preocuparnos especialmente tres de ellas.

La primera viene provocada por lo dispuesto en el art. 184 LJS, que permite acumular "las demandas [...] de movilidad geográfica [...] y las pretensiones de tutela de derechos fundamentales y libertades públicas"[769], que "se tramitarán inexcusablemente, con arreglo a la modalidad procesal correspondiente", en este caso, la que contempla el art. 138 LJS[770]. Por eso mismo, siendo recurribles en suplicación las acciones de tutela[771], el hecho de la acumulación no puede limitar el acceso al recurso de las partes en litigio, pudiendo citarse a este respecto una STS de 30 de junio de 2020[772], en la que la "demanda origen del litigio impugnaba una decisión empresarial entendiendo que contiene una modificación sustancial de condiciones –afectante a la jornada de la trabajadora– y, al mismo tiempo, denunciaba la vulneración del derecho fundamental a la no discriminación por razón de género".

---

[768] Sobre la aplicación de dicho precepto, véanse SSTSJ Andalucía (Sevilla) de 20 de mayo de 2021 (Rec. núm. 1541/2021), Andalucía (Granada) de 6 de mayo de 2021 (Rec. núm. 159/2021), Extremadura de 26 de abril de 2021 (Rec. núm. 189/2021), Asturias de 2 de febrero de 2021 (Rec. núm. 2005/2020) y Madrid de 14 de diciembre de 2020 (Rec. núm. 489/2020).

[769] Conforme entiende una STSJ Galicia de 17 de septiembre de 2021 (Rec. núm. 2901/2021), "desde el punto de vista procesal, el examen de la pretensión de vulneración de derecho fundamental en este tipo de procesos viene condicionada al éxito de la acción principal puesto que no estamos ante una acumulación de acciones (tutela y modificación sustancial) prohibida por el art. 26.1 de la LRJS, sino que estamos ante una acumulación a la acción principal (modificación sustancial) de una concreta pretensión de las posibles de la acción de tutela (indemnización derivada de discriminación o lesión de derechos fundamentales) que sí está permitida por el art. 26.2 de la LRJS. Este matiz es de suma importancia porque al no tratarse de una acumulación de acciones, y sí de una acumulación a una acción principal de una pretensión, el examen de esta última pretensión viene condicionada al éxito de la acción principal. Esto es, solo si se estima la existencia de modificación sustancial de las condiciones de trabajo (acción principal) podemos entrar a resolver sobre la pretensión de indemnización de daños y perjuicios *ex* art. 182.1.d) en relación con el art. 179.3 de la LRJS".

[770] Téngase en cuenta, con relación a la modalidad procesal de los arts. 177 y ss. LJS, que: "1.º) Una demanda que se articula a través de la modalidad procesal de tutela de derechos fundamentales pero que se basa en normas de legalidad ordinaria ha de ser rechazada por inadecuación de procedimiento. 2.º) Una demanda que se articula a través de la modalidad procesal de tutela de derechos fundamentales y que se fundamenta únicamente en la regulación de uno de los derechos reconocidos en el capítulo II del título I de la Constitución (art. 14 y derechos fundamentales y libertades públicas regulado en los arts. 15 a 28) se debe enjuiciar a través de la indicada modalidad procesal y, si concurren los presupuestos necesarios para considerar producida la lesión de uno de estos derechos, la demanda será estimada, mientras que, si no concurren, será desestimada. 3.º) Una demanda que se articula a través de la modalidad procesal de tutela de derechos fundamentales y que se fundamenta de forma concurrente tanto en la regulación de uno de los derechos reconocidos en el capítulo II del título I de la Constitución como en normas de legalidad ordinaria será examinada solo desde la perspectiva de la regulación de aquellos derechos, dejando imprejuzgada la denuncia de la infracción de las normas de legalidad ordinaria" [STSJ Madrid de 22 de marzo de 2013 (Rec. núm. 345/2013)].

[771] Ya que el art. 191.3 f) señala que "Procederá en todo caso la suplicación [...] Contra las sentencias dictadas en materias de [...] tutela de derechos fundamentales y libertades públicas".

[772] Rec. núm. 4093/2017.

De este modo, a la hora de determinar "si la empresa puede acceder al recurso de suplicación frente a una sentencia de instancia que no acoge la pretensión de nulidad de la modificación sustancial de condiciones, formulada por la parte actora invocando su derecho fundamental a la no discriminación –ex art. 138.7 LRJS –, y sí, en cambio, la subsidiaria de que se declare injustificada la modificación", debe tenerse presente que el "art. 184 LRJS remite a la tramitación de la modalidad procesal correspondiente –en este caso, la del art. 138 LRJS– a quienes accionan por tutela de derechos fundamentales, cuando impugnen una modificación sustancial de condiciones de trabajo". Además, esa remisión permite la acumulación de las acciones ordinarias con las de tutela, tal y como establece el art. 26.2 LJS, excepcionando así la regla del art. 178 LJS. Por ello, "en supuestos como el presente en que la parte trabajadora combate la decisión empresarial de modificación sosteniendo que con ella se vulnera un derecho fundamental del que es titular, nos hallamos ante procedimientos de tutela de derechos fundamentales a los que el Legislador permite acumular cuestiones de legalidad ordinaria, precisamente por mantener un cauce procesal acorde con éstas últimas al que se le añaden las garantías del proceso de los arts. 177 y siguientes".

Y, llegados a este punto, "recordemos que cabe recurso de suplicación en todos los supuestos en los que se alega la violación de un derecho fundamental, tal y como establece el art. 191.3 f) LRJS", lo que permite sostener que "no cabe interpretar que la remisión del Legislador a las modalidades procesales correspondientes del conocimiento de las demandas que allí se citan, sin dar opción al demandante, en función de la materia en litigio y para una mejor atención del objeto del proceso, pueda dar como resultado una menor garantía jurisdiccional de un mismo derecho fundamental", consagrando así el "acceso al recurso en todo caso –con independencia de la materia o la cuantía–, cuando la litis haya versado sobre la salvaguarda de derechos fundamentales"[773], sin que pueda verse "alterada por la circunstancia de la postura procesal de la parte que pretende la revisión de la sentencia". Nos hallamos así, en suma, ante "un litigio que se caracteriza por tratarse de una pretensión de tutela de derechos fundamentales, aun cuando formalmente se haya de canalizar por una modalidad procesal distinta. Por consiguiente, las reglas procesales que aportan el mayor nivel de garantías adjetivas a aquel tipo de procedimiento deben mantenerse y respetarse. Entre ellas, se halla la de la recurribilidad de la sentencia de instancia, sin que en ningún precepto de nuestro ordenamiento procesal laboral –a salvo de las particularidades de la modalidad de impugnación de sanciones– se establezcan distinciones para el acceso a la suplicación en función de la posición procesal de la parte recurrente"[774].

---

[773] Lógicamente, si bien "procede la admisión del presente recurso, [debe señalarse], no obstante, que en tales circunstancias y tratándose de una acción la de movilidad geográfica individual, que por sí misma carecía de derecho a la suplicación, y que se accede a este, por alegarse una vulneración de derechos fundamentales –en concreto, aquí la garantía de indemnidad y vulneración del derecho fundamental a la dignidad– el objeto del Recurso de Suplicación y la cognitio en esta vía queda limitada al conocimiento de la lesión de los derechos fundamentales invocados, y, por ello debe examinarse y resolverse solo si en el caso presente existió en la actuación de la empresa una vulneración de tales derechos fundamentales, sin que pueda extenderse el conocimiento, al análisis de la regularidad formal y material de las decisiones de la empresa con arreglo a normas de legalidad ordinaria" [STSJ Andalucía (Sevilla) de 16 de enero de 2020 (Rec. núm. 3760/2019)].

[774] Y es que, en efecto, el "tenor literal del artículo 191.3 f) de la LRJS, que con toda contundencia proclama: «Procederá en todo caso la suplicación: [...] g) Contra las sentencias dictadas en materia de [...] tutela de derechos fundamentales y libertades públicas». La expresión «en todo caso» únicamente puede significar que, en cualquier proceso en el que se interese la tutela de derechos fundamentales y libertades públicas procede la suplicación, aunque en el mismo se ejercite una acción que está excluida

En el mismo sentido, la STC 42/2017, de 24 de abril, no deja lugar a dudas al señalar que "aunque no exista un mandato constitucional que asegure el acceso a los recursos en materia de derechos fundamentales, una vez que (configuración legal) ha sido prevista la suplicación por la norma «en todo caso» contra sentencias dictadas en procedimientos de tutela de derechos fundamentales y libertades públicas [art. 191.3 f) LJS], no cabe interpretar que la remisión del Legislador a las modalidades procesales correspondientes del conocimiento de las demandas que allí se citan, sin dar opción al demandante, en función de la materia en litigio y para una mejor atención del objeto del proceso, pueda dar como resultado una menor garantía jurisdiccional de un mismo derecho fundamental".

Parece indudable que en esos casos ha de admitirse el acceso a la suplicación, aunque habría que matizarlo, porque esta afirmación deja a salvo aquellas situaciones excepcionales en las que pudiere apreciarse que esa apelación a derechos fundamentales, realizada en la propia demanda, tiene un manifiesto propósito de fraude procesal, de maniobras torticeras en abuso de derecho[775], o cuando se trata de una invocación puramente artificiosa y carente del más mínimo acerbo probatorio con la que únicamente se pretenda conseguir subrepticiamente el acceso al recurso[776].

En segundo término, el acceso al recurso no puede verse impedido cuando el trabajador demanda, de manera adicional, una indemnización de daños y perjuicios, siempre y cuando la cantidad solicitada supere los 3.000 euros, que el art. 191.2 g) LJS señala como límite para el acceso a suplicación. Dos SSTS nos marcan de nuevo el camino a seguir.

En este caso se trata de las SSTS de 30 de junio de 2020[777] y de 7 de julio de 2021[778], que sigue su doctrina; en la primera de ellas la "cuestión suscitada en el presente recurso de casación para la unificación de doctrina consist[ía] en determinar si cabe interponer recurso de suplicación contra la sentencia que resuelve un pleito relativo a una modificación sustancial de condiciones de trabajo de carácter individual en el que se solicita se deje sin efecto la decisión impugnada y se condene a la empresa al pago de una indemnización por daños y perjuicios superior a 3.000 euros", y que no hace más que confirmar su anterior doctrina relativa a la admisión del "recurso de suplicación contra las sentencias dictadas en materia de modificación sustancial de las condiciones de trabajo de carácter individual, al haberse acumulado a esa acción una reclamación de daños y perjuicios en cuantía superior a los 3.000 euros". Todo ello sobre la base de una "interpretación integradora de los arts. 191.2.e) y g) y 192 de la LRJS", argumentando que, "si bien en principio la materia de modificación sustancial de condiciones trabajo de carácter individual, tiene vedado el acceso al recurso de suplicación, sí se permite el recurso en los supuestos en que a la acción impugnatoria de la modificación, se acumula una acción indemnizatoria en cuantía que sea superior a los 3.000 euros", lo que viene avalado a su vez "por el artículo 138 de la propia LRJS",

de la suplicación" [STS de 18 de octubre de 2017 (Rec. núm. 2979/2015)]. En este mismo sentido, véanse SSTS de 7 de julio de 2021 (Rec. núm. 3849/2018), 24 de septiembre de 2020 (Rec. núm. 1152/2018), 22 de febrero de 2018 (Rec. núm. 1169/2015),

775 Véase STS de 24 de mayo de 2002 (Rec. núm. 2753/2001).

776 Véase STS de 15 de junio de 2004 (Rec. núm. 3049/2002).

777 Rec. núm. 4516/2017.

778 Rec. núm. 3849/2019.

permitiendo así, mediante una "interpretación más amplia –«pro recurso»–", salvar la más "literal y restrictiva del trascrito apartado e) del número 1 (2) del artículo 191 de la LRJS, que supondría entender que la excepción de dicho apartado, en cuanto al acceso al recurso de suplicación cuando exista acumulación de otra acción, que sí sea susceptible del recurso, se refiere únicamente a los de cambio de puesto o movilidad funcional, haciendo así de peor condición a los de modificación sustancial de condiciones de trabajo de carácter individual, cuando lo cierto es, que la modificación puede suponer, según el tipo y la condición de trabajo afectada, una carga más penosa y un mayor sacrificio para el trabajador, que el cambio de puesto de trabajo o movilidad funcional, interpretación literal que sería contraria a la obligada tutela judicial efectiva que el artículo 24.1 de nuestra Constitución proclama y garantiza"[779].

Estas dos excepciones parece que se han visto cercenadas por la última tendencia jurisprudencial, habida cuenta de la STS de 19 de octubre de 2022[780], siquiera referida a un pleito de modificación sustancial de condiciones de trabajo en el que la trabajadora alegaba la vulneración de derechos fundamentales, pero con un gran impacto en cuento a la competencia funcional de los Tribunales Superiores de Justicia y, por ende, la amplitud del recurso de suplicación (con directa asimilación a los de movilidad geográfica). La cuestión por resolver en ese pleito era la de determinar si la sentencia de suplicación debe pronunciarse sobre las cuestiones de legalidad ordinaria suscitadas en un proceso de modificación sustancial de condiciones de trabajo de carácter individual, una vez desestimada la alegada vulneración de derechos fundamentales que habilita la posibilidad de recurrir la sentencia de instancia. En estos supuestos, dice el Tribunal Supremo, la sentencia es recurrible, pero únicamente en las pretensiones vinculadas a la denunciada vulneración de derechos fundamentales, porque "[u]n examen más detenido de esta problemática nos lleva a clarificar esta doctrina, para precisar que la sala de suplicación tiene limitada en estos casos la cognición a las cuestiones vinculadas a la vulneración de derechos fundamentales invocadas en la demanda, pero no puede en cambio entrar a resolver las de estricta legalidad ordinaria que pudiere suscitar la parte recurrente cuando no se encuentran indisociablemente ligadas con la alegada vulneración de derechos fundamentales [...] El esquema diseñado por la normativa procesal laboral en esta materia se sustenta en la combinación de varios parámetros jurídicos cuya acertada integración conduce al resultado que acabamos de anticipar", enumerando y exponiendo las distintas reglas de recurribilidad, para concluir que "resulta que el Legislador ha excluido expresamente de la suplicación todas aquellas modalidades procesales que enumera el art. 191.2 LRJS, en consideración a las cuestiones de legalidad ordinaria que constituyen su objeto, y en atención a los factores de menor trascendencia, relevancia jurídica, o de la mayor agilidad y premura en la tramitación del proceso que ha considerado oportunos para negar el acceso al recurso. Previsión legal de la que en cualquier caso se desprende que este tipo de materias no tiene acceso a suplicación. Carece por lo tanto de toda lógica que esas mismas materias de legalidad

---

779 En este mismo sentido, véanse SSTSJ Galicia de 13 de diciembre de 2018 (Rec. núm. 2850/2018), Extremadura de 27 de agosto de 2020 (Rec. núm. 220/2020), Comunidad Valenciana de 23 de mayo de 2017 (Rec. núm. 670/2017), Madrid de 14 de octubre de 2020 (Rec. núm. 340/2020) y Madrid de 9 de octubre de 2020 (Rec. núm. 109/2020).

780 Rec. núm. 1363/2019. Siguiendo esta doctrina jurisprudencial, véanse las SSTSJ Cataluña 28 de noviembre de 2022 (Rec. núm. 4492/2022) y Madrid de 19 de diciembre de 2022 (Rec. núm. 457/2022).

ordinaria, que no tienen acceso a la suplicación, puedan tenerlo por haberse planteado de manera conjunta con la invocada vulneración de derechos fundamentales, una vez ya resueltas las pretensiones relativas a tales derechos fundamentales y cuando no guardan la más mínima relación con las materias de legalidad ordinaria pendientes de resolución. Si el Legislador ha dispuesto que esos aspectos de legalidad ordinaria queden firmes en la sentencia de instancia, no puede ofrecerse un distinto tratamiento jurídico en función de que hayan sido planteados aisladamente o de manera acumulada con la invocada vulneración de derechos fundamentales".

Ello significa —a lo que creemos— que las sentencias dictadas en la modalidad especial de movilidad geográfica son firmes e irrecurribles (así lo prevé el art. 191.2 LJS), y que, en caso de que se haya alegado un derecho fundamental o se haya incorporado una indemnización adicional (siempre que se haya fundado en el resarcimiento de una vulneración de un derecho fundamental), el recurso debe constreñirse precisamente al estudio de ese derecho, sin que puedan estudiarse otras cuestiones como la justificación o no del traslado. Mayores dudas plantea, empero, el hecho de que se haya acumulado una reclamación de cantidad a la acción de impugnación de la movilidad, siquiera nuestro parecer es aplicar la misma regla, dado que, de un lado, nos resulta difícilmente pergeñable un supuesto de hecho en el que el resarcimiento no tenga que ver con una infracción de un derecho fundamental del trabajador (con lo que, rechazada esta, lo hará también aquel; y la misma solución procesal aplicable a uno lo será al otro); y, de otro lado, la hipótesis de una movilidad geográfica, acompañada de una indemnización no vinculada a un derecho fundamental, parece que apuntaría —en todos los casos— a lo que hemos recogido anteriormente de un manifiesto propósito de fraude procesal, de maniobras torticeras en abuso de derecho[781] o meras invocaciones artificiosas y carentes del más mínimo acerbo probatorio con el único propósito de conseguir subrepticiamente el acceso al recurso[782].

Por último, siempre podrá recurrirse en suplicación una sentencia de movilidad geográfica "sustancial" si en el escrito de recurso se hace uso del remedio procesal que proporciona a los litigantes en el pleito social la letra a) del art. 193 LJS, que, como se sabe, es la que recoge como posible objeto de suplicación "[r]eponer los autos al estado en el que se encontraban en el momento de cometerse una infracción de normas o garantías del procedimiento que haya producido indefensión". Se podrá recurrir en suplicación, sí, pero el objeto del recurso deberá quedar limitado al estudio de la infracción procedimental invocada, no pudiendo el tribunal *ad quem* pronunciarse acerca de las hipotéticas infracciones de normas sustantivas o de la jurisprudencia. Así lo exige el art. 191.3 d) LJS, que entiende procederá la suplicación cuando "el recurso tenga por objeto subsanar una falta esencial del procedimiento o la omisión del intento de conciliación o de mediación obligatoria previa, siempre que se haya formulado la protesta en tiempo y forma y hayan producido indefensión", pero advirtiendo (tal y como sucede en los pleitos de movilidad geográfica individual de carácter "sustancial") que si "el fondo del asunto no estuviera comprendido dentro de los límites de la suplicación, la sentencia resolverá solo sobre el defecto procesal invocado".

---

[781] Véase STS de 24 de mayo de 2002 (Rec. núm. 2753/2001).

[782] Véase STS de 15 de junio de 2004 (Rec. núm. 3049/2002).

Por lo demás, resulta ser esta una previsión normativa sobre la cual no existe, aparentemente, controversia judicial alguna[783]. Esto es justamente a lo que se refiere una STSJ Andalucía (Sevilla) de 8 de abril de 2021[784], señalando que, cuando el pleito se sustancia a través de la modalidad procesal del art. 138 de la LJS, si la cuestión suscitada en recurso "es puramente individual, y no se invoca la vulneración de derechos fundamentales, caso en que sí cabría, igualmente el recurso de suplicación [Art. 191.3 e) LRJS] [...] [ni] el recurso tiene por objeto «una falta esencial del procedimiento» (art. 191.3 d) [...], contra la sentencia no cabía recurso, y en consecuencia era firme desde la fecha de su dictado lo que conlleva que inadmitamos el interpuesto por el actor". Ahora bien, en caso contrario, "la cognitio en esta vía queda limitada al conocimiento de la lesión de los derechos fundamentales invocados, y, por ello debe examinarse y resolverse solo si en el caso presente existió en la actuación de la empresa una vulneración de tales derechos fundamentales, sin que pueda extenderse el conocimiento, al análisis de la regularidad formal y material de las decisiones de la empresa con arreglo a normas de legalidad ordinaria"[785].

Esas limitaciones en orden al acceso al recurso no se producirán, lógicamente, si seguimos la doctrina de unificación relativa al resto de posibles demandas en reclamación de cuestiones relativas al cambio de centro de trabajo. Y es que, en todas estas ocasiones, como sabemos, ya se reclame la compensación de gastos por traslado[786], ya se impugne una decisión empresarial de movilidad geográfica "débil", el proceso ordinario sería el eficaz procesalmente hablando[787], lo que supondrá en todo caso la posibilidad de recurrir en suplicación, siempre y cuando la cuantía litigiosa del pleito supere los 3.000 euros que el art. 191.2 g) establece como límite para conocer del recurso en suplicación[788].

---

783 Cfr. SSTSJ Galicia de 30 de abril de 2021 (Rec. núm. 30/2021), Andalucía (Granada) de 22 de abril de 2021 (Rec. núm. 64/2021) y Extremadura de 19 de noviembre de 2020 (Rec. núm. 403/2020).

784 Rec. núm. 718/2021.

785 STSJ Andalucía (Sevilla) de 16 de enero de 2020 (Rec. núm. 3760/2019).

786 Incluso cuando "no se ejercita en el presente procedimiento, contrariamente a lo que sustenta la parte demandada, una acción de impugnación de una medida de movilidad geográfica individual acordada por la empresa, tramitada por la modalidad procesal especial prevista en el artículo 138 de la Ley Reguladora de la Jurisdicción Social, sino ante una acción de extinción de contrato, al amparo de lo establecido en el artículo 40.1 del Estatuto de los Trabajadores, a la que se acumula una acción de reclamación de cantidad, tramitadas a través de la modalidad procesal ordinaria establecida en los artículos 80 a 100 del mismo texto legal. Es por ello que no resulta de aplicación lo establecido en el artículo 138.6, en relación con el artículo 191.2.e) de la Ley Reguladora de la Jurisdicción Social, que impiden el acceso al recurso de suplicación de las sentencias dictadas en materia de movilidad geográfica, salvo las referidas a movilidad geográfica de carácter colectivo, sino el artículo 191.3.a), que establece que procederá en todo caso recurso de suplicación en los procesos por extinción del contrato" [STSJ Galicia de 28 de febrero de 2019 (Rec. núm. 3992/2018)].

787 De este modo, cualquier reclamación relativa a movilidad geográfica que se tramite conforme al proceso ordinario laboral tendrá acceso a la suplicación: "en el caso allí enjuiciado lo que entonces se impugnaba era la decisión misma de traslado, mientras que en el presente caso la medida empresarial no es objeto de expresa impugnación, y sí solo las consecuencias de ese traslado, en cuanto la demandante entiende que estas deben consistir en la extinción indemnizada del contrato de trabajo, *ex* art. 40 ET. De ahí que, y habida cuenta además de que el cauce procesal seguido es el de la modalidad del proceso ordinario, conforme así se razona en el F. de D. 2.º de la resolución de instancia, se ha de concluir, con la resolución recurrida, que la sentencia dictada en estos autos es recurrible en suplicación, por lo que se desestima la causa de inadmisión aducida por la recurrida" [STSJ de 11 de julio de 2016 (Rec. núm. 400/2016)].

788 Al respecto véanse SSTS de 18 de enero de 2021 (Rec. núm. 75/2018), 13 de enero de 2021 (Rec. núm. 276/2020) y 21 de mayo de 2020 (Rec. núm. 2786/2017).

Este parecer lo confirma una STS de 29 de abril de 2021[789], recaída en un pleito relativo a un "cambio de centro de trabajo impuesto por el empleador [...], impugnando la sentencia que lo incardina dentro del *ius variandi* empresarial", en el que se había admitido el recurso interpuesto "argumentando el acceso a la suplicación, dado que el cambio de centro de trabajo no ha implicado el cambio de residencia del mismo". Y lo confirma porque, "a la hora de examinar la cuestión de la recurribilidad de la sentencia de instancia [...] lo cierto es que no estamos ante un supuesto de movilidad geográfica que haya de tramitarse por la modalidad especial", lo que "hace que [...] sea inaplicable el art 40 del ET", de tal manera que el fallo dictado es "susceptible del pertinente recurso de suplicación ante la Sala de lo Social del Tribunal Superior de Justicia, por mor de lo prevenido en el propio art. 191.1 y 2 LRJS en relación, contrario sensu, de los arts. 138 del mismo cuerpo legal y arts. 40 y 41 ET"[790].

[789] Rec. núm. 299/2019.

[790] Y así lo confirma igualmente la doctrina de suplicación, concluyendo que "no obstante alegarse por la parte actora recurrente (al formular el primero de los motivos del recurso) que nos encontramos ante un supuesto del artículo 40, apartado 4, de la Ley Reguladora de la Jurisdicción Social, no concurriendo traslado de residencia, procede estar a nuestra anterior doctrina en torno a la ausencia de subsumibilidad de tal supuesto en los de movilidad geográfica o sustancial [...], [por lo que] procede admitir el recurso interpuesto, y declarar nuestra competencia funcional para conocer del mismo" [STSJ Cataluña de 16 de enero de 2015 (Rec. núm. 5669/2014)].

Bibliografía

AGRA BIFORCOS, B., "La movilidad geográfica no es un derecho para conciliación de vida laboral y familiar cuando los cónyuges prestan servicios en diferentes empresas. STSJ Cataluña 24 noviembre 2015", en *Nueva Revista Española de Derecho del Trabajo*, núm. 187, 2016.

– La tutela de los trabajadores especialmente sensibles a los riesgos en el desarrollo de su relación laboral", *Pecunia: Revista de la Facultad de Ciencias Económicas y Empresariales de la Universidad de León*, núm. 7, 2008.

ALEMÁN PÁEZ, F., *La movilidad geográfica. Problemática social y régimen jurídico*, Tecnos (Madrid, 2001).

BALLESTER PASTOR, M. A., "El RDL 6/2019 para la garantía de la igualdad de trato y de oportunidades entre mujeres y hombres en el empleo y la ocupación: Dios y el diablo en la tierra del sol", en *Femeris*, vol. 4, núm. 2, 2019.

BALLESTER PASTOR, M. A., PÉREZ DE LOS COBOS ORIHUEL, F., y THIBAULT ARANDA, J., "Artículo 25. Protección de trabajadores especialmente sensibles frente a determinados riesgos", *Ley de Prevención de Riesgos Laborales. Comentada y con jurisprudencia*, Editorial La Ley (Madrid, 2008).

BEJARANO HERNÁNDEZ, D., "El proceso de Conflictos Colectivos", en *Aranzadi Social*, núm. 9, 2009.

BENET ESCOLANO, J., *La figura jurídica de la excedencia voluntaria*, Universidad de Valencia (Valencia, 2012).

BOTANA LÓPEZ, J. M., *La acción declarativa. En especial en los procesos de trabajo y Seguridad Social*, Civitas (Madrid, 1995).

CABEZA PEREIRO, J., y LOUSADA AROCHENA, J. F.: *Derecho del trabajo y crisis económica*, CGPJ (Madrid, 2013).

CARMONA BAYONA, E. F., "Flexibilidad interna y cambio de lugar de trabajo de la víctima de violencia de género", en *Anuario de la Facultad de Derecho de la Universidad de Alcalá*, vol. IX, 2016.

COS EGEA, M., "Los trabajadores especialmente sensibles a determinados riesgos en la doctrina judicial", *Revista Doctrinal Aranzadi Social*, núm. 12, 2010.

DE CASTRO MEJUTO, L. F., "La eventual discriminación a la discapacidad en el despido objetivo español", en MELLA MÉNDEZ, L. [dir.], *Violencia, riesgos psicosociales y salud en el trabajo. Estudios desde el derecho internacional y comparado*, ADAPT (Módena, 2014).

– *La acción constitutiva en los procesos laborales*, Netbiblo (A Coruña, 2009).

DE LA PUEBLA PINILLA, A., "Comentario al art. 138 de la LRJS", en MERCADER UGUINA, J. R. (dir.), *Ley Reguladora de la Jurisdicción Social comentada y con jurisprudencia*, La Ley (Madrid, 2015).

FABREGAT MONFORT, G., "La movilidad geográfica de la trabajadora víctima de la violencia de género. Algunos aspectos críticos del art. 40.3 BIS ET (Estatuto de los Trabajadores)", en *Revista europea de derechos fundamentales*, núm. 19, 2012 (Ejemplar dedicado a: Género, desigualdad y violencia).

FERREIRO REGUEIRO, C., "Estructura de la negociación colectiva: Coordinación entre convenios colectivos y planes de igualdad", en MELLA MÉNDEZ, L. [dir.], *Manual de Derecho del Trabajo*, Aranzadi (Cizur Menor, 2022).

GARCÍA VALVERDE, M. D., *La movilidad geográfica. Un análisis teórico jurisprudencial*, Comares (Granada, 2002).

– "Una manifestación más del «*ius variandi*» movilidad geográfica «lato sensu»", en *Aranzadi Social: Revista Doctrinal*, vol. 3, núm. 10, 2010.

LÓPEZ JIMÉNEZ, J. L., La extinción del contrato de trabajo por voluntad del trabajador, Universidad de Valencia (Valencia, 2015).

LOUSADA AROCHENA, J. F., y RON LATAS, R. P., *El contrato de trabajo internacional*, Lex Nova (Madrid, 2013).

– *La protección de la salud laboral de las personas trabajadoras especialmente sensibles a determinados riesgos*, Bomarzo (Albacete, 2018).

LUJÁN ALCARAZ, J., "Judicialización de las medidas de flexibilidad interna", en *Revista de Derecho Social y Empresa*, núm. 9, 2018.

MARTÍNEZ MORENO, C., "La nueva regulación de la adaptación de la jornada con fines de conciliación, ¿hasta dónde llega el avance?", en *Revista Derecho Social y Empresa*, núm. 12, 2020.

MATORRAS DÍAZ-CANEJA, A. (dir.), *La expatriación de trabajadores*, Aranzadi (Pamplona, 2012).

MEGINO FERNÁNDEZ, D., "Comentario al artículo 138", en BARRIOS BAUDOR, G. L. (dir.), *Comentarios a la Ley Reguladora de la Jurisdicción Social*, Aranzadi (Pamplona, 2020).

MELLA MÉNDEZ, L. "Sobre la prueba digital en el derecho español: puntos críticos", en MELLA MÉNDEZ, L. [dir.], *La revolución tecnológica y sus efectos en el mercado*, Wolters Kluwer (Madrid, 2018).

MENÉNDEZ MORILLO-VELARDE, L., "Comentario al artículo 25 de la Ley de Prevención de Riesgos Laborales. Protección de trabajadores especialmente sensibles a determinados riesgos", en SEMPERE NAVARRO, A. V., y CARDENAL CARRO, M. [Dir.], *Comentarios a la Ley de Prevención de Riesgos Laborales*, Aranzadi (Pamplona, 2010).

MORALES ORTEGA, J. M., "Movilidad geográfica y modificaciones sustanciales tras la reforma de 2012: ¿Una mal entendida flexiseguridad?, en *Temas Laborales*, núm. 119, 2013.

MORENO DE TORO, C., y RODRÍGUEZ CRESPO, M. J., "Ejercicio y límites del «*ius variandi*» del empresario", en *Temas laborales. Revista andaluza de trabajo y bienestar social*, núm. 98, 2009.

MORENO SOLANA, A. "Las diversas controversias que se plantean en torno a los trabajadores especialmente sensibles", *Revista de Información Laboral*, núm. 7, 2014.

MUNÍN SÁNCHEZ, L. M., "Representación y participación en la empresa", en MELLA MÉNDEZ, L. [dir.], *Manual de Derecho del Trabajo*, Aranzadi (Cizur Menor, 2022).

OLARTE MADERO, F., y SALA FRANCO, T., "Modalidad procesal de movilidad geográfica, modificaciones sustanciales de condiciones de trabajo, suspensión del contrato y reducción de jornada por causas económicas, técnicas, organizativas o de producción o derivadas de fuerza mayor", en BLASCO PELLICER, A. (dir.), *El proceso laboral*, 1.ª ed., Tirant lo Blanch (Valencia, 2013).

PALOMO BALDA, E., "Grupos especiales de riesgos", *Cuadernos de Derecho Judicial*, núm. 13, 2005.

PURCALLA BONILLA, M. A., *Movilidad geográfica y modificación sustancial: impugnación procesal laboral*, Lex Nova (Valladolid, 2003).

RIBES MORENO, I., "La movilidad geográfica y los centros de trabajo móviles o itinerantes. Una reflexión sobre los buques en la marina mercante", en *Derecho de las relaciones laborales*, núm. 1, 2016.

RON LATAS, R. P., "El proceso de conflictos colectivos en la nueva Ley Reguladora de la Jurisdicción Social", en *Actualidad Laboral*, núm. 12, 2012.

ROSELLÓ SABORIT, I., *Movilidad geográfica de trabajadores en España*, Universidad de Valencia (Valencia, 2019).

SAGARDOY BENGOECHEA, J. A., y GIL Y GIL, J. L., "Prescripción y caducidad", en GOERLICH PESET, J. A. (coord.), *Comentarios al Estatuto de los Trabajadores Libro Homenaje a Tomás Sala Franco*, Tirant lo Blanch (Valencia, 2016).

SÁNCHEZ LINDE, M., "Apuntes sobre el proceso especial de impugnación de movilidad geográfica y modificación sustancial de condiciones de trabajo", en *Revista Jurídica de Castilla y León*, núm. 48, 2019.

SERRANO OLIVARES, R., *Lugar de trabajo, domicilio y movilidad geográfica*, CES (Madrid, 2000).

VICENTE PALACIO, A., *El efecto positivo de la cosa juzgada en el proceso laboral*, Aranzadi (Pamplona, 2007).